U0671739

《江西省哲学社会科学成果文库》编辑委员会

主　任　　祝黄河

成　员（按姓氏笔画为序）

王　晖　邓小华　叶　青　白文松　许光洪　吴永明

罗志坚　胡春晓　涂宗财　黄万林　蒋金法　熊　建

江西省哲学社会科学成果文库

JIANGXISHENG ZHEXUE SHEHUI KEXUE
CHENGGUO WENKU

马克思主义时代化的实现过程研究

RESEARCH ON THE PROCESS OF
THE MARXISM IN KEEPING UP WITH THE TIMES

李正兴　著

社会科学文献出版社
SOCIAL SCIENCES ACADEMIC PRESS (CHINA)

总　序

　　作为人类探索世界和改造世界的精神成果，社会科学承载着"认识世界、传承文明、创新理论、资政育人、服务社会"的特殊使命，在中国进入全面建成小康社会的关键时期，以创新的社会科学成果引领全民共同开创中国特色社会主义事业新局面，为经济、政治、社会、文化和生态的全面协调发展提供强有力的思想保证、精神动力、理论支撑和智力支持，这是时代发展对社会科学的基本要求，也是社会科学进一步繁荣发展的内在要求。

　　江西素有"物华天宝，人杰地灵"之美称。千百年来，勤劳、勇敢、智慧的江西人民，在这片富饶美丽的大地上，创造了灿烂的历史文化，在中华民族文明史上书写了辉煌的篇章。在这片自古就有"文章节义之邦"盛誉的赣鄱大地上，文化昌盛，人文荟萃，名人辈出，群星璀璨，他们创造的灿若星辰的文化经典，承载着中华文明成果，汇入了中华民族的不朽史册。作为当代江西人，作为当代江西社会科学工作者，我们有责任继往开来，不断推出新的成果。今天，我们已经站在了新的历史起点上，面临许多新情况、新问题，需要我们给出科学的答案。汲取历史文明的精华，适应新形势、新变化、新任务的要求，创造出今日江西的辉煌，是每一个社会科学工作者的愿望和孜孜以求的目标。

社会科学推动历史发展的主要价值在于推动社会进步、提升文明水平、提高人的素质。然而，社会科学的自身特性又决定了它只有得到民众的认同并为其所掌握，才会变成认识和改造自然与社会的巨大物质力量。因此，社会科学的繁荣发展和其作用的发挥，离不开其成果的运用、交流与广泛传播。

为充分发挥哲学社会科学研究优秀成果和优秀人才的示范带动作用，促进江西省哲学社会科学进一步繁荣发展，我们设立了江西省哲学社会科学成果出版资助项目，全力打造《江西省哲学社会科学成果文库》。

《江西省哲学社会科学成果文库》由江西省社会科学界联合会设立，资助江西省哲学社会科学工作者的优秀著作出版。该文库每年评审一次，通过作者申报和同行专家严格评审的程序，每年资助出版30部左右代表江西现阶段社会科学研究前沿水平、体现江西社会科学界学术创造力的优秀著作。

《江西省哲学社会科学成果文库》涵盖整个社会科学领域，收入文库的都是具有较高价值的学术著作和具有思想性、科学性、艺术性的社会科学普及和成果转化推广著作，并按照"统一标识、统一封面、统一版式、统一标准"的总体要求组织出版。希望通过持之以恒地组织出版，持续推出江西社会科学研究的最新优秀成果，不断提升江西社会科学的影响力，逐步形成学术品牌，展示江西社会科学工作者的群体气势，为增强江西的综合实力发挥积极作用。

祝黄河

2013 年 6 月

目　　录

绪　　论

第一节　问题的提出及研究意义

一　问题的提出

2009 年 9 月，党的十七届四中全会通过了《中共中央关于加强和改进新形势下党的建设若干重大问题的决定》，提出要"不断推进马克思主义中国化、时代化、大众化"。这是中国共产党根据世情、国情、党情的新变化和马克思主义发展的新要求，着眼于建立马克思主义学习型政党提出的重大战略任务。其中，马克思主义时代化的命题是第一次正式提出。

马克思主义中国化、时代化、大众化（以下简称马克思主义"三化"）是一个有机统一的整体，这一点已成为学界的基本共识。关于马克思主义"三化"的整体研究，已有大量的研究成果。在以往的研究中，关于马克思主义时代化的研究往往是寓于马克思主义"三化"的整体研究之中进行的，独立研究相当不足，研究成果也相对薄弱。

应当看到，马克思主义"三化"既是有着内在统一性的有机整体，三者又具有各自特定的内涵和意义，不能相互替代。马克思主义中国化命题最早是在 1938 年 10 月党的六届六中全会上提出的。毛泽东指出："使马克思主义在中国具体化，使之在其每一表现中带着必须有的中国的特性，即是说，按照中国的特点去应用它，成为全党亟待了解并亟须解决的问题。"① 实现马克思主义中国化，是要把马克思主义基本原理与中国实际相结合，解决中国不同时期的实际问题，赋予马克思主义鲜明的中国特色。马克思主义大众化命题的明确提出是在 2007 年党的十七大上。胡锦涛提出要"开展中国特色社会主义理论体系宣传普及活动，推动当代中国马克思主义大众化"②。这一命题的思想渊源可以追溯到 20 世纪 30 年代。实现马克思主义大众化，是要把马克思主义基本原理与人民群众相结合，用马克思主义的科学理论武装人民群众，使马克思主义在人民群众的实践中转变为改造世界的物质力量。2009 年党的十七届四中全会正式提出的马克思主义时代化命题，则是要把马克思主义基本原理与时代条件相结合，应对和解决重大时代课题，创新和发展马克思主义理论，赋予马克思主义鲜明的时代特色。

可见，马克思主义"三化"，分别对应着"赋予当代中国马克思主义鲜明的实践特色、民族特色、时代特色"③ 的历史任务。三者有着不同的内容、指向和目标定位，每一个方面都需要解决"化什么"和"怎样化"的问题。因此，我们需要切实加强对每一个方面的独立研究。就马克思主义时代化而言，需要深入研究什么是马克思主义时代化，为什么要把马克思主义时代化，以及如何实现马克思主义时代化等一系列重大问题，深刻总结马克思主义时代化的发展历史和基本经验，深刻分析马克思主义时代化的发展过程和实现路径，深刻揭示马克思主义时代化的基本规律和发展趋势，从而为在实践中更好地推进马克思主义时代化的战略任务提供理论依据和思想指导。因此，加强对马克思主义时代化的独立研究是必然要求和发展趋势。

加强马克思主义时代化的独立研究，迫切需要建立体现时代化自身特

---

① 《毛泽东选集》第 2 卷，人民出版社，1991，第 534 页。在这里，毛泽东比较明确地提出了马克思主义中国化的思想。正式使用"中国化"这个概念，是刘少奇在党的七大上提出"要使马克思主义系统地中国化，要使马克思主义从欧洲形式变为中国形式"，《刘少奇选集》（上卷），人民出版社，1981，第 335 页。

② 中共中央文献研究室编《十七大以来重要文献选编》（上卷），中央文献出版社，2009，第 26 页。

③ 中共中央文献研究室编《十七大以来重要文献选编》（上卷），中央文献出版社，2009，第 26 页。

点的研究范式。以往对时代化的独立研究不足，在很大程度上就是由于把马克思主义中国化的研究范式搬用于马克思主义时代化的研究之中，把时代化的研究寓于马克思主义"三化"的整体研究之中。学术界对于马克思主义中国化有较深入的研究，形成了比较成熟的研究范式。我们认为，这些研究范式，对于马克思主义时代化的研究有着重要的借鉴意义，但绝不应简单照搬。马克思主义时代化研究，应当遵循体现自身特点的研究范式。

的确，在马克思主义"三化"中，时代化与中国化是联系最为密切的两个方面。马克思主义所要结合的中国实际必定是在特定时代条件下的中国实际，中国共产党推进马克思主义时代化又必定是围绕中国主题而进行的。时代化与中国化恰好对应了中国共产党运用马克思主义的时间和空间两个不可分割的维度。然而，我们还应当看到，马克思主义时代化与中国化是两个内涵和意义不同的理论命题和实践课题，两者有着不同的思维前提、目标指向和逻辑进路。这种差异性决定了时代化与中国化在研究范式上只能借鉴，不能照搬，更不能互相替代。

第一，两者的思维前提不同。马克思主义中国化是把马克思主义与中国具体实际相结合，以更好地指导中国革命和建设的实践，并形成中国化的马克思主义理论。它的基本前提是：马克思主义是具体的，而不是抽象的，马克思主义必须通过民族形式才能实现；马克思主义中国化，就是用马克思主义立场、观点、方法分析和解决中国问题，根据中国实际做出转化，并实现与民族文化之间的互动结合。马克思主义时代化是把马克思主义与时代特征相结合，以丰富和发展马克思主义理论，从而更好地指导时代条件下的实践活动。它的基本前提是：马克思主义是发展的、开放的，而不是过时的、封闭的教条。马克思主义时代化问题也是坚持和发展马克思主义的问题。要用马克思主义的基本立场、观点、方法分析解决时代课题，马克思主义也会与时俱进地发展。两者的思维前提，分别侧重于对马克思主义不同理论特性的理解。

第二，两者的目标指向不同。马克思主义中国化，相对而言更侧重于它的实践指向，即目标指向主要在于用马克思主义解决中国的实际问题。马克思主义之所以要实现中国化，就是因为中国革命和建设的实际问题的解决，离不开马克思主义的指导，而马克思主义要正确地指导解决实际问题，就必须从实际出发实现与中国的具体实际相结合。马克思主义时代化，更侧重于它的理论指向，即目标指向主要在于丰富和发展马克思主义理论。马克思主义之所以要时代化，就是因为时代条件发生了变化，需要丰富和发展马克思主义，为马克思主义理论增添时代内容和时代特色。当然，马克思主义中国化和时代化其实都有理论和实践的双重意义，但相比较而言，两者的侧重点显然有所不同。

第三，两者的逻辑进路不同。从逻辑进路上看，马克思主义中国化是以实践为中心，沿着"理论—实践—理论"的路径展开的。具体来说，马克思主义中国化的逻辑进程包括前后两个阶段：先是由理论到实践，就是"把马克思列宁主义的理论应用于中国的具体的环境"，就是用马克思主义的立场、观点和方法分析和解决中国社会改造和发展进程的实际问题，就是用马克思主义之"矢"去射中国革命之"的"；再是由实践到理论，就是使中国具体实际马克思主义化，把中国的独创的经验上升为科学理论，形成具有"中国特色、中国风格、中国气派"的马克思主义理论。马克思主义时代化则是以理论为中心，沿着"实践—理论—实践"的路径展开的。具体来说，马克思主义时代化的逻辑进路包括前后两个阶段：先是由实践到理论，就是因为先有时代条件的发展变化，才提出马克思主义时代化的需要，才有了马克思主义汲取新的时代精华的可能性；再是由理论到实践，汲取时代精华后的时代化理论成果，最终还是要回到实践当中，在指导实践的过程中接受实践的检验。当然，无论是"理论—实践—理论"，还是"实践—理论—实践"，都只是相对的，因为中国化和时代化的上述过程是循环往复、不断发展的，不能孤立地、静止地来看待。

马克思主义时代化不仅与中国化有重要区别，而且与大众化的区别更为明显。马克思主义时代化是马克思主义与时代条件相结合的过程和结果，马克思主义大众化是马克思主义与人民群众相结合的过程和结果。前者体现的是马克思主义理论与作为客观存在的时代条件之间双向互动的关系，后者体现的是马克思主义理论与具有主观能动性的人之间相互满足需要的关系，这两种关系在内容与要求上具有根本区别。这一切都决定了对于马克思主义时代化的研究，需要从马克思主义"三化"的研究中独立出来。只有建立符合自身特点和要求的研究范式，才能不断深化对马克思主义时代化的研究。

"不断推进马克思主义时代化"这一战略任务，要求我们深刻认识和把握马克思主义时代化的发展过程和内在规律。唯物辩证法认为，客观世界的一切事物都是作为过程而存在的，马克思主义时代化更是一个作为过程的存在。马克思主义时代化过程自从马克思主义诞生以来就开始了，发展到今天已经走过了160多年的历程，这是马克思主义时代化的"历史过程"。我们今天面临着继续推进马克思主义时代化的任务，就是要根据现有的马克思主义理论，结合不断变化的时代条件，继续推进马克思主义的理论创新，创造出时代化马克思主义的理论新成果，从而不断把马克思主义推向前进。这一任务的实现也必定是一个不断向前发展的动态过程，这一过程就是我们需要深入研究的马克思主义时代化的"实现过程"。

同时，根据一般系统论的原理，客观世界的一切事物都是作为系统而存在的，系统由特定的要素构成，要素之间存在特定的结构关系，各要素之间、系统与环境之间的相互作用推动着事物的发展。马克思主义时代化自然也是作为系统的存在，其本身必然是由特定的要素构成的，这些要素之间的相互作用推动着马克思主义时代化的发展。正确认识马克思主义时代化过程的构成要素，研究其相互作用的关系，对于我们深刻把握马克思主义时代化的内在规律无疑具有重要意义。

正是基于上述认识，笔者提出了"马克思主义时代化的实现过程研究"这一选题，旨在深入分析马克思主义时代化作为系统过程的内在构成要素，把握这一过程的主要环节、内在机制和发展路径，从而深化对马克思主义时代化客观规律的认识，为在实践中更好地推进马克思主义时代化这一重大战略任务服务。

二　研究意义

1. 政治意义

马克思主义时代化是贯穿于马克思主义发展史的一条重要线索。马克思主义在中国的传播与发展过程，既是不断实现马克思主义中国化的过程，也是不断推进马克思主义时代化的过程。"马克思主义时代化"命题的正式提出，表明了中国共产党的高度理论自觉。深化对于马克思时代化的研究，是当前理论工作者的重要使命和任务所在。不断推进马克思主义时代化，是党中央着眼于发展马克思主义、发展中国特色社会主义、加强党的自身建设的战略性高度提出的重大政治任务。本课题的研究是对上述战略任务的积极回应，是为完成上述政治任务服务的，因而具有鲜明的政治意义。

2. 理论意义

本课题立足于把马克思主义时代化作为一个系统要素相互作用、不断发展的实现过程，拟深入研究这一过程的基本要素与主要环节，分析马克思主义时代化的内在机制和发展路径，阐述马克思主义时代化的价值指向。这些方面的问题是马克思主义时代化的基本理论问题，也是目前关于马克思主义时代化的研究中关注较少的问题。本课题的研究有助于拓宽马克思主义时代化研究的理论视域，有助于深化对马克思主义时代化问题的理论思考，从而也有助于提升马克思主义时代化研究的理论力度。

3. 学科意义

马克思主义时代化研究是马克思主义理论学科的重要组成部分。"马克思主义中国化、时代化、大众化"研究是马克思主义基本原理研究的主要内容之一[①]，也是近年来理论界研究的热点问题。在马克思主义"三化"的研究中，马克思主义中国化的研究起步最早，研究最为深入，成果也最为丰富；马克思主义大众化的研究虽然在近几年才开始成为理论热点，但发展很快，研究成果较多；研究最为薄弱的就是关于马克思主义时代化的研究，研究的成果相对较少，独立研究的专著几乎没有，还处于研究的起步阶段。本课题的研究有助于推进马克思主义基本原理的研究，有利于马克思主义理论学科体系的完善。

[①] 有学者对2006～2009年国内学术界在马克思主义基本原理方面的研究状况做了梳理和分析，将研究的主要内容和问题概括为九个方面：①马克思主义经典作家研究；②马克思主义经典著作研究；③马克思主义整体性问题研究；④当代视野中的历史唯物主义研究；⑤马克思主义视域中的当代资本主义研究；⑥马克思主义意识形态问题研究；⑦民主社会主义问题研究；⑧中国特色社会主义理论体系问题研究；⑨马克思主义中国化、时代化、大众化问题研究。参见李昆明主编《马克思主义基本原理研究报告（2006～2009）》，人民出版社，2011，第24～42页。

4. 实践意义

在实践中贯彻落实"不断推进马克思主义时代化"的战略任务，需要从理论上研究"怎样实现马克思主义时代化"这一重大问题。在已有的研究中，对于"什么是时代化"和"为什么要时代化"等问题的论述比较多，认识也比较充分；但是对于"怎样实现时代化"的问题，研究得比较少，认识也还有待于提升。而这恰恰是更重要、更亟须解决的问题。本课题的研究围绕着"怎样实现马克思主义时代化"这个中心问题展开，从理论上深入探讨在当代历史条件下如何推进马克思主义时代化，从而为推进马克思主义时代化的实践过程提供理论依据。这有助于我们在推进马克思主义时代化的实践过程中更加自觉，更加主动，更加有效。

第二节　国内外研究现状述评

一　国内研究现状

党的十七大特别是十七届四中全会以来，马克思主义时代化的研究受到了越来越多的关注。从目前来看，马克思主义时代化的研究成果主要以报刊文章为主。依据中国知网（CNKI）作为基本数据来源，笔者检索了2007 年以来的研究文献，在"篇名"中同时含有"马克思主义"和"时代化"两个关键词的期刊文章共有 571 篇，报纸文章共有 63 篇。专题研究马克思主义时代化的博士学位论文有 1 篇，即马晨的《马克思主义民族理论的时代化研究》（中共中央党校，2012 年）。硕士学位论文仅有 5 篇①。关于马克思主义时代化的专题著作同样甚少，笔者所见的只有 2 部：章传家主编的《谱写推进马克思主义时代化新篇章》（解放军出版社，2012 年 1 月出版），丁晓强、杨云珍主编的《科学发展与理论创

① 这 5 篇硕士学位论文分别是：刘茹的《论马克思主义时代化》（中共湖北省委党校，2011 年），钟燕的《邓小平对马克思主义时代化的推进》（湖南师范大学，2011 年），尚光辉的《马克思主义时代化研究》（天津师范大学，2012 年），宫微的《当代中国马克思主义时代化研究》（兰州大学，2012 年），毕冉的《马克思主义在当代中国的时代化问题研究》（渤海大学，2012 年）。

新——马克思主义时代化的基本问题》（同济大学出版社，2012 年 6 月出版）。因此，关于马克思主义时代化的研究亟待加强。

从现有的研究成果来看，学术界关于马克思主义时代化的研究主要涉及以下几个方面的问题。

1. 关于马克思主义时代化的科学含义的研究

这方面的研究成果比较多，几乎每一篇文章都会涉及对马克思主义时代化含义的解读，人们从不同角度、不同层面对这一概念的内涵和外延进行界定，对其精神实质进行探讨，提出了各种不同的表述。但从总体上看，关于马克思主义时代化概念的理解，人们的认识大同小异，在核心观点上是一致的，只在理解角度与语言表述上略有差异。

首先，关于马克思主义时代化的科学内涵。国内学术界对于马克思主义时代化内涵的界定，有三种不同的视角[1]。学者们从不同角度所进行的解读，有助于我们全面准确地把握马克思主义时代化概念的内涵。

第一种视角，侧重于从顺应时代变化坚持和发展马克思主义的角度来界定，落脚点是马克思主义与时俱进的理论创新。刘昀献认为："马克思主义时代化，就是把马克思主义立场、观点、方法同时代特征、时代主题和日新月异的发展实践相结合，与时俱进地发展马克思主义。"[2] 徐光春认为："马克思主义时代化，就是紧密结合时代特征，不断吸收新的时代内容，使马克思主义顺应时代潮流，紧跟时代步伐，揭示时代主题，形成与时代特征相结合、与时代要求相一致、富有时代特色的马克思主义最新理论成果。"[3] 牛先锋、张富文等许多同志都持有类似观点[4]。

第二种视角，侧重于从马克思主义适应时代需要和解决时代课题的角度来界定，落脚点是引领和推动时代发展。徐崇温教授指出："推进马克思主义时代化，就是要把握时代主题，反映时代精神，吸收新的时代内

---

① 参见阮博《党的十七届四中全会以来马克思主义时代化研究综述》，《党的文献》2010年第 6 期。

② 刘昀献：《谈马克思主义中国化、时代化、大众化》，《求是》2010 年第 5 期。

③ 徐光春：《进一步丰富和发展马克思主义的重大课题》，《人民日报》2010 年 4 月 21 日。

④ 参见牛先锋《马克思主义时代化进程中的中国化、大众化研究》，《科学社会主义》2009 年第 6 期；张富文《试论坚持和发展马克思主义的三个重要维度》，《广西社会主义学院学报》2010 年第 1 期。

容，积极回应时代挑战，使马克思主义紧跟时代发展步伐、引领时代前进潮流、拓宽视野、丰富内涵，正确回答当今世界经济、政治、社会、文化发展提出的新的重大问题。"① 刘新如也认为："马克思主义时代化，就是把马克思主义同当前时代的特征、时代的发展结合起来，紧扣时代脉搏，反映时代精神，回答时代课题，使之能够适应时代需要，引领时代潮流。"② 何毅亭等人也持类似观点③。

第三种视角，则是从解决时代课题和发展马克思主义相结合的角度来界定，落脚点是马克思主义的理论和实践创新。王振民指出："马克思主义时代化，就是坚持用马克思主义的立场、观点和方法准确把握世界发展的大势，使党的理论与实践始终体现时代性，适应时代要求、把握时代脉搏、回答时代问题，坚持和发展马克思主义。"④ 刘先春等认为："马克思主义时代化是指把马克思主义的基本原理同不断变化发展的时代特征和时代精神相结合，对变化了的时代特征和时代精神作出科学准确的分析和判断，并在此基础上，回应时代发展的难题，升华时代精神，创新发展理论。"⑤

其次，关于马克思主义时代化的基本内容。秋石在《大力推进马克思主义中国化、时代化、大众化》中指出："时代化既包括内容和形式的时代化，也包括语言和话语体系的时代化。"⑥赵凯在《马克思主义中国化、时代化和大众化及其关系》中指出，马克思主义时代化包括三个方面的基本含义：一是内容的时代化，二是形式的时代化，三是语言的时代化⑦。田文富在《当代中国马克思主义时代化研究的维度》中则认为，马克思主义时代化的基本内容是内容时代化、形式时代化和话语体系

---

① 徐崇温：《坚持不懈地推进马克思主义中国化、时代化、大众化》，《学习论坛》2010 年第 4 期。
② 刘新如：《推进马克思主义时代化札记》，《解放军报》2009 年 11 月 10 日。
③ 何毅亭：《推进马克思主义中国化时代化大众化》，《中国党政干部论坛》2009 年第 10 期。
④ 王振民：《论马克思主义时代化的理论逻辑》，《理论导刊》2010 年第 3 期。
⑤ 刘先春、杨志超、吴阳松：《马克思主义时代化若干问题探析》，《广西社会科学》2010 年第 7 期。
⑥ 秋石：《大力推进马克思主义中国化、时代化、大众化》，《求是》2009 年第 23 期。
⑦ 赵凯：《马克思主义中国化、时代化和大众化及其关系》，《沈阳师范大学学报》（社会科学版）2010 年第 2 期。

时代化①。应该说，国内学术界多数人都认同马克思主义时代化包括内容的时代化和形式的时代化两个最基本的方面。至于第三个方面的内容，有的表述为"语言的时代化"，有的则称为"话语体系的时代化"，笔者认为在本质上并无区别。马克思主义时代化的主要内容由上述三个方面组成，这一观点逐渐成为共识。

此外，也有一些学者尝试从不同的角度对马克思主义时代化的基本内容做出新的概括。董德兵认为，马克思主义时代化包括三个方面的内容：一是马克思主义理论解读的时代化，二是马克思主义理论创新的时代化，三是马克思主义理论指导实践的时代化②。董根洪则认为，马克思主义时代化包括两个基本层面：一是时代实践的马克思主义化，二是马克思主义理论的时代化③。袁银传从马克思主义要随着时代的发展而发展这个角度，揭示了马克思主义时代化包括三个层面的内容：一是马克思主义要站在当代人类实践发展的最前沿，与实践俱进；二是马克思主义要站在当代人类科学技术发展的最前沿，与科技俱进；三是马克思主义要站在当代人类哲学文化发展的最前沿，与哲学文化的发展俱进④。马军党则提出马克思主义时代化的内涵与特征包括三个层面：时代精神的马克思主义化、时代实践的马克思主义化、马克思主义理论的时代化⑤。应该说，这些观点有助于拓展人们的视野，是富有启发意义的。

最后，关于马克思主义时代化的精神实质。国内学术界一般认为，发展马克思主义是马克思主义时代化的实质所在。邹谨等在《关于马克思主义时代化的几点思考》中提出："马克思主义时代化实质上是一个马克

---

① 田文富：《当代中国马克思主义时代化研究的维度》，《中共云南省委党校学报》2010 年第 3 期。

② 董德兵：《论马克思主义时代化的精神实质和推进途径——兼论国际金融危机与马克思主义时代化》，人民网理论频道，http://theory.people.com.cn/BIG5/13190776.html，最后访问日期：2010 年 11 月 11 日。

③ 董根洪：《不断推进马克思主义的中国化、时代化、大众化》，《杭州日报》2009 年 12 月 17 日。

④ 袁银传：《马克思主义中国化、时代化、大众化命题解析》，《思想理论研究》2010 年第 13 期。

⑤ 马军党：《马克思主义时代化的三维探析》，《兰州大学学报》（社会科学版）2012 年第 2 期。

思主义的发展问题。"① 王娟娟等在《马克思主义时代化论要》中指出："推进马克思主义时代化，在本质上与推进马克思主义中国化是一样的，都是为了发展马克思主义。"② 刘新如则强调了马克思主义时代化的要义是坚持和发展马克思主义③。赵兰香则明确提出："与时俱进是马克思主义时代化的精神实质。"④ 也有的学者提出了新的思考，认为马克思主义基本原理与时代发展和时代特征相结合是马克思主义时代化的实质，反映时代潮流、解决时代课题是马克思主义时代化的主要内容，实现马克思主义的与时俱进是马克思主义时代化的必然结果⑤。

2. 关于马克思主义时代化与中国化、大众化的关系研究

研究和阐述马克思主义"三化"的关系，是学术界关注的热点问题，对此有着较充分的讨论，也产生了丰富的研究成果。学术界普遍认为，马克思主义中国化、时代化、大众化三者构成辩证统一的有机整体。但如何诠释这三者的内在关系以及逻辑结构，学者们提出了不同的观点，且存在比较大的意见分歧。

首先，关于马克思主义"三化"的有机统一问题。马克思主义"三化"是一个有机统一的整体，对此人们的认识是基本一致的。学术界从多个层面对三者的有机统一性做了深入分析和研究。陈德祥指出，时间、空间、主体三者在实践中的有机统一性决定了马克思主义"三化"的统一性⑥。王中平认为，马克思主义"三化"都必须坚持马克思主义的立场、观点和方法，都以具体运用和实践马克思主义为现实任务，都以发展和创新马克思主义为理论目标，并且都统一于中国革命、建设和改革的历史进程之中，是不可分割的整体⑦。甘文华等认为，从马克思主义传入中

①　邹谨、唐棣宣：《关于马克思主义时代化的几点思考》，《中共桂林市委党校学报》2010年第1期。

②　王娟娟、张正光：《马克思主义时代化论要》，《前沿》2010年第15期。

③　刘新如：《推进马克思主义时代化札记》，《解放军报》2009年11月10日。

④　赵兰香：《论马克思主义时代化的科学内涵与精神实质》，《实事求是》2011年第4期。

⑤　郭跃军：《论马克思主义时代化的科学内涵和精神实质》，《黑龙江社会科学》2010年第5期。

⑥　陈德祥：《论马克思主义中国化、时代化、大众化关系的三维统一》，《湖南师范大学社会科学学报》2012年第2期。

⑦　王中平：《关于马克思主义中国化时代化大众化的几个问题》，《理论视野》2011年第10期。

国的那一天起，马克思主义中国化、时代化、大众化的历史进程就开始了，并随着革命和建设实践的深化而不断深化，马克思主义"三化"是同一个历史过程①。李美玲认为，马克思主义中国化、时代化、大众化的过程，从根本上来说就是中国共产党依据实际不断进行理论创新的过程②。周国琴认为，马克思主义中国化、时代化、大众化是一个有机统一的整体，坚持三者的有机统一，是马克思主义的本质要求，是中国革命、建设和改革的经验总结，也是进一步发展马克思主义的重要前提③。可以说，人们对这一问题的认识已经比较清楚。

其次，关于马克思主义"三化"的内在关系问题，学术界存在不同的理解，提出了许多不同的观点。代表性观点有：《求是》2009 年 12 月发表署名"秋石"的文章提出，中国化是核心，是统领时代化和大众化的总原则、总要求；时代化是关键，是展现中国化和大众化科学性与先进性的重要标识；大众化是基础，是拓展中国化和时代化深度和广度的重要途径④。牛先锋教授认为，中国化是时代化和大众化的核心，时代化是中国化和大众化的基础，大众化是时代化和中国化的落脚点⑤。尹从国教授认为，中国化是时代化、大众化的鲜明主题，时代化是中国化、大众化的关键和保障，大众化是中国化、时代化转化为物质力量的根本途径⑥。刘昀献教授认为，中国化是前提，它反映的是马克思主义在中国的具体化、民族化；时代化是灵魂，它反映的是马克思主义随着中国与世界的发展变化与时俱进的历程；大众化是目的，它反映的是马克思主义在中国武装群众、改造世界、改变人民命运的程度⑦。田旭明等则提出，中国化是时代

---

① 甘文华、王伟：《马克思主义中国化、时代化、大众化的历史经验与内在逻辑》，《中共南京市委党校学报》2010 年第 6 期。

② 李美玲：《中国共产党推进马克思主义中国化时代化大众化的基本经验》，《桂海论丛》2012 年第 1 期。

③ 周国琴：《论马克思主义中国化、时代化、大众化的有机统一》，《求索》2012 年第 7 期。

④ 秋石：《大力推进马克思主义中国化、时代化、大众化》，《求是》2009 年第 23 期。

⑤ 牛先锋：《马克思主义时代化进程中的中国化、大众化研究》，《科学社会主义》2009 年第 6 期。

⑥ 尹从国：《怎样理解马克思主义中国化时代化大众化》，《解放军报》2010 年 3 月 2 日。

⑦ 刘昀献：《谈马克思主义中国化、时代化、大众化》，《求是》2010 年第 5 期。

化和大众化的前提，时代化是中国化和大众化的纽带，大众化是中国化和时代化的目的①。此外，还有其他多种不同的观点和表述。应该说，学术界在这个问题上存在较大分歧，尚需进一步深入探讨。

最后，关于马克思主义"三化"的逻辑关系问题，学术界也存在三种不同的意见。第一种意见认为三者构成并列关系。杨永志认为，马克思主义中国化与时代化虽有密切联系，但也有明显区别，二者之间不是包含关系，而是并列关系②。第二种意见则主张三者的关系不是平行并列的，而是有主次之分的。郭建宁认为，马克思主义中国化、时代化、大众化不是三分天下，三足鼎立，而是主次分明的。中国化是主题，时代化和大众化是服务于中国化的③。陈曙光也认为，中国化、时代化、大众化三位一体，但三者的地位不是平行的、并列的，而是有主有次、主次分明的④。还有人提出了第三种意见，认为马克思主义"三化"是马克思主义从理论转变为实践的三个基本条件，三者呈现出并列、递进和互通的逻辑关系，并内在地统一于中国特色社会主义实践中⑤。马克思主义"三化"作为一个整体，其中的三者究竟是主次关系，还是并列关系？这是需要继续加以探讨的问题。

3. 关于马克思主义时代化的必要性与可能性的研究

首先，关于马克思主义时代化的立论基础问题。学术界一致认为，马克思主义时代化是马克思主义与时俱进理论品质的内在要求。马克思主义是时代的产物，是时代精神的精华。马克思主义必然要随着时代和实践的发展而不断丰富和发展⑥。"马克思主义与时俱进的理论品质是马克思主

---

① 田旭明、沈其新、彭莉：《论马克思主义中国化、时代化、大众化的辩证关系与理论自觉》，《理论导刊》2010 年第 4 期。

② 杨永志：《马克思主义时代化的理论蕴含》，《人民论坛》2011 年第 14 期。

③ 郭建宁：《在"中国马克思主义论坛 2009"颁奖仪式上的获奖感言》，《理论视野》2009 年第 12 期。

④ 陈曙光：《马克思主义中国化时代化大众化的整体性逻辑》，《湖北社会科学》2011 年第 10 期。

⑤ 张荣：《关于马克思主义中国化、时代化、大众化的思考》，《绵阳师范学院学报》2012 年第 9 期。

⑥ 张建：《不断推进马克思主义时代化》，《前沿》2010 年第 7 期。

义时代化的根本原因。"① 有的学者还从哲学基础的角度做了进一步论证。齐卫平认为，马克思主义的唯物辩证论思想是马克思主义时代化的理论依据②。吴晓云论证了马克思主义时代化是马克思主义认识论的本质要求和实践观点的具体体现，是由马克思主义的理论本性决定的③。刘光明则认为，马克思主义时代化是由马克思主义的实践性、开放性、批判性、进步性这些理论特质决定的④。

此外，不少学者还从历史的角度研究了马克思主义时代化的立论依据问题。陈曙光从马克思主义发展史的角度指出，马克思主义就是在不断解答时代课题的过程中推进自身发展的，一部马克思主义发展史就是一部马克思主义时代化的历史。马克思主义时代化是马克思主义发展史的重要线索⑤。徐崇温从世界社会主义发展史的角度指出，凡是实现了把马克思主义的基本理论和本国实际、时代特征紧密结合的时候和地方，社会主义事业就兴旺发达；反之，社会主义事业就会遭遇困难和挫折。马克思主义时代化是社会主义发展史的经验总结⑥。齐卫平、张悦则从中国共产党历史发展的角度指出，马克思主义时代化是中国共产党领导革命、建设与改革的历史传统和宝贵经验⑦。因此，推进马克思主义时代化的命题，是总结历史经验的认识成果，是历史发展带给人们的重要启示。

其次，关于马克思主义时代化的现实必然性问题。对于为什么必须大力推进马克思主义时代化的问题，国内学术界有着比较充分的研究和深入的讨论，从多个角度提供了对其必要性依据的论证。综合学术界的观点，马克思主义时代化的现实必然性包括以下三个基本方面。第一，是坚持和

---

① 刘先春、吴松阳：《论马克思主义时代化》，《理论导刊》2010 年第 1 期。
② 齐卫平：《论马克思主义时代化命题提出的理论依据与实践意义》，《中国井冈山干部学院学报》2012 年第 1 期。
③ 吴晓云：《论马克思主义时代化——学习党的十七届四中全会心得》，《毛泽东思想研究》2010 年第 1 期。
④ 刘光明：《论马克思主义时代化的理论特质》，《南京政治学院学报》2011 年第 1 期。
⑤ 陈曙光：《思入时代深处，推进马克思主义时代化》，《高校理论战线》2010 年第 1 期。
⑥ 徐崇温：《坚持不懈地推进马克思主义中国化、时代化、大众化》，《学习论坛》2010 年第 4 期。
⑦ 齐卫平、张悦：《马克思主义时代化：增强活力的新要求——对党的十七届四中全会提出的一个新概念的认识》，《上海党史与党建》2009 年第 11 期。

发展马克思主义的必然要求。马克思主义只有随着世情、国情、党情的变化而变化，随着时代的进步而进步，才能始终保持旺盛的生命力①。第二，是中国特色社会主义建设的客观需要。只有实现马克思主义时代化，才能为推进中国特色社会主义事业提供科学理论指导和强大思想保障②。第三，是加强和改进党的建设的必然要求。只有推进马克思主义时代化，才能不断增强党的创造力、凝聚力、战斗力③。总之，学术界普遍认为，随着时代的发展，马克思主义在新的时代条件下面临着诸多挑战，在当前，大力推进马克思主义时代化是十分必要的和紧迫的课题。

最后，关于马克思主义时代化的可能性前提问题。对于马克思主义时代化何以可能的问题，学者们从理论可能性与现实可能性等方面做了探讨。牛先锋教授指出，马克思主义所批判的问题直到今天依然没有得到根本解决；马克思主义具有对未来的预测性，它所追求的人的自由全面发展的社会理想指引了人类社会发展的方向；马克思主义揭示了事物发展的内在规律，它的唯物论和辩证法是人们观察和认识人类历史发展的科学方法论。这决定了马克思主义时代化具有理论可能性④。韩喜平等则从现实条件上研究了在当代中国推进马克思主义时代化的可能性问题，认为我国改革开放和现代化建设提供了宝贵的实践经验条件，人民群众对马克思主义的认同提供了必要的社会和群众基础，马克思主义成为中国大众话语系统的组成部分提供了浓厚的文化背景。这些构成了马克思主义时代化的现实可能条件⑤。杨文圣则从理论和实践相结合的角度论述了马克思主义时代化的可行性问题，认为马克思主义的实践性是时代化的理论根基，科学性是其根本前提，创新性是其力量之源，实效性是其内在动力⑥。

---

① 秋石：《大力推进马克思主义中国化、时代化、大众化》，《求是》2009 年第 23 期。
② 程卫华：《如何理解马克思主义时代化——学习党的十七届四中全会〈决定〉系列谈》，《人民日报》2009 年 10 月 26 日。
③ 秋石：《大力推进马克思主义中国化、时代化、大众化》，《求是》2009 年第 23 期。
④ 牛先锋：《论马克思主义的时代性与时代化》，《马克思主义与现实》2011 年第 5 期。
⑤ 韩喜平、王为全：《马克思主义时代化面临的机遇和挑战》，《长白学刊》2010 年第 2 期。
⑥ 杨文圣：《论马克思主义中国化、时代化、大众化的理论基石》，《山西师范大学学报》（社会科学版）2011 年第 3 期。

4. 关于马克思主义时代化的发展历程和经验总结的研究

首先，关于马克思主义时代化的发展历程。柳丽、宋克俭认为，马克思主义时代化进程是一个逻辑和历史相统一的过程，是逐步地、分阶段地向前推进的。这一过程可分为三个阶段：马克思恩格斯时期是其萌芽阶段，列宁时期是其发展阶段，毛泽东、邓小平、江泽民、胡锦涛等中国国家领导人时期是其丰富和完善阶段①。薛金慧把马克思主义时代化在中国的发展历程依据毛泽东思想和中国特色社会主义理论体系两大理论成果，划分为两个阶段，并认为实现了两次历史性飞跃②。王海滨考察了新中国成立以来马克思主义时代化的发展历程，并将其划分为四个阶段：初步尝试阶段（1949～1966 年）、遭遇挫折和艰难前行阶段（1966～1978 年）、在反思和探索中前进阶段（1978～2009 年）、全面推进阶段（2009 年至今）③。但是，也有人认为，考察马克思主义时代化的历史进程只能从马克思主义中国化的第二个理论成果——邓小平理论开始，认为邓小平理论是马克思主义时代化的启程，"三个代表"重要思想是马克思主义时代化的自觉，科学发展观是马克思主义时代化的全面推进④。此外，还有一些学者从整体上分析了马克思主义"三化"的发展历程，时代化的发展作为其中的一个方面而有所涉及⑤。总的来看，专门研究马克思主义时代化发展历程的成果并不多见。

其次，关于马克思主义时代化历史经验的梳理总结，这是学术界关注相对较多的问题。张凤华从马克思主义发展史的视角，把推进马克思主义时代化的实践归纳为四个方面的基本经验：一是科学把握时代主题，实现

---

① 柳丽、宋克俭：《马克思主义时代化的逻辑进程及其启示》，《中共郑州市委党校学报》2011 年第 5 期。

② 薛金慧：《马克思主义时代化历史进程和基本经验研究》，《理论月刊》2012 年第 10 期。

③ 王海滨：《新中国马克思主义时代化的基本历程与基本经验》，《理论与现代化》2011 年第 3 期。

④ 华雷：《马克思主义时代化进程及其启示》，《理论探讨》2010 年第 5 期。

⑤ 这方面的成果有：申云兰《马克思主义中国化时代化大众化的探索历程》，《山西高等学校社会科学学报》2012 年第 2 期；荣开明《马克思主义中国化时代化大众化辉煌 90 年》，《湖北社会科学》2011 年第 10 期；郑德荣、牟蕾《马克思主义中国化时代化大众化的历史轨迹和宝贵经验》，《东北师范大学学报》（社会科学版）2011 年第 4 期；孙忠良、陈德祥《马克思主义中国化时代化大众化的历史探索》，《辽宁大学学报》（哲学社会科学版）2011 年第 4 期；等等。

马克思主义与时俱进；二是紧密结合社会实际，为马克思主义增添时代内容；三是及时总结人民群众的新鲜实践经验，创新马克思主义；四是以马克思主义理论推动时代变迁，引领时代发展①。吴怀友则从马克思主义时代化发展的客观要求的角度把这些经验概括为三个方面：时代要求和实践基础的深刻变化是时代化的内在动力，与时代特征和实践相结合是时代化的本质要求，以发展了的马克思主义指导新的实践是时代化的必然结论②。此外，中国共产党推进马克思主义时代化的基本经验，也受到了越来越多学者的关注。罗庆宏认为，中国共产党在推进马克思主义时代化过程中积累了宝贵经验，那就是要以科学的态度对待马克思主义，科学判断时代特征，着力回答时代课题，尊重实践，尊重人民群众的首创精神，充分借鉴国际经验，坚持党的实事求是的思想路线③。刘海龙指出，马克思主义进入中国以来就一直实践着它的时代化，其基本经验有：解放思想是时代化的前提，准确把握时代主题是时代化的关键，立足实践是时代化的根本，自觉创新是时代化的动力④。马毓新则从推进马克思主义时代化的逻辑起点、基本前提、内在要求、必然视角、重要方法等方面对中国共产党推进马克思主义时代化的基本经验做了全新的概括⑤。这些研究对于我们认识马克思主义时代化的发展过程与内在要求，具有启发意义。

最后，关于党的领袖的马克思主义时代化思想和对推进马克思主义时代化的贡献，这个方面的问题也受到了越来越多的关注。陈洪玲论述了中国共产党早期领导人对马克思主义时代化的探索，认为陈独秀、李大钊等对于推进马克思主义时代化做出了重要贡献⑥。邹谨等分别对于邓小平、江泽民、胡锦涛对推进马克思主义的贡献进行研究，从揭示时代化的必然

---

① 张凤华：《马克思主义时代化的基本经验》，《社会主义研究》2011 年第 3 期。
② 吴怀友：《论马克思主义时代化的基本经验》，《辽宁师范大学学报》（社会科学版）2012 年第 1 期。
③ 罗庆宏：《中国共产党推进马克思主义时代化的基本经验》，《湖北财经高等专科学校学报》2011 年第 3 期。
④ 刘海龙：《中国马克思主义时代化的历史经验与启示》，《理论月刊》2012 年第 9 期。
⑤ 马毓新：《再论中国共产党推进马克思主义时代化的基本经验》，《黑龙江社会科学》2012 年第 1 期。
⑥ 陈洪玲：《中共早期领导人对马克思主义时代化的探索》，《科学社会主义》2012 年第 3 期。

性、科学判断时代特征、提出时代化观点、指明时代化路径等方面具体分析了党的领导人所做出的贡献①。赵刚着重分析了党的三代领导集体核心对于马克思主义时代化理论的贡献，认为毛泽东是中国共产党人学习和掌握马克思主义时代化理论的开拓者，邓小平是中国共产党人创新和运用马克思主义时代化理论的倡导者，江泽民是中国共产党人成熟运用马克思主义时代化理论的表现者。他们都为马克思主义时代化理论的丰富与发展，做出了重要贡献②。此外，一些学者在把马克思主义"三化"作为一个整体来论述领导人的贡献时，涉及了时代化的问题③。相对而言，人们更多地关注了党的领导人对时代化的实际贡献，而对于领导人的时代化思想关注较少，这个方面的专题研究成果极少④。总的来看，学术界关于党的领袖在马克思主义时代化的思想与贡献问题上的研究，虽然独立成果不多，但关注度在提升，这些研究有助于我们更好地把握中国共产党推进马克思主义时代化历程的全貌。

5. 关于如何推进马克思主义时代化的研究

关于这一方面目前也有相当数量的研究成果，而且正受到越来越多的关注。如何进一步推进马克思主义时代化，涉及方方面面的问题。下面就学术界所涉及的主要问题，择要做一介绍。

首先，关于马克思主义时代化的实现路径。章传家主编的《谱写推

---

① 参见邹谨、唐棣宣《邓小平对推进马克思主义时代化的贡献》，《中共南昌市委党校学报》2011年第2期；邹谨、姚红《江泽民对推进马克思主义时代化的贡献》，《益阳职业技术学院学报》2010年第2期；邹谨、冯泽明《胡锦涛对推进马克思主义时代化的贡献》，《长江论坛》2010年第4期。

② 赵刚：《党的三代领导集体核心对马克思主义时代化理论的贡献》，《安阳师范学院学报》2011年第6期。

③ 主要成果有：谭献民、秦立春《毛泽东推进马克思主义中国化、时代化、大众化的历史贡献》，《湖南师范大学社会科学学报》2011年第1期、第3期；苑申成《邓小平对马克思主义中国化、时代化和大众化的杰出贡献》，《思想教育研究》2010年第8期；罗昭义《党的十六大以来对马克思主义中国化时代化大众化的探索与启示》，《重庆社会科学》2011年第5期；等等。

④ 关于党的领袖有关马克思主义时代化的理论论述，只在论述领导人关于马克思主义"三化"的思想时偶有涉及。如周恩毅、周太山的论文《论邓小平的马克思主义中国化时代化大众化思想》，《湖北社会科学》2011年第10期；赵刚的论文《民主革命时期毛泽东对马克思主义中国化、时代化、大众化的理解》，《毛泽东思想研究》2010年第6期。其中对邓小平、毛泽东的时代化思想有所涉及。此外，目前尚未见专题研究成果。

进马克思主义时代化的新篇章》从追踪科技飞跃、把握历史走势、解答时代课题、不断解放思想、锐意改革开放、吸纳世界文明、创新表达方式七个方面，比较全面、系统地阐述了推进马克思主义时代化的基本途径，具有重要的参考价值和启发意义。该成果是当前马克思主义时代化研究中不多见的力作之一。房广顺、刘朝锋的论文《论马克思主义时代化的科学路径》则从理论路径、实践路径、主体路径等方面探索了马克思主义时代化的路径选择，认为马克思主义时代化应该着眼于马克思主义的理论创新，着眼于中国特色社会主义的实践要求，着眼于人民群众的主体地位与历史作用，并在此基础上探索其他路径①。刘艳提出，在解放思想、实事求是、与时俱进中不断推进理论创新是马克思主义时代化的根本路径，不断强化时代意识、积极解答时代课题是马克思主义时代化的核心路径，内容时代化、形式时代化和话语体系时代化是马克思主义时代化的基本路径②。张建提出了"文化建设是马克思主义中国化时代化大众化的重要路径"的观点③，齐久恒则将马克思主义时代化的实现路径归结为"四个坚持"④。这些观点都是富有新意的。此外，还有数量较多的文章也谈论马克思主义时代化的路径或途径，但总体上都是从实现马克思主义时代化的基本要求角度来讲的，真正就时代化的路径做学理性分析的成果不多。

其次，关于马克思主义时代化的基本原则。一些学者对于推进马克思主义时代化做了宏观思考，阐述了其基本原理或基本要求。韩喜平、王为全认为，在当代中国推进马克思主义时代化必须坚持以人为本、科学发展，知行并重、整体推进，返本开新、海纳百川等基本原则⑤。李

① 房广顺、刘朝锋：《论马克思主义时代化的科学路径》，《人民论坛》2011 年第 5 期。作者认为，推进马克思主义时代化的路径有四个方面：一是既坚持稳定性，又坚持动态性，在与时俱进中推进马克思主义时代化；二是既坚持民族性，又坚持世界性，在宽阔视野中推进马克思主义时代化；三是既坚持真理性，又坚持价值性，在正确尺度中推进马克思主义时代化；四是既坚持主导性，又坚持多样性，在双向结合中推进马克思主义时代化。

② 刘艳：《当代中国马克思主义时代化研究综述》，《广西社会科学》2011 年第 8 期。

③ 张建：《文化建设是马克思主义中国化时代化大众化的重要路径》，《岭南学刊》2012 年第 6 期。

④ 齐久恒：《马克思主义时代化的实现路径》，《理论探索》2010 年第 6 期。

⑤ 韩喜平、王为全：《马克思主义时代化面临的机遇和挑战》，《长白学刊》2010 年第 2 期。

媛则从世界观和方法论的角度，提出推进马克思主义时代化要坚持批判性与建构性、终极性与阶段性、超越性与底线性、普适性与民族性相统一的四大原则①。田文富则提出，马克思主义时代化的基本原则有五项：坚持普适性与民族性，坚持阶级性与大众性，坚持历史性与时代性，坚持理论性与实践性，坚持继承性与创新性②。对于马克思主义时代化基本原则进行深入讨论，有助于我们从宏观上正确认识和把握马克思主义时代化的实现过程。

最后，关于马克思主义时代化的发展机制。马克思主义时代化的发展机制，是值得深入研究的重要问题。郭跃军提出，在实践中不断创新是马克思主义时代化的发展机制，马克思主义时代化的内在发展机制包括创新机制、认识机制和实践机制等③。目前学术界对马克思主义时代化的发展机制问题关注不多，因此，提出这一问题，对于我们拓展和深化马克思主义时代化研究，是有启发意义的。

综合分析现有的研究成果我们可以看出，当前国内学术界关于马克思主义时代化的研究呈现出以下几个特点。

第一，研究成果相对较少。在马克思主义"三化"中，关于"时代化"的研究属于明显薄弱环节，研究成果相对偏少。从中国知网检索 2007 年以来关于马克思主义"三化"的研究成果可以看出，有关"中国化"的研究成果最多，研究最为深入；有关"大众化"的研究成果次之，研究也较为深入；有关"时代化"的研究成果无论是报刊文章还是学位论文，数量都是最少的（具体统计数据见表 0 - 1）。同时，关于马克思主义中国化、大众化都有不少学术著作问世，但目前尚未见到关于马克思主义时代化的学术专著。现有研究成果的相对薄弱状况也决定了加强对马克思主义时代化研究的必要性和紧迫性。

---

① 李媛：《当代社会现实问题透视与马克思主义时代化学术研讨会综述》，《上海行政学院学报》2010 年第 3 期。
② 田文富：《当代中国马克思主义时代化研究的维度》，《中共云南省委党校学报》2010 年第 3 期。
③ 郭跃军：《论马克思主义时代化的科学内涵和精神实质》，《黑龙江社会科学》2010 年第 5 期。

表 0 - 1　2007 年以来"马克思主义中国化时代化大众化"研究成果统计表

单位：篇

类　别	题名中包含的关键字				
	"马克思主义"	"马克思主义中国化"	"马克思主义时代化"	"马克思主义大众化"	"马克思主义中国化时代化大众化"
期刊文章	22411	5054	571	2758	264
报纸文章	2192	456	63	214	43
博士学位论文	201	45	1	20	0
硕士学位论文	1524	248	9	201	3

　　第二，独立研究相当缺乏。目前学术界对马克思主义时代化的独立研究较少，更多的是将马克思主义时代化寓于"马克思主义中国化时代化大众化"的整体研究之中，或者是将马克思主义时代化与中国化相结合进行研究。上文提到的关于马克思主义时代化的很多研究成果，都是在对"马克思主义中国化、时代化、大众化"做整体研究时，关联阐述了"时代化"的相关问题；还有相当一部分研究是从中国化马克思主义的与时俱进方面来论述马克思主义时代化，缺乏马克思主义时代化的宏观世界视角。

　　第三，研究的深度有待提升。现有的研究虽然涉及了马克思主义时代化的科学内涵、基本依据、相互关系、路径选择、历史经验、基本规律等多个方面，但不少研究结果在理论认识或者观点阐释方面依然众说纷纭，并没有取得共识，需要进一步深入研究。例如，关于马克思主义时代化科学内涵的界定虽取得了一定进展，但更精确的含义还有待进一步商榷和厘定；关于马克思主义时代化的历史经验，仍需提炼、总结、概括；关于马克思主义时代化的实现路径，学者们往往各提主张，缺乏可以对话的统一的研究范式等。从总体上来说，当前的研究存在"四多""四少"现象，即对马克思主义"三化"做整体研究的较多，对马克思主义时代化做独立研究的较少；对马克思主义时代化的概念和意义的研究较多，对实现时代化的过程和机制的研究较少；对马克思主义时代化的一般要求和表层联系的研究较多，对其理论轨迹、发展趋势和内在规律的研究较少；对马克思主义时代化的宣传阐释性的成果较多，对其做深入系统的学理性分析的成果较少。

第四，研究的广度有待拓展。马克思主义时代化是涉及马克思主义理论诸多领域的宏大课题，需要从多个维度进行全面系统的研究，目前的研究领域相对狭窄，亟须进一步拓宽。例如，马克思主义时代化是一个永续发展的历史过程，也是一个各个要素相互作用的实践过程。关于这一历史过程的阶段划分、构成要素、基本环节、实现机制等问题，学术界目前都关注较少，成果不多，将之作为一个整体进行系统研究的成果更是缺乏。此外，研究视角也有待进一步拓展。现有的研究成果主要集中在马克思主义中国化的与时俱进方面，缺乏对其世界意义的探寻。马克思主义时代化不仅要求我们研究马克思主义在中国发展过程中所遇到的新问题、新挑战，更要研究世界马克思主义发展的实践成果和理论动向，把中国经验与世界其他社会主义国家的实践经验相结合，用不断发展的实践丰富和发展马克思主义。目前只关注其中国意义，忽视其世界意义的研究视角，与马克思主义时代化的本质要求还不相适应。

总的来说，目前国内学术界关于马克思主义时代化的研究尚处于起步阶段，研究成果相对偏少，但是关注度不断提升，成果在不断丰富之中。现有的研究成果为马克思主义时代化的进一步研究提供了必要的基础，而研究的不足之处则使马克思主义时代化的研究具有广阔的拓展空间。加强和深化对马克思主义时代化的研究是当前学术界面临的一项重要任务。

二　国外研究现状

在国外，以英、美、德、法等国学者为代表的西方马克思主义流派，依然是国外进行马克思主义研究的主力。发端于 20 世纪 20 年代的"西方马克思主义"流派，打着反对"教条主义"的旗号，主张由每一代"重新发现""重新创造"马克思主义。"西方马克思主义"出现了法兰克福学派、结构主义的马克思主义、生态马克思主义等众多不同的思想流派，以及卢卡奇、霍尔海默、阿尔都塞、佩珀等代表性人物。他们立足于时代变化，主张用各种西方社会思潮来解释、补充、重建马克思主义，以实现马克思主义"现代化"。西方马克思主义者虽然没有使用马克思主义时代化的概念，但这种批判精神，毫无疑问蕴涵着推进马克思主义时代化的思想因素。正如英国学者戴维·麦克莱伦所指出的，西方马克思主义者都是时代的产物，他们往往按照自己时代占支配地位的思想范式来解释马克思主义。

从理论研究的内容看，国外关于马克思主义时代化的相关研究主要体现在两个方面：一是对时代问题的研究。关于如何正确认识时代、如何应对时代的挑战、如何把握当今时代的发展趋势等，国外学者做了很多研究，取得了丰硕的成果。代表性成果有：凯尔纳的《后现代理论》（2006 年）、里茨尔的《虚无的全球化》（2006 年）、卡斯特尔的《网络社会》（2006 年）、哈贝马斯的《全球化与政治》（2003 年）等。这些著作对当今时代问题进行了不同角度的解读。二是对马克思主义与当代现实的研究。国外学术界主要关注了马克思主义与全球化问题、马克思主义与当代生态危机问题、马克思主义与当代资本主义问题、马克思主义的当代性问题等几个主要方面。主要成果有：豪格的《对马克思主义思想的阐释》（2008 年）、塞耶斯的《马克思主义与人性》（2008 年）、洛克曼的《马克思主义之后的马克思》（2008 年）、阿伦特的《马克思与西方政治思想传统》（2007 年）、麦克莱伦的《全球化与 21 世纪的马克思》（2005 年）等。这些论著对马克思主义与当代现实问题进行了不同角度的探讨和研究，有助于我们拓展对于马克思主义时代化研究的视野①。

总的来看，国外关于马克思主义时代化的研究有着强烈的问题意识，体现了对当代资本主义的批判和现实问题的关注，许多研究成果富有借鉴意义。但是，由于它们脱离了马克思列宁主义的科学世界观和方法论，否定了马克思主义的基本原理和精神实质，因而背离了马克思主义时代化的正确方向，走上了非马克思主义，甚至反马克思主义的道路。我们要在正确认识国外关于马克思主义时代化研究的非科学本质的基础上，充分吸收和借鉴其合理思想成果，为马克思主义时代化的理论研究和实践发展服务。

---

① 田文富：《当代中国马克思主义时代化研究的维度》，《中共云南省委党校学报》2010 年第 3 期。

第三节　研究的基本思路与主要内容

一　研究的基本思路

1. 本课题的研究切入点

本课题的研究基于这样一个认识前提，即马克思主义时代化是一个由多种系统要素构成并且各要素相互作用的发展过程。首先，马克思主义时代化是一个由系统要素相互作用的过程，其基本要素包括主体（中国共产党）、理论客体（马克思主义）、条件客体（时代条件）、载体（中国特色社会主义实践）四个方面。马克思主义时代化的过程从本质上来说，就是这四个要素相互作用、协调发展的过程。其次，马克思主义时代化是一个永无止境的发展过程。马克思主义从其产生之日起，就开始了时代化的历程，这一过程随着时代条件的发展而发展，永远不会停止。在当代中国，在中国共产党主导下继续推进马克思主义时代化，就是这一发展过程的继续。正是从这一认识出发，本课题拟着重论证在当今推进马克思主义时代化的过程要素和主要环节，并结合现实时代条件来论证马克思主义时代化的实现机制和路径选择，并阐明推进马克思主义时代化的价值取向。

关于本课题的研究对象，需要特别说明两点：第一，本课题研究的"马克思主义时代化的实现过程"，不是指"过去时"，而是指"将来时"，即主要研究的不是马克思主义时代化已经走过的历史发展过程，而是着重探讨其在未来发展中的实现过程。第二，本课题研究的马克思主义时代化的未来发展过程，主要以当代中国为视域，努力围绕"中国主题"来论述。从一般的意义上来说，马克思主义时代化作为具有世界意义的理论与实践发展过程，是由当今世界坚持以马克思主义为指导的各个社会主义国家的活动共同构成的，马克思主义在中国的发展只是其表现出的一个方面。然而，"马克思主义时代化"命题的提出作为中国共产党的理论创新，是有特定的价值指向的，那就是为了更好地推进中国特色社会主义事业，以实现中华民族伟大复兴的战略目标。作为马克思主义时代化的理论研究，自然也应当以"我们正在做的事情为中心"，把主要切入点指向当代中国的发展。因此，本课题研究马克思主义时代化的实现过程，主要是以当代中国推进马克思主义时代化为研究对象，始终围绕"中国主题"来把握马克思主义时代化的进程。至于其他社会主义国家在理论和实践上对马克思主义的发展，则不在本课题的讨论范围之内。

2. 本课题研究的逻辑构思

本课题的研究，拟着力体现三条逻辑线索。

（1）分析维度：历史—逻辑—价值。首先从对马克思主义时代化的历史分析着手，梳理经典作家关于马克思主义时代化的思想理论，阐明马克思主义时代化的发展历程及主要启示，这是研究马克思主义时代化的必要理论准备；其次对马克思主义时代化的过程做逻辑分析，从这一过程的构成要素和环节入手，并以此为基础来论证其发展机制和实现路径；最后落脚于马克思主义时代化的价值分析，阐明推进马克思主义时代化的价值取向，论证马克思主义时代化的目的性要求。

（2）思维向度：历史—现实—未来。本课题既要分析马克思主义时代化的历史发展过程，从观照历史中汲取智慧、寻求启迪；同时更着重于研究马克思主义时代化的实现过程，立足于当今的时代和国情条件来论证如何推进马克思主义时代化，积极回应马克思主义发展的现实要求。此外，还要从着眼未来的角度研究马克思主义时代化的价值指向，论证其对于当代中国和当今世界发展所应具有的引领作用，为马克思主义时代化的发展指明正确的方向。

（3）写作思路：概念—理论—实践。本课题拟从界定马克思主义时代化的概念入手，阐明其内涵、本质及其与中国化、大众化的相互关系；分析经典作家和中国共产党领导集体关于马克思主义时代化的思想理论，为研究当代中国推进马克思主义时代化确立科学理论依据；重在从实践的角度，研究推进马克思主义时代化的实现过程和实践要求，为马克思主义时代化的发展提供对策建议。

二　研究目标与主要内容

1. 研究目标

本课题的研究目标是：梳理和分析当前马克思主义时代化的研究现

状，把握研究动态，找准研究方向；立足于把推进马克思主义时代化作为一个过程加以分析，从理论和实践相结合的角度论证在当代中国推进马克思主义时代化的实现过程，以期从理论上深化对马克思主义时代化规律的认识，在实践上为推进马克思主义时代化提供宏观对策。

本课题拟解决的关键问题：①马克思主义时代化的基本过程分析。马克思主义时代化作为一个系统过程，主要包括哪些要素？这些要素相互作用的主要环节有哪些？对此要给予学理上的论证。②马克思主义时代化的实现机制和实现路径。马克思主义时代化过程中要素间相互作用有哪些内在机理和制约条件？其基本路径又有哪些？对此要着力阐释清楚。③马克思主义时代化的价值指向。在实现马克思主义时代化的过程中，如何认识其价值使命？应当遵循怎样的价值方向？对这些问题要着力分析。

2. 研究的主要内容

第一，研究马克思主义时代化的发展历程与理论依据。马克思主义是与时俱进的科学理论体系，它自产生之日起就开始了不断时代化的历程。本课题要分析马克思主义时代化发展的这一历史过程，阐述其现实启示。同时，还要梳理马克思主义经典作家和党的领导集体关于推进马克思主义时代化的思想理论和相关论述，为研究和推进马克思主义时代化提供科学的理论依据。

第二，研究马克思主义时代化过程的基本要素和主要环节。马克思主义时代化是一个由多种要素相互作用、协调推进、动态发展的系统过程。本课题拟从系统分析的角度，分析马克思主义时代化过程的构成要素，以及这些要素相互作用的主要环节，为研究马克思主义时代化的实现过程确立分析框架。

第三，研究马克思主义时代化的发展机制和实现路径。马克思主义时代化过程是受到客观规律制约的发展过程。本课题拟从实现前提、发展动力、形成表达等方面阐述马克思主义时代化的内在机制，并从理论路径、实践路径、文化路径等多个角度分析马克思主义时代化的路径选择，从而更深刻地认识马克思主义时代化的发展规律。

第四，研究马克思主义时代化过程的价值指向。马克思主义时代化实现过程是科学性与价值性相统一的过程，有着鲜明的价值指向。以往的研究更多地关注马克思主义时代化的意义，着眼于马克思主义时代化的结果所具有的价值。本课题拟以宽广的视野多角度分析在当代中国推进马克思主义时代化的价值指向，从而为马克思主义时代化的实践过程指明方向。

第四节　研究的主要方法与创新之处

一　主要研究方法

本课题拟采用的主要研究方法如下。

1. 文献研究法

本课题要通过广泛搜集和分析文献资料，做好现有研究成果的文献综述，熟悉和把握本课题的学术研究动态，在借鉴前人研究的基础上进一步深化相关的研究。要精读马克思主义经典作家和党的领导集体的相关经典著作以及党的重要历史文献，梳理马克思主义时代化发展的历史脉络，深刻领会经典作家关于马克思主义时代化的思想理论，为把握马克思主义时代化的精神实质奠定理论基础。

2. 系统分析法

本课题的研究要借鉴系统科学的研究方法。一方面，以当代中国实现马克思主义时代化的基本过程作为研究对象，将马克思主义时代化视为一个完整的系统，从系统内部结构及其相互作用的角度，全面探讨它的构成要素、主要环节、发展机制、实现路径、价值指向等各个方面。另一方面，将马克思主义时代化系统视为更大的社会系统中的子系统或要素来看待，分析其相互影响作用，把马克思主义时代化放到历史长河中去考察，放到全球视野下来考量。

3. 历史与逻辑相统一的方法

本课题的研究既要从历史的视角分析马克思主义时代化的实践发展和理论发展的过程，揭示马克思主义时代化历史发展过程中的现实启示和理论积淀，又要对马克思主义时代化过程进行逻辑分析，建构马克思主义时代化过程的结构体系，论证在当代中国推进马克思主义时代化的内在要求和发展规律，实现马克思主义时代化研究的历史与逻辑的有机统一。

4. 理论与实践相结合的方法

本课题一方面要加强马克思主义时代化的理论研究，准确阐释马克思主义时代化的概念内涵，挖掘梳理经典作家和党的领袖关于马克思主义时代化的思想理论，对马克思主义时代化的基本过程做出理论分析，提升对马克思主义时代化理论研究的力度；另一方面，要把马克思主义时代化的理论研究和实践创新结合起来，以马克思主义时代化理论为指导，立足于当代中国的时代条件和伟大实践，深入探讨实现马克思主义时代化的实践机制和路径选择，为马克思主义时代化的实践发展服务。

二　研究特色与创新之处

马克思主义时代化的实现过程研究是一个新课题，有相当大的难度。其一，马克思主义时代化是一个有着较强的意识形态性的问题，如何在研究中突破意识形态的话语体系而彰显学术性，这是一个不小的考验；其二，马克思主义时代化涉及多学科范畴，要突破不同学科的樊篱进行综合研究需要有十分宽广的理论视野和扎实的专业功底；其三，现有研究成果不多，可资借鉴的资料相对不足，这更强调了课题研究的创新性。这一切对于笔者来说都是巨大的挑战。但是即使困难重重，也要尽力而为，本人愿意尝试对这一课题做初步的研究。

本课题的研究特色与可能的创新之处有。

1. 选题角度较为新颖

以往关于马克思主义时代化的研究，主要围绕马克思主义时代化这一命题提出的时代背景、重大意义和基本要求等方面展开，主要回答了"为什么提出时代化""时代化具有怎样的意义""实现时代化有什么要求"等方面的问题。本课题选择"马克思主义时代化的实现过程"作为研究对象，主要目的是研究怎么实现马克思主义时代化，要着力回答马克思主义时代化"化什么""怎么化""为了什么而化"的问题。这一研究角度前人涉及较少，有一定的新意。

2. 运用系统分析的方法来研究马克思主义时代化的实现过程，是本课题研究的一大特色

本课题将马克思主义时代化视为一个由各种要素构成的有机统一、协

调发展的过程，借鉴系统分析的方法，研究这些要素相互作用的方式机理，阐述马克思主义时代化实现过程的环节、机制和路径，探索马克思主义时代化的内在规律。在马克思主义时代化的研究中引入这种研究方法，可以说是初次尝试。

3. 着力阐述马克思主义时代化的实现机制和实现路径，这是本课题研究最大的亮点

关于马克思主义时代化的实现机制，学术界关注较少。而关于马克思主义时代化的路径，现有的研究成果虽有所涉及，但往往表现为将实现路径与实现条件、基本要求相混淆。本课题拟从时代化过程中各要素相互作用的角度，从思想前提、发展动力、形成表达等多个角度研究马克思主义时代化的实现机制，从理论路径、实践路径、文化路径等多个方面阐述马克思主义时代化的实现路径，这有助于深化对马克思主义时代化的基本规律的认识。

4. 对马克思主义时代化的价值指向分析，是本课题研究的又一特色

以往的研究往往更多地注重马克思主义时代化的价值作用与重要意义，而对于其价值方向涉及较少。本课题拟从马克思主义时代化的价值指向入手，在宽广的视野上探求马克思主义时代化的价值使命和价值目标，论证马克思主义时代化过程的价值方向，以更加准确地理解当今时代实现马克思主义时代化的价值意蕴，更为准确地把握马克思主义时代化的正确方向。

第一章　马克思主义时代化的
科学内涵与理论依据

马克思主义时代化是一个有着特定内涵的科学概念。推进马克思主义时代化，需要准确理解其科学内涵和精神实质，正确认识其与马克思主义中国化、大众化的辩证统一关系，在马克思主义中国化、时代化、大众化的有机统一中整体推进。马克思主义经典作家和中国共产党的领袖十分重视马克思主义与时俱进，留下了许多关于马克思主义时代化的重要思想和理论论述。这些思想理论对于我们正确认识马克思主义时代化问题具有重要的指导意义，是我们在新的时代条件下推进马克思主义时代化的重要理论依据。

第一节　马克思主义时代化的科学内涵

党的十七届四中全会提出"不断推进马克思主义时代化"的战略任务，是我党的一个重大理论创新。"马克思主义时代化"作为一种实践活动，从马克思主义诞生时就开始了；但是作为一个完整的概念被提出，这是第一次。对于这一全新的概念，我们首先需要对其科学内涵进行界定和阐释。我们既要弄清"时代化"与"马克思主义时代化"本身的含义，准确理解其精神实质；也要弄清时代化与中国化、大众化的辩证关系，准确把握其地位与作用。唯有如此，才能对马克思主义时代化的科学内涵有一个全面的认识。

一　时代、时代性与时代化的概念

马克思主义时代化是时代化的子概念，是个别和一般的关系。马克思主义时代化，就是要对马克思主义进行"时代化"，使马克思主义随着"时代"的发展而发展，不断赋予马克思主义以鲜明的时代特色，从而始终彰显马克思主义的"时代性"。因此，在马克思主义时代化的概念中，内在地包含着"时代""时代性""时代化"三个范畴。对这三个范畴进行概念阐释，是正确认识马克思主义时代化的必要前提。

1. 时代的概念

"时代"一词是马克思主义时代化概念中的关键词之一。要把握马克思主义时代化的科学内涵，首先必须辨明"时代"一词的含义。

在《现代汉语词典》中，"时代"一词有两层意思：一是指历史上以经济、政治、文化等状况为依据而划分的某个时期，如石器时代、封建时代、时代潮流等。二是指个人生命中的某个时期，如青年时代①。而在人们的日常思维中，"时代"一词的应用则是极为泛化的。比如，人们根据当今世界已经进入全球化的历史发展阶段，把现在的历史发展时期称为全球化时代；根据计算机已经成为当前人类的一个重要劳动工具，把现在称为计算机时代；用来描述一个人的生命发展阶段，如少年时代、青年时代；用来描述一个国家在某个杰出人物领导下的特定历史时期，如斯大林时代、毛泽东时代等。这表明，人们是在较为宽泛的意义上使用"时代"一词的。在不同的语境中，该词表达的具体含义有所不同。马克思主义时代化中的"时代"概念，是有着特定内涵的。依据马克思主义的时代观，对"时代"概念的含义进行准确解读，甚为必要。

"时代"一词在马克思恩格斯的著作中随处可见。有学者研究发现，马克思恩格斯至少在五种不同的意义上使用了"时代"一词，它所表征的历史阶段在性质、特征和时间长度上是不同的②，但它的基本含义则是

---

① 中国社会科学院语言研究所词典编辑室编《现代汉语词典》（第 6 版），商务印书馆，2012，第 1177 页。

② 参见孙新彭《时代性质判断与社会主义实践选择——马克思主义时代思想研究》，人民出版社，2010，第 55～57 页。作者认为，马克思恩格斯著作中的"时代"一词至少有五种不同的用法：第一，它被用来指称人类文明发展的不同历史时期；第二，它被用来指称人类社会发展中的一种社会形态；第三，它被用来指称人类生产力发展的一定阶段；第四，它被用来指称一个较为长期的历史发展阶段；第五，它被用来指称历史发展中一个在时间上并不长，但是发生了某种巨大变化的历史发展阶段。

明确的。在马克思恩格斯看来，"时代"概念就是反映社会发展的某一特定历史阶段并具有自己基本特征的社会范畴。马克思在《政治经济学批判序言》一文中指出："大体说来，亚细亚的、古希腊罗马的、封建的和现代资产阶级的生产方式可以看做是经济的社会形态演进的几个时代。"①在《资本论》中又说道："各种经济时代的区别，不在于生产什么，而在于怎样生产，用什么劳动资料生产。劳动资料不仅是人类劳动力发展的测量器，而且是劳动借以进行的社会关系的指示器。"② 恩格斯则明确指出："每一历史时代主要的经济生产方式和交换方式以及必然由此产生的社会结构，是该时代政治的和精神的历史所赖以确立的基础。"③ 可见，马克思恩格斯是根据生产方式和经济制度的变化，来划分人类社会发展的历史阶段，并用"时代"一词来描述这些阶段的。某个时代就是反映某种特定形态的人类社会发展阶段。

根据马克思主义的时代观，"时代"这一概念包括以下几个方面的基本内容。

第一，时代是描述人类社会历史发展阶段的概念。时代概念是以人类为主体，用来描述作为整体的人类社会的发展阶段；不是以个人为主体，不是描述个人的生命发展阶段。马克思主义认为，人类社会的发展是一个从原始社会、奴隶制社会、封建制社会、资本主义社会到共产主义社会五种形态由低到高、先后递进的自然历史过程，因而人类社会发展必然经历五个基本时代。划分这五个基本时代的主要依据，就是生产方式和社会经济制度的发展变化。时代总是不断向前发展的，是不以人的意志为转移的。

第二，时代概念要依据所描述的社会发展阶段的性质和特征的不同进行区分。每一种社会形态对应着人类历史的一个时代，这样的每个时代又包含不同的发展阶段。因为任何一种社会形态在其存在过程中，都是处在不断发展变化当中的。它的某一方面或者某一要素，总会随着时间的推移而发生或多或少的变化。换句话说，就同一个社会形态来说，不论其时间是很长、较长，还是较短，它都有一个从不成熟到成熟的过程，所以也必然会有低、

---

① 《马克思恩格斯文集》第 2 卷，人民出版社，2009，第 592 页。
② 《马克思恩格斯文集》第 5 卷，人民出版社，2009，第 210 页。
③ 《马克思恩格斯文集》第 2 卷，人民出版社，2009，第 14 页。

中、高乃至最高等几个发展阶段，至少也有两个，即低级和高级阶段。这些性质、特征、时间长度各异的发展阶段都可以用"时代"一词来描述。为了更清晰地认识"时代"的内涵，列宁最早提出了将时代区分为"大时代"和"小时代"的思想。人类社会发展形态意义上的时代可称为"大时代"，同一形态中不同发展阶段意义上的时代则称为"小时代"①。

第三，时代的区分不可能划出严格的时间界限。人类社会的发展从总体上来看是渐变的过程，从一个时代向另一时代发展存在交界点或过渡期，有的过渡期甚至是一个漫长的时期。因此，严格地在一个时代与另一个时代之间划分出分界点，是不可能的。马克思说："社会史上的各个时代，正如地球史上的各个时代一样，是不能划出抽象的严格的界限的。"② 关于时代的任何划分都只具有粗线条勾勒的意义，不可能做到精确和细致。

第四，时代是具有纵横双向维度、时空双重属性的概念。从纵向看，时代一般指历史发展的时间序列，表现出在时间上前后相继、顺序递进的特征，时代的发展是一往无前、不可逆转的。从横向考察，时代除了具有特定的时间属性之外，更实质性地指向与特定时间段相伴随的时势、时务、时局等一切客观存在，也就是所谓的时代条件。因此，时代与时间并不等同，时间流逝只是时代变化的外在特征，而时代条件的变迁则是时代变化的内在属性。观察时代变化要把握时间流逝与时代条件变迁两重属性。

综合上述分析，笔者认为，对于马克思主义时代化中的"时代"概念，应当进一步区分为大时代、中时代、小时代、微时代四个层面来加以说明。

所谓"大时代"，就是用来表征人类社会发展的基本社会形态的概念。五种社会形态，就是人类历史发展的五个"大时代"，它是根据生产方式和社会经济制度进行划分的。每个"大时代"都包括若干个不同的发展阶段，也就是包含若干个"中时代"。

---

① 列宁将资本主义大时代划分为三个小时代：第一个小时代是 1789～1871 年，即从法国革命到普法战争，这是资产阶级上升时代；从 1871 年普法战争到 1914 年第一次世界大战之前是第二个小时代，即资产阶级绝对统治和衰落的时代；第三个小时代是 1914 年以后，即帝国主义时代或现代资本主义时代。参见《列宁专题文集——论资本主义》，人民出版社，2009，第 92 页。

② 《马克思恩格斯文集》第 5 卷，人民出版社，2009，第 427 页。

所谓"中时代",就是用来表征同一社会形态中不同发展阶段的概念。每个社会形态都必然经历由低级到高级的不同发展阶段,也就意味着每一个"大时代"中必然存在若干个"中时代"。例如,在资本主义"大时代"中,就存在"自由资本主义时代""垄断资本主义时代"等不同的"中时代"。"中时代"的划分往往是以重大历史事件作为标志的,如1914年第一次世界大战标志着资本主义进入帝国主义这一最高发展阶段。需要指出的是,大时代和中时代的变化,通常伴随着时代性质的变化。例如,资本主义进入帝国主义这一最高发展阶段以后,从时代性质上说就是"资本主义向社会主义过渡的时代"①。我们当今所处的"中时代",仍是资本主义大时代中的现代资本主义阶段,在性质上仍然属于"资本主义向社会主义过渡的时代"。

所谓"小时代",就是用来表征"中时代"的发展阶段中具有不同时代主题的历史时期的概念。某一社会形态的同一个发展阶段,也就是同一个"中时代",也可能经历较长的发展时期。在这个过程中,根据时代主题的转换,又可以划分为若干个具有不同时代主题的历史时期,我们将这些历史时期称为"小时代"。比如,十月革命以后,人类历史开始了从资本主义向社会主义过渡的时代,这一时代性质至今未变。但是,时代主题却发生了变化,由"战争与革命"转变为"和平与发展",因而发生了"小时代"的演进。也就是说,"小时代"的划分,是以时代主题作为标志的。我们今天所处的"小时代",是和平与发展的时代。

所谓"微时代",就是用来表征某一历史时期也就是"小时代"中社会历史条件发生了重大变化的历史时段的概念,如"改革开放时代""知识经济时代""经济全球化时代"等。"微时代"的划分通常是以时代潮流的更新和时局形势的变化为依据的,"微时代"的变化同样是时代变化的重要方面。例如,改革开放以来,我们都处在和平与发展的"小时

---

① 列宁在关于19世纪末以来的时代判断问题上提出过"帝国主义时代""垄断资本主义时代""资本主义向社会主义过渡的时代""社会主义革命的时代""无产阶级革命的时代"等许多概念。笔者以为,"帝国主义时代"和"垄断资本主义时代"是从资本主义发展阶段的角度做出的判断,"资本主义向社会主义过渡的时代"是从时代性质角度做出的判断,"无产阶级革命的时代"和"社会主义革命的时代"等是从时代主题的角度做出的判断。这些时代概念是从不同的角度提出来的。

代"，但是时代潮流不断演进更新，时局形势不断发生深刻变化，呈现出时段性特征。我们党的理论也经历了从邓小平理论到"三个代表"重要思想再到科学发展观的不断发展过程。如果不从"微时代"的角度来区分这些不同的历史时段，那么把从邓小平理论到科学发展观这一理论发展过程看成不断推进时代化的过程，就说不通。这表明，"微时代"的变化，对于马克思主义时代化同样具有重要意义。

总之，时代这一概念可以从社会形态、发展阶段、历史时期、历史时段的变化这四个方面来说明，可区分为大时代、中时代、小时代、微时代四个层次。这四个层次的"时代"，从时间过程来看，是前后包含、相继发展的关系，即大时代由若干个中时代构成，中时代由若干个小时代构成，小时代包含不同的微时代。从实质意义来看，它们分别表征着特定的社会形态、时代性质、时代主题、时局形势四个方面，由这些方面构成的时代条件对于马克思主义有重要影响。因此，马克思主义时代化，说到底，就是马克思主义理论要随着社会形态、时代性质、时代主题、时局形势的发展变化而丰富发展，实现马克思主义的与时俱进。

2. 时代性的含义

从语辞上考察，"性"有"性质、属性"之意，《现代汉语词典》解释为，"性"作为后缀，加在名词、动词或形容词之后构成抽象名词或属性词，表示事物的某种性质或性能，如党性、纪律性、创造性等。时代性，顾名思义，应当是指具有时代的性质或属性。

事物的时代性归根到底是由客观的时代条件决定的，尤其是思想理论的时代性，这是不以人的意志为转移的必然属性。马克思主义认为，社会存在决定社会意识，任何社会意识都是社会存在的反映。产生于某一时代的思想理论，必然是对这一时代的客观条件的反映，受到这一时代的客观条件的制约，从而打上了深刻的时代烙印，具有时代性的必然属性。恩格斯指出："我们只能在我们时代的条件下去认识，而且这些条件达到什么程度，我们就认识到什么程度。"[①] "每一个时代的理论思维，包括我们这个时代的理论思维，都是一种历史的产物，它在不同的时代具有完全不同

---

① 《马克思恩格斯文集》第9卷，人民出版社，2009，第494页。

的形式，同时具有完全不同的内容。"① 这是对理论必然具有时代性的深刻揭示。

任何理论都必然具有时代性。从历史的角度来看，理论的时代性又包括两个方面：一是时代进步性，二是时代局限性。一方面，理论是时代的产物，与特定的时代条件紧密联系在一起。人类社会必然从低级阶段向高级阶段演进，时代总是在向前发展的。任何一个时代相比前一个时代而言，都必然有其进步性。产生于某一时代的理论，相对于前一时代的理论而言，它有了赖以产生的更进步的时代条件，有了可以吸取前人认识成果的思想条件，因而其理论必然有其时代进步性。比如产生于资本主义时代的理论，相对于产生于封建时代的理论来说，必然有其时代进步性。另一方面，具有时代性的理论又必然具有时代局限性。因为人们只能在现存的时代条件下去认识客观事物，研究对象的发展程度和人们的认识水平都必然受到现存条件的制约；而且，理论是对时代问题的理性思考和解答，理论所指向的问题会随着时代的变迁而发生变化，任何理论就其研究的问题及其解决问题的措施而言，其影响的历史时段都是具体的、历史的。因而，理论又必然具有时代局限性。随着时代继续向前发展，这种局限性就将逐渐显现出来并为人们所认识。包括马克思恩格斯当年所创立的马克思主义理论，其时代先进性和局限性在今天的人们看来都是显而易见的。可以说，理论的时代进步性与时代局限性如同一枚硬币的两面，构成了时代性的完整内涵。

理论必然具有时代性，这是从社会存在决定社会意识的归根结底的意义上来说的，理论的时代先进性和时代局限性也是从时代发展的纵深角度才能进行观照的。从现实的角度来看，我们应当立足于当前的时代条件，努力使我们的认识与时代实际相吻合，以跟上时代的发展，而不是落后于时代。这就对现实社会中的人们提出了与时俱进的要求，也就是要努力"体现时代性"。党的十六大报告提出："党的全部理论和工作要体现时代性，把握规律性，富于创造性。"② 这里的"体现时代性"的要求，其立

① 《马克思恩格斯文集》第9卷，人民出版社，2009，第436页。
② 《江泽民文选》第3卷，人民出版社，2006，第537页。

足点就是当前的时代条件，其本质含义就是要做到与时俱进，要使我们的理论和工作始终立足于当前时代实际，准确把握时代发展趋势，适应时代发展需要，引领时代发展方向。对于马克思主义理论来说，体现时代性的要求是通过马克思主义时代化来实现的。

3. 时代化的含义

从语辞上考察，"化"通常作为动词使用，意为"变化、使变化"之意。《现代汉语词典》的解释是："化"作为语词的后缀，加在名词或形容词之后构成动词，表示转变成某种性质或状态，如现代化、机械化、绿化、美化等①。据此，"时代化"意为转变成特定时代的样式或模样，这是最直观感性的理解。然而，需要进一步思考的问题是，"时代化"的命题何以成立呢？任何事物尤其是思想理论都是特定时代的产物，都必然打上其生成时所处时代的深刻烙印，从而具有了时代性。而具有时代性的事物，本身也就必然呈现它所处时代的"样式"或"模样"，也就是"时代特色"。这样一来，"时代化"对于现存的任何事物来说，好像不成为一个问题，这一命题也仿佛失去了存在的基础。仔细分析可以发现，"时代化"这一概念所指向的对象不是存在于当今时代的任何"现存事物"，而是相对于时代发展变化来说的"过去事物"。产生于过去时代的事物，从当今时代来看，它需要"时代化"；存在于当今时代的事物，从未来时代来看，它也需要"时代化"。因此，"时代化"的概念内在地蕴涵着时代发生了发展变化这一逻辑前提，是立足于当前时代对过去时代的事物提出的要求。

由于时代化总是人们立足于自身所处的"当前时代"来进行的，目的是使"被时代化"的对象具有"当今时代特色"，因此，"时代化"这一概念严格来说应该是"当今时代化"或者"当代化"。它是面向当前的，不是面向未来的，因为未来时代的发展变化尚没有发生，人们也无从实现面向未来时代的所谓"时代化"。以马克思主义时代化为例，任何时代所要实现的马克思主义时代化，都是马克思主义的"当今时代化"。我

---

① 参见中国社会科学院语言研究所词典编辑室编《现代汉语词典》（第6版），商务印书馆，2012，第559页。

们今天所要实现的马克思主义时代化，就是要使马克思主义与我们当前时代条件相结合，使之呈现我们当今时代的特色。至于"未来时代"的马克思主义时代化，那是后人的责任。

"时代化"的概念揭示的是"被时代化"的对象所具有的"时代特色"的发展变化过程和结果。就像"现代化"这一概念必定是指从传统走向现代的过程和结果，"绿化"这一概念必定是指从"不绿"向"绿"变化的过程和结果一样，"时代化"这一概念指的是对体现"过去时代特色"的事物不断赋予"当今时代特色"的过程和结果。赋予某一事物以"当前时代特色"，就是"时代化"要承担的使命和任务。那么，怎样才能赋予事物以"当前时代特色"呢？从根本上来说，就是要使事物紧密结合现实时代条件，既适应现实时代需要，又引领现实时代发展，充分体现它的"现实时代性"。只有做到这一点，才算完成"时代化"，才能实现"时代化"的目标。

基于上述理解，我们可以对"时代化"的概念做如下解读：所谓"时代化"，就是对产生于"过去时代"的事物不断赋予"当前时代特色"的过程和结果。具体来说，"时代化"就是要使"被时代化"的事物，能够与当前时代条件紧密结合，反映当前时代精神，适应当前时代需要，体现当前时代特色。

二　马克思主义时代化的含义

马克思主义时代化的含义，可以从这一概念的逻辑含义、现实含义及精神实质三个方面来进行把握。

1. 马克思主义时代化的逻辑含义

从逻辑上来看，"时代化"与"马克思主义时代化"两个概念构成属种关系，马克思主义时代化是时代化的子概念。"马克思主义时代化"就是要对马克思主义进行"时代化"，也就是要不断赋予马克思主义以"当今时代特色"。"马克思主义时代化"这一概念的逻辑含义可以解读为，对于我们当今时代来说，马克思主义是产生于"过去时代"的理论成果，随着时代的向前发展，马克思主义需要具备"当今时代"的"样子"或"模样"，使马克思主义反映当今时代精神，适应当今时代需要，体现当今时代特色。这样一个过程和结果，就是马克思主义时代化。随着时代向前发展，不断赋予马克思主义以"当今时代特色"，就是马克思主义时代化所承担的使命。

马克思主义时代化为何是必要的？从逻辑上来看，这是以马克思主义理论具有时代性为前提的。马克思主义不是绝对真理，也不是永恒真理。它和其他理论一样，都是历史的产物，都具有时代性。马克思主义是在19世纪40年代资本主义时代条件下诞生的，它反映了当时的时代条件，回答了当时的时代课题，适应了当时的时代需要。但是马克思主义经典作家没有也不可能为后来的人们提供解决所有问题的现成答案。马克思主义只有随着时代、实践和科学的发展而不断补充新的养料，发展新的理论，才能指导新的实践，从而始终保持马克思主义的生命力。这是马克思主义需要时代化的根源所在。同时，时代总是向前发展的，而任何时代的人们对于马克思主义的认识、运用和发展，都要受到当时经济、政治、社会、科技、文化等方面发展水平的制约，也都具有时代性。也就是说，发展了的马克思主义本身也具有时代性。因此，马克思主义时代化是一个需要不断推进的过程。尽管马克思主义诞生以来，在时代发展过程中不断得到了丰富和发展，产生了许多时代化的理论成果。但是，我们今天依然肩负着继续推进马克思主义时代化的历史任务。

马克思主义时代化为何是可能的？从逻辑上来看，这是以马克思主义理论具有开放性为条件的。任何理论都有时代性，但并不是任何理论都能够时代化。能够时代化的理论需要具备以下三个条件：首先是其理论所揭示的问题没有从根本上得到解决，相反在新的时代条件下又以相似或不同的形式呈现出来，因此其理论的解释力仍存在；其次是其理论具有对未来的预测性，新的时代使其部分预测得以验证，并为预测目标的进一步实现创造了有利条件；最后是其理论为人们提供了科学世界观和方法论，对认识和解决新时代条件下的重大问题具有指导意义①。马克思主义具备这三个方面的基本特征，这是它能够实现时代化的前提条件。

---

①　牛先锋：《论马克思主义的时代性与时代化》，《马克思主义与现实》2011年第5期。

2. 马克思主义时代化的现实含义

从基本内涵来看，马克思主义时代化，就是把马克思主义同当前时代的特征、时代的发展结合起来，紧扣时代脉搏，反映时代精神，解答时代课题，使之能够适应时代需要、引领时代潮流。具体来说，马克思主义时代化包括紧密联系、不可分割的两个方面：一是"马克思主义化时代"，也就是运用马克思主义的立场、观点和方法认识和分析时代条件，科学把握时代性质和主题，应对和解决时代课题，指导时代实践，引领时代发展，实现时代实践的马克思主义化。二是"时代化马克思主义"，马克思主义理论要从时代发展中汲取营养，总结升华时代经验，深刻反映时代精神，形成具有鲜明时代特色的马克思主义理论，实现马克思主义与时俱进。马克思主义时代化是"化时代"与"时代化"的有机统一，其中"化时代"是前提，是手段，"时代化"是结果，是目的。

从主要内容来看，马克思主义时代化包括内容时代化、形式时代化和话语体系时代化三个方面，是三者的有机统一。首先，马克思主义时代化要实现马克思主义理论内容的时代化，也就是要随着时代和实践的发展，不断丰富、发展和完善马克思主义科学理论体系的内容，形成适应时代需求的新理论。其次，马克思主义时代化要根据时代要求和时代变化，大胆创新理论形式，从而形成适合人民大众要求的新的理论形态和理论范畴。最后，马克思主义时代化要与时俱进地创新传播方式和话语体系，使时代化马克思主义的成果真正贴近实际、贴近生活、贴近群众，用富有时代气息的鲜活语言，人民群众喜闻乐见的表达方式来传播马克思主义，为真正地使马克思主义的理论创新成果转化为人民群众的实践创造条件。

从内在属性来看，马克思主义时代化是动态的过程和静态的结果的统一。马克思主义时代化是马克思主义与时代特征的一种结合，它是一种动态的过程，也是一种静态的结果。作为动态的过程，马克思主义随着时代的发展变化而变化，它要应对时代课题，要吸纳时代精神，要在指导实践中推动实践向前发展，这是一个动态发展过程。作为静态的结果，马克思主义时代化是马克思主义与时代特征相结合以后产生的理论成果，是以富有时代特色的新的理论形态表现出来的。因此，马克思主义时代化本质上是坚持、运用和发展马克思主义的过程。这个过程始终以马克思主义理论为中心，没有马克思主义就没有所谓马克思主义时代化，离开了马克思主义，马克思主义时代化就是无本之木、无源之水。

3. 马克思主义时代化的精神实质

马克思主义时代化的精神实质，可以从三个方面来认识：与时俱进发展马克思主义是时代化的本质，保持马克思主义先进性是时代化的核心，创造时代化马克思主义是时代化的关键。只有正确认识马克思主义时代化的本质、核心和关键，才能对马克思主义时代化的精神实质有一个全面的把握。

（1）与时俱进地发展马克思主义是马克思主义时代化的本质。推进马克思主义时代化，本质上就是要与时俱进地发展马克思主义，实现马克思主义理论创新。江泽民指出："与时俱进，就是党的全部理论和工作要体现时代性，把握规律性，富于创造性。"① 这一科学论断揭示了与时俱进与马克思主义时代化的本质联系。党的理论要体现时代性，只能通过马克思主义时代化来实现。马克思主义时代化的目的，就是要赋予马克思主义理论以鲜明的时代特色，使马克思主义理论体现时代性。与时俱进正是时代化的本质所在。

与时俱进作为马克思主义时代化的本质，是由马克思主义的理论品质决定的，是科学对待马克思主义的本质要求，也是保持党的先进性的关键。首先，"马克思主义具有与时俱进的理论品质"②，这一理论品质既为时代化提供了可能性，也为时代化提供了内在动力。实现时代化是与时俱进的具体体现。其次，科学对待马克思主义，既要坚持马克思主义的基本原理，又要不断推进马克思主义理论创新，也就是既坚持又发展马克思主义。与时俱进正是这一要求的本质所在。最后，"坚持党的思想路线，解放思想、实事求是、与时俱进，是我们党坚持先进性和增强创造力的决定性因素。"③ 与时俱进是保持党的先进性的本质要求和关键所在，这也决定着马克思主义时代化的本质。

与时俱进地发展马克思主义，就是指马克思主义要随着时代的发展变

---

① 《江泽民文选》第 3 卷，人民出版社，2006，第 537 页。
② 《江泽民文选》第 3 卷，人民出版社，2006，第 282 页。
③ 《江泽民文选》第 3 卷，人民出版社，2006，第 537 页。

化而丰富发展，因此，时代变化对于马克思主义时代化具有重要意义。时代变化不仅仅体现为时间流逝，更包含着社会形态、发展阶段、时代主题、时代潮流、时局形势等方面变迁的丰富内涵。时代变化的不同内涵，决定了马克思主义与时俱进会有不同的表现形态。

第一，随着社会形态的变化，马克思主义理论发生历史性飞跃。社会形态发生了变化，即发生了"大时代"的变迁，这是时代性质的根本变化。时代性质的变化，是时代变化的根本方面，它对马克思主义时代化具有重大影响。马克思主义适应时代性质变化而与时俱进，将产生历史性飞跃的成果。由于马克思主义产生于资本主义大时代，至今也不过160多年的历史，而且当前也还处于由资本主义时代向社会主义时代过渡的阶段，"大时代"并没有发生变化，因此马克思主义至今尚没有也不可能产生这种意义上的历史性飞跃。

第二，随着发展阶段的变化，马克思主义理论发生飞跃性发展。发展阶段的变化，也就是"中时代"的演进，这也是时代性质变化的又一重要方面。也就是说，时代性质变化既可能发生在"大时代"的变迁之中，也可能发生在"中时代"的演进之中。"中时代"的演进对于马克思主义时代化也有重大影响。比如，从马克思主义产生以来，虽然大时代没有变化，但"中时代"却经历了演进的过程。从19世纪末20世纪初以来，资本主义进入垄断资本主义这一最高发展阶段。相应地，从时代性质上看就转变为资本主义向社会主义过渡的时代。为了适应这种时代变化，以列宁为代表的俄国共产党人创立了列宁主义，把马克思主义推进到了新阶段，实现了马克思主义时代化的第一次飞跃性发展。相对于经典马克思主义而言，列宁主义就属于这种意义上的与时俱进的理论成果。

第三，随着时代主题的变化，马克思主义理论发生飞跃性发展。时代主题的变化，也就表征着"小时代"的变迁，这是时代变化的重大方面之一。适应这种重大变化将带来马克思主义时代化的飞跃性发展。比如，资本主义进入垄断发展阶段以来，时代主题经历了从"战争与革命"到"和平与发展"的转换，因而经历了"小时代"的更替。伴随着这种变化，马克思主义时代化实现了第二次飞跃性发展。列宁主义、毛泽东思想都是"战争与革命"时代主题下的产物，而以邓小平理论为开端，包括邓小平理论、"三个代表"重要思想和科学发展观在内的中国特色社会主义理论体系，都是"和平与发展"时代主题下的理论成果。相对于列宁主义、毛泽东思想而言，中国特色社会主义理论体系就属于这种意义上的马克思主义与时俱进。

第四，随着时代潮流或时局形势的变化，马克思主义实现丰富与发展。在这种情况下，时代性质和时代主题都没有出现根本变化，但是时代潮流或时局形势有重大变化。人们在运用马克思主义指导实践的过程中结合时代变化，不断补充、完善和发展马克思主义理论。这种意义上的马克思主义与时俱进不属于飞跃性发展，但却是更具有经常性和普遍性的与时俱进形态。比如，马克思主义的创始人马克思恩格斯生前不断依据形势发展和总结实践经验，对马克思主义进行修正、补充和完善，就是属于这一层次意义上的马克思主义时代化发展。又如，毛泽东与列宁都处于以"战争与革命"为时代主题的同一"小时代"，但各自国家的时代潮流有明显差异，适应这种时代潮流变化形成的毛泽东思想，是在列宁主义的基础上实现了马克思主义时代化的继续推进，但不构成飞跃性发展①。再如，邓小平理论、"三个代表"重要思想、科学发展观也都属于同一"小时代"中适应不同时代潮流或时局形势变化所形成的时代化成果，只是对马克思主义时代化的继续推进，而不是飞跃性发展。

（2）保持马克思主义的先进性是马克思主义时代化的核心。马克思主义时代化在本质上体现了与时俱进地发展马克思主义的要求，其核心正是在于使马克思主义理论与时代并驾齐驱，与实践一道进步，保持马克思主义既不超越阶段又不落后于时代的与历史发展同步的先进性，这是马克思主义与时俱进理论品质的直接体现。马克思主义的时代先进性，就在于它的科学世界观和所揭示的普遍规律与时代条件相结合，在时代化中加以运用，通过时代化的马克思主义成果解答特定的时代课题，顺应和推动历

---

① 从马克思主义中国化的角度来看，人们通常把毛泽东思想界定为马克思主义基本原理与中国实际相结合产生的第一次历史性飞跃，把从马克思列宁主义到毛泽东思想的发展看成一种"飞跃性发展"。但笔者以为，从马克思主义时代化的角度来看，它们两者处于相同时代主题的同一个"小时代"，时代主题未发生根本转变，而只是时代潮流的变化，故两者之间不构成时代化意义上的"飞跃性发展"。

史发展。可以说，时代化是保持马克思主义时代先进性的根本途径。

第一，要通过时代化，使马克思主义不断汲取富有时代特色的实践经验。马克思主义是具有鲜明的实践性的科学理论体系，它内在地要求并保证了马克思主义始终与常新的实践相结合。胡锦涛指出："马克思主义理论的巨大生命力，在于能够给实践提供科学指导，使人们在认识规律、把握规律、运用规律的基础上更好地改造客观世界和主观世界。"① 通过马克思主义时代化，使马克思主义不断汲取富有时代特色的实践经验，始终与发展着的实践保持一致，在实践中汲取智慧和养分，这是马克思主义能够始终保持旺盛生命力的根本原因，也是马克思主义能够不断战胜来自各个方面的挑战，指引世界社会主义运动乃至整个人类文明进步事业不断前进的关键。

第二，要通过时代化，使马克思主义不断凝聚富有时代特色的群众智慧。马克思主义的强大生命力，正在于它始终坚定地站在工人阶级和广大人民的政治立场上，深深扎根于人民群众的创造性实践，从理论层面反映和维护人民群众的利益要求，总结和升华人民群众在实践中创造的新鲜经验。可以说，紧跟人民创造历史的步伐，尊重群众的首创精神，虚心向群众学习，及时总结群众创造的新鲜经验，为理论创新提供鲜活素材，使自身富于时代气息，是马克思主义长盛不衰的奥妙所在。通过马克思主义时代化，反映人民群众的利益诉求和心声，荟萃人民群众的智慧和创造，总结和升华人民群众在实践中创造的新鲜经验，这样才能使时代化的马克思主义成为人民群众自己的理论，从而增强它的亲和力、吸引力和凝聚力。

第三，要通过时代化，使马克思主义不断融汇具有时代特色的人类文明成果。马克思主义是在吸收人类智慧基础上自觉适应时代发展要求的开放的科学理论。正如列宁指出："马克思主义同'宗派主义'毫无相似之处，它绝不是离开世界文明发展大道而产生的一种故步自封、僵化不变的学说。恰恰相反，马克思的全部天才正是在于他回答了人类先进思想已经提出的种种问题。"② 就当代来说，人类文明发展的新成果集

---

① 中共中央文献研究室编《十六大以来重要文献选编》（下卷），中央文献出版社，2008，第599页。

② 《列宁专题文集——论马克思主义》，人民出版社，2009，第66页。

中体现在科学理性、价值理性及其统一之中，包括科学、自由、民主、法治、人权、公正等基本理念。要通过马克思主义时代化，不断融汇这些具有时代特色的文明成果，才能使马克思主义始终站在人类进步思想理论的前沿和高峰，永葆其先进性，真正发挥其为人类导航的功能。

（3）创造时代化马克思主义是马克思主义时代化的关键。所谓时代化马克思主义，就是马克思主义与时代条件相结合形成的标志性理论成果[①]。马克思主义时代化，就是要用马克思主义的立场、观点、方法分析和解答时代课题，并创造出时代化马克思主义的理论新成果。马克思主义自身的时代性是马克思主义时代化的逻辑起点，而考量马克思主义是否随着时代的发展而发展，其主要标志就在于是否通过理论创新，创造出时代化马克思主义的新成果。

马克思主义时代化的本质是与时俱进地发展马克思主义，这种本质必然通过时代化马克思主义的创新成果展现出来。回顾160多年的马克思主义时代化发展史，我们可以清楚地看到，一部马克思主义时代化的历史就是一部马克思主义与时代特征和时代精神相结合、不断创造时代化马克思主义理论成果的历史。列宁主义是帝国主义和无产阶级革命时代的马克思主义，是马克思主义时代化第一个重大的理论成果，它标志着马克思主义时代化的第一次飞跃性发展。邓小平理论是和平与发展时代的马克思主义，是马克思主义发展的新阶段，也是马克思主义时代化重大的理论成果，实现了马克思主义时代化的第二次飞跃性发展。我们对马克思主义时代化过程的历史阶段划分，就是以这些时代化马克思主义的重大成果为依据的。创造时代化马克思主义理论是马克思主义时代化的理论归宿，也是考察马克思主义时代化实现过程的主要标志。

三　马克思主义时代化与中国化、大众化的关系

党中央提出的"马克思主义中国化、时代化、大众化"重大命题是一个有机统一的整体。准确理解马克思主义时代化与中国化、大众化的关

---

① 由于时代化与中国化存在辩证统一、密不可分的关系，中国共产党历史上产生的毛泽东思想、中国特色社会主义理论体系等重大理论创新成果，既是中国化马克思主义的理论成果，也是时代化马克思主义的理论成果。

系，把握马克思主义"三化"的内在统一性，有助于我们全面认识马克思主义时代化的科学内涵。注重从对马克思主义"三化"的整体把握中推进马克思主义时代化，是实现马克思主义时代化的必然要求。

1. 马克思主义"三化"的内在逻辑关系

马克思主义中国化、时代化、大众化是一个有机统一的整体，人们对此的认识是基本一致的。但是，对于如何理解"三化"的内在逻辑关系，目前尚有不同看法。笔者认为，马克思主义"三化"作为一个有机统一的整体，其逻辑关联可以概括为"主题—关键—基础"。

（1）马克思主义中国化是时代化、大众化的主题和统领。马克思主义中国化，就是将马克思主义的基本原理同中国的具体实际相结合，按照中国的国情来运用马克思主义，创造出具有中国特色的马克思主义理论。马克思主义中国化包括相互联系、不可分割的两个方面：一是"马克思主义化中国"，就是坚持马克思主义的指导思想，运用马克思主义的立场、观点和方法，研究、解决中国革命、建设和改革中的实际问题，推动中国实践在马克思主义指导下顺利发展。二是"中国化马克思主义"，就是总结升华中国经验，汲取中国文化精华，形成带有中国特色、中国风格、中国气派的中国化马克思主义理论，以丰富和发展马克思主义。这两个方面是密切联系在一起的，是同一个过程的两个侧面。

中国化是马克思主义在中国发展的永恒主题。中国化、时代化、大众化是马克思主义在中国运用和发展的本质要求，它回答的是在中国怎样运用和发展马克思主义的问题。其中，中国化是核心，是永恒的主题。中国共产党人运用和发展马克思主义，首要任务就是要立足于中国的具体国情，以解决中国问题为中心，使马克思主义适应中国实践的需要。这既是由马克思主义的实践性和党的历史使命决定的，也是中国共产党建党 90 多年来基本经验的总结。"马克思主义基本原理和中国国情相结合，是在中国坚持和发展马克思主义的必然要求和中心命题。"[①] 不结合中国实践的需要，不解决中国的实际问题，谈马克思主义时代化、大众化就没有意

---

① 荣开明：《关于马克思主义中国化、时代化、大众化的思考》，《鄂州大学学报》2010 年第 4 期。

义，也没有出路。时代化、大众化都必须围绕中国化进行。"离开了中国化这个中心，时代化将失去根本目的，大众化将失去实质性内容，马克思主义将失去对中国革命和建设的指导意义。"①

中国化在马克思主义"三化"中具有统领作用，这是因为马克思主义中国化内在地包含时代化和大众化的要求。马克思主义要与中国的实际相结合，这个实际必定是当前时代条件下的中国实际，不可能是过去时代的实际或未来时代的实际。也就是说，中国实际包含中国国情和所处的时代特征双重属性。因此，马克思主义中国化不仅仅是"民族化"，而且内在地包含着"当代化"的元素。此外，实现马克思主义与中国实际相结合的过程，必定是马克思主义与人民群众相结合的过程，因为中国实际最根本的就是人民群众的实践。毛泽东明确指出："马克思列宁主义来到中国之所以发生这样大的作用，是因为中国的社会条件有了这种需要，是因为同中国人民革命的实践发生了联系，是因为被中国人民所掌握了。"②马克思主义中国化的过程，必然是马克思主义真正成为中国人民所掌握的科学理论的过程。正因为如此，在马克思主义"三化"中，中国化居于统领地位。

（2）马克思主义时代化是马克思主义中国化、大众化的关键。马克思主义时代化，就是把马克思主义同当前时代特征结合起来，在汲取时代精华、解答时代课题的过程中，推进理论创新，引领时代发展。马克思主义时代化包括紧密联系、不可分割的两个方面：一是"马克思主义化时代"，也就是运用马克思主义的立场、观点和方法认识和分析时代条件，科学把握时代的性质和主题，应对和解答时代课题，指导时代实践，实现时代实践的马克思主义化。二是"时代化马克思主义"，马克思主义理论要从时代发展中汲取营养，总结升华时代经验，深刻反映时代精神，形成具有鲜明时代特色的马克思主义理论，实现马克思主义与时俱进。马克思主义时代化是这两个方面的有机统一。

时代化是马克思主义中国化的灵魂。马克思主义要与中国实际相结

①　陈世润、彭文龙：《中国化时代化大众化：中国共产党运用和发展马克思主义的伟大实践》，《求索》2011年第5期。

②　《毛泽东选集》第4卷，人民出版社，1991，第1515页。

合，必定是结合特定时代条件下的中国实际。由于时代在不断发展变化，中国实际也必然发展变化，这也就决定了中国化马克思主义的成果也要不断时代化，才能紧跟时代的步伐，才能不断解决时代条件下的新情况、新问题，才能保持理论的生命力。时代的发展变化决定了马克思主义中国化是一个永无止境的过程，而马克思主义时代化是贯穿其中的不变的灵魂。中国化马克思主义如果不能与时俱进，就会变得僵化而缺乏生命力和创造力。

时代化是马克思主义大众化的价值前提。马克思主义大众化的目的，就是要使广大人民群众掌握马克思主义科学理论，以正确地改造客观世界。时代条件的发展变化决定了人民群众接受的马克思主义必须是发展着的马克思主义，是与时俱进的马克思主义，这样的马克思主义才能满足人民群众开展新的社会实践的需要。马克思主义的普及方式、传播媒介只有跟上时代步伐，才能增强吸引力和亲和力。如果没有时代化，马克思主义就不能反映时代精神、适应时代需要、紧跟时代步伐、解答时代课题，就不能增强理论说服力、感召力和吸引力，实现大众化也就失去了前提条件和关键保证。

（3）马克思主义大众化是马克思主义中国化、时代化的基础。马克思主义大众化，就是把马克思主义基本原理同人民群众相结合，使马克思主义成为人民群众进行实践活动的强大思想武器。马克思主义大众化包括相互联系、不可分割的两个方面：第一，让群众掌握马克思主义，实现群众"马克思主义化"，也就是让最广大人民群众掌握马克思主义的立场、观点和方法，自觉以马克思主义的科学理论武装头脑、指导行动，使人民群众掌握认识世界和改造世界的先进理论武器。第二，让马克思主义为群众所掌握，实现马克思主义"群众化"，也就是使马克思主义由被少数人掌握变成被广大人民群众掌握，并通过广大人民群众的实践转化为改造世界的"物质力量"。这两个方面是马克思主义大众化同一发展过程中的两个侧面。

大众化是实现马克思主义中国化、时代化的根本途径。马克思主义中国化是要实现马克思主义与中国实际相结合，解决中国面临的实践问题；马克思主义时代化是要实现马克思主义与时代条件相结合，解决时代面临的重大课题。实现这两个目的，都离不开人民群众掌握和运用马克思主义这个环节，离不开大众化这个根本途径。因为人民群众是一切实践活动的主体，解决中国问题和时代课题都要通过人民群众的实践来进行，在本质上都是人民群众的实践过程。只有实现马克思主义大众化，让人们认识、掌握和运用马克思主义的科学理论武器，才能使马克思主义在实践中得到运用，从而创造新的实践经验，推动马克思主义的丰富与发展。此外，马克思主义中国化、时代化的理论成果，本身还要通过大众化在人民群众的实践中接受检验和继续发展。

大众化是马克思主义中国化、时代化理论创新的发展归宿。中国共产党推进马克思主义中国化、时代化的最终目的，都是要解决中国不同时期面临的实践问题，推动党领导的各项事业的发展。一切理论创新都是为了推动实践创新，都是为了更好地发挥马克思主义改造世界、引领实践发展的目的。这一目的的实现，说到底就是通过人民群众真正掌握和运用马克思主义体现出来的。中国化和时代化的马克思主义，只有最终被广大人民群众所掌握和运用，才能发挥其指导中国特色社会主义伟大事业的作用，也才能体现中国化、时代化的价值意义。

2. 马克思主义"三化"是不可分割的有机整体

马克思主义中国化、时代化、大众化具有本质上的同一性，是不可分割的有机整体。它们虽各自有不同的内涵和指向，但在逻辑上是相互关联、密不可分的，在实践中是相互作用、相互促进的，其历史发展属于同一个过程，其现实推进统一于中国特色社会主义实践。

首先，从逻辑上看，马克思主义"三化"是两两相互关联、密不可分的。马克思主义中国化、时代化、大众化都是具有特定目标的实践过程，因而，马克思主义的每一"化"在各自的实践意义上都有自己的空间、时间、主体"三要素"，每一"化"都必然在逻辑上涉及其他两"化"。比如，在当代中国，中国化是立足于当前时代背景和人民群众现实需要的中国化，时代化是结合中国发展实际和人民实践活动的时代化，大众化则是围绕中国发展任务和当前时代条件的大众化。因此，马克思主义中国化、时代化、大众化是一个不可分割的逻辑整体，每个方面都不可能孤立存在。

其次，从实践上看，马克思主义"三化"是相互作用、相互促进的。中国化、时代化是大众化的前提，大众化是实现中国化、时代化的根本途径。"中国化"必须符合"时代化"的内在要求，必须落实到"大众化"的实践归宿；"时代化"必须贯彻"中国化"的主题，必须取得"大众化"的认同才能真正实现；"大众化"必须围绕"中国化"的奋斗目标，必须体现"时代化"的核心要求，才能充分发挥其决定性作用。不能和中国实际、时代条件相结合，不具有中国特色、时代特色的马克思主义理论，就不可能真正获得中国人民的认同。马克思主义不被广大人民群众所接受进而形成认识世界、改造世界的强大力量，就不能真正体现马克思主义中国化、时代化的目的和价值。

再次，从历史来看，实现马克思主义"三化"是同一个历史过程。马克思主义中国化、时代化、大众化虽然侧重点各不相同，工作任务存在差异，但其逻辑起点都是坚持和应用马克思主义，目标指向都是如何科学运用马克思主义解决中国实际问题，实质都是马克思主义理论与中国实践的互动。因此，马克思主义"三化"并没有时间上的先后顺序，而是同时展开、同时进行、同步推进的过程。在历史上，中国共产党运用马克思主义科学解决中国革命、建设和改革的不同时代课题，创造出毛泽东思想和中国特色社会主义理论体系的过程，既是马克思主义和中国实际相结合不断实现中国化的过程，也是马克思主义和发展的时代条件相结合不断实现时代化的过程，更是马克思主义被中国人民所掌握和运用不断实现大众化的过程。在这个过程中，马克思主义"三化"绝不是分开的独立运动，而是同步发展的，是同一历史过程中的不同方面。

最后，从现实来看，推进马克思主义"三化"统一于中国特色社会主义实践过程。马克思主义中国化、时代化、大众化作为有机统一的整体，是统一于中国革命、建设和改革的实践之中的。拥有特定目标的实践过程需要空间、时间、主体三个基本要素存在，缺一不可。中国化是从实践的空间要素上提出的运用马克思主义的要求，时代化是从实践的时间要素上提出的运用马克思主义的要求，大众化是从实践的主体要素上提出的运用马克思主义的要求，这些要求最终在实践发展过程中获得统一。在当代中国，马克思主义"三化"对应着中国特色社会主义实践的空间、时间、主体的基本结构取向。三者各有侧重，又相互促进，呈现出一种互构与共生的状态，共同构成了马克思主义与中国特色社会主义相辅相成、协调发展的存在模式。中国特色社会主义的伟大实践活动，推动了马克思主义时代化、中国化、大众化的共同发展。

应当指出的是，马克思主义"三化"在本质上具有内在同一性，是一个有机统一的整体。从概念上来看，马克思主义中国化、时代化、大众化在"三化"的整体逻辑结构中是平行并列的关系，不应将其视为主次关系、包含关系。理由是：第一，马克思主义"三化"是具有相对独立性的概念。虽然三者互为条件、互相依存、不可分割，但是在内涵上各有侧重，在目标上各有指向，各自具有相对独立性。马克思主义中国化强调的是把马克思主义基本原理同中国具体实际相结合，指向的是实践活动的空间维度；马克思主义时代化强调的是把马克思主义基本原理同时代特征结合，指向的是实践活动的时间维度；马克思主义大众化强调的是马克思主义基本原理和人民群众相结合，指向的是实践活动的主体维度。可见，马克思主义中国化、时代化、大众化所表达的虽然都是马克思主义与客观实际相结合的过程，但各自侧重的方面和强调的角度有所不同，是相互独立的概念。第二，"马克思主义中国化、时代化、大众化"作为一个整体概念，在逻辑上要能够成立，也必然要求三者之间是并列关系，而不是包含关系。如果将它们理解为相互包含的概念，那么马克思主义"三化"这一整体概念表达就会陷入逻辑困境。因此，笔者认为，应当将马克思主义"三化"间的关系看成三个概念的并列关系，三者具有同等重要的地位，要同等对待不应有所偏废。

把握马克思主义"三化"的内在同一性，要切实防止把三者割裂开来、孤立起来的片面认识和做法。比如，有人认为，"中国化是解决内容问题，时代化是解决现实问题，大众化是解决形式问题"；还有人提出，"时代化是总体，中国化是本体，大众化是主体，三位一体最终是要使马克思主义理论变成中国特色社会主义的实体。"① 也有人提出："马克思主

---

① 高放：《论马克思主义中国化、时代化、大众化"三位一体"》，《学习时报》2009 年 12 月 28 日。

义中国化的理论成果，它的科学价值取向得到党内的认同后，才转向武装全党和全国人民头脑的普及取向。"① 这些观点和提法在一定程度上都存在割裂整体的嫌疑。在推进马克思主义时代化的进程中，要切实将马克思主义"三化"作为一个整体来把握，尽管三者在概念关系上是并列的，但作为实践过程是紧密联系、无法分割的，是没有先后之分，同步推进的发展过程。

3. 马克思主义时代化要与中国化、大众化相统一整体推进

马克思主义"三化"是一个有机统一的整体，这就要求我们在认识上要注重从整体上把握，在实践中注重从整体上加以推进，避免将它们孤立起来、割裂开来的错误倾向。

首先，马克思主义时代化要以解决中国问题为主题，在与马克思主义中国化相统一的过程中同步推进。解决中国实际问题是马克思主义"三化"共同的逻辑目标。毛泽东曾经指出，运用马克思主义"应确立以研究中国革命实际问题为中心，以马克思列宁主义基本原则为指导的方针"②。邓小平也强调，马克思主义"一定要和实际相结合，要分析研究实际情况，解决实际问题"③。江泽民强调："一定要以我国改革开放和现代化建设的实际问题、以我们正在做的事情为中心，着眼于马克思主义理论的运用。"④ 这些都充分表明，解决中国实际问题，是坚持和发展马克思主义的基本形式，是马克思主义"三化"的核心主题。马克思指出："理论在一个国家实现的程度，总是取决于理论满足这个国家的需要的程度。"⑤ 马克思主义时代化的实现程度如何，就取决于解决中国实际问题的程度，取决于马克思主义中国化的程度。因此，推进马克思主义时代化，要始终确立"中国主题"，与马克思主义中国化同步推进。

其次，马克思主义时代化要以人民群众的实践为载体，在与马克思主义大众化相统一的过程中推进。马克思主义在本质上就是人民群众改造世

---

① 陈光军：《中国共产党推进马克思主义时代化的历史进程和基本经验》，《胜利油田党校学报》2012 年第 5 期。

② 《毛泽东选集》第 3 卷，人民出版社，1991，第 802 页。

③ 《邓小平文选》第 2 卷，人民出版社，1994，第 114 页。

④ 《江泽民文选》第 3 卷，人民出版社，2006，第 68 页。

⑤ 《马克思恩格斯文集》第 1 卷，人民出版社，2009，第 12 页。

界的理论武器，贴近群众、指导群众实践是马克思主义的内在要求。毛泽东说过："我们说的马克思主义，是要在群众生活群众斗争里实际发生作用的活的马克思主义，不是口头上的马克思主义。"[①] 马克思主义时代化是有着鲜明价值指向的发展过程，其中国主题的实现必须借助于人民群众的实践。马克思指出："批判的武器当然不能代替武器的批判，物质力量只能用物质力量来摧毁；但是理论一经掌握群众，也会变成物质力量。"[②] 时代化马克思主义的理论成果只有同人民群众相结合，才能转化为巨大的物质力量，才能发挥巨大的改造世界的作用。离开了大众化，马克思主义时代化就成了"书斋里的学问"而没有任何意义。

最后，马克思主义时代化要在马克思主义"三化"相统一的过程中推进理论创新。从历史上看，中国共产党理论创新的重大成果既是马克思主义中国化的成果，也是马克思主义时代化的成果，还是不断推进马克思主义大众化的成果。毛泽东思想、中国特色社会主义理论体系是马克思主义基本原理和不同时代条件下的中国实际相结合的产物，具有鲜明的中国特色和时代特色。同时，它们又都是中国人民坚持和运用马克思主义取得的重要成果，具有突出的大众特色。因此，它们都是马克思主义中国化、时代化、大众化相统一的成果。党的文献对于这种理论特质有着明确表述。党的十五大报告强调："邓小平理论把马克思主义同当代中国实践和时代特征结合起来的，继承和发展毛泽东思想，是当代中国的马克思主义"[③]。党的十六大报告把"三个代表"重要思想定位为"反映了当代世界和中国的发展变化对党和国家工作的新要求，是加强和改进党的建设、推进我国社会主义自我完善和发展的强大理论武器"[④]。党的十八大报告强调："科学发展观是马克思主义同当代中国实际和时代特征相结合的产物……开辟了当代中国马克思主义发展新境界。"[⑤] 上述表述无疑都鲜明地表明了这些理论成果的中国化和时代化的双重特质。我们常说，中国特

---

① 《毛泽东选集》第 3 卷，人民出版社，1991，第 858 页。
② 《马克思恩格斯文集》第 1 卷，人民出版社，2009，第 11 页。
③ 《江泽民文选》第 2 卷，人民出版社，2006，第 9 页。
④ 《江泽民文选》第 3 卷，人民出版社，2006，第 536 页。
⑤ 胡锦涛：《坚定不移沿着中国特色社会主义道路前进，为全面建成小康社会而奋斗——在中国共产党第十八次全国代表大会上的报告》，人民出版社，2012，第 7 页。

色社会主义理论体系是马克思主义中国化的最新成果。这里讲的"最新",是一个历史性的"时代"概念,强调的正是这些理论成果蕴涵的"当代化"元素和"时代性"特征。推进马克思主义时代化,就是要在这一最新理论成果的基础上,继续创造中国化、时代化、大众化相统一的马克思主义理论。

第二节　经典作家关于马克思主义时代化的思想理论

马克思主义经典作家历来都重视时代的变化,强调马克思主义基本原理的实际运用应随时随地以当时的历史条件为转移,并根据时代的变化创新自己的理论。经典作家留下了许多关于马克思主义时代化的深刻论述,这些思想理论对我们深刻认识和推进马克思主义时代化具有重要的指导意义。

一　马克思恩格斯关于马克思主义时代化的思想理论

作为马克思主义的创始人,马克思恩格斯在为无产阶级和人类的解放事业进行艰苦的理论探索的同时也形成了他们自身对马克思主义的根本看法和根本态度,他们对与时俱进发展马克思主义有过许多重要论述。这些思想理论对于我们今天认识和推进马克思主义时代化有着重大的启示和现实的指导意义。

1. 一切理论都是历史的产物而不存在永恒真理

马克思恩格斯从唯物辩证法的高度,揭示和概括了理论思维发展的一般规律。马克思指出:"人们按照自己的物质生产率建立相应的社会关系,正是这些人又按照自己的社会关系创造了相应的原理、观念和范畴。……所以,这些观念、范畴也同它们所表现的关系一样,不是永恒的。它们是历史的、暂时的产物。"[①] 恩格斯在《自然辩证法》一书中谈到理论思维时这样写道:"思维规律的理论并不像庸人的头脑在想到'逻

———————

① 《马克思恩格斯文集》第 1 卷,人民出版社,2009,第 603 页。

辑'一词时所想象的那样，是一种一劳永逸地完成的'永恒真理'。"① "从历史的观点来看……我们只能在我们时代的条件下去认识，而且这些条件达到什么程度，我们就认识到什么程度。"② 这表明，一切理论思维都是历史的产物，都必然随着时代的变化而变化，世界上不存在永恒不变的终极真理。马克思主义作为一种理论思维，同样受制于这一客观规律。这些论述为我们正确认识马克思主义时代化的内在要求提供了坚实而又权威的理论根据。

马克思恩格斯还批判了资产阶级政治经济学家关于经济规律永恒性的论证。马克思指出，资产阶级政治经济学，"不过在于把一个特定的历史时代独有的、适应一定的物质生产状况的暂时的社会关系，变成永恒的、普遍的、固定的规律，即他们所说的自然规律"③。恩格斯也说："在他们看来，新的科学不是他们那个时代的关系和需要的表现，而是永恒的理性的表现，新的科学所发现的生产和交换的规律，不是这些活动的历史地规定的形式的规律，而是永恒的自然规律；它们是从人的本性中引申出来的。但是，仔细观察一下，这个人就是当时正在向资产者转变的中等市民，而他的本性就是在当时的历史地规定的关系中从事工业和贸易。"④ 他们通过对资产阶级政治经济学的批判，再次表明了任何理论都是时代的产物，而不可能是永恒真理。

2. 运用马克思主义要随时随地以当时的历史条件为转移

马克思恩格斯强调了对待马克思主义的正确态度，那就是要把马克思主义与客观实际相结合。马克思指出："正确的理论必须结合具体情况并根据现存条件加以阐明和发挥。"⑤ 马克思主义揭示了人类社会历史发展的规律，它的基本原理是正确的，具有强大的生命力，对全世界的无产阶级和革命人民有普遍的指导意义。但是，各个国家和民族的实际情况及历史条件有许多不同点，运用马克思主义指导革命实践就必须同各国具体情

---

① 《马克思恩格斯文集》第 9 卷，人民出版社，2009，第 436 页。
② 《马克思恩格斯文集》第 9 卷，人民出版社，2009，第 494 页。
③ 《马克思恩格斯全集》第 12 卷，人民出版社，1998，第 283 页。
④ 《马克思恩格斯文集》第 9 卷，人民出版社，2009，第 158 页。
⑤ 《马克思恩格斯全集》第 47 卷，人民出版社，2004，第 35 页。

况结合起来，在实践中随着具体情况的变化而不断地发展和完善。正如恩格斯所指出的那样，马克思主义原理的运用，"随时随地都要以当时的历史条件为转移"①，要根据变化的历史环境和新的时代条件做出与时俱进的理解。这是马克思主义的本质要求。

马克思恩格斯对于他们的每一个学说，都是将之放在特定的时代条件下来加以说明。例如，马克思主义揭示了资本主义积累规律是资本主义生产方式的"绝对的、一般的"规律，简单地说，这一规律就是资本主义生产方式必将导致财富积累和贫困积累的同时增长，即"两极分化"。马克思在对这一规律的论述中特别写道："像其他一切规律一样，这个规律的实现也会由于各种各样的情况而有所变化，不过对这些情况的分析不属于这里的范围。"② 在马克思看来，资本主义积累规律作为一个经济规律，同其他规律有着同样的性质，即在规律的运用或者在运用规律观察和分析现实时要求对规律做出修正，规律所揭示的一般性在实践中、在观察中、在运用中会发生变化。

马克思恩格斯坚决反对教条式地对待马克思主义的错误做法。对于自己创立的理论，马克思曾经严正申明："我们不想教条地预期未来，而只是想通过批判旧世界发现新世界。""我不主张我们树起任何教条主义的旗帜，而是相反。我们应当设法帮助教条主义者认清他们自己的原理。"③ 他一再提醒人们要科学看待他的理论，十分厌恶对他的理论"盲目崇拜"和"简单模仿"，坚决反对把马克思主义教条化的错误倾向。马克思对把他的理论教条化、机械化甚至是神圣化的做法感到是一种对他的侮辱。恩格斯对于反对教条主义有过一句名言："我们的理论是发展着的理论，而不是必须背得烂熟并机械地加以重复的教条。"④ 他指出："马克思的整个世界观不是教义，而是方法。它提供的不是现成的教条，而是进一步研究的出发点和供这种研究使用的方法。"⑤ 马克思恩格斯之所以坚决反对教

---

① 《马克思恩格斯文集》第 2 卷，人民出版社，2009，第 5 页。
② 《马克思恩格斯文集》第 5 卷，人民出版社，2009，第 742 页。
③ 《马克思恩格斯文集》第 10 卷，人民出版社，2009，第 7 页。
④ 《马克思恩格斯文集》第 10 卷，人民出版社，2009，第 562 页。
⑤ 《马克思恩格斯文集》第 10 卷，人民出版社，2009，第 691 页。

条主义，就是因为他们认为人的思维不可能在某一时期穷尽对世界体系的认识，根本不存在永恒的终极真理，所以对任何理论都不能以教条主义的态度去对待。经典作家这种对待马克思主义的科学态度，是留给后人的宝贵财富。

3. 马克思主义要随着时代和实践的发展不断丰富和发展

马克思恩格斯始终强调自己的理论中不存在解决一切问题的现成答案。他们坚决反对"对未来的革命的行动纲领作纯学理的、必然是幻想的预测"①。当有人问及关于未来实施社会主义的具体步骤时，马克思这样回答："在将来某个特定的时刻应该做些什么，应该马上做些什么，这当然完全取决于人们将不得不在其中活动的那个既定的历史环境。而现在提出这个问题是不着边际的，因而这实际上是一个幻想的问题。"② 针对有人认为可以在马克思主义的著作中找到一些现成的、不变的、永远适用的定义的种种"误解"，恩格斯指出："无论如何应当声明，我所在的党并没有任何一劳永逸的现成方案。我们对未来非资本主义社会区别于现代社会的特征的看法，是从历史事实和发展过程中得出的确切结论；不结合这些事实和过程去加以阐明，就没有任何理论价值和实际价值。"③ 总之，马克思主义经典作家认为："我们是不断发展论者，我们不打算把什么最终规律强加给人类。关于未来社会组织方面的详细情况的预定看法吗？您在我们这里连它们的影子也找不到。"④

马克思恩格斯始终强调马克思主义要随着社会历史条件的变化而发展和完善。《共产党宣言》发表以来，随着时代条件和实践的变化，马克思恩格斯或者提出新的理论观点，或者补充和完善原有的观点，或者放弃已经过时的论断，不断地丰富和发展了自己创立的理论体系。《共产党宣言》各版序言就提供了马克思恩格斯不断丰富和发展马克思主义理论的极好范例。在1872年德文版序言中，马克思恩格斯指出："不管最近25年来的情况发生了多大的变化，这个《宣言》中所阐述的一般原理整个

① 《马克思恩格斯文集》第 10 卷，人民出版社，2009，第 459 页。
② 《马克思恩格斯文集》第 10 卷，人民出版社，2009，第 458 页。
③ 《马克思恩格斯文集》第 10 卷，人民出版社，2009，第 548 页。
④ 《马克思恩格斯文集》第 4 卷，人民出版社，2009，第 561 页。

说来直到现在还是完全正确的。"同时他们承认："由于最近 25 年来大工业有了巨大发展而工人阶级的政党组织也跟着发展起来，由于首先有了二月革命的实际经验而后来尤其是有了无产阶级第一次掌握政权达两月之久的巴黎公社的实际经验，所以这个纲领现在有些地方已经过时了。"① 这充分体现了他们既坚持又发展马克思主义，勇于坚持真理和修正谬误的可贵品质。马克思恩格斯在随着时代和实践的发展不断修正自己理论的同时，还满怀信心寄希望于未来的马克思主义者与时俱进地发展马克思主义。恩格斯指出："因为很可能我们还差不多处在人类历史的开端，而将来会纠正我们的错误的后代，大概比我们有可能经常以十分轻蔑的态度纠正其认识错误的前代要多得多。"② 这些思想，为我们不断推进马克思主义的发展提供了指导。

二　列宁关于马克思主义时代化的思想理论

列宁是马克思主义发展史上最杰出的马克思主义者之一，他始终坚持以与时俱进的态度对待马克思主义，坚持把马克思主义基本原理与时代特征和本国国情相结合，创立了列宁主义，不仅把马克思主义推进到一个全新的发展阶段，为马克思主义时代化做出了重大贡献，而且列宁关于马克思主义时代化的有关思想理论，也指引着我们不断在新的条件下与时俱进地发展马克思主义，从而不断推进马克思主义时代化。

1. 马克思主义不是教条而是行动的指南

列宁认为，马克思主义从来不是教条，而是行动的指南。它要求人们根据它的基本原则和基本方法，不断结合变化着的实际，探索解决新问题的方法，从而也发展马克思主义理论本身。列宁指出："马克思和恩格斯的学说不是我们死背硬记的教条。应该把它当作行动的指南。……我以前说过，现在还要再三地说，这个学说不是教条，而是行动的指南。"③ 针对"左"倾机会主义者把马克思主义一般原理生搬硬套在具有重大差别性的不同国家和民族身上，列宁讥讽其是"书呆子"式的做法："只有不

---

① 《马克思恩格斯文集》第 2 卷，人民出版社，2009，第 5～6 页。
② 《马克思恩格斯文集》第 9 卷，人民出版社，2009，第 91 页。
③ 《列宁专题文集——论马克思主义》，人民出版社，2009，第 300 页。

可救药的书呆子，才会单靠引证马克思关于另一历史时代的某一论述，来解决当前发生的独特而复杂的问题。"① 显然，列宁是坚决反对"书呆子"式地照搬马克思主义的具体结论的。他要求自己和一切马克思主义者都做马克思主义的发展创新者，不做照抄照搬的"书呆子"。

2. 运用马克思主义要与本国实际和时代条件相结合

列宁强调，各国无产阶级政党在指导革命运动时，必须紧密结合本国本民族的客观实际，独立地研究和运用马克思主义。在他看来，马克思主义为各国工人运动提供的只是总的指导原理，只管大方向、大趋势，具体如何做，在马克思的著作中找不到；马克思主义所提供的总的指导原理，具体应用起来，在各国各民族都不相同。共产党人只能从各国各民族实际出发，同各国各民族实际相结合，使之本国化、民族化。他指出："对于俄国社会党人来说，尤其需要独立地探讨马克思的理论，因为它所提供的只是总的指导原理，而这些原理的应用具体地说，在英国不同于法国，在法国不同于德国，在德国又不同于俄国。"② 由于各个民族、各个国家的差别始终存在，这就要求共产党人在运用马克思主义的基本原则时，要"把这些原则在某些细节上正确地加以改变，使之正确地适应于民族的和民族国家的差别，针对这些差别正确地加以运用"③。这从根本上决定了各国的革命斗争策略必然具有多样性。

此外，列宁还强调运用马克思主义基本原理要以时代条件为转移，要从时代实际出发制定党的路线方针政策。他说："只有在这个基础上，即首先考虑到各个'时代'的不同的基本特征（而不是个别国家的个别历史事件），我们才能够正确地制定自己的策略；只有了解了某一时代的基本特征，才能在这一基础上去考虑这个国家或那个国家的更具体的特点。"④

3. 要善于吸收人类优秀成果，不断发展马克思主义

列宁认为，马克思主义是开放的、发展的科学体系，不是终极真理。

---

① 《列宁专题文集——论马克思主义》，人民出版社，2009，第299页。
② 《列宁专题文集——论马克思主义》，人民出版社，2009，第96页。
③ 《列宁专题文集——论无产阶级政党》，人民出版社，2009，第256页。
④ 《列宁专题文集——论资本主义》，人民出版社，2009，第91页。

在他看来，马克思主义只给我们提供了正确地认识和改造世界的科学方法论。对于未来社会的发展也只是指明大的发展趋势与方向，并没有也不可能确定社会的发展细节和具体步骤。"马克思没有束缚自己的手脚，也没有束缚未来的社会主义革命活动家的手脚。"① 事实上，客观世界是不断发展的，如同世界上所有事物一样，马克思主义理论也必然处于不断完善和发展的过程之中。列宁指出："我们决不把马克思的理论看作某种一成不变的和神圣不可侵犯的东西；恰恰相反，我们深信：它只是给一种科学奠定了基础，社会党人如果不愿落后于实际生活，就应当在各方面把这门科学推向前进。"② 因此，马克思主义者的任务绝不是简单地重复和解释马克思恩格斯的某些原理，而应以实践的观点、发展的观点来对待马克思主义，勇于突破那些陈旧的、过时的观点和结论，不断地总结新的实践经验，使马克思主义在现实中得到检验和发展。

列宁指出，各国共产党人要在结合本国实际的实践过程中丰富和发展马克思主义。他认为："在东方那些人口无比众多、社会情况无比复杂的国家里，今后的革命无疑会比俄国革命带有更多的特殊性。"③ 东方各民族的共产党人面临着一个特殊的任务，就是必须以一般共产主义的理论和实践为依据，适应欧洲各国所没有的特殊条件，在指导革命的实践中丰富和发展马克思主义。列宁指出："对于旧'公式'，例如布尔什维主义的旧'公式'，要善于补充和修改，因为这些经实际证明大体上是正确的公式，具体实现的结果却成了另一个样子。"④ 我们应当从实际出发，在实践的基础上，用新的事实、新的观点、新的理论使马克思主义继续得到丰富和发展。

列宁强调，发展马克思主义还要善于吸收人类优秀文明成果。他指出："马克思主义这一革命无产阶级的思想体系赢得了世界历史性的意义，是因为它并没有抛弃资产阶级时代最宝贵的成就，相反却吸收和改造

---

① 《列宁专题文集——论社会主义》，人民出版社，2009，第127页。
② 《列宁专题文集——论马克思主义》，人民出版社，2009，第96页。
③ 《列宁专题文集——论社会主义》，人民出版社，2009，第359页。
④ 《列宁选集》第3卷，人民出版社，1995，第19页。

了两千多年来人类思想和文化发展中一切有价值的东西。"① 马克思主义不是封闭的理论框架，而是开放的体系，它必须随着时代和实践的发展，不断吸收人类文明成果，不断吸取时代精神的精华，这也正是马克思主义始终保持旺盛生命力的根源之所在。

第三节　党的三代领导集体关于马克思主义时代化的理论论述

虽然马克思主义时代化的命题是 2009 年党的十七届四中全会第一次正式提出的，但是推进马克思主义时代化的精神和实践却一直贯穿于中国共产党领导中国革命、建设和改革的全部历程之中。建党 90 多年来，中国共产党坚持把马克思主义基本原理与时代条件相结合，创造性地推进了马克思主义时代化。在这个过程中，以毛泽东、邓小平、江泽民为代表的党的三代领导集体对马克思主义时代化做出过许多相关论述，留下了丰富的思想理论。这些思想理论对于我们在新的历史条件下认识和推进马克思主义时代化，有着重要的现实指导意义。

一　毛泽东关于马克思主义时代化的理论论述

毛泽东是中国共产党第一代领导集体的核心。毛泽东在领导中国革命和建设的过程中，对于坚持以正确态度对待马克思主义、推动马克思主义与时俱进做过许多相关论述。他虽然没有明确使用"时代化"的概念，但其思想理论对于马克思主义时代化的发展发挥了重大的历史作用，在今天看来也有重要的现实意义。

1. 要坚持用马克思主义解决时代问题

毛泽东认为，马克思主义的普遍原理是放之四海而皆准的，但是经典作家的某些具体结论需要随着时代发展而发展。马克思恩格斯曾多次指出，他们的理论不是教条而是行动的指南；对其理论中一般原理的实际运用，随时随地都要以当时的历史条件为转移。毛泽东指出："马克思、列

---

① 《列宁专题文集——论马克思主义》，人民出版社，2009，第 296 页。

宁关于个别问题的结论做得不合适，这种情况是可能的，因为受当时条件的限制。"① 马克思主义不但受科学条件和技术条件的限制，而且受客观过程的发展及其表现程度的限制。这就要求我们结合时代的发展变化，努力研究时代提出的新问题，不断推进马克思主义向前发展。

毛泽东从当时的特定时代条件和实际需要出发，提出了用马克思主义解决时代新课题的历史任务。十月革命以来的时代特点，规定了中国革命面临新的时代课题。中国革命已成为世界社会主义革命的一部分，在"战争与革命"的时代主题条件下，在中国这样一个半殖民地半封建社会的东方大国，如何领导无产阶级革命取得胜利是摆在中国共产党人面前的重大时代课题。毛泽东指出："社会的发展到了今天的时代，正确地认识世界和改造世界的责任，已经历史地落在无产阶级及其政党的肩上。"② 在此基础上，他又明确指出："在无产阶级已经走上政治舞台的时代，中国革命战争的领导责任，就不得不落到中国共产党的肩上。"③ 中国共产党要切实担负起此项责任，就必须坚持运用马克思列宁主义的科学理论武器。毛泽东认为，我们只有掌握马克思列宁主义的科学，紧紧依靠人民群众的力量，才能在解决时代课题的进程中把我国的革命事业不断推向前进。

2. 运用马克思主义要在结合实际中不断做出理论创造

毛泽东强调，要以创造性的态度对待马克思主义。他提出了"要分清创造性的马克思主义和教条式的马克思主义"④ 的著名论断。毛泽东指出："马克思这些老祖宗的书，必须读，他们的基本原理必须遵守，这是第一。但是，任何国家的共产党，任何国家的思想界，都要创造新的理论，写出新的著作，产生自己的理论家，来为当前的政治服务，单靠老祖宗是不行的。"⑤ 在毛泽东看来，坚持"老祖宗"和开拓新境界必须有机结合起来。如果固守"老祖宗"而不去开拓新境界，只是一味地希望从马克思主义那里找到现成答案，教条式地对待马克思主义，只会导致思想

① 《毛泽东文集》第 8 卷，人民出版社，1999，第 2 页。
② 《毛泽东选集》第 1 卷，人民出版社，1991，第 296 页。
③ 《毛泽东选集》第 1 卷，人民出版社，1991，第 183 页。
④ 《毛泽东文集》第 2 卷，人民出版社，1999，第 373 页。
⑤ 《毛泽东文集》第 8 卷，人民出版社，1999，第 109 页。

僵化。

毛泽东认为，创造性地对待马克思主义，最根本的要求就是坚持理论联系实际的原则。早在 1930 年，毛泽东就指出："马克思主义的'本本'是要学习的，但是必须同我国的实际情况相结合。我们需要'本本'，但是一定要纠正脱离实际情况的本本主义。"① "中国革命斗争的胜利要靠中国同志了解中国情况。"② 这些成为毛泽东批判教条主义的经典语言。毛泽东认为，我们"决不能主观地公式地应用"马克思主义，而"必须将马克思主义的普遍真理和中国革命的具体实践完全地恰当地统一起来"③。毛泽东将坚持理论联系实际的原则概括为"实事求是"和"有的放矢"，从而形成了党的马克思主义思想路线。这一思想路线使中国共产党人成功找到了一条马克思主义指导下的中国革命的新道路，也推进了马克思主义与中国实际和时代条件的结合。

毛泽东指出，运用马克思主义要着力推进马克思主义的理论创造。他认为，理论和实际相结合，不是普遍真理的简单应用，更不是用"本本"去框实践，而是要结合中国的国情和实际问题，不断做出理论创造，从而推进理论创新。毛泽东说："中国共产党人只有在他们善于应用马克思列宁主义的立场、观点和方法，善于应用列宁斯大林关于中国革命的学说，进一步地从中国的历史实际和革命实际的认真研究中，在各方面作出合乎中国需要的理论性的创造，才叫做理论和实际相联系。"④ 在我国进入社会主义社会以后，面对不断出现的新情况新问题，毛泽东更是强调共产党人要不断创造马克思主义新理论，认为"不适应新的需要，写出新的著作，形成新的理论，也是不行的"⑤。

3. 发展马克思主义需要努力吸收国内外优秀文化成果

毛泽东强调，共产党人要努力继承和弘扬中华民族优秀传统文化。他说："我们是马克思主义的历史主义者，我们不应当割断历史。从孔夫子

---

① 《毛泽东选集》第 1 卷，人民出版社，1991，第 111 页。
② 《毛泽东选集》第 1 卷，人民出版社，1991，第 115 页。
③ 《毛泽东选集》第 2 卷，人民出版社，1991，第 707 页。
④ 《毛泽东选集》第 3 卷，人民出版社，1991，第 820 页。
⑤ 《毛泽东文集》第 8 卷，人民出版社，1999，第 109 页。

到孙中山，我们应当给以总结，承继这一份珍贵的遗产。"① 同时，毛泽东也提出了对待传统文化的正确态度，那就是取其精华、去其糟粕；批判改造、推陈出新；古为今用、"双百方针"。毛泽东认为，我们要珍视先人留给我们的文化遗产，要根据马克思主义的立场、观点和方法批判地利用传统文化，汲取传统文化当中的精华，这对于我们事业的发展和马克思主义的理论创新，都具有重要意义。

毛泽东也特别注重学习国外优秀文化成果以发展社会主义和马克思主义。他在《新民主主义论》中明确提出："中国应该大量吸收外国的进步文化，作为自己文化食粮的原料，这种工作过去还做得很不够。这不但是当前的社会主义文化和新民主主义文化，还有外国的古代文化，例如各资本主义国家启蒙时代的文化，凡属我们今天用得着的东西，都应该吸收。"② 新中国成立以后，毛泽东也明确主张："一切国家的好经验我们都要学，不管是社会主义国家的，还是资本主义国家的，这一点是肯定的。"③ 毛泽东认为，每个民族都有自己的长处和短处、优点和缺点，各民族之间取长补短，互通有无是很自然的。要从战略的高度重视学习国外先进文化的重大意义。他说："要学习每个民族的长处，不管这些民族的大小。"④ "我们的方针是，一切民族、一切国家的长处都要学，政治、经济、科学、技术、文学、艺术的一切真正好的东西都要学。"⑤ 要通过学习国外先进文化，来促进我国的社会主义建设和马克思主义的发展。

二　邓小平关于马克思主义时代化的理论论述

改革开放以来，邓小平立足于和平与发展的时代主题，坚持把马克思主义与时代特征和中国国情结合起来，探索中国特色社会主义道路，创立了邓小平理论，实现了马克思主义时代化的历史性飞跃。在这一历史过程中，邓小平也阐述了许多与马克思主义时代化相关的重要思想，做出了许

---

① 《毛泽东选集》第 2 卷，人民出版社，1991，第 534 页。
② 《毛泽东选集》第 2 卷，人民出版社，1991，第 706 页。
③ 《毛泽东文集》第 7 卷，人民出版社，1999，第 242 页。
④ 《毛泽东文集》第 8 卷，人民出版社，1999，第 158 页。
⑤ 《毛泽东文集》第 7 卷，人民出版社，1999，第 41 页。

多深刻论述。

1. 要始终坚持"老祖宗不能丢"这条基本原则

在邓小平看来，"老祖宗不能丢"，这是我们各项事业发展的一条基本原则，也是我们不断取得伟大成就的一大法宝。马克思主义是我们的根本指导思想，为我们提供了科学的世界观和方法论，是指导革命、建设和改革各项事业的科学理论武器。在改革开放之初，邓小平就明确提出了坚持"四项基本原则"的要求，其中之一就是"必须坚持马列主义、毛泽东思想"①，并且强调"决不允许在这个根本立场上有丝毫动摇"②。在改革开放不断深入、经济体制发生重大变化的情况下，邓小平再次告诫全党："我们搞改革开放，把工作重心放在经济建设上，没有丢马克思，没有丢列宁，也没有丢毛泽东。老祖宗不能丢啊！"③ 总之，我们过去搞革命，靠的是马克思主义；现在搞建设，搞改革，还是要靠马克思主义。"坚持马克思主义对中国十分重要。"④ 丢了马克思主义这个"老祖宗"，就会丧失根本，不仅将动摇中国共产党的执政基础，而且会使社会主义事业遭受毁灭性危害。

邓小平认为，我们之所以在任何时代都要坚持马克思主义不动摇，就在于马克思主义的科学真理性。马克思主义正确揭示了人类社会发展的规律，是社会主义革命和建设事业的科学指导思想，具有普遍真理性。他说："世界上赞成马克思主义的人会多起来的，因为马克思主义是科学。它运用历史唯物主义揭示了人类社会发展的规律。""马克思主义是打不倒的。打不倒，并不是因为大本子多，而是因为马克思主义的真理颠扑不破。"⑤ 马克思主义是科学，这是邓小平始终强调的重要观点。

邓小平指出了坚持马克思主义的核心和本质要求。邓小平认为："实事求是是马克思主义的精髓。"⑥ 坚持马克思主义，核心就是坚持实事求是。过去我们搞革命所取得的一切胜利，是靠实事求是；现在我们要实现

---

① 《邓小平文选》第 2 卷，人民出版社，1994，第 165 页。
② 《邓小平文选》第 2 卷，人民出版社，1994，第 173 页。
③ 《邓小平文选》第 3 卷，人民出版社，1993，第 369 页。
④ 《邓小平文选》第 3 卷，人民出版社，1993，第 62 页。
⑤ 《邓小平文选》第 3 卷，人民出版社，1993，第 382 页。
⑥ 《邓小平文选》第 3 卷，人民出版社，1993，第 382 页。

四个现代化，同样要靠实事求是。他说："二十年的历史教训告诉我们一条最重要的原则：搞社会主义一定要遵循马克思主义的辩证唯物主义和历史唯物主义，也就是毛泽东同志概括的实事求是，或者说一切从实际出发。"① 此外，邓小平还提出，坚持马克思主义的本质要求就是要立足于我国的国情搞好社会主义现代化建设。他说："在中国的现实条件下，搞好社会主义的四个现代化，就是坚持马克思主义，就是高举毛泽东思想伟大旗帜。你不抓住四个现代化，不从这个实际出发，就是脱离马克思主义，就是空谈马克思主义。"②

2. 对待马克思主义要不断解放思想，防止思想僵化

邓小平坚决反对教条式地对待马克思主义。早在 20 世纪 50 年代，邓小平就指出，教条主义"就是只知道马克思列宁主义的词句，不从具体情况出发来运用，它使我国的革命遭受过失败和挫折"③。他始终强调要坚持把马克思主义与我国的具体实际相结合，与时代发展的条件相结合，反对照抄照搬马克思主义的"本本"。他说："我们改革开放的成功，不是靠本本，而是靠实践，靠实事求是。"④ "我们不把马克思主义当作教条，而是把马克思主义同中国的具体实践相结合，提出自己的方针，所以才能取得胜利。"⑤ 邓小平一再告诫全党："一个党，一个国家，一个民族，如果一切从本本出发，思想僵化，迷信盛行，那它就不能前进，它的生机就停止了，就要亡党亡国。"⑥ 可以说，在反对教条式地对待马克思主义这个问题上，邓小平的态度一向是明确和坚决的。

邓小平认为，坚持马克思主义需要不断解放思想。他说："世界在变化，我们的思想和行动也要随之而变。"⑦ "我们讲解放思想，是指在马克思主义指导下打破习惯势力和主观偏见的束缚，研究新情况，解决新问

---

① 《邓小平文选》第 3 卷，人民出版社，1993，第 118 页。
② 《邓小平文选》第 2 卷，人民出版社，1994，第 162 页。
③ 《邓小平文选》第 1 卷，人民出版社，1994，第 260 页。
④ 《邓小平文选》第 3 卷，人民出版社，1993，第 382 页。
⑤ 《邓小平文选》第 3 卷，人民出版社，1993，第 191 页。
⑥ 《邓小平文选》第 2 卷，人民出版社，1994，第 143 页。
⑦ 《邓小平文选》第 3 卷，人民出版社，1993，第 274 页。

题。"① 在我国实行改革开放和建设中国特色社会主义，是一项全新的事业。我们需要不断解放思想，防止思想僵化，创造性地解决时代和实践提出的新问题。邓小平还第一次把解放思想与实事求是连在一起，将之作为党的思想路线的一种概括。他说："解放思想，就是使思想和实际相符合，使主观和客观相符合，就是实事求是。今后，在一切工作中要真正坚持实事求是，就必须继续解放思想。"② 正是由于邓小平坚持解放思想，才把党的指导思想从"以阶级斗争为纲"的"左"的教条中，从"两个凡是"的禁锢中解放出来，使之真正成为引领改革开放实践步入正确轨道的指路明灯。

3. 要根据时代和实践的变化不断发展马克思主义

"马克思主义必须发展"③，这是邓小平的鲜明观点。他说："马克思主义理论从来不是教条，而是行动的指南。它要求人们根据它的基本原则和基本方法，不断结合变化着的实际，探索解决新问题的答案，从而也发展马克思主义理论本身。"④ 在邓小平看来，马克思主义虽然是颠扑不破的真理，但它本身又是不断发展的，不会永远停留在一个水平上。"科学社会主义是在实际斗争中发展着，马列主义、毛泽东思想是在实际斗争中发展着。我们当然不会由科学的社会主义退回到空想的社会主义，也不会让马克思主义停留在几十年或一百多年前的个别论断的水平上。"⑤ 我们只有根据变化着的实践不断运用和发展马克思主义，才能发挥马克思主义改造社会的作用。

邓小平认为，在实践中不断丰富和发展马克思主义，是建设中国特色社会主义的必然要求。建设中国特色社会主义是一项全新的事业。"中国是这么大的国家，我们做的事是前人没有做过的。"⑥ "在中国建设社会主义这样的事，马克思的本本上找不出来，列宁的本本上也找不出来。"⑦

---

① 《邓小平文选》第 2 卷，人民出版社，1994，第 279 页。
② 《邓小平文选》第 2 卷，人民出版社，1994，第 364 页。
③ 《邓小平文选》第 3 卷，人民出版社，1993，第 191 页。
④ 《邓小平文选》第 3 卷，人民出版社，1993，第 146 页。
⑤ 《邓小平文选》第 2 卷，人民出版社，1994，第 179 页。
⑥ 《邓小平文选》第 3 卷，人民出版社，1993，第 229 页。
⑦ 《邓小平文选》第 3 卷，人民出版社，1993，第 260 页。

这就需要我们独立思考、大胆探索、开拓创新。邓小平说："绝不能要求马克思为解决他去世之后上百年、几百年所产生的问题提供现成答案。列宁同样也不能承担为他去世以后五十年、一百年所产生的问题提供现成答案的任务。"① 这就要求我们把马克思主义与中国的时代和实际相结合，创造性地回答建设中国特色社会主义过程中的新问题，这样才能更好地推进中国特色社会主义事业。

邓小平指出，根据时代和实践的变化不断发展马克思主义是马克思主义者的历史责任。他说："世界形势日新月异，特别是现代科学技术发展很快。现在的一年抵得上过去古老社会几十年、上百年甚至更长的时间。不以新的思想、观点去继承、发展马克思主义，不是真正的马克思主义者。"② "真正的马克思列宁主义者必须根据现在的情况，认识、继承和发展马克思列宁主义。"③ 应当看到，我们今天所处的时代与马克思主义创始人所处的时代有很大的差异。真正的马克思主义者必须以新的思想、观点去继承和发展马克思主义。对于中国共产党人来说，就是要从中国社会主义初级阶段的实际出发，坚持理论联系实际、解放思想、独立思考、大胆探索、开拓创新，在不断总结实践经验的基础上，逐步形成适合中国国情和体现时代特色的科学理论，不断把马克思主义推向前进。

三　江泽民关于马克思主义时代化的理论论述

江泽民同志立足于世纪之交的时代特征和当代中国的时代实际，积极推进了马克思主义时代化，创立了具有鲜明时代内容和时代特色的"三个代表"重要思想。在此过程中，江泽民阐发了关于马克思主义时代化的许多论述，为我们正确认识和继续推进马克思主义时代化提供了重要的理论指导。

1. 马克思主义具有与时俱进的理论品质

"马克思主义具有与时俱进的理论品质"④，是江泽民同志做出的一个

---

① 《邓小平文选》第 3 卷，人民出版社，1993，第 291 页。
② 《邓小平文选》第 3 卷，人民出版社，1993，第 291~292 页。
③ 《邓小平文选》第 3 卷，人民出版社，1993，第 291 页。
④ 《江泽民文选》第 3 卷，人民出版社，2006，第 282 页。

极其重要的科学论断。这个论断科学总结了马克思主义诞生以来的160多年发展的历史经验，揭示了维系马克思主义生命力的不竭动力所在，为我们正确认识马克思主义时代化的历史必然性提供了理论依据。

江泽民指出，马克思主义需要与时俱进地发展，才能始终保持强大的生命力。马克思主义是无产阶级的世界观和方法论，是指导无产阶级革命和社会主义实践的科学理论武器。它需要随着实践的发展而与时俱进，才能发挥对实践的指导作用。江泽民说："马克思主义是我们认识和改造世界的强大思想武器，是指导中国革命、建设和改革的行动指南。马克思主义不是教条，只有正确运用于实践并在实践中不断发展才具有强大生命力"[1]。在他看来，马克思主义诞生于19世纪40年代，至今已有160多年的时间。在时代发生巨大变化的条件下，马克思主义之所以能历久弥新，就是因为"一代又一代的马克思主义者，从时代的发展和本国的国情出发，以创造性的态度对待马克思主义，从而保持了它的巨大影响和旺盛的生命力"[2]。如果不能做到与时俱进，而是墨守成规、保守僵化，必然窒息马克思主义的生机与活力。

江泽民认为，马克思主义的实践性又决定了它必然随着时代、实践和科学的发展而发展。在他看来，理论就是对实践的总结。一切科学的理论，总是从实践中来，又回到实践中去，接受实践检验，指导实践，同时在实践中丰富和发展自己。这是一切科学理论发展的必然规律，也是马克思主义发展的必然规律。马克思主义具有鲜明的实践性。不断发展的实践，决定了马克思主义理论发展的必然性。江泽民指出："马克思主义是科学，它始终严格地以客观事实为根据。而实际生活总是在不停的变动中，这种变动的剧烈和深刻，近一百多年来达到了前人难以想象的程度。因此，马克思主义必定随着时代、实践和科学的发展而不断发展，不可能一成不变。"[3] 一部马克思主义发展史，就是马克思主义与时俱进、不断创新的历史。

---

① 《江泽民文选》第3卷，人民出版社，2006，第270页。

② 中共中央文献研究室编《江泽民论中国特色社会主义（专题摘编）》，中央文献出版社，2002，第22～23页。

③ 《江泽民文选》第2卷，人民出版社，2006，第12页。

总之，马克思主义需要随着时代、实践的发展而不断发展，这是保持其生命力的内在要求；马克思主义能够随着时代、实践的发展而不断发展，这是由马克思主义的实践性所决定的。江泽民明确把马克思主义这种性质概括为"与时俱进的理论品质"，深刻揭示了马克思主义理论的思想真谛，也明确概括了马克思主义时代化的思想精髓。这是对马克思主义时代化做出的具有首创意义的重大贡献。

2. 对待马克思主义要采取与时俱进的科学态度

如何对待马克思主义，是推进马克思主义时代化的基本问题。既坚持又发展马克思主义，是对待马克思主义的唯一正确态度。江泽民在继承前人的基础上，着眼于新的时代和实践要求，明确提出了要以与时俱进的态度对待马克思主义。这一思想丰富和发展了对待马克思主义的正确态度，为推进马克思主义时代化提供了科学指导。

江泽民强调，要毫不动摇地坚持马克思主义。马克思主义是我们立党立国的根本指导思想，是全国各族人民团结奋斗的共同理论基础。他多次指出："马克思主义的基本原理任何时候都要坚持，否则我们的事业就会因为没有正确的理论基础和思想灵魂而迷失方向，就会归于失败。"[1] "一切否定和放弃马克思主义的言行都是错误的，都必须坚决反对。"[2] 同时，他还阐述了坚持马克思主义的科学内涵，那就是要坚持马克思主义的立场、观点、方法，坚持马克思主义的基本原理。江泽民强调对此要"坚定不移""不能含糊"[3]，并认为这是检验人们是不是真正的马克思主义者的一块试金石。

江泽民阐述了坚持马克思主义应当采取的正确态度。他说："坚持马克思主义，绝不能采取教条主义、本本主义的态度，而应该采取实事求是、与时俱进的科学态度。"[4] 我们要坚持一切从发展变化着的实际出发，把马克思主义视为随着实践的不断发展而发展的科学。如果不顾历史条件和客观情况的变化，把马克思主义经典作家所说的话都当成不可更改的教

---

[1] 《江泽民文选》第3卷，人民出版社，2006，第282页。
[2] 《江泽民文选》第3卷，人民出版社，2006，第337页。
[3] 《江泽民文选》第3卷，人民出版社，第335页。
[4] 《江泽民文选》第3卷，人民出版社，2006，第337页。

条，那就会损害乃至窒息马克思主义的生命力。江泽民指出："如果不顾历史条件和现实情况的变化，拘泥于马克思主义经典作家在特定历史条件下、针对具体情况作出的某些个别论断和具体行动纲领，我们就会因为思想脱离实际而不能顺利前进，甚至发生失误。"① 因此，要坚持反对教条式地对待马克思主义的错误态度，反对照搬经典作家的某些现成结论。

江泽民揭示了坚持马克思主义的本质要求是要"着眼于马克思主义理论的运用"②。他说："坚持马克思主义，必须紧密结合我国社会主义改革和建设的新实际和国际形势发展变化的新实际，不断丰富和发展马克思主义，不断增强马克思主义理论的说服力和战斗力。这样才能真正坚持好马克思主义。"③ "坚持马克思主义，关键是要结合实际运用马克思主义基本原理，努力解决存在的实际问题。"④ 党的十五大报告概括了"一个中心、三个着眼于"的要求，成为当代中国共产党人根据实践坚持和发展马克思主义的经典语言。此外，江泽民还据此提出了判断是否真正坚持马克思主义的根本标准。"看我们是否真正坚持了马克思主义，关键看是否能运用它来解决中国面临的实际问题，推进党的事业发展。解决的问题越多，就运用得越好。如果理论上说得头头是道、天花乱坠，最后什么问题也没有解决，那就不是真正的坚持。"⑤ 也就是说，坚持马克思主义，既要在解决中国实际问题的进程中来落实，又要用中国特色社会主义实践的效果来检验。

3. 马克思主义理论创新是党和国家事业发展的保证

江泽民指出："创新是一个民族进步的灵魂，是一个国家兴旺发达的不竭动力，也是一个政党永葆生机的源泉。"⑥ 创新包括理论创新、体制创新、科技创新等许多方面。江泽民高度重视马克思主义理论创新，认为实践基础上的理论创新是社会发展和变革的先导，是党和国家各项事业发展的重要保证。当代中国推进马克思主义时代化创新具有重大意义。这些

---

① 《江泽民文选》第 3 卷，人民出版社，2006，第 282 页。
② 《江泽民文选》第 2 卷，人民出版社，2006，第 304 页。
③ 《江泽民文选》第 3 卷，人民出版社，2006，第 228 页。
④ 《江泽民文选》第 3 卷，人民出版社，2006，第 338 页。
⑤ 《江泽民文选》第 3 卷，人民出版社，2006，第 339 页。
⑥ 《江泽民文选》第 3 卷，人民出版社，2006，第 64 页。

论述对我们正确认识马克思主义时代化的重要性和紧迫性，具有指导意义。

江泽民认为，马克思主义理论创新是中国特色社会主义事业发展的重要保证。他指出："世界在变化，我国改革开放和现代化建设在前进，人民群众的伟大实践在发展，迫切要求我们党以马克思主义的理论勇气，总结实践的新经验，在理论上不断扩展新视野，作出新概括。只有这样，党的思想理论才能引导和鼓舞全党和全国人民把中国特色社会主义事业不断推向前进。"[①] 江泽民认为，注重理论创新，是党的事业前进的重要保证。什么时候我们紧密结合实践不断推进理论创新，党的事业就充满生机和活力；什么时候理论的发展落后于实践，党的事业就会受到损害，甚至经历挫折。时代条件在发展变化，中国特色社会主义的实践在向前发展，指导我们事业的马克思主义也要与时俱进，才能保障我们的事业更好地发展。

江泽民强调，马克思主义理论创新也是保持党的先进性的重要条件。在他看来，中国共产党是以马克思主义为指导思想的无产阶级政党，马克思主义理论的先进性是党的先进性的基础和决定性因素。用什么样的理论做指导，决定着党的路线纲领和方针政策，决定着党的创造力、凝聚力和战斗力，决定着党的先进性。江泽民指出："我们必须与时俱进，继续丰富和发展马克思主义。如果因循守旧、停滞不前，我们就会落伍，我们党就有丧失先进性和领导资格的危险。"[②] 马克思主义只有紧随时代的发展而丰富和发展，才能使我们党始终站在时代前列，把握时代发展规律，从而永葆党的先进性。

4. 推进马克思主义理论创新是中国共产党人的历史责任

江泽民指出，我们要大力推进马克思主义理论创新，坚持用发展着的马克思主义指导新的实践。当今世界和我们所处的时代发生了很多深刻的变化，我们在国际国内都面临着许多新情况新问题，必须从理论和实践两方面做出回答并加以解决。要使党和国家的发展不停顿，首先在理论上不能停顿，这是马克思主义唯物辩证法的根本要求。江泽民指出："我们进

---

① 《江泽民文选》第 3 卷，人民出版社，2006，第 537 页。
② 《江泽民文选》第 3 卷，人民出版社，2006，第 335 页。

行理论创新，就是要使我们党的基本理论在继承的基础上不断吸取新的实践经验、新的思想而向前发展。"① "面对国际国内的新情况新问题，我们必须继续坚持以马克思列宁主义、毛泽东思想、邓小平理论为指导，坚持党的解放思想、实事求是的思想路线，一切从实际出发，紧跟时代发展的潮流，不断研究新情况、解决新问题、形成新认识、开辟新境界。"② 江泽民提出了 "用发展着的马克思主义指导新的实践"③ 的重要思想，这是中国共产党在推进马克思主义中国化、时代化进程中得出的极其重要的经验。这一经验对于我们把握马克思主义时代化的内在要求具有重要意义。

江泽民强调，不断地随着时代和实践的发展推动马克思主义与时俱进，是中国共产党人的庄严历史责任。他在党的十五大报告中谈到邓小平理论时明确指出："坚持邓小平理论，在实践中继续丰富和创造性地发展这个理论，这是党中央领导集体和全党同志的庄严历史责任。"④ 在党的十六大报告中谈到 "三个代表" 重要思想时，他又强调说："'三个代表'重要思想是发展的、前进的。全党必须在思想上不断有新解放，理论上不断有新发展，实践上不断有新创造……使我们党始终与时代发展同步伐，与人民群众共命运。"⑤ 实践没有止境，创新也没有止境。江泽民号召："全党同志要坚持马克思主义的科学原理和科学精神，善于把握客观情况的变化，善于总结人民群众在实践中创造的新鲜经验，不断丰富和发展马克思主义理论。"⑥ "我们要突破前人，后人也必然会突破我们。这是社会前进的必然规律。"⑦ 每一代中国共产党人，都有责任既坚持马克思主义基本原理，又要谱写新的理念篇章，不断把马克思主义推向前进。

江泽民认为，要推进马克思主义与时俱进，必须坚持一切从实际出发，切实做到解放思想和实事求是。他指出："在中国，真要建设社会主义，那就只能一切从社会主义初级阶段的实际出发，而不能从主观愿望出

① 《江泽民文选》第 3 卷，人民出版社，2006，第 66 页。
② 《江泽民文选》第 3 卷，人民出版社，2006，第 64 ~ 65 页。
③ 《江泽民文选》第 3 卷，人民出版社，2006，第 538 页。
④ 《江泽民文选》第 2 卷，人民出版社，2006，第 48 页。
⑤ 《江泽民文选》第 3 卷，人民出版社，2006，第 541 页。
⑥ 《江泽民文选》第 3 卷，人民出版社，2006，第 283 页。
⑦ 《江泽民文选》第 3 卷，人民出版社，2006，第 538 页。

发，不能从这样那样的外国模式出发，不能从对马克思主义著作中个别论断的教条式理解和附加到马克思主义名下的某些错误论点出发。"① 要一切从实际出发，"不能拿本本去框实践，而是要用实践去发展本本"②。为此，江泽民始终强调我们要坚持解放思想，"自觉地把思想认识从那些不合时宜的观念、做法和体制的束缚中解放出来，从对马克思主义的错误的和教条式的理解中解放出来，从主观主义和形而上学的桎梏中解放出来"③。只有这样，才能既坚持马克思主义基本原理，又在实践中不断丰富和发展马克思主义。

江泽民提出，推进马克思主义时代化，需要共产党人具备马克思主义的理论勇气和与时俱进的精神状态。马克思主义诞生后的 160 多年来，世界政治、经济、文化、科技等发生了重大变化，我国的社会主义现代化建设也在日新月异地发展。"离开了活生生的现实，还用几十年前甚至一百多年前的老观点来套现实社会的发展，是绝对行不通的。"④ 而要推进理论创新，必须打破传统观念的束缚，做到不迷信、不盲从，这就需要共产党人有巨大的理论勇气，也需要具备改革创新的精神状态。江泽民指出："党的事业要前进，必须有回答和解决新问题的理论勇气和政治勇气。"⑤ 同时，他号召："必须使全党始终保持与时俱进的精神状态，不断开拓马克思主义理论发展的新境界。"⑥

综上所述，以毛泽东、邓小平、江泽民为核心的党的三代领导集体在推进马克思主义时代化的过程中，对于实现马克思主义时代化留下了许多思想论述。这些思想理论对我们正确把握时代、科学对待马克思主义、在时代变化中推进马克思主义理论创新等都有着重要的指导意义，是我们继续推进马克思主义时代化的重要理论依据。

---

① 《江泽民文选》第 2 卷，人民出版社，2006，第 14 页。
② 《江泽民文选》第 3 卷，人民出版社，2006，第 132 页。
③ 《江泽民文选》第 3 卷，人民出版社，2006，第 538 页。
④ 《江泽民文选》第 2 卷，人民出版社，2006，第 339 页。
⑤ 《江泽民文选》第 3 卷，人民出版社，2006，第 334 页。
⑥ 《江泽民文选》第 3 卷，人民出版社，2006，第 537 页。

第二章　马克思主义时代化的
发展历程及其启示

马克思主义从来都是与时代大潮相伴而生的。时代不仅孕育了马克思主义，也推动着马克思主义的发展。马克思主义自创立以来，就开始了时代化的发展历程。马克思主义经典作家和一代又一代马克思主义者，在坚持马克思主义基本原理的同时，把握时代脉搏，顺应历史趋势，不断推进马克思主义时代化，不断开辟马克思主义发展的新境界。一部马克思主义发展史，可以说就是马克思主义时代化的历史。回顾马克思主义时代化的发展历程，可以带给我们许多现实的启示。

第一节　马克思主义的产生是时代的产物

1848 年《共产党宣言》的发表标志着马克思主义的诞生。马克思主义的产生是由 19 世纪 40 年代所处的特定时代条件决定的。"马克思主义本身就是时代的产物，是 19 世纪时代条件、时代精神和要求的深刻体现。"① 可以说，马克思主义作为人类思想史上伟大革命的结晶，它适应了时代发展的需要，解答了时代提出的课题，汲取了时代精神的精华，是植根于时代和历史的客观必然性之中的文明成果，具有鲜明的时代性。

一　马克思主义是适应时代需要的产物

马克思指出："一切划时代的体系的真正的内容都是由于产生这些体

---

① 王振民：《论马克思主义时代化的理论逻辑》，《理论导刊》2010 年第 3 期。

系的那个时期的需要而形成起来的。"① 马克思主义的产生绝不是偶然的，而是适应了当时资本主义时代的客观需要而产生的。

1. 19 世纪 40 年代资本主义的时代特征

以英国资产阶级革命的胜利为标志，人类社会开始进入资本主义发展的新时代。到 19 世纪 40 年代，世界资本主义获得了巨大发展，人类社会的发展呈现出重要的阶段性特征。

首先，社会生产力获得极大发展。19 世纪 30 ~ 40 年代，英、法等主要资本主义国家相继完成了第一次工业革命②，走上了社会化大生产的道路，创造了生产力发展的巨大奇迹。马克思评价说："资产阶级在它的不到一百年的阶级统治中所创造的生产力，比过去一切世代创造的全部生产力还要多，还要大。……过去哪一个世纪料想到在社会劳动里蕴藏有这样的生产力呢？"③ 其次，社会生产方式发生深刻变化。机器大工业的发展，使生产的社会化程度越来越高，而生产资料却越来越集中在少数大资本家手中，生产的社会化同生产资料资本家私人占有之间的矛盾日益尖锐化，从而导致了资本主义的经济危机周期性爆发。最后，社会阶级关系出现新变化。产业革命以后，出现了现代无产阶级。资本主义社会出现了资产阶级和无产阶级两大对立的阵营。无产阶级在反对资产阶级的阶级斗争中，阶级意识不断觉醒，组织程度不断提高，开始作为一支独立的政治力量登上了历史舞台。

总之，资本主义生产力的发展、社会交往的扩大、世界市场的形成，为人们科学认识人类社会发展的规律创造了有利条件。发展中的无产阶级作为一支独立的政治力量登上历史舞台，为推动人类社会发展准备了最先进的物质力量。这一切都为马克思主义的诞生准备了条件。

2. 无产阶级斗争的发展呼唤科学理论的指导

19 世纪上半叶，英国、法国、德国接连爆发工人阶级反对资本主义制度的斗争。法国里昂工人起义、英国宪章运动和德国西里西亚纺织工人

---

① 《马克思恩格斯全集》第 3 卷，人民出版社，1960，第 544 页。
② 工业革命，也称产业革命，是指资本主义发展所引起的、用机器大工业代替工场手工业的历史进程。
③ 《马克思恩格斯文集》第 2 卷，人民出版社，2009，第 36 页。

起义，史称欧洲三大工人运动。这些斗争充分表明了工人阶级的阶级意识觉醒，展示了无产阶级的伟大革命力量。无产阶级反对资产阶级的斗争，是资本主义基本矛盾发展的必然结果，也是解决资本主义社会矛盾和开创人类社会美好未来的伟大动力。

然而，欧洲三大工人运动却相继失败。其中一个重要原因，就是当时的工人运动主要受到各种非科学的社会主义思潮的影响，而缺乏科学理论的指导。当时形形色色的社会主义思潮虽然打着"拯救工人"的旗号，却并不能真正指引工人阶级认识自己的地位和历史使命，也不能正确指明无产阶级解放的任务和道路，从根本上来说是与无产阶级的根本利益背道而驰的。在这些思潮的影响下，工人阶级的斗争不仅无法找到正确的方向，也无法实现自身的团结战斗，因此必然招致失败。因此，无产阶级的斗争迫切需要一种科学的革命理论，来指引无产阶级真正实现由"自在阶级"向"自为阶级"的转变，为无产阶级的斗争指明正确的方向。

3. 马克思主义是适应无产阶级斗争需要的产物

马克思主义正是顺应这些时代需要而产生的。它的创始人马克思恩格斯憎恨资本主义剥削制度，同情被剥削的最广大劳动人民群众，坚定地站在广大劳动群众的立场上，代表工人阶级和劳动群众的根本利益，进行了艰苦而卓有成效的理论创造。马克思恩格斯创立了唯物史观，阐明了阶级斗争学说，论证了无产阶级反对资产阶级的斗争是整个社会获得解放的根本途径，从而为无产阶级的斗争提供了有力的辩护。马克思恩格斯创立了剩余价值学说，揭示了资本主义生产方式的内在矛盾和无产阶级遭受剥削的秘密，从现实性上为无产阶级进行社会主义革命提供了理论依据，为无产阶级推翻资产阶级统治做了合理性论证。马克思恩格斯揭示了"两个必然"的规律，科学阐述了无产阶级不仅是资本主义社会的掘墓人，而且是未来新社会的创造者，从而指明了无产阶级斗争的大方向，也极大地激发了无产阶级的斗志。马克思恩格斯还阐述了无产阶级政党的纲领，指出共产党的最近目标是"使无产阶级形成为阶级，推翻资产阶级的统治，由无产阶级夺取政权"①，最终目标是实现共产主义，并号召全世界无产

---

① 《马克思恩格斯选集》第 1 卷，人民出版社，1995，第 285 页。

者团结起来。

总之，马克思恩格斯从当时无产阶级革命斗争的实际需要出发，准确把握了时代发展的脉搏，着力于无产阶级的现实斗争和最终解放的远大目标，为无产阶级的解放斗争指明了正确的方向。马克思主义理论正是适应无产阶级斗争现实需要的产物。

二　马克思主义是解答时代课题的成果

资本主义的发展，促进了社会的发展进步，同时也带来了许多社会弊端和灾难。资本主义时代的新变化，对当时条件下的人们提出了亟须解答的时代课题。马克思主义是马克思恩格斯在研究时代变化、探索时代课题的过程中形成的理论成果，具有鲜明的时代特色。

1. 资本主义时代发展提出的新课题

资本主义的发展极大地促进了人类社会的进步。一方面，机器大生产地位的确立，使社会生产力得到了前所未有的发展，为人的解放奠定了丰厚的物质技术基础；另一方面，资本的国际化和交往的扩大化使人类历史真正成为世界历史，大大提升了人类文明的水平。然而，在资本主义发展带来物质技术进步的同时，资本主义世界也出现了一系列社会弊端和社会灾难，比如广泛的失业、工人的赤贫、小资产者的没落破产、生产的无政府状态等。这些矛盾的集中表现就是周期性经济危机的爆发。

在这样的时代背景下，资本主义时代的发展提出了一系列亟待反思和解答的时代课题。一方面，资本主义生产力的巨大发展与周期性经济危机并存，资本财富的积累与工人贫困的积累相伴。这些扑朔迷离的社会现象背后的根本推动力量是什么？人类历史发展的动力又是什么？陷入经济、政治和社会发展困境的资本主义社会向何处去？人类社会又将向何处发展？另一方面，人们在享受工业化、现代化发展带来的富足与便利的同时，也在饱受劳动异化带来的桎梏，感受物质文明发展带来的精神失落与困惑。那么，人类社会发展的前景应该是怎样的？人能否获得真正的自由和解放？无产阶级的历史使命是什么？要通过什么途径才能实现无产阶级和全人类的解放？对这些关系到人类社会发展的根本问题的思考和解答，推动着理论思维的发展，成为马克思主义产生的时代背景和需要解决的理论主题。

2. 对资本主义时代课题的探究呼唤理论创新

面对资本主义发展提出的新课题，当时欧洲社会的一些最杰出的思想家和理论家都试图做出解答。

德国古典哲学家黑格尔以辩证法思想为理论武器，对资本主义社会中工人阶级同资产阶级之间的对立以及无产阶级的苦难处境给予了关注和抽象分析。但由于唯心主义的局限性，他看不到无产阶级的伟大历史作用，看不到资本主义的历史过渡性，而是把历史发展动力归结为"绝对精神"的作用，断言普鲁士专制制度是"和谐的"，是德国历史发展的"顶峰"。另一位哲学家费尔巴哈虽然树立了唯物主义的旗帜，却把历史的发展看成由宗教和抽象的人与人之间的"爱"所推动的。这样，资产阶级哲学大师们对于资本主义时代课题的探索走进了死胡同。

资产阶级的古典政治经济学家也在试图对历史和时代发展难题做出解答。他们虽然主张反对和消除一切阻碍资本利润提高和生产力发展的因素，也证明了资本主义社会三大阶级之间存在经济利益上的对立关系，但他们把资本看作一种永恒的自然关系，极力掩盖生产力和生产关系之间的尖锐矛盾，否定资本主义生产方式普遍存在的生产过剩的经济危机。这决定了他们只能得出与社会经济发展现实相悖的理论观点，而不能真正揭示资本主义的历史命运。

法国和英国的空想社会主义者具有同资本主义旧制度彻底决裂的理论勇气和为新世界的到来而努力奋斗的善良愿望，对于资本主义制度做了深刻的批判，对未来的理想社会做了许多天才的构想。但是他们在对世界历史发展动力和资本主义社会前途等重大问题的理解上，仍然裹足不前。他们虽然揭露了资本主义制度的种种矛盾，却不能从世界历史发展的高度，科学地阐明这些矛盾产生的历史必然性；他们虽然预见到资本主义必然被一种新制度所取代，却不能理解这一历史过渡的现实基础和实行这一变革的物质力量[1]。

历史上这些杰出的思想家和理论家对资本主义时代课题的探索，最终

---

[1]　顾海良主编《马克思主义发展史》，中国人民大学出版社，2009，第6页。

都没能为人类发展提供正确指导。历史和时代的发展,迫切需要一种新的理论,以对欧洲社会尖锐矛盾的根由、对资本主义时代发展的趋势、对人类社会历史发展的规律做出科学的说明。时代发展提出了理论创新的基本前提和根本要求。

3. 马克思主义是回应资本主义时代课题的理论成果

马克思恩格斯立足于资本主义的时代条件,对资本主义的时代课题做了艰苦探索和研究,并做出了科学回答。马克思主义就是在解答时代和实践提出的新课题的探索过程中创立的。

马克思恩格斯批判了唯心主义和形而上学唯物主义,创立了历史唯物主义的基本原理,揭示了人类社会必然由低级向高级发展的客观规律,科学地阐述了资本主义经济关系发生、发展以及消亡的必然性,做出了资本主义必然灭亡、社会主义必然胜利的科学论断,为人类社会的发展指明了正确的方向。他们改造、汲取了资产阶级古典政治经济学的合理因素,发展了劳动价值论,创立了剩余价值学说,揭开了资本主义剥削的秘密,把资本主义经济关系赤裸裸地揭露在光天化日之下。他们改造和汲取了英、法空想社会主义的合理思想,创立了科学社会主义学说。他们依据资本主义基本矛盾的运动趋势,指明了无产阶级的历史使命。他们指出,资本主义是一个历史的范畴;资本主义的基本矛盾,导致无产阶级和资产阶级的尖锐对立;无产阶级将通过经济斗争和政治斗争,直至实行暴力革命,推翻资产阶级统治,夺取政权,并组织经济建设,消灭私有制,最终达到完全消灭阶级,解放无产阶级和全人类,实现共产主义。这是历史的必然。

任何理论都要受到当时经济、政治、文化、社会、科技等方面发展水平的制约,都只能是人类一定历史阶段的认识成果,不可能超越时空和历史阶段而存在。正如恩格斯指出:"我们只能在我们时代的条件下去认识,而且这些条件达到什么程度,我们就认识到什么程度。"[1] 马克思主义是产生于资本主义机器大工业和产业革命时期的科学理论,是与特定时代条件相联系的理论成果。其中,对资本主义发展提出的时代课题的探索和解答,是马克思主义形成的重要动因。

---

[1] 《马克思恩格斯文集》第 9 卷,人民出版社,2009,第 494 页。

三　马克思主义是汲取时代精华的结晶

马克思说过："任何真正的哲学都是自己时代的精神上的精华。"① 作为一门"真正的哲学"，马克思主义广泛汲取了人类优秀的文明成果，是时代精神之理论结晶。

1. 马克思主义汲取了近代自然科学伟大成就的精华

19 世纪上半叶，自然科学的发展取得了重大突破，其中最突出的是能量守恒与转化定律、细胞学说和达尔文进化论，它们被称为 19 世纪自然科学的三大发现。这些伟大发现标志着人类对整个自然界的认识达到了一个新的高度。自然科学的伟大成就打击了宗教神学和唯心主义，批判了形而上学观点，使人们有可能系统地认识物质世界的本来面目和真实联系，这为马克思主义的创立提供了坚实的自然科学基础。马克思恩格斯都曾特别关注和研究自然科学取得的新成果。马克思写过《数学手稿》，恩格斯也著有《自然辩证法》，而且在《反杜林论》中也研究了大量自然科学问题。恩格斯指出："在马克思看来，科学是一种在历史上起推动作用的、革命的力量。任何一门理论科学中的每一个新发现……都使马克思感到衷心喜悦，而当他看到那种对工业、对一般历史发展立即产生革命性影响的发现的时候，他的喜悦就非同寻常了。"② 马克思主义创始人对当时自然科学最新成就的关注和研究，对唯物史观和剩余价值学说的创立具有重要意义。

2. 马克思主义汲取了近代哲学社会科学伟大思想的精华

马克思主义直接批判和继承了近代哲学社会科学理论的思想精华。19 世纪上半叶，欧洲在认识人类社会发展方面取得了最高成就，主要是英国的政治经济学、德国的古典哲学和英法的空想社会主义。这些思想成果为马克思主义的创立提供了丰富的思想资料。

德国古典哲学产生于 18 世纪末，19 世纪上半叶达到高峰。它的主要代表人物是黑格尔（1770～1831 年）和费尔巴哈（1804～1872 年）。黑

---

① 《马克思恩格斯全集》第 1 卷，人民出版社，1995，第 220 页。
② 《马克思恩格斯文集》第 3 卷，人民出版社，2009，第 602 页。

格尔首创了辩证思维方法，是第一个以唯心主义形式系统地阐述辩证法基本规律的伟大哲学家。费尔巴哈是杰出的唯物主义哲学家和无神论者，他对唯心主义的批判，开辟了通向唯物主义世界观的道路。马克思恩格斯对于德国古典哲学做过深刻的研究，留下了《黑格尔法哲学批判》《关于费尔巴哈的提纲》等许多重要著作，可以直观地看出德国古典哲学成就对于马克思主义形成所具有的重大借鉴意义。对此，恩格斯明确指出："如果不是先有德国哲学，特别是黑格尔哲学，那么德国科学社会主义，即过去从来没有过的唯一的科学社会主义，就决不可能创立。"① 列宁在《马克思主义的三个来源和三个组成部分》一文中叙述马克思哲学时也说："他用德国古典哲学的成果，特别是用黑格尔体系（它又导致了费尔巴哈的唯物主义）的成果丰富了哲学。"② 德国古典哲学是马克思主义产生的重要思想来源之一。

英国古典政治经济学是资产阶级的经济学说，它的创始人是17世纪的配第（1623～1687年），最后一位代表是19世纪初的李嘉图（1772～1823年）。英国古典政治经济学最重要的贡献是，明确地提出了商品价值决定于劳动时间的观点，奠定了劳动价值理论的基础③。列宁把英国古典政治经济学称为"人类在19世纪所创造的优秀成果"④。从1843年10月至1845年1月，马克思在巴黎研究政治经济学。他系统地阅读了大量政治经济学文献，包括亚当·斯密、大卫·李嘉图的著作，也包括当时正活跃在欧洲经济学界的著名学者弗里德里希·李斯特、约翰·雷姆赛·麦克库洛赫等人的著作。在这一年多的时间里，马克思写了7本涉及经济学方面的读书笔记，统称为《巴黎笔记》。马克思移居布鲁塞尔以后，又进一步钻研了大量有关政治经济学原理和经济学史的文献资料。从1849年8月至1853年底，马克思在伦敦利用大不列颠博物馆收藏的几乎是全欧洲最丰富、最完备的政治经济学著作和资料，再次研究了可能被发现的所有

---

① 《马克思恩格斯文集》第2卷，人民出版社，2009，第217页。
② 《列宁专题文集——论马克思主义》，人民出版社，2009，第68页。
③ 奚广庆、马绍孟、谢淀波编著《马克思主义发展史话》，山东人民出版社，2009，第13页。
④ 《列宁专题文集——论马克思主义》，人民出版社，2009，第67页。

重要的经济学文献，写出了多达 24 个笔记本的读书笔记，统称为《伦敦笔记》。从《巴黎笔记》到《伦敦笔记》，是马克思与当时政治经济学理论发展的最高成就进行"对话"，从而批判和继承前人优秀思想遗产的生动说明①。马克思从不讳言自己对于前人思想成果的继承。他说："无论是发现现代社会中有阶级存在或发现各阶级间的斗争，都不是我的功劳。资产阶级历史编纂学家就已经叙述过阶级斗争的历史发展，资产阶级经济学家也已经对各个阶级作过经济上的分析。"② 在 1847 年发表的《哲学的贫困》中，他就公开承认李嘉图劳动价值论的历史功绩，并以李嘉图劳动价值论为理论根据，驳斥了蒲鲁东的价值理论。"毫无疑问，马克思是在同主流经济学发展最新趋向的'对话'中，是在对政治经济学发展面临新挑战的思考和回应中形成自己的新的政治经济学思想的。"③

英法的空想社会主义，是指 19 世纪法国的圣西门（1760 ~ 1825 年）、傅立叶（1768 ~ 1830 年）和英国的欧文（1771 ~ 1858 年）的空想社会主义学说。他们继承并发扬了从 16 世纪产生发展起来的空想社会主义学说，形成了自己的系统理论。他们深刻揭露和抨击了资本主义制度，描绘了未来新社会的愿景。它虽然带有空想的性质，却包含有一系列积极的主张。马克思批判地吸收了空想社会主义理论中的有益思想，在唯物史观的基础上创立了科学社会主义理论，勾画了美好社会的蓝图，指明了实现美好社会理想的正确途径。恩格斯明确指出："德国的理论上的社会主义永远不会忘记，它是站在圣西门、傅立叶和欧文这三个人的肩上的。虽然这三个人的学说含有十分虚幻和空想的性质，但他们终究是属于一切时代最伟大的智士之列的，他们天才地预示了我们现在已经科学地证明了其正确性的无数真理。"④ 空想社会主义学说为马克思主义科学社会主义学说的形成提供了丰富的思想资料。

3. 马克思主义汲取了人类一切文明成果的思想精华

从更广泛的意义上来说，马克思主义汲取了人类社会创造的一切文明

① 顾海良主编《马克思主义发展史》，中国人民大学出版社，2009，第 85 ~ 86 页。
② 《马克思恩格斯文集》第 10 卷，人民出版社，2009，第 106 页。
③ 顾海良主编《马克思主义发展史》，中国人民大学出版社，2009，第 102 页。
④ 《马克思恩格斯文集》第 2 卷，人民出版社，2009，第 218 页。

成果的思想精华。列宁在《青年团的任务》中谈到马克思学说的创造性和巨大魅力时指出："如果你们要问，为什么马克思的学说能够掌握最革命阶级的千百万人的心灵，那你们只能得到一个回答：这是因为马克思依靠了人类在资本主义制度下所获得的全部知识的坚固基础；马克思研究了人类社会发展的规律，认识到资本主义的发展必然导致共产主义，而主要的是他完全依据对资本主义社会所作的最确切、最缜密和最深刻的研究，借助于充分掌握以往的科学所提供的全部知识而证实了这个结论。凡是人类社会所创造的一切，他都有批判地重新加以探讨，任何一点也没有忽略过去。凡是人类思想所建树的一切，他都放在工人运动中检验过，重新加以探讨，加以批判，从而得出了那些被资产阶级狭隘性所限制或被资产阶级偏见束缚住的人所不能得出的结论。"① 正因为这样，可以说马克思主义是集人类文明成果之大成的智慧结晶，是人类认识史上的重大进步。

总之，马克思主义的产生，是资本主义生产方式及其基本矛盾、无产阶级斗争和人类社会思想发展到一定阶段的必然产物。正因为它适应了时代的需要，代表了历史发展的方向，体现了广大人民的追求，汲取了时代精神的精华，因而马克思主义成为富有生命力的指引无产阶级解放的科学理论体系。

第二节　马克思主义时代化的发展历程

马克思主义自 1848 年诞生以来，至今已历经 160 多年的发展历程。在这一过程中，马克思主义随着时代、实践和科学的发展而不断丰富、完善和发展。从某种意义上可以说，马克思主义的发展史，就是马克思主义伴随时代发展变化实现与时俱进的历史，也就是马克思主义时代化的历史。把握马克思主义时代化发展的历史进程，有助于我们从历史纵深的角度更深刻地认识推进马克思主义时代化的重大历史意义，增强不断推进马克思主义时代化的责任感和使命感。

---

① 《列宁专题文集——论无产阶级政党》，人民出版社，2009，第 280～281 页。

一　马克思主义时代化发展历程的阶段划分

要描述马克思主义时代化发展的历史过程，首先要对马克思主义时代化的发展阶段进行划分，才能更好地把握马克思主义时代化的发展脉络，梳理马克思主义时代化的发展线索。需要说明的是，本书所讨论的马克思主义时代化过程，是以作为党的指导思想的马克思主义理论成果的发展作为基本线索，从时代化的角度来讨论马克思主义如何与时俱进的。那些背离马克思主义基本原理的对马克思主义的所谓"与时俱进"的发展，如伯恩斯坦的修正主义、西方马克思主义等，不在本书的讨论范围之内。

1. 马克思主义时代化阶段划分的主要依据

如前所述，马克思主义时代化是指马克思主义要适应时代的发展变化而不断与时俱进，其基本前提就是时代在前进，时代条件发生了重大变化。因而，时代的阶段性演进，是认识马克思主义时代化发展阶段的根本依据。

马克思主义产生于 19 世纪 40 年代，属于人类社会发展中的资本主义"大时代"。虽然过去了 160 多年，但是这一"大时代"并没有发生变化。虽然理论界对于我们所处的"大时代"究竟是资本主义时代，还是资本主义向社会主义过渡的时代存在分歧，但其实这两者之间并不存在根本冲突。因为资本主义"大时代"是从社会形态的角度来说的，资本主义向社会主义过渡的时代则是从时代性质的角度来说的，它对应的是资本主义"大时代"的高级发展阶段。也就是说，自马克思主义产生以来，它的存在与发展都是在同一个"大时代"之中的。

在这 160 多年中，虽然"大时代"没有发生根本变化，却经历了两次重大的时代演进。第一次是资本主义时代的发展阶段的演进，可称为"中时代"的演进。从 19 世纪末开始，资本主义由自由竞争阶段进入垄断资本主义阶段，在时代性质上由资本主义占统治地位的时代演进到资本主义向社会主义过渡的时代。这是一次由时代性质变化带来的重大的时代演进。第二次是垄断资本主义阶段的时代主题的转换，可称为"小时代"的演进。从 19 世纪末到 20 世纪 60 年代，这一阶段的时代主题是战争与革命，主要时代特点是资本主义世界的矛盾激化带来了两次世界大战，导致了无产阶级革命在世界各地风起云涌。从 20 世纪 70 年代以来，时代主题转换为和平与发展，主要时代特点是科技革命与经济全球化加速发展，求和平、促发展成为世界各国的共同愿望。这是一次由时代主题变化带来的重大的时代演进。

与这两次重大的时代演进相适应，马克思主义时代化也取得了重大的进展，形成了相应的标志性成果。与第一次重大时代演进相适应的理论成果是列宁主义和毛泽东思想，与第二次重大时代演进相适应的理论成果是包括邓小平理论、"三个代表"重要思想和科学发展观在内的中国特色社会主义理论体系。对马克思主义时代化的阶段划分，应当以时代的阶段性演进和马克思主义时代化的标志性成果相结合作为划分依据。

2. 马克思主义时代化发展阶段的具体划分

依据上述认识，我们可以把马克思主义时代化的发展过程划分为三个历史阶段。

第一个阶段，从 1848 年《共产党宣言》发表到 1895 年恩格斯逝世，约 50 年。这一阶段，从资本主义的发展过程来看，是处在自由竞争资本主义时代；从无产阶级斗争发展的角度来看，是处在无产阶级革命初步发展的时期。这一阶段马克思主义时代化的成果主要是由马克思主义的创始人依据时代变化和实践发展不断丰富和发展了马克思主义的理论体系。对于这一阶段，又可以 1883 年马克思逝世为界线，划分出前后两个时期。前一个时期（1848 ~ 1883 年）是马克思恩格斯共同推进马克思主义理论体系发展的时期；后一个时期（1884 ~ 1895 年）是恩格斯继续推进马克思主义时代化的时期。

第二个阶段，从 19 世纪末到 20 世纪 70 年代，70 年左右。如果要以标志性事件来描述的话，可以看作从 1895 年恩格斯逝世到 1976 年毛泽东逝世的整个阶段。这一阶段，从资本主义发展过程来看，是资本主义进入垄断资本主义阶段即帝国主义阶段；从无产阶级斗争的角度来看，是无产阶级的社会主义革命进入广泛发展并取得重大进展的阶段。这一阶段马克思主义时代化的主要成果以列宁创立的列宁主义和毛泽东创立的毛泽东思想为标志。

这里需要说明的是，把毛泽东思想与列宁主义作为马克思主义时代化过程中的同一个发展阶段来认识，体现了马克思主义时代化过程与马克思主义中国化过程相比较而言所具有的不同意蕴。一般认为，毛泽东思想是马克思主义中国化的开端，奠定了马克思主义中国化的基础。从马克思主义中国化的角度来看，毛泽东思想是对马克思主义、列宁主义的创造性运用和发展。在马克思主义中国化的进程中，毛泽东思想与列宁主义有着完全不同的地位，显然不能放在同一个层次来加以认识。但是，从马克思主义时代化的过程来看，之所以把毛泽东思想与列宁主义放在同一个发展阶段，是因为毛泽东思想基于形成的时代主题与列宁主义完全一样，它们都形成于帝国主义和无产阶级革命的时代，都面对战争与革命的时代主题，都创造性地解答了在经济文化落后的国家如何领导社会主义革命取得胜利的时代课题。不同的只是，一个是结合俄国革命的实践做出的理论创造，另一个是结合中国革命的实践做出的理论创造。因此，虽然从马克思主义民族化的角度来看，列宁主义与毛泽东思想代表着两个不同的阶段，但从马克思主义时代化的角度看，两者又属于同一个阶段。应当看到，马克思主义时代化是与马克思主义中国化有着不同内涵的过程，两者的起点不一样，指向不相同，因此两者的发展过程体现出不同的线索和阶段性特征也是必然的。

有学者提出："马克思主义时代化进程始于邓小平同志带领我们进行的改革开放事业，标志是邓小平理论的诞生。"[①] 从马克思主义时代化的全过程来看，此论未必合适，但如果仅从中国共产党推进马克思主义时代化的历史来看，此说却也有其道理。因为毛泽东思想与其前一阶段成果列宁主义之间，并不存在时代主题的转换，不存在时代化意义上的根本创新，因而属于"同一个序列"的思想理论；而邓小平理论与其前一阶段成果毛泽东思想之间，却有明显的时代主题的转换，理论主题也有重大变更，因而是分属于"两个不同序列"的思想理论。前述观点正是看到了这一点。邓小平理论与毛泽东思想，分别从各自对前一阶段成果的继承与发展关系来看，是有着不同的历史意义的。这也正是笔者对马克思主义时代化的历史发展阶段做如此划分的重要依据之一。

---

① 华雷：《马克思主义时代化进程及其启示》，《理论探讨》2010 年第 5 期。

　　当然，毛泽东思想虽然和列宁主义同属于马克思主义时代化的第二个阶段，但是两者的地位依然有区别。列宁主义对于马克思主义时代化做出了突破性的贡献，是马克思主义时代化历程中的第一次历史性飞跃。毛泽东思想是对马克思列宁主义的继承和发展，是在列宁主义的基础上对马克思主义时代化的继续推进，但不属于重大的历史性飞跃。这与毛泽东思想在马克思主义中国化的进程中所具有的历史地位也是不一样的。在党的文献中，把毛泽东思想看作"两次历史性飞跃"中的第一次，从来都是从马克思主义中国化的视角进行论断的。比如，党的十三大报告说："马克思主义与我国实践的结合，经历了六十多年。在这个过程中，有两次历史性飞跃。第一次飞跃，发生在新民主主义革命时期，中国共产党人经过反复探索，在总结成功和失败经验的基础上，找到了有中国特色的革命道路，把革命引向胜利。"[①] 党的十五大报告说："马克思列宁主义同中国实际相结合有两次历史性飞跃，产生了两大理论成果。第一次飞跃的理论成果是被实践证明了的关于中国革命和建设的正确的理论原则和经验总结，它的主要创立者是毛泽东，我们党把它称为毛泽东思想。"[②] 也就是说，毛泽东思想对于马克思主义中国化来说，是具有历史性飞跃性质的成果，但对于马克思主义时代化的过程来看，则是在列宁主义这一历史性飞跃基础上的继续推进，不具有历史性飞跃的性质。

　　第三个阶段，从20世纪70年代至今，约50年。如果要以标志性事件来描述的话，可以看作从1978年党的十一届三中全会以来直到2012年党的十八大召开。党的十一届三中全会是邓小平理论形成的起点，党的十八大确立了科学发展观的指导地位，这是中国特色社会主义理论体系基本形成的阶段。这一阶段，从资本主义的发展来看，垄断资本主义向国家垄断、国际垄断深入发展，国际形势发生深刻变化；从社会主义的发展来看，中国特色社会主义在探索中不断取得新成就、积累新经验，社会主义中国的发展成为当今世界的重要力量。这一时期的时代主题是和平与发展。这一阶段马克思主义时代化的主要成果是以邓小平、江泽民、胡锦涛

---

① 　中共中央文献研究室编《十三大以来重要文献选编》（上卷），人民出版社，1991，第56页。

② 　《江泽民文选》第2卷，人民出版社，2006，第8页。

等为主要代表的中国共产党人创立的中国特色社会主义理论体系。

中国特色社会主义理论体系有三个组成部分：邓小平理论、"三个代表"重要思想和科学发展观。这是理论发展过程中前后相继的三个发展阶段。因此，这一阶段马克思主义时代化又可以分成三个时期来认识。其中，第一个时期（从 1978 年到 1992 年党的十四大），以邓小平为主要代表推进马克思主义时代化，所创立的邓小平理论是适应时代主题转换的开创性成果，奠定了中国特色社会主义理论体系的基础，因而也是马克思主义时代化历程中具有历史性飞跃性质的成果。第二个时期（从 1992 年到 2002 年党的十六大），以江泽民为主要代表推进马克思主义时代化，所创立的"三个代表"重要思想是对邓小平理论的继承和发展，是在邓小平理论的基础上对马克思主义时代化的自觉推进，开创了中国共产党自觉推进马克思主义时代化的新时期。第三个时期（从 2002 年到 2012 年党的十八大），以胡锦涛为主要代表推进马克思主义时代化，所创立的科学发展观继承和发展了邓小平理论、"三个代表"重要思想，是中国特色社会主义的最新成果，它汲取了当今时代关于发展的最新理念，促进了中国特色社会主义理论走向世界，为继续推进马克思主义时代化打开了广阔的空间。

二　马克思主义时代化的初步发展

这一阶段的时间节点是从 1848 年《共产党宣言》发表到 1895 年恩格斯逝世，大体上可以看作 19 世纪后半叶，是马克思主义时代化进程中的第一个"50 年"。这一时代应当属于资本主义"大时代"中的"自由竞争资本主义"的"小时代"。这个时代是资本主义在欧美主要国家取得政治统治，建立资本主义制度，并开始稳定发展的上升时期，同时各国的工人运动也在日益蓬勃地开展起来。在这一历史阶段，马克思主义创始人以自身的不懈努力，不断丰富着马克思主义的理论体系，确立了马克思主义在工人运动中的主导地位。

这一阶段马克思主义时代化的发展进程，又可分成两个时期来认识：前一个时期（1848 ~ 1883 年），是马克思恩格斯共同完善马克思主义理论体系的时期；后一个时期（1884 ~ 1895 年），是恩格斯为推进马克思主义时代化做出重要贡献的时期。

1. 马克思恩格斯与马克思主义理论体系的完善

在 1848 年《共产党宣言》发表以后的 35 年中，马克思恩格斯面对资本主义变化的新特点和新趋势，结合国际工人运动的新情况和新任务，高度关注当时科学研究的新成果和新发现，不断推进理论创新，两个人并肩战斗，不断发展着他们自己的学说。

首先，马克思恩格斯进一步丰富和发展了社会革命道路与策略理论。马克思恩格斯从 1848 年革命实践中总结经验，写下了诸如《1848 年至 1850 年的法兰西阶级斗争》《德国的革命和反革命》《路易·波拿巴的雾月十八日》《共产主义者同盟中央委员会告同盟书》等一系列重要论著，对波澜壮阔的现实革命斗争做出了理论概括和科学总结，阐述了资产阶级革命运动与无产阶级有关的种种革命问题，无产阶级革命本身的特点及其与资产阶级革命的关系问题，无产阶级革命的阶级组织形式和行动组织形式，无产阶级专政等伟大政治思想，极大地丰富了《共产党宣言》中关于无产阶级历史使命和共产主义革命的学说，丰富和发展了他们业已创立的唯物主义历史观的一系列基本原理。在后来的巴黎公社革命的基础上，马克思恩格斯又继续深化了对这一问题的探索。

其次，马克思恩格斯创立和丰富了马克思主义政治经济学理论体系。马克思恩格斯进一步开展了对政治经济学的深入研究和探索。通过写作《1857－1858 年经济学手稿》，创立了马克思主义政治经济学的基本理论体系；1867 年发表了《资本论》第一卷，科学地揭示了资本主义生产方式的内在矛盾，阐明了资本主义生产方式向共产主义生产方式过渡的客观必然性；尤其是创立了剩余价值理论，揭开了现代资本主义社会内部资产阶级对无产阶级剥削的秘密，奠定了科学社会主义的根本基础。

最后，马克思恩格斯进一步深化了对未来社会的科学预测。马克思恩格斯结合资本主义社会的时代条件和革命实践发展，从未来社会的所有制问题、未来社会的按劳分配问题、未来社会经济运行形式问题，做出了新的思考和探索。这种对未来社会做出的科学预测，进一步深化了对未来社会发展趋势的认识。

马克思主义创立之初，还不是在工人运动中占统治地位的学说，而只是当时存在的众多社会主义派别和思潮之一。正是在马克思恩格斯的不懈努力下，不断地丰富、完善和发展了马克思主义的理论，使之更好地适应了时代发展和工人阶级斗争的实际需要，更好地回击了各种理论流派和思潮的挑战，从而促进了马克思主义与工人运动更加密切的结合。马克思主义逐渐为国际工人运动所接受，成为国际工人运动中占统治地位的指导思想。

2. 恩格斯与马克思主义时代化的推进

1883 年马克思去世之后，恩格斯成为国际工人运动公认的领袖。在其后 12 年的时间中，恩格斯全心全意从事理论工作，除了整理马克思的《资本论》手稿、参加国际工人运动的实践之外，还撰写了不少著作和大量的书信。恩格斯在许多方面继续丰富和发展了马克思主义理论体系，推动了马克思主义的时代化。

首先，恩格斯从新的时代条件出发重新审视了以前的一些结论。恩格斯根据时代变化，检讨了早年所做的一些判断和预言。他认为，《英国工人阶级状况》"这本书里所描写的那些最令人触目惊心的恶劣现象，现在或者已经被消除，或者已经不那么明显"①。书中关于经济危机周期长短的结论已经需要加以修正。特别是关于革命高潮什么时候来临的问题，恩格斯晚年总结毕生经验时指出："历史表明，我们以及所有和我们有同样想法的人，都是不对的。历史清楚地表明，当时欧洲大陆经济发展的状况还远没有成熟到可以铲除资本主义生产的程度。"② 资本主义还有很大的扩展空间，无产阶级斗争要做长期的打算。

其次，恩格斯对无产阶级革命策略进行了新探索。在《共产党宣言》中，马克思恩格斯主张"用暴力推翻全部现存的社会制度"③。随着革命实践经验的积累，面对资本主义的新变化，恩格斯晚年认识到，"旧式的起义，在 1848 年以前到处都起过决定作用的筑垒巷战，现在大大过时了"④。由于斗争条件已发生了根本的变化，无产阶级在革命斗争中应当调整策略，要高度重视议会斗争的作用。恩格斯晚年高度评价了工人阶级

---

① 《马克思恩格斯文集》第 1 卷，人民出版社，2009，第 368 页。
② 《马克思恩格斯文集》第 4 卷，人民出版社，2009，第 540 页。
③ 《马克思恩格斯文集》第 2 卷，人民出版社，2009，第 66 页。
④ 《马克思恩格斯文集》第 4 卷，人民出版社，2009，第 545 页。

政党利用普选权和议会讲坛所取得的成就，指出工人阶级政党应当积极利用一切可以利用的条件，包括资产阶级用来实施其统治的一些法规和机构，来同资产阶级进行韧性的、巧妙的斗争。在他看来，无产阶级革命不可能一蹴而就，只能"慢慢向前推进，在严酷顽强的斗争中夺取一个一个的阵地"①，通过长期努力和平地夺取政权既是可能的，也是必要的。

最后，恩格斯立足于新时代阐释新情况和解决新问题。19 世纪末，垄断资本开始出现时，恩格斯就敏锐地抓住了这一时代新问题："由股份公司经营的资本主义生产，已经不再是私人生产，而是由许多人联合负责的生产。如果我们从股份公司进而来看那支配着和垄断着整个工业部门的托拉斯，那么，那里不仅没有了私人生产，而且也没有了无计划性。"②恩格斯还注意到社会中出现的新阶层，提出了工人阶级的解放需要有自己的知识分子队伍，即"脑力劳动无产阶级"大军。

总之，在《共产党宣言》发表之后的近 50 年间，马克思恩格斯对资本主义时代的发展变化继续做出了多方面的深刻探索，对马克思主义基本原理做出了多方面的论述，丰富和发展了马克思主义的理论体系，为推进马克思主义时代化做出了榜样。

三 马克思主义时代化的历史性飞跃

这一阶段的时间节点可大致定位于 1895 年恩格斯逝世到 1976 年毛泽东逝世，大体上可以看作 20 世纪上半叶，是马克思主义时代化历史进程中的第二个重要阶段。这一时期，资本主义由自由资本主义阶段发展到垄断资本主义阶段，时代性质发生了深刻变化，时代主题由稳定发展转变为战争与革命。在这一历史阶段，马克思主义时代化的历史进程可划分为前后两个发展时期，产生了两大理论成果——列宁主义和毛泽东思想。两个时期、两大成果，清晰地勾勒出这一阶段马克思主义时代化的发展脉络。

1. 战争与革命的时代主题

这一时期的时代主题是战争与革命。19 世纪末 20 世纪初是资本主义

---

① 《马克思恩格斯文集》第 4 卷，人民出版社，2009，第 541 页。
② 《马克思恩格斯文集》第 4 卷，人民出版社，2009，第 410 页。

时代变化的重要转折时期，社会经济关系发生了深刻的变化。一方面，以电力技术为标志的第二次科技革命推动人类社会从蒸汽时代进入电气时代，资本主义世界的社会生产力再次获得巨大发展。另一方面，随着社会生产力的迅速发展，资本主义生产关系也发生了深刻变化，资本主义社会由以自由竞争为特征的自由资本主义过渡到以垄断为特征的垄断资本主义，资本主义政治经济发展的不平衡进一步加剧。一些新兴的资本主义国家利用先进的技术迅速跳跃式地赶上并超过老牌资本主义国家。在此期间，资本帝国主义之间严重的经济、政治、社会危机引起了两次世界大战。第一次世界大战末期，俄共（布）和列宁领导的俄国十月社会主义革命取得了胜利，诞生了世界上第一个现实的社会主义国家；第二次世界大战结束后，东欧八国，亚洲的蒙古、中国、朝鲜、越南、老挝和拉美的古巴等十几个国家，在取得民族民主革命胜利的基础上，建立了一系列人民民主主义的新国家，不久又走上了现实社会主义道路，从而形成了以苏联为首的社会主义阵营或体系。正因为如此，这一时期又被称为"帝国主义和无产阶级革命的时代"。

资本主义时代的新变化产生了新的时代课题，给马克思主义带来了新的挑战。首先，由于资本主义经济的暂时繁荣，特别是由于辛迪加、托拉斯等垄断组织的出现，产生了资本主义似乎已经演变成为"有组织的"经济制度的假象，资本主义的基本矛盾似乎已经"消失"，资本主义的经济危机仿佛不可能再发生，从而马克思主义关于资本主义生产方式历史趋势的理论，似乎已经成为一种"过时的理论"；其次，资本主义处在相对和平发展的时期，无产阶级由于学会了利用议会等合法斗争形式，势必淡化无产阶级的革命意识，模糊斗争目标，从而马克思主义关于阶级斗争、无产阶级革命和无产阶级政党的理论，似乎也已经成为一种"过时的教条"。在此背景下，一些机会主义者在马克思主义内部逐渐组成了一个完全脱离马克思主义的流派——修正主义，他们借口时代出现"新变化"，宣布马克思主义一系列基本原理已经"过时"，并在"发展"马克思主义的旗号下，否定马克思主义的科学性及指导意义。因此，怎样科学地分析和认识资本主义时代发展的新变化，并在新的时代条件下进一步坚持和发展马克思主义，成为19世纪末20世纪初事关马克思主义历史命运的重大课题。

2. 列宁与马克思主义时代化的历史性飞跃

面对时代变化带来的新课题和新挑战，列宁以无产阶级革命家和理论家的非凡气魄和卓越才能，深刻地把握了时代变化的本质，科学地分析了资本主义时代的新变化和工人运动的新情况，研究和回答了时代发展提出的一系列重大问题，从多个方面丰富和发展了马克思主义理论，把马克思主义推进到了列宁主义的新阶段。

首先，列宁捍卫了马克思主义哲学基础——辩证唯物主义和历史唯物主义。列宁总结了 19 世纪和 20 世纪之交自然科学，特别是物理学发展的新成果，系统地阐述了辩证唯物主义的物质观；针对唯心主义认识论的谬误，系统地阐明了辩证唯物主义的认识论，发展了实践是认识的基础和检验真理的标准的思想；周详地阐明了辩证法要素，揭示了辩证法的主要内容。列宁的上述成果主要体现在《唯心主义与经验批判主义》《哲学笔记》等重要著述中。

其次，列宁阐述了政治经济学新原理——马克思主义的帝国主义理论。列宁分析和研究了资本主义发展到垄断资本主义阶段，即帝国主义阶段的本质特征、基本矛盾和发展趋势，创立了帝国主义理论。列宁论证了资本主义生产方式的新变化并没有改变资本主义向社会主义过渡的历史必然性，垄断资本主义"是从资本主义社会经济结构向更高级的结构的过渡"[1]；阐明了资本主义经济、政治发展不平衡的绝对规律，提出了"社会主义可能首先在少数甚至在单独一个资本主义国家内获得胜利"[2] 的重要观点。列宁的上述成果体现在《帝国主义是资本主义的最高阶段》等重要著作中。

再次，列宁深化了科学社会主义根本原理——无产阶级革命和国家学说。列宁在《国家与革命》这一著作中，继承了马克思主义关于国家与革命的原理，并依据阶级斗争的新事实、新经验，进一步阐明了国家的阶级本质，深化了无产阶级必须打碎资产阶级国家机器的基本原理，进一步论证了无产阶级专政是无产阶级革命的根本问题的原理，提出了"只有

---

[1] 《列宁专题文集——论资本主义》，人民出版社，2009，第 208 页。
[2] 《列宁专题文集——论社会主义》，人民出版社，2009，第 4 页。

承认阶级斗争、同时也承认无产阶级专政的人，才是马克思主义者"① 的重要理论。

最后，列宁还在十月革命胜利后的俄国社会主义革命和建设的实践中，科学探索了在经济文化落后国家进行社会主义革命和社会主义建设的问题，特别是关于社会主义国家经济建设、政权建设、思想文化建设、民主法制建设以及执政党建设等方面的实践及其理论，开创了 20 世纪经济文化落后国家社会主义发展的新道路，极大地丰富和发展了马克思主义基本原理。

总之，列宁主义是把马克思主义基本原理同新时代和俄国的具体实际结合起来，正确地坚持和创造性地发展马克思主义理论的智慧结晶。由于列宁所处的时代条件与马克思恩格斯所处的时代条件相比发生了重大变化，面临的时代课题也有重大不同，列宁主义实现了对马克思主义的里程碑式的重大创新，因而构成了马克思主义时代化进程中的历史性飞跃。可以说，"列宁主义是帝国主义和无产阶级革命时代的马克思主义"②，是马克思主义时代化的卓越成果。

3. 毛泽东与马克思主义时代化的继续推进

1921 年，中国共产党的成立为推进马克思主义时代化注入了新生力量。毛泽东思想就是中国共产党人立足于无产阶级革命时代的历史条件和实践需要，坚持把马克思主义基本原理与中国革命具体实际相结合的产物，同时也是在列宁主义的基础上继续推进马克思主义时代化的重要理论成果。

中国共产党人当时面临的时代课题是在帝国主义和无产阶级革命的时代，如何在半殖民地半封建的中国进行反帝反封建的民族民主革命，推翻帝国主义、封建主义和官僚资本主义"三座大山"，实现民族独立和人民解放。认识和解决这一时代课题，经历了一个复杂的认识过程和长期实践的探索过程。在这一过程中，以毛泽东为代表的中国共产党人，坚持以马克思主义为指导，贯彻实事求是的思想路线，探索和开辟了具有中国特色

---

① 《列宁专题文集——论马克思主义》，人民出版社，2009，第 206 页。
② 中共中央文献研究室编《建国以来重要文献选编》第 13 册，中央文献出版社，1996，第 307 页。

的新民主主义革命道路，形成了毛泽东思想并把它确立为党的指导思想。毛泽东思想是对马克思列宁主义的坚持、继承和发展，是马克思主义时代化的重要成果，它从多个方面推进了马克思主义时代化的历史进程。

首先，毛泽东创立了新民主主义革命理论，成功探索了在中国这样的半殖民地半封建的东方大国取得无产阶级革命胜利的道路，进一步促进了马克思主义同战争与革命的时代特征相结合。立足于战争与革命的时代主题，中国共产党自成立以来就把进行无产阶级革命作为自己的历史使命。中国革命发生于特定的时代条件之下：俄国十月革命开辟了世界无产阶级和社会主义革命的新时代，我国的五四运动标志着无产阶级已经作为一支独立的政治力量登上中国历史舞台。中国的马克思主义者面临着认清中国革命的性质与任务、引领中国革命走向胜利的时代课题。以毛泽东为代表的中国共产党人提出了一整套关于新民主主义革命的理论、路线和方针、政策，创立了完整的新民主主义革命理论，科学解答了在中国这样一个半殖民地半封建的、经济文化落后的国家取得无产阶级革命胜利的时代课题，在中国的现实条件下继续推进了马克思主义时代化。

其次，毛泽东阐发了社会主义建设理论，初步探索了在中国这样的经济文化落后的国家如何建设和发展社会主义的问题，丰富和发展了列宁主义关于社会主义建设的理论。新中国成立以来，以毛泽东为代表的中国共产党人依据革命胜利后的时代条件和具体国情，创造了在中国这样一个经济文化落后的国家建立社会主义制度的成功经验，并从实际出发进行了建设社会主义的探索，形成了关于社会主义建设的系统思想：包括关于有中国特色的工业化道路理论，关于独立自主、自力更生的理论，关于正确区分两类不同性质的矛盾的理论，关于发展民族的、科学的、大众的社会主义文化的理论等。这些理论极大地丰富和发展了马克思主义理论宝库，奠定了我国社会主义建设的理论基础。

最后，毛泽东思想开启了马克思主义时代化的"中国通道"，为马克思主义时代化增添了助推器。马克思主义诞生于欧洲，其影响力是以欧洲为中心向全球扩展的，马克思主义时代化长期以来也是以"欧洲市场"为主体。毛泽东思想是中国共产党推进马克思主义时代化的开篇之作。中国共产党人很早就认识到，马克思主义指导和推动着时代的发展，同时，马克思主义本身也总是随着时代、实践和科学的发展而不断发展的。党的创始人之一李大钊认为，马克思主义是时代的产物，它不是一种完成形态的终极真理，不是需要死记硬背、机械复述的教条。"一个学说的成立，与其时代环境，有莫大的关系。"① 他要求中国的马克思主义者认真研究马克思主义的理论以及"怎样应用于中国今日的政治经济情形"，并在这一过程中把马克思主义推向前进，而不应"偏于纸上空谈"，要"向实际的方面去作"②。毛泽东本人更是对马克思主义时代化有过许多精辟的论述。这些都构成了中国共产党担当起马克思主义时代化重任的重要思想基础。以毛泽东思想为标志，中国共产党人从马克思、恩格斯、列宁手中接过了推进马克思主义时代化的接力棒，成为推进马克思主义时代化的中坚力量。从此打开了马克思主义时代化发展的"中国通道"：中国成为马克思主义时代化的"主战场"，中国共产党成为马克思主义时代化的"生力军"，中国人民的实践成为马克思主义时代化的"发动机"。马克思主义时代化因而进入了胜利发展的"快车道"。

四 马克思主义时代化的又一次历史性飞跃

这一阶段的时间节点可大致定位于 1978 年党的十一届三中全会到 2012 年党的十八大。大体上可以看作 20 世纪下半叶，时间跨度约为 50 年。这是马克思主义时代化历史进程中的第三个发展阶段。这一时期是资本主义和社会主义两大"阵营"、两种制度对峙和共存发展的时期，时代主题由战争与革命转变为和平与发展。在这一时期，以邓小平、江泽民、胡锦涛为代表的中国共产党人，立足于和平与发展的时代主题，团结带领全国各族人民探索和开辟了中国特色社会主义道路，接力推进了中国特色社会主义事业，创立了中国特色社会主义理论体系，促进了马克思主义时代化的飞跃性发展。

1. 邓小平与马克思主义时代化的历史性飞跃

20 世纪 70 年代以来，以信息技术和生物技术为主要内容的科技革命

---

① 《李大钊全集》第 3 卷，人民出版社，1999，第 35 页。
② 《李大钊全集》第 3 卷，人民出版社，1999，第 3 页。

在全球范围内迅猛发展，促进了社会生产力的快速提高，带动人类进入了快速发展和不断调整变革的新时代。从经济上看，现代科学技术的发展，生产国际化和资本国际化，促进了资本、劳动力、生产资料等要素在国际上的流动，使生产和资本的国际化真正达到世界规模，经济的全球化正在出现。从国际关系上看，国际政治格局的主流由对抗转向缓和，世界由准备战争转向争取持久和平，东西方国家由相互封闭转向相互开放，不同意识形态由相互排斥转为相互渗透、共同竞争，世界整体联系加强。资本主义国家高科技的发展，社会主义国家的改革，第三世界的崛起，民族民主力量的成长壮大，使世界的格局、态势和力量对比发生了重大变化。这一时代条件为我国的发展既提供了难得的机遇又提出了严峻的挑战。

邓小平敏锐地把握了时代的发展变化，对国际形势和时代主题做出了正确的判断。邓小平认为，从当前的国际形势来看，"争取比较长期的和平是可能的，战争是可以避免的"①。他明确指出："现在世界上真正大的问题，带全球性的战略问题，一个是和平问题，一个是经济问题或者说发展问题。"② 邓小平基于世界格局的演变对世界和平与战争的现状和前景做了分析，揭示了世界主要矛盾的变化，做出了和平与发展是当代世界最迫切需要解决的战略问题之判断。这一分析和判断，既覆盖了全球，又涵盖了政治、经济，且揭示了当代世界的主要矛盾。党的十三大将邓小平的这一思想概括为"关于和平与发展是当代世界的主题的观点"③，作为十一届三中全会以来我们党发展的一系列科学理论观点之一。党的十四大在此基础上明确地提出了"和平与发展成为时代主题"④ 的论断。邓小平虽然没有使用"时代主题"的提法，但他对于当代世界经济与政治形势做出的科学论断，正确把握了时代的脉搏，顺应了时代发展的潮流，为我国改革开放与社会主义建设事业找准了时代方位。邓小平为中国共产党准确把握时代主题奠定了基础，而这正是新时期以来马克思主义时代化得以实

---

① 《邓小平文选》第3卷，人民出版社，1993，第233页。
② 《邓小平文选》第3卷，人民出版社，1993，第105页。
③ 中共中央文献研究室编《十三大以来重要文献选编》（上卷），人民出版社，1991，第57页。
④ 中共中央文献研究室编《十四大以来重要文献选编》（上卷），人民出版社，1996，第13页。

现历史性飞跃的重要前提。

20 世纪 70 年代以来，以邓小平为代表的中国共产党人，把马克思主义基本原理同当代中国实践和时代特征相结合，创立了邓小平理论。邓小平理论提出了许多富有时代特色的重大理论，丰富和发展了马克思主义，开拓了马克思主义的新境界，从而推进了马克思主义时代化的进程。主要的时代化创新成果如下。

第一，创立了社会主义初级阶段理论。邓小平指出："社会主义本身是共产主义的初级阶段，而我们中国又处在社会主义的初级阶段，就是不发达的阶段。一切都要从这个实际出发，根据这个实际来制订规划。"①随后，党的十三大对社会主义初级阶段理论的科学内涵进行了全面阐述，对社会主义初级阶段的基本特征进行了集中概括。社会主义初级阶段理论是邓小平理论的基石，是对马克思主义的重大理论创新。

第二，创立了社会主义本质论。邓小平指出："社会主义的本质，是解放生产力，发展生产力，消灭剥削，消除两极分化，最终达到共同富裕。"② 这一论断改变了过去单纯从生产关系，特别是从社会制度角度定义社会性质的思维习惯，把解放生产力、发展生产力作为社会主义本质的内容，鲜明地体现了和平与发展的时代特性。社会主义本质问题是社会主义发展史上一直没有找到完满答案的问题，也是 20 世纪以来所有社会主义国家面临的一个重大的时代性课题。邓小平的社会主义本质论是对科学社会主义理论的重大时代创新。

第三，创立了社会主义市场经济理论。邓小平指出："说市场经济只存在于资本主义社会，只有资本主义的市场经济，这肯定是不正确的。"③"计划和市场都是经济手段……计划多一点还是市场多一点，不是社会主义与资本主义的本质区别。"④ 他在此基础上得出结论："社会主义也可以搞市场经济。"⑤ 邓小平从时代发展的战略高度，做出了把社会主义制度

① 《邓小平文选》第 3 卷，人民出版社，1993，第 252 页。
② 《邓小平文选》第 3 卷，人民出版社，1993，第 373 页。
③ 《邓小平文选》第 2 卷，人民出版社，1994，第 236 页。
④ 《邓小平文选》第 3 卷，人民出版社，1993，第 373 页。
⑤ 《邓小平文选》第 2 卷，人民出版社，1994，第 236 页。

与现代市场经济紧密结合起来的伟大创造，为建设中国特色社会主义解决了发展道路问题，是对马克思主义经济学理论的重大创新。

第四，提出科学技术是第一生产力。"科学技术是生产力"是马克思主义的基本原理。马克思依据科学技术对社会发展的巨大作用，做出了"生产力中也包括科学"① 的重要论断。邓小平敏锐地把握世界科技革命的时代潮流，顺应时代发展的必然趋势，提出了"科学技术是第一生产力"②，"中国要发展，离开科学不行"③。这是从新的时代条件出发对科学技术推动生产力发展的巨大作用的进一步科学揭示，是对新的时代条件下现代社会发展的根本推力的准确把握，是对马克思主义生产力理论的创造性发展。

第五，创立了改革开放理论。邓小平在把握时代发展趋势和吸取我国社会主义建设经验教训的基础上，做出了改革开放的战略决策。他指出："改革是中国发展生产力的必由之路"④，建设中国特色社会主义需要进行有领导、有步骤的全面的改革，"改革是社会主义制度的自我完善"⑤；同时，要"坚定不移地实行对外开放政策，在平等互利的基础上积极扩大对外交流"⑥。在他看来，任何一个国家要发展，孤立起来，闭关自守是不可能的，不加强国际交往，不引进发达国家的先进经验、先进科学技术和资金，是不可能的。"对外开放具有重要意义。"⑦ 邓小平的改革开放理论，解决了时代条件下社会主义的发展动力问题，是对科学社会主义理论的重大创新。

其实，邓小平理论的各个组成部分都具有鲜明的时代特色。邓小平理论是建立在新的变化了的时代条件和特征的基础之上的，是适应由战争与革命的时代主题向和平与发展的时代主题转换的产物。它既立足于当代中国国情，又顺应时代发展趋势，是时代精神的伟大结晶。胡锦涛在邓小平

---

① 《马克思恩格斯文集》第 8 卷，人民出版社，2009，第 188 页。
② 《邓小平文选》第 3 卷，人民出版社，1993，第 274 页。
③ 《邓小平文选》第 3 卷，人民出版社，1993，第 183 页。
④ 《邓小平文选》第 3 卷，人民出版社，1993，第 136 页。
⑤ 《邓小平文选》第 3 卷，人民出版社，1993，第 142 页。
⑥ 《邓小平文选》第 3 卷，人民出版社，1993，第 3 页。
⑦ 《邓小平文选》第 3 卷，人民出版社，1993，第 117 页。

同志 100 周年诞辰纪念大会上的讲话中指出："邓小平理论是马克思列宁主义基本原理与当代中国实际和时代特征相结合的产物，是毛泽东思想的继承和发展，是当代中国的马克思主义，是马克思主义在中国发展的新阶段。"①

邓小平理论在马克思主义时代化的进程中具有开拓性意义。从列宁主义、毛泽东思想发展到邓小平理论，是与时代主题的根本转换相适应产生的重大历史性飞跃。邓小平理论是中国共产党适应新的时代条件推进马克思主义时代化的开篇之作，是中国特色社会主义理论体系的奠基之作，开启了马克思主义时代化发展的新阶段，成为马克思主义时代化又一次历史性飞跃的起点。

2. 江泽民与马克思主义时代化的自觉推进

20 世纪 90 年代以来，国际国内形势发生了深刻变化。从世界范围内看，冷战结束后，"世界多极化和经济全球化的趋势在曲折中发展，科技进步日新月异，综合国力竞争日趋激烈"②。从国内形势看，我国仍然处在社会主义初级阶段，但从发展过程的具体阶段来说，我国改革开放和社会主义现代化建设事业取得了阶段性的重要进展，将进入全面建设小康社会、加快推进社会主义现代化的新阶段。这个阶段有着与以往阶段不同的特殊性。这些重大变化，对继续推进社会主义事业提出了新的挑战，也为发展马克思主义提供了新的机遇。

江泽民对世纪之交的时代发展趋势做了准确判断，对于时代发展的潮流有着十分清醒的认识和把握，为正确推进马克思主义时代化发展奠定了基础。第一，"和平与发展仍然是当今世界两大主题"③。虽然两极格局终结以后国际形势仍然动荡不安，但总体上继续趋向缓和。在今后相当长的时期内，避免新的世界大战是可能的，争取和平的国际环境，在和平稳定中谋求发展，是当今世界的头等大事。第二，"世界正在走向多极化，这

---

① 中共中央文献研究室编《十六大以来重要文献选编》（中卷），中央文献出版社，2006，第 157 页。

② 中共中央文献研究室编《十五大以来重要文献选编》（下卷），人民出版社，2003，第 2412 页。

③ 《江泽民文选》第 1 卷，人民出版社，2006，第 242 页。

是当今国际形势的一个突出特点"①。世界上各种力量出现新的分化和组合，大国之间的关系经历着重大而又深刻的调整，广大发展中国家的总体实力在增强。极少数大国或大国集团垄断世界事务、支配其他国家命运的时代已经一去不复返了。第三，"世界经济技术合作加强，全球化趋势愈益明显"②。随着经济市场化、贸易与投资国际化、区域经济合作化的步伐加快，各国经济联系日益紧密，相互依存度增加，合作增强，摩擦和竞争也在加剧，世界范围内的贸易竞争和国与国之间经济实力的较量越来越激烈。第四，"世界要和平，人民要合作，国家要发展，社会要进步，是时代的潮流"③。各国人民都渴望世界持久和平，渴望促进共同发展，渴望过上稳定安宁的生活，共创人类美好未来。要和平、求合作、促发展已经成为时代的主流。江泽民对于世界发展趋势和时代潮流做出的准确判断，为继续推进马克思主义时代化确立了重要的认识前提。

党的十三届四中全会以来，以江泽民为核心的中国共产党第三代中央领导集体，站在历史发展和时代要求的高度，敏锐把握国际国内形势的发展变化，创立了"三个代表"重要思想。"三个代表"重要思想以一系列时代化的理论观点，丰富和发展了邓小平开创的中国特色社会主义理论体系，在邓小平理论的基础上进一步把马克思主义时代化推向了新的发展阶段。

第一，提出发展是党执政兴国的第一要务。在新的历史条件下，江泽民根据国际国内新形势、新任务对我国现代化建设提出的新要求，从执政党兴衰存亡和国家长治久安的高度，提出了"要把发展作为党执政兴国的第一要务"④ 的重要思想。江泽民指出："马克思主义执政党必须高度重视解放和发展生产力。离开发展，坚持党的先进性、发挥社会主义制度的优越性和实现民富国强都无从谈起。"⑤ 中国共产党要自觉承担起推动中国社会进步的历史责任，必须始终抓住发展这个执政兴国的第一要务，

①　中共中央文献研究室编《十四大以来重要文献选编》（下卷），人民出版社，1999，第2469页。

②　中共中央文献研究室编《江泽民论有中国特色社会主义（专题摘编）》，中央文献出版社，2002，第514页。

③　《江泽民文选》第3卷，人民出版社，2006，第472页。

④　《江泽民文选》第3卷，人民出版社，2006，第515页。

⑤　《江泽民文选》第3卷，人民出版社，2006，第538页。

不断发展先进生产力，发展先进文化，努力实现最广大人民的根本利益。紧紧把握这一点，才能把握社会主义现代化建设的本质。这是对党的历史使命认识的丰富和发展。

第二，丰富和发展了人的全面发展理论。马克思恩格斯提出了人的自由全面发展的最高理想，为人类社会的发展指明了终极方向。江泽民指出："社会生产力和经济文化的发展水平是逐步提高、永无止境的历史过程，人的全面发展程度也是逐步提高、永无止境的历史过程。这两个历史过程应相互结合、相互促进地向前发展。"① 因此，要把党的最高纲领与最低纲领统一起来，在社会主义初级阶段就要促进人的全面发展。他强调："我们建设有中国特色社会主义的各项事业，我们进行的一切工作，既要着眼于人民现实的物质文化生活需要，同时又要着眼于促进人民素质的提高，也就是要努力促进人的全面发展。"② 这是对马克思主义人的自由全面发展理论的重大丰富与发展。

第三，提出建设社会主义政治文明。邓小平提出了社会主义物质文明、精神文明的概念，强调"我们在建设具有中国特色的社会主义社会时，一定要坚持发展物质文明和精神文明"③，要坚持"两手抓，两手都要硬"的战略思想。在此基础上，江泽民提出了"政治文明"的概念。他在 2001 年的全国宣传部长会议上指出："法治属于政治建设、属于政治文明，德治属于思想建设、属于精神文明。"④ 并在 2002 年党的十六大报告中进一步指出："发展社会主义民主政治，建设社会主义政治文明，是全面建设小康社会的重要目标。"⑤ 建设社会主义政治文明这一命题的提出，是对社会主义本质和特征、对社会主义建设规律和人类社会发展规律认识的深化，具有重要的理论创新和实践指导意义。

第四，提出推进党的建设"新的伟大工程"。在新的历史条件下，中国共产党已经从领导人民为夺取全国政权而奋斗的党，变成了领导人民掌

① 《江泽民文选》第 3 卷，人民出版社，2006，第 295 页。
② 《江泽民文选》第 3 卷，人民出版社，2006，第 294 页。
③ 《邓小平文选》第 3 卷，人民出版社，1993，第 110 页。
④ 《江泽民文选》第 3 卷，人民出版社，2006，第 200 页。
⑤ 《江泽民文选》第 3 卷，人民出版社，2006，第 553 页。

握全国政权并长期执政的党；已经从受到外部封锁和实行计划经济并在计划经济条件下领导国家建设的党，变成了对外开放和发展社会主义市场经济并在社会主义市场经济条件下领导国家建设的党。基于党所处的历史方位已经发生了极大的变化，江泽民明确提出了"推进党的建设新的伟大工程"① 的战略任务，强调用时代发展的要求审视党的建设，以改革的精神加强党的建设，使党的全部理论和工作都体现时代性，把握规律性，富于创造性。这是对党的建设理论的重大创新。

总之，以江泽民为代表的中国共产党人围绕新的历史条件下"建设一个什么样的党、怎样建设党"的时代课题，提出了一系列富有鲜明时代特色的理论成果，形成了"三个代表"重要思想的科学理论。"三个代表"重要思想是世情、国情、党情的深刻变化孕育出的新理论，是党主动应对时代挑战和主动推进马克思主义时代化的创新成果。

"三个代表"重要思想在马克思主义时代化进程中具有重要地位。"贯彻'三个代表'重要思想，关键在坚持与时俱进。"② 这一论断，充分表明中国共产党对于与时俱进地推进马克思主义时代化有了清醒认识和高度自觉。"三个代表"重要思想本身也是中国共产党人立足时代，着眼未来，以高度的时代自觉推进马克思主义时代化的生动体现。"'三个代表'的提出，特别是其'始终'代表的要求，则从真正意义上开始关注时代问题，推进中国马克思主义时代化建设开始成为中国共产党的自觉行为。"③ 从此，在中国共产党理性自觉地推动下，马克思主义时代化进入了新的发展阶段。

3. 胡锦涛与马克思主义时代化的最新发展

进入 21 世纪以来，世界形势和我国局势继续发生着复杂而深刻的巨大变化。从世界形势来看，一方面，和平与发展的时代主题仍然没有改变，求和平、谋发展、促合作已经成为不可阻挡的时代潮流；另一方面，霸权主义和强权政治依然存在，影响世界和平与发展的不稳定、不确定性

---

① 《江泽民文选》第 1 卷，人民出版社，2006，第 403 页。

② 《江泽民文选》第 3 卷，人民出版社，2006，第 537 页。

③ 华雷：《从马克思主义民族化到马克思主义时代化——对马克思主义中国化最新成果的理性透视》，《井冈山大学学报》（社会科学版）2012 年第 5 期。

因素增多。从国内局势来看，我们进入改革发展的攻坚阶段，这是一个社会矛盾和问题较为突出的矛盾凸显期，也是一个必须紧紧抓住并且可以大有作为的重要战略机遇期。

胡锦涛对于世界形势的变化和时代发展的特征做了进一步深刻揭示。第一，"当今世界正在发生广泛而深刻的变化"①。当今世界处在大变革、大调整之中。世界多极化不可逆转，经济全球化深入发展，科技革命加速推进，全球和区域合作方兴未艾。和平与发展仍然是时代主题，同时世界仍然很不安宁，国际关系、国际格局、国际秩序正处在新一轮调整变化之中。第二，"科学技术特别是战略高技术正日益成为经济社会发展的决定性力量"②。科学技术领域正酝酿着新的重大突破。科技成果产业化周期缩短，技术更新速度越来越快，以信息科技、生物科技为主要标志的高技术及其产业快速发展，成为科技创新和先进生产力的集中体现，成为推动经济社会发展的强大动力。在新的时代条件下，战略高技术日益成为综合国力竞争的焦点。第三，"我们所处的时代，是一个充满机遇和挑战的时代"③。不仅世界的和平与发展面临着诸多难题和挑战，中国特色社会主义建设面临着较多的困难和挑战，而且党的自身建设也面临着许多新课题、新考验。正如党的十八大报告指出："我们面临的发展机遇和风险挑战前所未有。"④ 胡锦涛在科学判断时代特征和科学把握发展趋势的基础上，提出在充满机遇和挑战的时代要正确把握人类发展方向这个重大课题，为推进马克思主义时代化奠定了认识基础。

党的十六大以来，以胡锦涛为总书记的党中央在全面贯彻邓小平理论和"三个代表"重要思想的过程中，清醒认识当今世界和当代中国发展的大势，全面把握我国发展的新要求和人民群众的新期待，认真总结我们

---

① 中共中央文献研究室编《十七大以来重要文献选编》（上卷），中央文献出版社，2009，第 2 页。
② 中共中央文献研究室编《十六大以来重要文献选编》（下卷），中央文献出版社，2008，第 478 页。
③ 胡锦涛：《全面推进中美建设性合作关系——在美国友好团体举行的晚宴上的讲话》，载新华月报社编《时政文献辑览》，人民出版社，2007。
④ 胡锦涛：《坚定不移沿着中国特色社会主义道路前进　为全面建成小康社会而奋斗——在中国共产党第十八次全国代表大会上的报告》，人民出版社，2012，第 1 页。

党治国理政的实践经验，提出了科学发展观。科学发展观是马克思主义时代化的最新成果，其最主要的理论贡献如下。

第一，提出了科学发展观的核心理论。科学发展观，第一要义是发展，核心是以人为本，基本要求是全面协调可持续，根本方法是统筹兼顾。深入贯彻落实科学发展观，要更加自觉地把以人为本作为核心立场。"要始终把实现好、维护好、发展好最广大人民的根本利益作为党和国家一切工作的出发点和落脚点，尊重人民主体地位，发挥人民首创精神，保障人民各项权益，走共同富裕道路，促进人的全面发展，做到发展为了人民、发展依靠人民、发展成果由人民共享。"① 这进一步深化了马克思主义关于人民群众是历史的创造者的基本原理。

第二，提出了构建和谐社会的理论。胡锦涛指出："社会和谐是中国特色社会主义的本质属性。"② 根据新世纪、新阶段我国经济社会发展的新要求，党提出了构建社会主义和谐社会的战略任务："我们所要建设的社会主义和谐社会，应该是民主法治、公平正义、诚信友爱、充满活力、安定有序、人与自然和谐相处的社会。"③构建社会主义和谐社会，体现了全党全国各族人民的共同愿望，是对中国共产党人长期追求的奋斗目标的新概括。这一理论的提出，进一步发展了马克思主义关于实现人的自由全面发展，在人与人之间、人与自然之间形成和谐关系的思想。

第三，提出了建设和谐世界的理念。基于当今世界求和平、谋发展、促合作的时代主旋律，胡锦涛创造性地发展了马克思主义的和谐思想，提出了"建设和谐世界"的理念。他指出："面对当今纷繁复杂的世界，我们应该重视和谐，强调和谐，促进和谐。"④ "推动建设持久和平、共同繁

---

① 中共中央文献研究室编《十七大以来重要文献选编》（上卷），中央文献出版社，2009，第12页。

② 中共中央文献研究室编《十七大以来重要文献选编》（上卷），中央文献出版社，2009，第13页。

③ 中共中央文献研究室编《十六大以来重要文献选编》（中卷），中央文献出版社，2006，第706页。

④ 胡锦涛：《促进中东和平，建设和谐世界——在沙特阿拉伯王国协商会议的演讲》，载新华月报社编《时政文献辑览》，人民出版社，2007。

荣的和谐世界，是各国人民的共同愿望。"① 推动建设和谐世界，是党科学把握当代中国与世界的深刻变化，统筹国内、国外两个大局而提出的战略思想。建设和谐世界的理念，适应了当今的时代潮流，道出了各国人民的心声，体现了我们党把握人类发展未来的自觉主动精神，是对人类社会发展规律的新探索，是对人类和平与发展的崇高事业的重大贡献。

第四，提出了建设社会主义和谐文化的理论。党的十六届六中全会通过的《中共中央关于构建社会主义和谐社会若干重大问题的决定》明确提出了"建设和谐文化"的重大任务。胡锦涛指出："社会主义核心价值体系是社会主义意识形态的本质体现"②。"社会主义核心价值体系是建设和谐文化的根本。"③ 中国共产党高度重视建设社会主义核心价值体系的重大意义，明确了其主要内容和根本任务，为建设社会主义先进文化指明了正确方向。提出关于建设和谐文化的理论，体现了党对于社会主义的本质和建设规律认识的深化，是对马克思主义的重大创新和发展。

第五，全面发展了党的建设理论。胡锦涛从新的时代条件出发，提出了"以改革创新精神全面推进党的建设新的伟大工程"④ 的重大命题，并对党的建设理论做出了一系列重大创新。包括坚持以"三项根本建设"（党的执政能力建设、先进性和纯洁性建设）⑤ 为主线，以"五位一体"（思想建设、组织建设、作风建设、反腐倡廉建设和制度建设）为抓手，以"增强四自能力"（增强自我净化、自我完善、自我革新、自我提高能

① 胡锦涛：《在庆祝中国共产党成立 90 周年大会上的讲话》，人民出版社，2011，第 27 页。
② 中共中央文献研究室编《十七大以来重要文献选编》（上卷），中央文献出版社，2009，第 26 页。
③ 中共中央文献研究室编《十六大以来重要文献选编》（下卷），中央文献出版社，2008，第 660 页。
④ 《中共中央关于加强和改进新形势下党的建设若干重大问题的决定》，人民出版社，2009，第 39 页。
⑤ 2004 年十六届四中全会通过的《中共中央关于加强党的执政能力建设的决定》指出："执政能力建设是党执政后的一项根本性建设。"2005 年胡锦涛在新时期保持共产党员先进性专题报告会上指出："加强党的先进性建设，始终是我们党生存、发展、壮大的根本性建设。"2012 年党的十八大报告又明确提出了加强党的"纯洁性建设"是党的建设的主线之一。上述三者可以统称为"三项根本性建设"。

力）为任务，以"建设三型政党"（建设学习型、服务型、创新型的马克思主义执政党）为目标。这些理论创新，为党的建设理论赋予了鲜明的时代特色，是对马克思主义关于执政党建设理论的重大发展。

总之，以胡锦涛为总书记的党中央对于推进马克思主义时代化做出了重大贡献，其理论创新成果凝结在科学发展观这一科学理论体系之中。"科学发展观是马克思主义同当代中国实际和时代特征相结合的产物，是马克思主义关于发展的世界观和方法论的集中体现，对新形势下实现什么样的发展、怎样发展等重大问题作出了新的科学回答，把我们对中国特色社会主义规律的认识提高到新的水平，开辟了当代中国马克思主义发展新境界。"[1]科学发展观是中国特色社会主义理论体系的最新成果，也是马克思主义时代化的最新成果。

胡锦涛创立的科学发展观在马克思主义时代化进程中具有重要意义。科学发展观大大扩展了当代中国马克思主义的理论视野，适应了当代中国马克思主义走向世界的时代要求。科学发展观虽然源自中国社会主义建设的实践，但它更多地吸收了当代世界相关理论和实践的最新成果，体现了对当代世界最新发展理论的认同，从而为当代中国马克思主义走向世界，为世界所认同进而影响世界，开辟了空间。科学发展观把马克思主义时代化提升到新的发展水平，也为进一步推进马克思主义时代化打开了广阔通途。

综上所述，以邓小平、江泽民、胡锦涛等为代表的中国共产党人，坚持把马克思主义基本原理与时代条件和中国国情紧密结合起来，形成了包括邓小平理论、"三个代表"重要思想和科学发展观在内的科学理论体系。中国特色社会主义理论体系，是在探索中国特色社会主义道路过程中不断丰富和发展起来的中国化的马克思主义，也是中国共产党人立足于新的时代条件推进马克思主义时代化结出的丰硕果实。中国特色社会主义理论体系在马克思主义时代化进程中具有关键性意义。列宁主义、毛泽东思想都产生于战争与革命的时代条件下，而中国特色社会主义理论体系则产

① 胡锦涛：《坚定不移沿着中国特色社会主义道路前进　为全面建成小康社会而奋斗——在中国共产党第十八次全国代表大会上的报告》，人民出版社，2012，第7页。

生于和平与发展的新时代。时代主题的转换决定了中国特色社会主义理论体系不仅是对列宁主义、毛泽东思想的继承和发展，更实现了马克思主义时代化的重大历史性飞跃。中国共产党在实现这一历史性飞跃过程中发挥了主导作用。

第三节　马克思主义时代化发展历程的启示

从马克思主义诞生以来，马克思主义时代化走过了不平凡的历史过程。回顾马克思主义时代化走过的历史过程，可以给我们带来十分深刻的现实启示。这种启示对于我们今天不断推进马克思主义时代化有着重要的意义。

一　马克思主义时代化是马克思主义理论和实践发展的重大课题

马克思主义时代化对于马克思主义理论、无产阶级事业和无产阶级政党的发展，都有着极为关键的意义。

1. 推进马克思主义时代化是始终保持马克思主义生命力的需要

马克思主义的发展史表明，马克思主义时代化是保持马克思主义生命活力的重要因素。马克思和恩格斯穷其一生从事理论研究，始终根据社会实践的新变化、新要求不断对马克思主义进行补充、完善、修正、深化，为马克思主义超越时空的发展奠定了基础。以列宁为代表的俄国共产党人，把马克思主义的真理与时代条件和俄国具体实践相结合，创造性地把马克思主义推到了列宁主义的新阶段，不仅回击了各种修正主义对马克思主义的挑战，也以成功的实践检验了马克思主义的客观真理性。以毛泽东为代表的中国共产党人，创造性地运用马克思主义的立场、观点和方法分析中国革命，解决了在中国这样经济文化落后的东方国家进行社会主义革命的问题，创立了毛泽东思想，第一次使马克思主义在东方社会展示出强大的生命力。以邓小平、江泽民、胡锦涛等为代表的中国共产党人，结合和平与发展的时代条件，深刻总结社会主义建设的经验教训，创立了包括邓小平理论、"三个代表"重要思想和科学发展观在内的中国特色社会主义理论体系，引领中国社会主义现代化建设不断取得新的胜利，从而使马克思主义在新时代继续焕发出无限生机与活力。可以说，产生于 160 多年前的马克思主义，能够始终具有强大的战斗力和影响力，与马克思主义不断实现时代化是分不开的。

马克思主义时代化的历史启示我们，只有继续推进马克思主义时代化，才能在深刻变化的时代条件下保持马克思主义的生机与活力，从而引领中国特色社会主义取得新的胜利。党的十七大报告指出："《共产党宣言》发表以来近一百六十年的实践证明，马克思主义只有与本国国情相结合、与时代发展同进步、与人民群众共命运，才能焕发出强大的生命力、创造力、感召力。"① 这是对马克思主义时代化历史经验的深刻总结。中国特色社会主义理论体系是马克思主义在中国发展的最新成果，是当代中国的马克思主义。在当代中国，坚持中国特色社会主义理论体系，就是真正坚持马克思主义。因此，推进马克思主义时代化，就是要坚持把马克思主义与发展着的时代条件相结合，不断丰富和发展中国特色社会主义理论体系，在这个基础上不断推进马克思主义与时俱进。

2. 推进马克思主义时代化是始终保持无产阶级政党先进性的需要

马克思主义时代化的历史表明，是否推进马克思主义时代化，直接关系到无产阶级政党的先进性和影响力。马克思主义是无产阶级政党的指导思想，无产阶级政党天然地与马克思主义有着不可分割的本质联系。只有推进马克思主义时代化，使党的思想理论随着时代的发展而发展，才能为拓展和升华党的先进性奠定坚实基础，打开广阔空间。如果以僵化教条的态度对待马克思主义，势必窒息马克思主义的生命力，也必然消解党的先进性。在这个方面，苏联给我们留下了深刻的教训。列宁去世以后，苏联的社会主义建设中存在许多教条式地对待马克思主义的问题，所形成的建设社会主义的苏联模式日益暴露出严重的弊端，阻碍了社会主义优越性的发挥，也影响了人民群众对苏共的认同，削弱了其执政基础。直至后来苏联解体，苏联共产党也丧失了执政地位，列宁亲手缔造的革命伟业毁于一旦。与苏共亡党的惨痛教训相比，进入改革开放的新时期以来，中国共产

---

① 中共中央文献研究室编《十七大以来重要文献选编》（上卷），中央文献出版社，2009，第 9 页。

党创造性地提出一系列新思想、新观点、新论断，不断推进了马克思主义时代化，实现了马克思主义与时俱进的发展，从而保证了我们党不断创造着在和谐稳定的环境中执政兴国的中国奇迹，赢得了中国最广大人民群众的衷心拥护和爱戴，不断巩固了党的执政地位。可以说，是马克思主义时代化助推了和平与发展时代中国共产党的光荣与梦想的实现。如果离开马克思主义时代化，或者教条主义地对待马克思主义，走上封闭僵化的老路，或者修正主义地对待马克思主义，走上改旗易帜的邪路，其结果都是不可想象的。

　　马克思主义时代化的历史启示我们，在 21 世纪的发展历程中，我们要继续解放思想、实事求是，自觉承担起推进马克思主义时代化的历史使命，努力促进马克思主义与时俱进地发展。要通过马克思主义时代化，在新的时代条件下不断深化对共产党执政规律、社会主义建设规律、人类社会发展规律的认识，不断提高党的领导水平和执政能力。这不仅是建设中国特色社会主义、实现中华民族伟大复兴的客观需要，也是始终保持党的先进性、巩固党的执政地位的内在要求。只有不断推进马克思主义时代化，中国共产党才能适应时代变化，不断创造新的辉煌。

3. 推进马克思主义时代化是保证各项事业不断发展的需要

　　马克思主义时代化的历史表明，正确推进马克思主义时代化是革命和建设事业发展的根本保证。在俄国，列宁根据当时的时代特征和俄国的实际，大胆地突破了马克思恩格斯的结论，做出了在经济落后的国家特别是在俄国有可能首先取得社会主义革命胜利的科学论断。在列宁主义的正确指导下，俄国取得了十月革命的胜利，建立了世界上第一个社会主义国家，并在探索在经济文化落后国家取得社会主义革命胜利后如何建设社会主义的问题上积累了丰富经验。然而，列宁去世后，苏联在斯大林领导下，在建设社会主义的实践中却自觉不自觉地把马克思在《哥达纲领批判》中对社会主义的具体设想固定化，逐步形成了一种以单一的生产资料公有制（国家所有和集体所有）、高度集权的中央指令性经济计划、政府垄断产品分配为特征的体制。这种体制又被其他共产党执政的社会主义国家所效仿。实行这种经济体制的实际结果是，生产资料的公有制变成了简单的国家所有制，计划经济变成了高度僵化的中央指令性经济。这些都阻碍了社会生产力的发展和劳动生产率的提高，也引发了国内以及社会主义国家之间的矛盾和冲突，给国际共产主义运动带来了危害。

在中国，以毛泽东为代表的中国共产党人坚持把马克思主义基本原理与时代条件及革命实际相结合，为无产阶级和社会主义革命时代的中国革命找到了一条农村包围城市、武装夺取政权的新民主主义革命道路，指导中国人民取得了革命斗争的胜利，建立了新中国。然而，从 20 世纪 50 年代开始，世界发展进入时代转换的时期，但由于当时没有正确认识时代变化的发展趋势，缺乏对国情的正确判断等多种因素，在对马克思主义的继续坚持和发展上出现了偏差，导致社会主义建设事业经受了重大挫折，留下了深刻的历史教训。直到党的十一届三中全会召开，党中央在恢复了解放思想、实事求是这一马克思主义思想路线之后，准确判断了时代主题和世界潮流，做出了改革开放的战略决策，探索开辟了中国特色社会主义道路，在国际共运低潮、险象环生的复杂局面下挽救和发展了社会主义。

正反两个方面的经验教训启示我们，在 21 世纪推进中国特色社会主义的过程中，一定要坚持把马克思主义与当今的时代条件和我国的基本国情结合起来，一切从实际出发，实事求是，敢闯新路，与时俱进地推动马克思主义时代化和理论创新，才能助推中国特色社会主义不断取得新的胜利。如果教条主义地对待马克思主义，就必然会给中国特色社会主义带来危害，甚至葬送社会主义事业。

二　马克思主义时代化是不断解放思想推进理论创新的过程

1. 实现马克思主义时代化要秉持既坚持又发展马克思主义的态度

怎样对待马克思主义，是马克思主义时代化过程中的基本问题。推进马克思主义时代化要求我们坚决反对以教条主义的态度对待马克思主义，树立既坚持又发展马克思主义的正确态度。马克思主义时代化在每一个阶段的正确推进，都是既坚持又发展马克思主义的结果。列宁主义是对马克思主义的坚持和发展，毛泽东思想是对马克思列宁主义的坚持和发展，中国特色社会主义理论体系是对马克思列宁主义、毛泽东思想的坚持和发展。马克思主义时代化在中国的发展产生了毛泽东思想、邓小平理论、"三个代表"重要思想和科学发展观等重大理论成果。这些理论成果之间是既一脉相承又与时俱进的辩证统一关系。说一脉相承，是因为它们都坚持了马克思主义的基本原理和立场、观点、方法，都坚持了实事求是的思想路线，都坚持了把马克思主义与中国实际和时代条件相结合的根本方法论。说与时俱进，是因为它们都从实际出发，注重总结我国革命、建设、改革的不同时期和不同阶段的新鲜经验，注重探索不同时期、不同阶段的新矛盾和新问题，在理论创新和理论发展上都做出了各自独特的贡献。正是因为共产党人始终把坚持和发展马克思主义作为对待马克思主义的正确态度，才保证了马克思主义在诞生 160 多年之后，依然能够作为中国特色社会主义的指导思想，在实践中不断焕发出强大的生机和活力。

马克思主义时代化的历史启示我们，在今后推进马克思主义时代化的过程中，要始终把既坚持又发展马克思主义作为根本原则和根本态度，贯彻于理论和实践发展的全过程。马克思主义是我们立党立国的根本指导思想，我们要毫不动摇地坚持马克思主义的基本原理和立场、观点、方法，坚持和巩固马克思主义的指导地位，在任何时候、任何情况下都不能放弃。同时，我们也要以发展的态度对待马克思主义，旗帜鲜明地反对教条主义，反对机械地照抄、照搬马克思主义的具体观点和论断来裁剪现实。我们要坚持把马克思主义基本原理与时代条件和我国实际相结合，与时俱进地推进马克思主义的丰富、完善和发展，并用发展着的马克思主义指导新的实践。

2. 实现马克思主义时代化要坚持不断解放思想

马克思主义时代化的历史可以说就是一部追随时代前进步伐的思想解放史。马克思主义本身就是解放思想的产物。马克思恩格斯在探索回答资本主义时代课题的过程中，大胆解放思想，打破空想社会主义思潮的桎梏，既继承前人又超越前人，创立了科学社会主义，开创了人类思想史和社会发展史的新篇章。马克思主义的发展，正是通过不断解放思想突破对时代问题的认识来推进的。19 世纪末 20 世纪初，列宁从资本主义发展到帝国主义阶段的时代条件出发，大胆突破前人的认识，做出了社会主义革命可以在帝国主义的薄弱环节首先取得胜利的崭新论断，对世界无产阶级革命和被压迫民族的解放产生了极为深刻而巨大的影响。20 世纪 70 年代以来，邓小平运用马克思主义的立场、观点和方法观察认识世界，抓住科技革命和经济全球化条件下世界形势的变化，做出了和平与发展是时代主题的科学判断，并大胆解放思想，提出了一系列新思想、新论断，创造性地发展了马克思主义。邓小平理论实现了马克思主义时代化的历史性飞跃，把马克思主义时代化的进程推进到新的发展阶段。可以说，没有解放思想，就没有马克思主义时代化，就没有马克思主义的发展。

马克思主义时代化的历史启示我们，必须继续高举解放思想的旗帜，坚持实事求是的思想路线，大力开拓创新，才能不断推进马克思主义时代化。当前，国内外形势的新变化和全国人民的新期待，为推进思想解放，提出了新的更高要求。我们要"自觉地把思想认识从那些不合时宜的观念、做法和体制中解放出来，从对马克思主义的错误的和教条式的理解中解放出来，从主观主义和形而上学的桎梏中解放出来"①。只有进一步解放思想，继续突破对马克思主义的教条式理解，以更深刻的认识、更开阔的思路、更有力的措施，谋划和推动改革与发展，才能在新的实践中不断推动马克思主义与时俱进。舍此，马克思主义时代化是不可能实现的。

3. 实现马克思主义时代化要着力推进理论创新

从马克思主义时代化的发展历史可以看出，理论创新是马克思主义时代化的根本标志。马克思主义揭示了真理，但并没有穷尽真理。它不可能穷尽客观世界的一切规律和过程，许多特殊的规律和过程还需要后人去认识、去发现，去根据新的实践、新的发展总结出新的理论，丰富、完善和发展马克思主义。马克思主义诞生以来，马克思恩格斯自身在有生之年以不懈的努力推动着马克思主义的理论创新，实践着"我们的理论是发展着的理论"的基本原则。列宁对马克思主义时代化最重要的贡献，说到底就是创立了列宁主义，把马克思主义推进到了新的阶段。在中国共产党的历史上，正是通过毛泽东、邓小平、江泽民、胡锦涛带领全党坚持不懈地推进理论创新，才有了毛泽东思想、邓小平理论、"三个代表"重要思想、科学发展观这些丰硕的理论成果，马克思主义时代化的伟大事业才在中国被不断地推向新的发展阶段。

---

① 《江泽民文选》第3卷，人民出版社，2006，第284页。

　　马克思主义时代化的历史启示我们，推进马克思主义时代化要大力推动马克思主义理论创新。创新是一个民族进步的灵魂，是一个国家兴旺发达的不竭动力，也是马克思主义发展的不竭动力。马克思主义时代化，就是要根据时代的发展变化推进马克思主义的理论创新。马克思主义具有的与时俱进的理论品质也只有通过理论创新才能真正体现出来。时代是不断发展的，社会是不断进步的，理论创新是没有止境的。马克思主义时代化的历史启示我们，只有继续随着时代发展和社会进步，不断研究新问题、丰富新内容、变换新形式，不断形成新成果，才能不断推进马克思主义时代化。

三　马克思主义时代化要结合时代条件不断推进马克思主义与时俱进

1. 马克思主义时代化要科学把握时代主题

　　从马克思主义时代化的过程可以看出，科学把握时代主题是马克思主义时代化的基本前提。19 世纪末 20 世纪初，世界资本主义由自由竞争的资本主义发展到帝国主义阶段，列宁科学地把握了战争与革命的时代主题，以帝国主义时代资本主义经济政治发展不平衡的规律为依据，创造性地提出了"一国或数国首先胜利论"，把马克思主义推进到了列宁主义的新阶段。俄国十月革命后，世界进入无产阶级革命时代。毛泽东根据世界形势的这一变化，紧紧把握民族独立和人民解放的时代主题，围绕"进行什么样的革命、怎样进行革命"这个问题深入思考，提出了一系列理论观点，形成了毛泽东思想。党的十一届三中全会以后，邓小平根据国际经济、政治、科技领域的新变化，正确认识了时代条件和国际形势，提出了和平与发展是时代主题的判断，围绕"什么是社会主义、怎样建设社会主义"这个问题提出了一系列创新的观点，形成了邓小平理论。在世纪之交，虽然和平与发展仍然是当今时代的主题，但世界正在发生前所未有的深刻变化。江泽民深刻认识到时代主题的新变化，紧紧围绕"建设什么样的党、怎样建设党"这个主题深入思考，形成了"三个代表"重要思想。新世纪新阶段，世界进一步发生广泛而深刻的变化，求和平、促发展、谋合作成为时代潮流。胡锦涛深刻把握时代潮流，高举和平、发展、合作的旗帜，牢牢抓住"实现什么样的发展、怎样实现发展"的主题进行探索，创立了科学发展观。总之，马克思主义时代化都是以科学判断时代主题为前提的。

历史启示我们，继续推进马克思主义时代化，必须牢牢把握当今时代的主题。当今世界，和平与发展仍然是时代主题。我们要在深刻认识和把握和平与发展的时代主题的前提下，清醒认识世界多极化、经济全球化、文化多样化、社会信息化的发展态势，清醒认识当代中国科学发展、和谐发展、和平发展的大势，深入体察世界与中国形势的细微变化，科学分析中国特色社会主义在新世纪新阶段面临的新机遇和新挑战，深刻研究我国各项事业发展面临的新矛盾和新课题，对其做出时代性的阐释，给予时代性的解答，创造时代性的理论。只有这样，才能使马克思主义适应时代需要，体现时代特色，引领时代发展。

2. 马克思主义时代化要着眼于研究新情况、解决新问题

回顾马克思主义时代化的历史，不难发现，马克思主义时代化就是根据时代和历史任务的转换不断研究新情况、解决新问题的实践过程。实践是理论的来源，实践是理论发展的动力，实践是检验理论真理性的标准。以解决时代问题为中心，在时代实践中推进理论创新，是马克思主义时代化的鲜明特点。从列宁主义到中国特色社会主义理论体系，每一次理论创新都是根据时代发展的要求和历史任务的转换，针对革命、建设、改革不同阶段不断涌现的新情况和新问题进行探索、分析研究和理论概括的结果。可以说，正是遵循"随时随地都要以当时的历史条件为转移"这一马克思主义发展的基本原则，坚持依据新的实践来研究新情况解决新问题的强烈的问题意识、与时俱进的理论创新的勇气，才推动了马克思主义时代化的深入发展并取得了一系列创新成果。

马克思主义时代化的历史启示我们，推进马克思主义时代化要紧密结合中国特色社会主义的实践，马克思主义时代化只有在解答中国发展的实践课题、总结人民群众的实践经验的基础上才能实现。马克思主义的实践从来都是具体的、历史的实践。马克思主义在当代中国的实践，就是建设中国特色社会主义的伟大实践。江泽民指出："离开本国实际和时代发展来谈马克思主义，没有意义。静止地孤立地研究马克思主义，把马克思主

义同它在现实生活中的生动发展割裂开来、对立起来，没有出路。"① 在当代中国推进马克思主义时代化，就是要坚持以我国改革开放事业和现代化建设的实际问题、以我们正在做的事情为中心，着眼于马克思主义理论的运用，着眼于对实际问题的理论思考，着眼于新的实践和新的发展。只有这样，才能使马克思主义在时代实践中不断发展。

3. 马克思主义时代化要善于从一切文明成果中汲取时代精华

马克思主义时代化的发展历史表明，开放理念和创新意识，掌握和运用世界上一切优秀的思想文化，是马克思主义时代化发展的必要条件。马克思主义是开放的科学理论体系，它坚持用开阔的眼光审视世界历史的客观进程，用宽广的胸怀吸纳人类的一切优秀文化成果。马克思主义本身是在吸收德国古典哲学、英国古典政治经济学和英法空想社会主义理论的基础上全面进行理论创新的产物。后来的马克思主义者始终以包容的心态广泛吸纳自然科学发展的最新成果以及其他一切有益的文明。特别是改革开放以来，中国共产党人广泛吸纳现代科学技术的最新成果，大胆吸收和借鉴当今世界各国包括资本主义发达国家的一切合理的思想成果，大胆吸收和借鉴人类社会创造的一切文明成果。这是中国共产党人能够创立中国特色社会主义理论体系、实现马克思主义时代化的历史性飞跃的重要原因。

马克思主义时代化的历史启示我们，在当代中国推进马克思主义时代化，必须善于吸收当今世界的一切优秀文明成果，包括西方的民主理念、价值观念和中国传统文化的和谐思想等。当今时代，经济全球化迅猛发展，科学技术突飞猛进，新情况新问题不断涌现，这对马克思主义的发展来说既是挑战又是机遇。邓小平指出："世界形势日新月异，特别是现代科学技术发展很快。现在的一年抵得上过去古老社会几十年、上百年甚至更长的时间。不以新的思想、观点去继承、发展马克思主义，不是真正的马克思主义者。"② 这更加需要我们用批判的眼光去审视，用创新的思维去发展，努力汲取人类文明的一切优秀成果，来丰富和发展马克思主义。

---

① 《江泽民文选》第 2 卷，人民出版社，2006，第 12 页。
② 《邓小平文选》第 3 卷，人民出版社，1993，第 291～292 页。

第三章 马克思主义时代化过程的
构成要素和环节

马克思主义时代化是一个过程。借用系统分析方法，对马克思主义时代化的实现过程进行构成分析，把握其构成要素和环节，可以为我们深刻认识马克思主义时代化过程的实现机制、实现路径和发展方向提供新的视角。从系统论的观点来看，马克思主义时代化是一个动态发展的系统过程，是由中国共产党、马克思主义、时代条件、中国特色社会主义实践这四个基本要素构成并相互作用的过程，这一过程包括准备环节、开端环节、关键环节和归宿环节四个基本环节。我们需要对这些要素和环节做具体分析，以更好地把握马克思主义时代化实现过程的基本构成。

第一节 马克思主义时代化过程的内涵与特点

对马克思主义时代化实现过程做构成分析，必须首先把握马克思主义时代化实现过程的内涵。马克思主义时代化过程是不断发展的历史过程，也是动态发展的系统过程。对于这一过程的主要内容，可以从其要素构成与结果状态方面进行多个角度的解读。推进马克思主义时代化，要准确理解时代化这一过程的基本特点。

一 马克思主义时代化是动态发展的系统过程

恩格斯曾经指出："世界不是既成事物的集合体，而是过程的集合体。"[1]

---

[1] 《马克思恩格斯文集》第 4 卷，人民出版社，2009，第 298 页。

客观世界的一切都是作为过程而存在的，马克思主义时代化也是如此。马克思主义时代化是一个不断发展的历史过程。从系统论的角度来看，马克思主义时代化过程是各个系统要素相互作用、动态发展的实现过程。借鉴系统分析方法，有助于我们更加清楚地认识马克思主义时代化发展过程的内涵、特点与规律。

1. 马克思主义时代化过程是一个历史发展过程

从马克思主义创立开始，马克思主义时代化过程就开始了。从过程论角度来看，马克思主义时代化不是一蹴而就的、一次完成的，而是一个不断生成和发展的永无止境的过程。这一过程可以从以下几个方面来理解。

首先，人们对马克思主义的认识是一个不断深化的过程。自马克思主义产生以来，人们总是从特定条件和需要出发来认识、理解和运用马克思主义。十月革命一声炮响，给中国送来了马克思列宁主义。中国人对马克思主义的认识从马克思主义传入中国就开始了，但这种认识不可能一次完成。从陈独秀、李大钊、毛泽东等早期马克思主义理论家在中国传播、宣传和阐释马克思主义以来，直到今天，许多优秀的马克思主义理论家、政治家仍在继续探索、研究和阐释马克思主义，甚至还在重新引进"原版"的马克思主义经典著作，在马克思主义理论界也提出了"走进马克思""走近马克思""回到马克思"等口号，追求理论上的"返璞归真"①。这充分表明，人们对马克思主义的认识还远未结束，将继续进行下去。事实上，人们对马克思主义的认识过程与马克思主义中国化、时代化过程是相伴随的，这一过程是不会完结的。人们对马克思主义的认识必将在这一过程中不断深化。

其次，马克思主义与时代条件的结合是一个不断实现的过程。实践在发展，时代在前进，马克思主义与时代条件的结合也将不断进行，而不可能一次完结。每一个时代的人都只能做到把马克思主义与当前时代条件相结合。马克思恩格斯实现了马克思主义与自由资本主义时代条件相结合，列宁实现的是马克思主义与帝国主义时代条件相结合，邓小平、江泽民、胡锦涛等中国共产党人实现的是马克思主义与和平与发展的时代条件相结

---

① 杨富斌：《从过程视角看马克思主义中国化》，《思想理论教育导刊》2005 年第 1 期。

合。随着时代继续向前发展，马克思主义与时代条件的结合也将处在不断实现的过程之中。

最后，马克思主义时代化的理论创新是一个不断推进的过程。当年，马克思恩格斯在写下《共产党宣言》后，并没有故步自封、停滞不前，而是随着时间的推移、形势的变化和实践的发展，对自己的理论进行不断修正。马克思主义的继承者们，也依据马克思主义理论品质的内在逻辑，前承古人，后启来者，外通天下，内联实践，先后创立了列宁主义、毛泽东思想和中国特色社会主义理论体系，这些都是马克思主义时代化的创新理论。这些理论各自都是经过长期艰苦的探索过程而实现的，同时，每一个理论成果都是在前人已有成果的基础上不断丰富发展，从而把理论推向前进的。正如江泽民指出："我们要突破前人，后人也必然会突破我们。"① 马克思主义时代化过程，就是通过后浪推前浪、不断向前发展的过程。

2. 马克思主义时代化过程是系统要素相互作用的动态过程

按照一般系统论的观点，系统是由若干相互联系并与环境发生相互作用的要素或部分所构成的整体。世界上的一切事物都是作为系统而存在的，是若干要素按一定的结构和层次组成的，并且具有特定的功能。系统普遍存在于自然界和人类社会之中。它是由要素所构成的整体，离开要素就无所谓系统。因而要素是系统存在的基础，系统与要素之间存在不可分割的联系。构成系统的各个子系统、单元和要素之间以及它们与环境之间是相互联系和相互作用的。系统分析方法，是指把客观事物作为一个系统，对系统要素进行综合分析，找出解决问题的可行方案的现代科学方法。

借用系统分析方法来认识马克思主义时代化过程，可以看出，马克思主义时代化是一个系统过程。这个系统涉及马克思主义、时代条件、中国共产党等不同的构成要素，各个要素之间的相互作用推动着这一过程向前发展。

首先，马克思主义时代化是马克思主义与时代条件双向互动的过程。

① 《江泽民文选》第 3 卷，人民出版社，2006，第 538 页。

在马克思主义时代化过程中，马克思主义与时代条件是两个最基本的要素。这两个要素的结合与互动体现在马克思主义时代化的每一个环节，贯穿于马克思主义时代化的全过程之中。随着时代条件的变化，首先需要用马克思主义来正确认识和把握时代条件，为马克思主义时代化确立前提。在此前提下，马克思主义与时代条件的双向互动分两条途径进行。第一条途径是，马克思主义主动顺应时代的发展变化，对马克思主义理论做出时代化解读，不断修正错误的东西，剔除过时的东西；同时，马克思主义又从时代的发展变化中汲取时代的文明成果，以时代精华丰富和发展马克思主义。这是马克思主义既主动适应时代条件又借助时代条件发展自身的互动过程。第二条途径是，马克思主义积极应对时代课题，指导人民群众的时代实践，同时又在总结时代实践经验的基础上升华理论认识，丰富和发展马克思主义。马克思主义时代化的理论最终又回到实践当中，接受实践检验并指导实践继续发展，同时引领着时代进步。这是马克思主义既解决时代课题又借助时代课题发展自身的互动过程。马克思主义时代化自始至终都体现了上述两个要素的双向互动关系，是系统要素作用下的系统过程。

其次，马克思主义时代化是由中国共产党作为主体要素参与的系统过程。马克思主义时代化是马克思主义与时代条件相互作用、不断推进的过程，这一过程是在主体的推动之下实现的。这个主体就是中国共产党。马克思主义时代化不会自动实现，承担这一历史使命的就是中国共产党。从马克思主义在中国的发展来看，正是中国共产党人坚持把马克思主义同时代条件和基本国情相结合，创立了毛泽东思想和中国特色社会主义理论体系，创造性地丰富和发展了马克思主义，推动了马克思主义时代化。中国共产党成为马克思主义时代化的主体，是由马克思主义的理论本质和中国共产党的性质决定的。在新的历史条件下，继续把马克思主义时代化推向前进，使马克思主义始终保持时代先进性，坚持用发展着的马克思主义指导新的实践，是历史赋予中国共产党的神圣使命。中国共产党是马克思主义时代化过程得以实现的必不可少的主体条件，是这一系统过程的关键要素之一。

最后，马克思主义时代化是一个动态发展的系统过程。这是因为，马克思主义时代化的各个要素，都处于动态发展之中，要素之间的结合也不可能是静止的、一成不变的，也必须处于动态的变化之中。马克思主义时代化作为动态发展的过程，符合马克思主义认识论和唯物辩证法揭示的客观规律。一方面，从马克思主义认识论来看，我们对于任何事物的认识都是一个从浅到深、由表及里的不断深化、不断接近事实真相的过程。在马克思主义时代化过程中，我们对马克思主义的认识，对中国实际的认识，都是随着时间的推移与实践的深入而不断深化的。我们通过实践的一次次检验，来修正不正确或不完全正确的认识。而随着实践的深入，曾经正确的认识也可能变得不再正确，也需要我们不断修正，不断超越与创新。马克思主义时代化因此呈现出动态发展的特征。另一方面，从唯物辩证法来看，一切都是作为过程而存在的。事物是过程，实践是过程，认识是过程，真理也是过程。各个不同时代的人们，不仅面对的时代条件是不一样的，而且所面对的"马克思主义"也是不一样的。因此，马克思主义与时代条件的结合，是绝不可能一次完成的，只能在动态发展过程中实现。

二　马克思主义时代化作为系统过程的内容解读

马克思主义时代化作为系统过程，是其构成要素相互作用、共同推进的过程。这一过程的主要内容，可以根据其要素构成和结果状态进行多个角度的解读。

1. 马克思主义时代化过程是时代化马克思主义不断生成和发展的过程

马克思主义时代化过程，其首要目标是推进马克思主义理论创新，不断生成和发展"时代化马克思主义"理论。江泽民指出："坚持马克思主义，最重要的就是要坚持马克思主义的科学原理和科学精神、创新精神，善于根据客观情况的变化，不断从人民群众的实践中吸取营养，不断丰富和发展理论，使理论更好地指导我们的工作。"[①] 马克思主义时代化是中国共产党理论创新的根本路径，理论创新是马克思主义时代化过程的主要标志。在过去的发展中，我们已经取得了毛泽东思想和中国特色社会主义理论体系两大创新成果。今后推进马克思主义时代化的过程，是不断丰富

---

① 《江泽民文选》第3卷，人民出版社，2006，第66页。

和发展中国特色社会主义理论体系的过程，也是不断推出时代化马克思主义理论成果的过程。

2. 马克思主义时代化过程是不断推进中国特色社会主义实践创新的过程

马克思主义时代化是理论创新与实践创新同步推进的过程。实践是马克思主义理论的源泉，也是归宿。马克思主义时代化的意义，归根到底要通过推动实践发展来体现。在过去，我们党之所以能够领导中国人民取得革命、建设和改革的伟大成就，我们国家之所以能够实现民族独立、人民解放和进入小康、走向繁荣，就是坚持把马克思主义与中国实际和时代条件相结合，用发展着的马克思主义指导实践，不断推进理论创新和实践创新的结果。在当代中国，建设中国特色社会主义事业是马克思主义时代化的实践载体。推进马克思主义时代化，就是要创造出时代化马克思主义的新成果，用发展着的马克思主义来推进中国特色社会主义的实践创新，促进我们的事业更好更快地发展。当前，我国的改革和发展正处在新的历史起点上，世情、国情、党情的深刻变化给我们党提出了一系列新的历史课题，我们党面临着难得的机遇和严峻的挑战。这就要求当代共产党人顺应时代发展的潮流，继续用发展着的马克思主义指导新的实践，在中国特色社会主义的伟大实践中不断推进党的理论创新、实践创新与制度创新。这也就是不断推进马克思主义时代化的过程。

3. 马克思主义时代化过程是马克思主义理论不断融汇人类文明成果的过程

马克思主义从来不是独立于人类文明发展道路之外的东西。马克思主义时代化的过程，就是广泛吸纳人类文明发展的优秀成果，不断赋予当代马克思主义以鲜明时代特色的过程。实现这一目标的重要途径，就是马克思主义要不断融汇人类优秀文明成果。推进马克思主义时代化，就是要站在现代科技的前沿，深刻认识新的科技革命浪潮对人类社会发展的重大作用，敏锐把握科学技术重大突破给经济社会乃至人们思维方式带来的深刻影响，善于运用最新的科学思想和科技素材拓宽马克思主义的视野，丰富马克思主义的内涵。此外，还要从中国传统哲学、西方哲学以及西方马克思主义理论的思想文化中吸取营养和资源，认真学习和借鉴世界各国包括资本主义国家创造的一切文明成果，通过汲取人类文明成果的精华，丰富和发展马克思主义理论。马克思主义时代化不断推进的过程，就是通过融汇人类文明成果，不断赋予马克思主义时代特色的过程。

4. 马克思主义时代化过程是中国人民不懈奋斗实现民族伟大复兴的过程

马克思主义是科学性和价值性相统一的科学理论体系。作为一种理论体系，马克思主义固然具有真理的属性，即它是反映自然界、人类社会和人类思维的共同本质及其发展的一般规律的科学。同时，它又是代表无产阶级和广大劳动人民利益的思想理论武器，具有鲜明的价值指向。马克思主义时代化也从来不是"为真理而探求真理"的纯科学的认识活动过程，而是人民群众认识世界和改造世界的实践活动过程。中国共产党人推进马克思主义时代化，始终都是为实现中华民族重新崛起、中华民族繁荣富强这一历史任务而探索的理论过程，也是为实现这一目标而奋斗的实践过程。实现中华民族伟大复兴是中国人民不懈奋斗的"中国梦"，也是当代中国马克思主义鲜明的理论主题。习近平同志指出，邓小平理论、"三个代表"重要思想和科学发展观，"它们都坚持为建设和发展中国特色社会主义、实现中华民族伟大复兴而奋斗，在理论主题上一脉相承"[①]。在新世纪新阶段，坚持推进马克思主义时代化的过程，就是中国人民在建设中国特色社会主义的实践中坚持、运用和发展马克思主义的过程，也是中国人民在党的领导下为了实现中华民族伟大复兴的"中国梦"而探求真理、不懈奋斗的过程。当代中国的马克思主义者只有在引领中国人民奋斗的过程中才能体现应有的价值。

三 马克思主义时代化作为系统过程的主要特点

把握马克思主义时代化这一过程，不仅要对其内容进行多维解读，而且要全面把握这一过程的特点。

---

① 中共中央文献研究室编《十七大以来重要文献选编》（上卷），中央文献出版社，2009，第 244 页。

1. 马克思主义时代化过程是时代特色与实践特色同步彰显的过程

党的十七大报告提出，要"大力推进理论创新，不断赋予当代中国马克思主义鲜明的实践特色、民族特色、时代特色"①。党的十八大报告又再次强调："我们一定要毫不动摇坚持、与时俱进发展中国特色社会主义，不断丰富中国特色社会主义的实践特色、理论特色、民族特色、时代特色。"② 不断赋予马克思主义以实践特色、民族特色、时代特色，是当代中国共产党人的历史使命，是马克思主义中国化、时代化、大众化的根本任务。

马克思主义时代化过程是不断赋予马克思主义理论以时代特色的过程。马克思主义时代化过程是马克思主义与时代条件紧密结合的过程，是在时代实践的推动下不断向前发展的过程，因而也是时代特色和实践特色同步彰显的过程。时代性是马克思主义时代化过程的重要属性。马克思主义时代化离不开具体的时代条件，总是在一定的时代条件下进行的，必然打上时代的烙印。时代发展到什么程度，马克思主义时代化才能推进到什么程度。马克思主义时代化，就是马克思主义不断汲取时代性的思想资源，不断赋予马克思主义理论的内容以鲜明的时代特色；就是马克思主义与时俱进地创新理论形态，不断赋予马克思主义理论的形式以鲜明的时代特色；就是充分利用现代传媒技术创新传播手段，不断赋予马克思主义理论的话语体系以鲜明的时代特色。这就保证了马克思主义的理论创新成果全面彰显时代特色。

马克思主义时代化过程也是不断赋予马克思主义理论以实践特色的过程。马克思主义是实践的科学，实践性是马克思主义时代化过程的又一重要属性。马克思主义从诞生之日起，保持其生命力最深刻的根源和动力就只存在于实践之中。建设和发展中国特色社会主义是中华民族实现富强、走向复兴的必由之路，也是我们不断推进马克思主义时代化的实践源泉。马克思主义时代化过程，就是从多彩的实践活动中、从火热的社会生活

---

① 中共中央文献研究室编《十七大以来重要文献选编》（上卷），中央文献出版社，2009，第26页。

② 胡锦涛：《坚定不移沿着中国特色社会主义道路前进　为全面建成小康社会而奋斗——在中国共产党第十八次全国代表大会上的报告》，人民出版社，2012，第13页。

中、从人民群众的创造中汲取营养，把人民群众创造的最鲜活的实践经验升华为理论成果的过程；就是从实践发展的需要出发，在回答和解决实际问题的过程中推进理论创新，又用创新的理论指导新的实践的过程。这一过程充分彰显了当代中国马克思主义鲜明的实践特色。

在马克思主义时代化过程中，马克思主义的时代特色与实践特色是同步彰显的。因为马克思主义与时代条件的结合，是在实践的基础上进行的；人民群众的实践必定是在当今时代条件下进行的，是打上时代烙印的实践活动。当代马克思主义的时代性和实践性是密不可分的。

2. 马克思主义时代化过程是科学追求与价值追求有机统一的过程

马克思主义是真理性和价值性相统一的科学理论体系。马克思主义首先是科学，它吸收和改造了人类几千年思想和文化发展中有价值的东西，为我们提供了认识世界和改造世界的科学的世界观和方法论，具有客观的真理性。同时，马克思主义又具有鲜明的阶级性，它公开申明是为以无产阶级为代表的广大劳动人民群众服务的，这是无产阶级立场在理论上的表现。马克思主义指导人们的实践活动又内在地蕴涵着价值尺度，具有鲜明的价值性。马克思主义这一真理性和价值性相统一的特点，决定了马克思主义时代化过程是科学追求与价值追求有机统一的过程。

马克思主义时代化过程首先是体现科学追求的过程。作为理论过程与实践过程的统一，马克思主义时代化的过程，正是通过把马克思主义与时代条件相结合这样一种方式，使得马克思主义理论与中国革命、建设和改革的实践都做到与不断变化的时代条件相适应，都做到与时俱进。这种结合的实现过程，需要明确一定的科学追求，遵循一定的科学原则，运用一定的科学方法。"马克思主义时代化"的科学追求，就是要从时代条件的实际出发，坚持理论联系实际，在实践中运用、丰富和发展马克思主义。这就要求马克思主义时代化过程自觉坚持马克思主义科学理论的指导，坚持以正确的态度对待马克思主义，以新的理论指导新的实践。

马克思主义时代化过程还是体现价值追求的过程。社会实践是人们有目的地改造客观世界的物质活动，社会实践的深入伴随着理论的创新。因此，无论是理论过程，还是实践过程，都必然包含价值追求。马克思主义时代化过程，不仅是丰富和发展马克思主义的理论创新过程，也是推进中国革命、建设和改革的实践创新过程。因此，它也有其自身的价值追求。这一价值追求是与中国共产党人的奋斗目标和历史使命相一致的。在当代中国，推进马克思主义时代化，必须牢牢把握其价值指向，那就是要以人的自由全面发展为终极指引，以实现党的历史使命为根本取向，为中华民族的伟大复兴和当今世界的和平与发展指引方向。只有这样，才能真正体现马克思主义时代化的应有价值。

在马克思主义时代化过程中，科学追求与价值追求是有机统一的。马克思主义时代化的价值追求为科学追求提供了强大的内在动力，科学追求是价值追求得以实现的保障。只有坚持马克思主义时代化的价值追求与科学追求的统一，才能使马克思主义时代化的进程延续下去。

3. 马克思主义时代化过程是连续发展与周期发展相统一的过程

马克思主义时代化过程是一个不断发展的动态过程。这一过程呈现出连续发展与周期发展相统一的特点。

马克思主义时代化是无限发展的历史过程。随着时代的发展，马克思主义时代化也不断延展，不断实现理论的超越与创新。这是一个在时代变化和实践发展中运用马克思主义、总结实践经验汲取时代精华，进而发展马克思主义，实现马克思主义时代化，然后再实践，再总结，再发展，循环往复、不断超越与创新的过程。马克思主义时代化过程从马克思主义诞生以来就开始了，至今已有 160 多年的历史。这一过程并没有结束，也永远不会结束。正如毛泽东指出："客观现实世界的变化运动永远没有完结，人们在实践中对于真理的认识也就永远没有完结。"① 马克思主义时代化是随着时代的发展和实践的发展而不断推进的。时代变迁永无止境，实践永无止境，马克思主义时代化也永无止境。

马克思主义时代化过程又呈现出周期发展的特点。随着时代的发展和理论的积累，马克思主义时代化过程中往往会产生重大的理论创新成果。这种重大理论创新成果的出现，就是马克思主义时代化一个发展周期的结束，同时又是一个新周期的开始。每个时代的人都是在前人创造的既有理

---

① 《毛泽东选集》第 1 卷，人民出版社，1991，第 296 页。

论成果的基础上推进马克思主义时代化的。比如，列宁在经典马克思主义的基础上推进了马克思主义时代化，他创立的列宁主义把马克思主义推进到一个新的阶段，这标志着一个发展周期的结束，又标志着一个新发展周期的开始。又如，邓小平是在马克思列宁主义、毛泽东思想的基础上推进马克思主义时代化的，他创立的邓小平理论再次把马克思主义推进到新的发展阶段，这也是一个周期性发展的标志。在当代，我们是在马克思列宁主义、毛泽东思想和中国特色社会主义理论体系的基础上，开始马克思主义时代化的新的发展周期的。我们要在继续推进马克思主义时代化的过程中，不断丰富和发展中国特色社会主义理论体系。

马克思主义时代化过程是连续发展和周期发展相统一的过程。从马克思主义时代化的全过程来看，这是一个无限的、连续的发展过程。但是这种连续的发展过程又由许多个发展周期组成，呈现出阶段性推进的特点。把握这一特点，对于我们正确认识马克思主义时代化过程的规律有重要意义。

第二节　马克思主义时代化过程的基本要素

马克思主义时代化是指在马克思主义与时代条件的紧密结合、双向互动中推进理论创新和实践创新的过程。在这一过程中，中国共产党是实现两者结合与互动的推动力量，处于时代化过程的主体地位，发挥着主导作用。马克思主义和时代条件则是马克思主义时代化过程中的两个主要因素，它们都是被认识和被实践的对象，因而都处于客体地位，依据各自的主客观属性不同，笔者分别称之为"理论客体"和"条件客体"。马克思主义与时代条件的结合，是在实践的基础上进行和实现的，中国特色社会主义实践是马克思主义时代化过程的载体要素。因此，中国共产党、马克思主义、时代条件和中国特色社会主义实践构成了马克思主义时代化实现过程的四个基本要素。马克思主义时代化过程就是在这四个基本要素的相互作用之下实现的（见图3－1）。深刻把握这四个要素的内涵及其意义，是正确认识和推进马克思主义时代化的首要的基本问题，也是深化马克思主义时代化理论研究的必要前提。

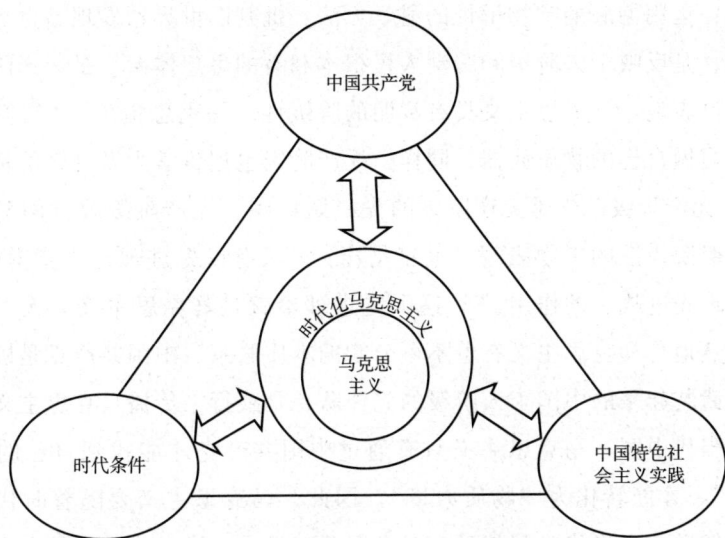

图 3 - 1　马克思主义时代代过程四个基本要素的相互作用

一　马克思主义时代化过程的主体要素

马克思主义时代化的目的是把马克思主义与时代条件紧密结合，在两者的双向互动中推进马克思主义的理论创新。这种结合与互动不是自动实现的，而是在主体的推动作用下实现的。在当代中国，马克思主义时代化必须在中国共产党的领导、推动下实现。中国共产党在马克思主义时代化过程中居于主体地位，发挥着主导作用。

1. 中国共产党是马克思主义时代化过程的主体

马克思主义特有的与时俱进的理论品质，要通过马克思主义政党从不断变化的实际出发，研究新情况、解决新问题来实现。所以，以马克思主义为指导的中国共产党在推进马克思主义时代化过程中承担着重大使命，是马克思主义时代化的当然主体。

马克思主义时代化以中国共产党为主体，这是由马克思主义的理论本性决定的。马克思主义是科学性和阶级性的有机统一体。就其本性或品质来说，马克思主义揭示了人类社会的发展规律，是完整的科学体系和科学真理。但是，它又不是一般的自然科学或人文科学，而是站在工人阶级的立场上，运用彻底的唯物辩证的科学方法，批判旧世界、发现新世界的理论武器，是反映工人阶级和劳动人民根本利益的思想体系，是无产阶级立场的理论表现。马克思主义具有鲜明的阶级性。马克思指出："哲学把无产阶级当做自己的物质武器，同样，无产阶级也把哲学当做自己的精神武器。"① 无产阶级政党是无产阶级的先锋队组织，无产阶级政党的党性是无产阶级阶级性的集中表现。列宁指出："只有以先进理论为指南的党，才能实现先进战士的作用。"② 这个先进理论就是马克思主义。无产阶级政党天然地与马克思主义有着不可分割的本质联系。中国共产党是以马克思主义武装起来的中国工人阶级的先锋队，是践行、传播马克思主义的主体。在当代中国，马克思主义只有通过中国共产党才能找到自己的"物质武器"，才能转化为"物质力量"。因此，马克思主义要随着时代的发展与时俱进，在当代中国就只有以中国共产党为主体，在党的领导和推动下才能实现。

中国共产党有着推进马克思主义时代化的高度理论自觉，这是作为马克思主义时代化主体的必要条件。中国共产党对于坚持、运用和发展马克思主义有着清醒的认识并进行着不懈的努力。党深刻认识到马克思主义理论对于党和社会主义事业的极端重要性，具有高度重视学习马克思主义理论的自觉性；深刻认识到马克思主义理论不是教条而是行动的指南，具有将马克思主义的基本原理与本国实际和时代特征相结合，创造性地运用马克思主义的自觉性；深刻认识到马克思主义是发展的、开放的理论体系，具有根据时代和实践的变化不断丰富和发展马克思主义理论的自觉性③。正因为有这样的理论自觉，中国共产党才能不断推进理论创新，才能始终用发展着的马克思主义指导实践，也才能在 90 多年历史进程中创造出中华民族历史新篇章。党的十七届四中全会明确提出大力推进马克思主义时代化的命题，反映了党对于新的历史条件下推进马克思主义时代化的高度重视，是党的高度理论自觉的鲜明体现。这种理论自觉，是中国共产党成为马克思主义时代化过程之主体的重要条件。

---

① 《马克思恩格斯文集》第 1 卷，人民出版社，2009，第 17 页。
② 《列宁选集》第 1 卷，人民出版社，1995，第 312 页。
③ 寇清杰：《中国共产党对马克思主义的理论自觉》，《人民论坛》2011 年第 9 期。

中国共产党具有实现马克思主义时代化的理论创新能力，这是作为马克思主义时代化主体的重要保证。推进马克思主义时代化，它的实质就是中国共产党人对于马克思主义的理论创新。马克思主义时代化的发展取决于中国共产党理论创新的能力。中国共产党是一个具有强烈理论创新意识和超强理论创新能力的马克思主义政党。在中国共产党人的推动下，马克思主义实现了两次理论飞跃，产生了两大理论创新成果。以毛泽东为主要代表的中国共产党人，把马克思列宁主义的基本原理同中国革命和建设的具体实践结合起来，创立了毛泽东思想，实现了马克思列宁主义与中国实际相结合的第一次理论飞跃。十一届三中全会以来，党在理论创新上的最大成果是创立了包括邓小平理论、"三个代表"重要思想以及科学发展观在内的中国特色社会主义理论体系。"这个理论体系，坚持和发展了马克思列宁主义、毛泽东思想，凝结了几代中国共产党人带领人民不懈探索实践的智慧和心血，是马克思主义中国化最新成果，是党最可宝贵的政治和精神财富，是全国各族人民团结奋斗的共同思想基础。"[1] 由此可见，中国共产党是能够始终把握时代发展的脉搏，分析实践的发展变化，发展和创新马克思主义理论的政党。这种理论创新能力，决定了中国共产党有能力承担起主导马克思主义时代化的责任与使命。

总之，中国共产党是以马克思主义为指导的无产阶级政党。其性质、地位和特点决定了中国共产党有必要、有条件、有能力担当起推进马克思主义时代化的庄严使命，是马克思主义时代化责无旁贷的主体。

2. 马克思主义时代化过程中主体的实践形态

中国共产党是一个代表中国工人阶级和最广大劳动人民利益的先锋队组织。在马克思主义时代化的实践过程中，中国共产党的主体作用是通过具体的具有认识和实践能力的人来实现的。从在马克思主义时代化过程中的具体作用来看，马克思主义时代化过程主体的实践形态可以从以下三个层面来认识。

一是人民群众。人民群众是马克思主义时代化的实践主体。理论来源

---

[1] 中共中央文献研究室编《十七大以来重要文献选编》（上卷），中央文献出版社，2009，第9页。

于实践，服务于实践，理论创新要在实践中得到检验和发展。人民群众是社会实践的主体，离开了人民群众的实践活动，理论创新就会成为无源之水、无本之木。只有认真总结人民群众的实践经验，才能为理论创新开辟道路；只有扎根于人民群众建设中国特色社会主义的伟大实践，才能使理论创新获得不竭的动力和源泉。作为实践主体，人民群众在马克思主义时代化过程中的作用主要体现在三个方面。第一，人民群众的实践是马克思主义时代化的根本推动力量。马克思主义对于时代课题的解答、对于时代发展的指导作用，需要通过人民群众的实践来实现。人民群众承担着实践中国共产党提出的奋斗目标，推动中国社会主义现代化建设任务顺利完成的历史使命。人民群众的实践推动了社会进步、经济繁荣、科技发展和生活改善，为中国共产党推进马克思主义时代化创造了前进的基础和新的发展平台。第二，人民群众的实践经验为马克思主义时代化提供了依据和素材。人民群众的生动实践，是马克思主义时代化的重要载体，群众在实践中创造出来的新鲜经验，是孕育马克思主义理论创新成果的沃土。进入新时期以来，党的理论创新成果都来自广大人民群众实践经验的提升。第三，人民群众的实践是检验马克思主义时代化理论成果的根本标准。马克思主义时代化的理论创新成果是否正确，需要经过人民群众实践的检验。千百万人民群众的实践是检验马克思主义真理性的唯一标准。马克思主义时代化的过程，就是立足于群众实践来创造理论，又通过群众实践来检验理论和发展理论的过程。当然，人民群众在马克思主义时代化过程中的作用，是在党的团结带领之下实现的，是以党的正确领导为前提的。

二是理论工作者。理论工作者是马克思主义时代化过程中理论创新的重要主体。马克思主义时代化是由多种形式参与、多方面力量组成的系统工程。群众实践是基础、领袖作用是关键，而包括思想家、理论家在内的广大理论工作者是马克思主义时代化进程中一支不可忽视的重要推动力量，他们对于马克思主义时代化历史进程的推进发挥着重要作用。这种作用可以从四个方面来理解。第一，理论工作者是学习、宣传马克思主义理论的重要力量。推进马克思主义时代化，需要加强对马克思主义的学习、宣传和教育，使人民群众真正掌握马克思主义的立场、观点和方法。理论工作者具有较高的马克思主义理论水平，往往处在宣传思想工作的第一线，是传播和发展马克思主义的理论精英。第二，理论工作者是加强马克思主义理论研究的重要力量。推进马克思主义时代化需要不断深化马克思主义理论研究，完整、准确地把握马克思主义理论体系，发掘马克思主义的时代价值。这些工作主要由理论工作者来完成。第三，理论工作者是推进马克思主义理论创新的重要力量。创造时代化的马克思主义理论离不开对实践经验的总结概括，离不开对中国传统文化和人类文明成果精华的吸收改造。理论工作者通过发挥缜密思考、科学论证、加工制作、体系构建等方面的优势，使经验性的认识上升到理论的高度，为党的理论创新添砖加瓦。第四，理论工作者是党和政府决策的重要智囊。党中央、国务院关于改革开放和社会主义建设的文件、文献，党和国家领导人的报告、讲话、谈话、文章等，很多都是由党的理论工作者起草的，凝聚着理论工作者的共同智慧和心血。

三是党的领袖。党的领袖是马克思主义时代化理论创新的关键因素。从我国的现实情况来看，党的领袖往往既是思想家、理论家，又是政治家、革命家。这种一身兼二任的条件是党的领袖在马克思主义时代化过程中发挥关键作用的优势条件。党的领袖的作用具体来说可以从以下两个方面来认识。第一，党的领袖是集中全党智慧的关键因素。党的理论创新的每一个重大成果，都是全党智慧的结晶。它既是对全党新鲜实践经验的科学总结，也包含着全党理论工作者所做的创造性努力。党的领袖发挥了凝聚智慧的关键性作用。党的领袖是中国共产党的领导集团，全党的智慧通常是由党的领袖来集大成加以抽象、概括而形成理论的。第二，党的领袖是实现理论创新的关键因素。党的领袖尤其是领导核心在政治立场、理论水平、宽广眼界、创新精神等方面具备良好的个人素质，对于实现理论创新具有决定性意义。在党的历史上，毛泽东、邓小平、江泽民、胡锦涛、习近平等党的领导核心，对于中国共产党的理论创新发挥了关键作用。有的理论成果如毛泽东思想、邓小平理论，就是直接以领导核心的个人名义来命名的，这也鲜明地体现了领袖的作用。

3. 中国共产党在马克思主义时代化过程中的主导作用

中国共产党是推进马克思主义时代化的主体，在马克思主义时代化过程中具有主导作用。正确认识、充分发挥中国共产党在马克思主义时代化实现过程中的主导作用，对于马克思主义时代化具有决定性意义。

首先，中国共产党是坚定马克思主义指导作用的组织保障。马克思主义时代化是以坚持马克思主义指导为前提，中国共产党为这一前提提供了坚实的组织保障。中国共产党是以马克思主义武装起来的社会主义中国的执政党，自成立以来，就把马克思主义作为指导思想写在了自己的旗帜上。随着党领导的革命、建设和改革事业的发展，党又相继把毛泽东思想、中国特色社会主义理论体系这些中国化马克思主义，作为自己的指导思想。毫不动摇地坚持马克思主义的指导，与时俱进地发展马克思主义，是中国共产党永葆先进性的一条重要经验。中国共产党是坚定马克思主义指导地位的关键，可以从两个方面来认识。一方面，从中国共产党自身来看，作为社会主义中国的执政党，执政地位的巩固与指导思想的正确与否有着直接关系。中国共产党的执政地位与马克思主义的指导地位是相互影响、相互促进的。因此，坚持马克思主义的指导地位，是保持党的先进性的内在要求，也是巩固党的执政地位的内在要求。另一方面，从马克思主义来看，作为中国共产党的指导思想，其在意识形态领域中必然居于统领和主导地位。正如马克思指出："统治阶级的思想在每一时代都是占统治地位的思想。"① 马克思主义作为执政的中国共产党的指导思想和理论武装，对于社会的思想意识具有强大的引领和统摄作用。

其次，中国共产党是推进马克思主义理论创新的主导力量。马克思主义时代化的本质就是与时俱进地创新和发展马克思主义理论。从当今世界的时代条件和当今中国的基本国情出发，中国共产党毫无疑问是推进马克思主义基本原理与时代条件相结合实现理论创新的主导力量。中国共产党自成立以来，就在坚持马克思主义基本原理的基础上，不断推进马克思主义理论创新，使马克思主义紧跟时代发展步伐演绎着新的理论形态，使党的理论创新成果始终以鲜明的时代特色延续并增强了马克思主义的生命力。特别是党的理论创新成果一以贯之地坚持和强化了解放思想、实事求是、与时俱进的精髓，拓展了党的理论创新平台和空间，使党的理论创新获得了前所未有的广阔天地，从而也使中国特色社会主义理论体系成为迄今为止马克思主义发展史上生长点最深、立足点最实、创新点最多、成果

---

① 《马克思恩格斯文集》第 1 卷，人民出版社，2009，第 550 页。

最为丰硕的理论形态①。同时，中国共产党也是实践马克思主义创新成果的主导力量。党通过制定路线方针政策和各种具体措施，全方位地贯彻和践行着党的理论创新成果，不仅在战略和全局的高度产生示范和导向作用，形成辐射和带动全社会的强大影响力，而且由此创造的巨大物质力量，进一步检验了马克思主义的真理性，强化了马克思主义生生不息的生命力。这一点，是其他任何组织和群体都无法做到的，是凸显和增强马克思主义强大生命力的最大优势和政治保证。

最后，中国共产党是集中广大人民群众智慧的根本平台。马克思主义时代化过程，需要总结升华人民群众的实践经验，需要集中全党全国各族人民的集体智慧。中国共产党是中国社会主义事业的领导核心，是集中全党和全国各族人民智慧的根本平台。从马克思主义创新发展的过程来看，不同地域、不同单位的群众创造和提供的丰富实践经验和鲜活理论素材，只有经过党的系统化和再加工，才能使之具有普遍意义，才能升华为马克思主义的内在组成部分并用于指导实践。各个方面、各个行业、各个阶层群众的不同利益诉求，只有通过党的理论创新的整合，才能反映最广大人民的根本利益和共同主张。可以说，离开了中国共产党这一平台，马克思主义就难以随着时代进步汲取人民群众的经验和智慧，就难以延续生命的活力。无论是人民群众的实践经验、理论工作者的理论成果，还是党的领袖的理论创造，都只有在中国共产党的整合下才能汇聚成为理论创新的浪潮，推动马克思主义时代化不断向前发展。

二　马克思主义时代化过程的"理论客体"

所谓客体，"哲学上指主体以外的客观事物，是主体认识和实践的对象"②。马克思主义时代化的客体，就是马克思主义时代化的对象。从主体的角度来看，马克思主义和时代条件这两个要素都是被认识和实践的对象，都居于客体地位。马克思主义时代化包含不可分割的两个方面：一是"马克思主义化时代"，在这里，时代就是被"化"的对象，属于客体的

---

① 章传家：《谱写推进马克思主义时代化新篇章》，解放军出版社，2012，第 26 页。
② 中国社会科学院语言研究所词典编辑室编《现代汉语词典》（第 6 版），商务印书馆，2012，第 737 页。

范畴；二是"时代化马克思主义"，在这里，马克思主义就是被"化"的对象，也属于客体的范畴。因此，马克思主义时代化过程的客体有两个。马克思主义是思想理论，属于理论范畴的客体；时代条件是客观存在，属于实践范畴的客体。为了表述上的方便，笔者将马克思主义称为"理论客体"，将时代条件称为"条件客体"。马克思主义时代化的过程，就是主体在实践中认识"理论客体"和"条件客体"并把两者紧密结合起来的过程，是理论创新和实践创新共同推进的过程。

1. 马克思主义是马克思主义时代化过程的理论客体

马克思主义时代化的基本问题，一是"化什么"，二是"怎么化"。其中，"化什么"就是关于对象的追问。马克思主义时代化是与时俱进发展马克思主义的过程，是具有鲜明对象性的活动。一般来说，事物发展的过程（process），就是事物从一个状态（可以称之为始态）变成另一个状态（可以称之为终态）经过的阶段。当一个事物经历了从始态到终态的发展变化，我们就说发生了一个过程。马克思主义时代化作为一个过程，其始态是"既有的马克思主义理论"，其终态是"时代化的马克思主义理论"。在这一过程中，毫无疑问，马克思主义是作为"被化"的对象而存在的，必然居于客体的地位，具有客体的属性。由于马克思主义本身具有理论的性质，故称之为"理论客体"。

在马克思主义时代化的过程中，马克思主义既是被运用的工具，也是被丰富和发展的对象。马克思主义是认识世界、改造世界的思想工具和理论武器，我们需要运用马克思主义的立场、观点和方法来正确认识和把握时代条件。马克思主义时代化的首要任务就是运用马克思主义来解读时代的新变化，研究时代的新问题，把握时代的发展趋势，从而深化对时代和人类社会发展规律的认识。同时，马克思主义也是被发展的对象。马克思主义时代化，就是要不断地从当代中国和世界的最新实践发展成果中汲取新的营养，不断从最新的自然科学和社会科学的发展成果中吸取新的精华，不断从亿万群众的实践创造中提取新的经验，不断接受实践检验，不断修正错误的东西，剔除过时的东西，与时俱进地形成新的论断、补充新的内容、提炼新的观点、升华理论形态，从而在内容、形式、话语体系等方面实现时代化，进一步丰富、深化和发展马克思主义。在这一过程中，对马克思主义的运用、丰富和发展是贯穿于其中的一条重要线索。

马克思主义作为时代化过程的客体，事实上也蕴涵着马克思主义时代化过程要始终坚持马克思主义这一根本原则。因为马克思主义时代化是以马克思主义作为对象，其目的是要把马克思主义这一对象加以丰富和发展，故坚持马克思主义是马克思主义时代化过程的应有之义。任何放弃、背离、否定马克思主义的思想和做法，都脱离了马克思主义时代化的正轨，都有悖于中国共产党推进马克思主义的使命。

2. 马克思主义作为时代化理论客体的内容构成

马克思主义时代化过程的客体是马克思主义。马克思主义是一个内容十分丰富的科学体系，我们可以从不同的角度、依据不同的标准来认识和划分其具体内容。马克思主义时代化既是指马克思主义整体的时代化，也包括各个具体方面和内容的时代化。整体性需要通过组成部分来体现，各个组成部分时代化之总和构成马克思主义时代化的整体推进。因此，探讨马克思主义时代化，需要分析马克思主义的具体内容，把握不同内容在时代化过程中所具有的不同地位和特点。

首先，从马克思主义理论的体系构成来看。马克思主义科学理论体系由相互联系的三个层次的内容组成，不同层次的内容在马克思主义时代化过程中具有不同的地位和意义。第一层次是马克思主义的立场、观点和方法，这是马克思主义中最基础也是最稳定的部分，最能经得住时间考验，最少受时代制约和改变。这一部分实现时代化，主要不是表现在基本观点的变化上，而是增强时代性和解释力，在表现形式和表达方式上与时俱进[1]。比如，关于马克思主义的精髓，列宁说："马克思主义的精髓，马克思主义的活的灵魂：对具体情况作具体分析。"[2] 毛泽东强调要运用马克思主义的"立场、观点和方法"[3]，邓小平则明确指出"实事求是是马克思主义的精髓"[4]，江泽民提出"马克思主义具有与时俱进的理论品

---

[1] 陶文昭：《试论马克思主义时代化的几个基本问题》，《教学与研究》2011 年第 12 期。

[2] 《列宁选集》第 4 卷，人民出版社，1995，第 213 页。

[3] 《毛泽东选集》第 3 卷，人民出版社，1991，第 797 页。

[4] 《邓小平文选》第 3 卷，人民出版社，1993，第 382 页。

质"①，胡锦涛提出："求真务实，是辩证唯物主义和历史唯物主义一以贯之的科学精神，是我们党的思想路线的核心内容。"② 这个发展过程就是马克思主义的世界观和方法论不断增添时代特色的过程。第二层次是马克思主义的基本原理，这是马克思主义中比较稳定的内容。我们需要坚持马克思主义基本原理，但也需要随着时代、实践和科学的发展，用新的经验、新的思想去丰富和发展它，不可能一成不变。在马克思主义时代化过程中，有的基本原理要通过修正、补充和完善使立论更为全面、准确。第三层次是马克思主义的个别结论，这是马克思主义中受具体条件的影响比较大的部分，往往需要随着时代条件的变化而加以改变，因而不具有普遍的指导意义。比如，《共产党宣言》中所列举的一系列当时革命的具体措施，在马克思恩格斯还健在的时候就指出它已经过时了。邓小平指出："我们坚持的和要当作行动指南的是马列主义、毛泽东思想的基本原理，或者说是由这些基本原理构成的科学体系。至于个别的论断，那末，无论马克思、列宁和毛泽东同志，都不免有这样那样的失误。"③ 我们要根据时代变化与时俱进地对待马克思主义的个别结论，避免犯教条主义错误。总之，马克思主义理论的不同层次，在马克思主义时代化过程中的地位与意义不同。一般来说，层次越高的稳定性越强，需要时代化的程度就越低；层次越低，稳定性相对来说就差一些，需要时代化的程度就高一些。马克思主义理论内容中时代化程度的高低，与其在马克思主义理论体系中的地位呈现反向关系。

其次，从马克思主义理论的学科组成来看。一般认为马克思主义理论包括哲学、政治经济学和科学社会主义三个组成部分。这三个组成部分都应当在时代的变化中推陈出新，但是各自在马克思主义时代化过程中的发展程度和特点依然有所不同。马克思主义哲学是世界观和方法论基础，这一部分内容的与时俱进主要表现为对之做出更加准确的解释，赋予更加丰富的内容，呈现更具时代特色的表述。传统的政治经济学重在研究资本主

---

① 《江泽民文选》第 3 卷，人民出版社，2006，第 282 页。
② 中共中央文献研究室编《十六大以来重要文献选编》（上卷），中央文献出版社，2005，第 724 页。
③ 《邓小平文选》第 2 卷，人民出版社，1994，第 171 页。

义的生产关系，科学揭示了资本主义产生、发展和灭亡的客观规律。囿于时代条件，马克思恩格斯没有也不可能对社会主义经济关系进行深入的研究。这一部分的内容随着时代变化和社会主义实践的发展，得到了巨大的补充、丰富和发展。经典作家关于社会主义经济关系的许多设想，如消灭商品和货币、实行单一的计划经济等，都在实践中被与时俱进地加以改变，这种改变还将进一步进行下去。科学社会主义则更是与实践有着紧密联系的学科，随着时代和实践的发展，关于无产阶级革命、社会主义建设和社会主义改革发展的理论都在不断与时俱进。例如，一国社会主义胜利论、农村包围城市论，都是对马克思主义革命理论的丰富和发展；社会主义初级阶段论、社会主义本质论等，则进一步丰富和发展了马克思主义的未来社会理论等。总之，从马克思主义理论的学科组成来看，马克思主义的三个主要组成部分都需要时代化，也都在不断与时俱进地发展。"相对而言，哲学比较稳定，科学社会主义有较大的变化，政治经济学则有更大的变化。"①

3. 马克思主义作为时代化理论客体的对象构成

马克思主义时代化过程的客体是马克思主义。然而，马克思主义是一个开放的、发展的理论体系，它在不同时期包括不同的外延对象。因此，在当代中国推进马克思主义时代化，首先必须弄清马克思主义所指的具体对象。

马克思主义有广义和狭义之分，各自所指的外延对象有所不同。狭义的马克思主义是指马克思主义创始人马克思恩格斯的学说，广义的马克思主义除了指马克思恩格斯的学说外，还包括马克思主义继承者的学说。马克思主义在160多年的发展中，历经数代人的演化，扩展到许多国家、政党和学派之中。对于谁是马克思主义的真正继承者，无论在学术上还是在政治上都存在较大的认识分歧。也就是说，站在不同的政治立场和学术角度，对于马克思主义的外延对象会有不同的认识。从我们的立场来看，马克思主义在当代中国有既定的所指，那就是作为中国共产党指导思想的马克思主义。党的十八大通过的党章明确规定："中国共产党以马克思列宁

---

① 陶文昭：《试论马克思主义时代化的几个基本问题》，《教学与研究》2011 年第 12 期。

主义、毛泽东思想、邓小平理论、'三个代表'重要思想和科学发展观作
为自己的行动指南。"① 因此，我们所讨论的马克思主义，仅限于经典马
克思主义（即马克思恩格斯的学说）、列宁主义、毛泽东思想和中国特色
社会主义理论体系。除此之外的其他各种学说，无论是国外的还是国内
的，都不在我们讨论的范围之内。

马克思主义是一个历史的、发展的开放体系，在不同时期所包括的内
容不同，因此，马克思主义时代化在不同时期的所指对象也是不一样的。
对于马克思恩格斯来说，时代化的对象是他们自身的学说。他们在《共
产党宣言》发表以来，结合时代的变化和实践的发展，不断丰富、完善
和发展自己的理论观点。这一时期马克思主义时代化的过程，表现为马克
思恩格斯思想发展的历程，是其思想不断前进和成熟的过程。对于列宁来
说，时代化的对象就是马克思恩格斯的全部学说，也就是经典马克思主
义。列宁从所处时代的特征和俄国国情出发，提出了帝国主义的理论、
"一国或数国首先胜利"的理论、社会主义建设的理论等，都为经典马克
思主义增添了时代内容，从而把马克思主义推进到了列宁主义阶段。对于
以毛泽东为核心的中国共产党人来说，马克思主义时代化的对象就是经典
马克思主义和列宁主义，中国共产党把它统称为马克思列宁主义。在此基
础上形成的毛泽东思想是马克思主义时代化的重要成果。改革开放以来，
时代化的对象则包括马克思列宁主义和毛泽东思想，在此基础上形成了中
国特色社会主义理论体系这一时代化的最新成果。当然，中国特色社会主
义理论体系又由不同时期的三个理论成果组成，每一个最新的理论成果，
都是对既有理论成果的时代化。从这一过程可以看出，随着马克思主义外
延对象的不断扩展，马克思主义时代化的对象也是不断丰富和扩展的。不
同时期马克思主义时代化的对象并不完全相同。

在新世纪新阶段，继续推进马克思主义时代化，其具体的对象构成包
括以下三个方面。

一是马克思列宁主义。十月革命一声炮响，给中国送来了马克思列宁
主义。中国共产党自建党以来就一直接受马克思列宁主义的指导。"马克

---

① 《中国共产党章程》，人民出版社，2012，第1页。

思列宁主义揭示了人类社会历史发展的规律，它的基本原理是正确的，具有强大的生命力。"① 中国共产党人追求的共产主义最高理想，只有在社会主义充分发展和高度发达的基础上才能实现。社会主义制度的发展和完善是一个长期的历史过程。在这一过程中，我们要始终坚持马克思列宁主义的基本原理，坚持把马克思列宁主义与时代条件和本国实际相结合，不断推进马克思列宁主义时代化，以发展着的马克思列宁主义来指导新的实践。

二是毛泽东思想。毛泽东思想是马克思列宁主义在中国的运用和发展，是被实践证明了的关于中国革命和建设的正确的理论原则和经验总结，是中国共产党集体智慧的结晶。在我国社会主义发展过程中，我们要长期坚持和不断发展毛泽东思想。邓小平就多次讲过："毛泽东思想过去是中国革命的旗帜，今后将永远是中国社会主义事业和反霸权主义事业的旗帜，我们将永远高举毛泽东思想的旗帜前进。"② "不仅今天，而且今后，我们都要高举毛泽东思想的旗帜。"③ 党的十八大报告又再次强调，毛泽东思想是"党必须长期坚持的指导思想"。在新的历史条件下，我们要继续推进马克思主义时代化，就必然包括推进毛泽东思想不断时代化。

三是中国特色社会主义理论体系。中国特色社会主义理论体系坚持和发展了马克思列宁主义、毛泽东思想，凝结了几代中国共产党人带领人民群众不懈探索实践的智慧和心血，是马克思主义中国化、时代化的最新成果。在当代中国，坚持中国特色社会主义理论体系，就是真正坚持马克思主义。中国特色社会主义理论体系既是时代化的产物，同时也面临着不断"时代化"的问题。正如党的十七大报告指出："中国特色社会主义理论体系是不断发展的开放的理论体系。"④ 这就决定了我们要在坚持这一理论体系的基础上，继续推进这一理论体系与时俱进，使之在不断时代化的过程中丰富、完善和发展。

---

① 《中国共产党章程》，人民出版社，2012，第 1 页。
② 《邓小平文选》第 2 卷，人民出版社，1994，第 172 页。
③ 《邓小平文选》第 2 卷，人民出版社，1994，第 291 页。
④ 中共中央文献研究室编《十七大以来重要文献选编》（上卷），中央文献出版社，2009，第 9 页。

总之，在当代中国，推进马克思主义时代化，具体来说就是指要推进马克思列宁主义、毛泽东思想和中国特色社会主义理论体系的进一步时代化。这是马克思主义时代化的客体在当今时代的具体表现，也是发展党的指导思想的必然要求。

三　马克思主义时代化过程的"条件客体"

马克思主义时代化过程，还有一个重要的要素参与其中，那就是时代条件。马克思主义时代化的目的是实现马克思主义与时代条件紧密结合，在与时代条件的双向互动中推进马克思主义理论创新。从主体的角度来看，时代条件是被认识、被结合、被改造的对象，就像马克思所指出的，环境影响着人，同时环境也正是由人来改变的。时代条件这种"对象"的性质，决定了它在时代化过程中处于客体的地位。但与马克思主义这一"理论客体"相比较，"时代条件"是客观存在的东西，属于社会存在的范畴。为了把它与马克思主义这一"理论客体"相区分，也为了行文表述上的方便，笔者姑且把它称为"条件客体"。

1. 时代条件是马克思主义时代化过程的条件客体

时代条件是反映社会发展规律的客观存在。时代条件是指在某一历史时期，由当时的生产力发展水平决定的、反映这一时期人类社会发展态势的客观存在的总和，包括时代特征和发展趋势两个主要方面。唯物史观告诉我们，人类社会的发展是一个自然的历史的过程，不以人的意志为转移，具有自身的客观规律。人类只能主动地认识、掌握和顺应客观规律，而不能主观地改变、违背和对抗客观规律。时代条件是社会发展规律在一定历史时期的动态表现，社会发展规律的客观性决定了时代条件的客观性。客观存在的时代条件构成了马克思主义时代化过程的条件客体。

在马克思主义时代化过程中，时代条件是被认识的客观对象，相对于主体来说，是属于客体的范畴。人类历史从较低级的形态向较高级的形态发展，要经历不同的历史时代，每一个历史时代都有其不同于以往时代的性质、主题和课题，这些就构成了某一时代的特定条件和特征。这些时代条件和特征都是先于每一时代的人而存在的，也是马克思主义理论必须直面的客观存在。时代条件只有先被认识，才能被改造。推进马克思主义时代化，必须首先认识和把握这些时代条件和特征。只有"首先考虑到各个'时代'的不同的基本特征（而不是个别国家的个别历史事件），我们才能够正确地制定自己的策略；只有了解了某一时代的基本特征，才能在这一基础上去考虑这个国家或那个国家的更具体的特点"①，从而提出符合实际的任务。马克思主义时代化强调马克思主义随着时代的发展而发展，是以时代条件变化对马克思主义构成挑战作为逻辑前提的。只有认识时代条件，把握时代主题，回应时代课题，顺应时代潮流，马克思主义才能紧跟时代步伐，应对时代挑战，并从而发展成为富有时代特色的科学理论。

在马克思主义时代化过程中，时代条件也是被改造的对象。马克思主义时代化是理论创新和实践创新相统一的过程。马克思主义应对时代课题，指导人民群众的实践，推动着实践的向前发展，这本身也是不断改变时代、推动时代前进的过程。马克思主义时代化是以时代问题为中心，在应对和解决时代问题的过程中不断推进的。我们的时代面临着许多时代问题，如全球风险问题、技术异化问题、人口问题、伦理问题、能源危机问题、生态环境问题、毒品泛滥问题、贫富差距问题等。这些问题需要马克思主义给予科学的理论回答，并转化为人民群众的实践，这些在马克思主义指导下的实践活动又不断地改造着世界，改变着时代条件，推动着时代向前发展。总之，时代条件既是被认识的对象，也是被不断改造的对象。对时代条件的认识和改造，是以马克思主义理论为指导，借助于人民群众的实践进行的。这种过程体现了马克思主义与时代条件的双向互动关系，推动着马克思主义与时代条件两个客体都实现自身的发展。

2. 时代条件作为时代化过程条件客体的内容构成

在马克思主义时代化过程中，需要首先认识和把握时代条件，然后才谈得上把马克思主义与时代条件紧密结合推进理论创新。认识和把握时代条件，最主要的就是要认识和把握时代特征和发展趋势。时代特征和发展趋势是从时代性质、时代主题、时代课题、时代潮流几个方面综合体现的。因此，时代条件作为条件客体也就主要包括以下四个方面。

---

① 《列宁专题文集——论资本主义》，人民出版社，2009，第91页。

一是时代性质。时代是指人类社会发展的一个大的历史阶段，那么时代性质也就是作为一个整体的人类社会在这一历史发展阶段的性质。性质是事物的本质和属性的有机统一①。性质是客观的和确定的，而对性质的认识却是主观的、相对的，对时代性质的认识也是如此。所谓时代性质，是指人类社会在一定历史阶段的发展态势和发展趋势。发展态势是这一历史阶段具备的"现阶段表现"，发展趋势是这一历史阶段具备的"后阶段走向"，前者是时代性质内涵中的"现在时态"内容，后者是时代性质内涵中的"将来时态"内容，这两者的统一，构成了时代性质的完整内容。时代性质本身是客观的，对它的认识是主观的，不能将时代性质和对时代性质的认识相混同②。时代的变化有大时代变化和中时代变化之分。大时代变化是社会发展形态的变化，中时代变化是同一社会发展形态中不同发展阶段的变化。只有坚持以马克思主义时代观为指导，才能正确认识和判断时代性质。

正确把握时代的发展变化，对时代性质做出正确的判断，是推进马克思主义时代化的重要前提，也是必然要求。从根本上说，马克思主义的使命就在于指导人类自觉改造世界的社会实践。承认人类社会发展具有规律性是改造世界的一个基本前提。只有人类社会发展具有规律性，人们才能在发现这一规律的基础上进行自觉改造世界的实践。而所谓人类社会的发展规律，就是人类社会在其发展过程中所表现出来的某种确

---

① 笔者认为，性质与本质这两个概念并不完全等同。在哲学中，本质和现象是从事物的根据和表现方面来把握事物的一对范畴。现象是本质的表现形式，是通过经验的、感性的认识可以了解到的事物外部特性和特征，是事物外在的、比较易变的方面。而本质是决定客观事物具有各种表现的根据，是事物呈现外部现象的原因，是事物内在的、相对稳定的方面，对事物的存在和发展起着决定作用。《现代汉语词典》对"本质"的解释是："指事物本身所固有的，决定事物性质、面貌和发展的根本属性。事物的本质是隐蔽的，是通过现象来表现的，不能用简单的直观去认识，必须透过现象掌握本质。"而"性质"这个概念则是指一事物区别于其他事物的根本属性，它既包括了事物的内在固有的"本质"，也包括了事物外在表现的"属性"。因此，一个具体事物的性质，也就是它的本质与属性的统一，具有客观性和确定性。时代性质也就是人类社会发展的某一特定阶段的本质和属性。

② 有学者认为："所谓时代性质，就是人们对人类社会的一定历史发展阶段正在发生什么和将要发生什么的总体把握。"这里讲的其实是对时代性质的认识，而不是时代性质本身，这两者是有区别的，不宜加以混淆。参见孙新彭《时代性质判断与社会主义实践选择》，人民出版社，2010，第15页。

定性与必然性。在马克思主义看来，对时代性质做出判断，是把握社会发展规律的一个重要内容，也是正确确立实践目标与途径的必要条件。考察马克思主义时代化与世界社会主义运动的发展历史，我们可以看到，能否对时代性质做出正确判断，对于马克思主义和社会主义的发展具有重要影响。在社会主义运动发展相当长的一个时期里，马克思、恩格斯、列宁、毛泽东等革命领袖对时代性质的把握基本上是正确的，从时代条件出发所进行的革命实践和理论创造也基本上是正确的，其结果就是社会主义运动的逐步壮大和马克思主义理论的与时俱进。20 世纪中期以后，无论是斯大林还是毛泽东，都没有能够正确把握住时代的变化，对时代性质问题的认识出现了失误，社会主义运动的理论与实践都出现了错误。苏联解体、东欧发生剧变、中国社会主义一度因"文化大革命"而遭受重大挫折，都与此有关。

二是时代主题。时代主题是指时代的根本特征和发展趋势，通过一定历史时期内反映世界主流和发展方向的具有全局性战略意义的问题表现出来。时代主题既体现了当前世界需要解决的根本问题，也表明了当前世界发展的潮流和方向。如何认识时代主题是一个事关重大的问题，它关系到一个国家对时代大势的基本判断，成为左右国家制定内外政策的重要因素，从而必然影响到事业的兴衰成败。

正确把握时代主题是马克思主义时代化的基本前提。从马克思主义时代化的历史来看，马克思主义时代化的每一次重大进展，都建立在正确把握时代主题的基础之上。19 世纪末 20 世纪初，资本主义的垄断代替了自由竞争，帝国主义成为战争的根源。当时，世界政治和国际关系主要是围绕着战争与革命两个问题而展开的。毛泽东在《新民主主义论》中明确指出："现在的世界，是处在革命和战争的新时代。"① 这一判断对于时代主题的界定是准确的，是正确反映了当时的时代特征的。因而，毛泽东思想也成功地实现了马克思主义中国化、时代化，推进了马克思主义的发展。20 世纪 70 年代中期以来，世界范围内发生了一系列新的变化。邓小平以战略家的眼光和勇气，准确地把握了时代发展的主流和趋势，做出了

---

① 《毛泽东选集》第 2 卷，人民出版社，1991，第 680 页。

和平与发展是时代主题的新判断，并在这一正确判断的基础上，做出了一系列战略决策，推动了中国特色社会主义理论和实践的发展，实现了马克思主义在新的时代条件下的时代化。可以说，没有对时代主题的正确判断，要与时俱进地发展马克思主义是不可能的。

三是时代课题。时代课题就是随着时代的向前发展，在一定的历史时期内呈现出来的必须认真应对和解答的重大理论和实践问题。这种问题一般都带有全局性、根本性和战略性。正确地解答时代课题，是无产阶级及其政党正确地进行革命、建设和改革的重要条件，是推进马克思主义理论和实践创新的重要生长点。

马克思主义时代化的过程，就是不断把握和解答时代课题的过程。改革开放以来，以邓小平、江泽民、胡锦涛等为代表的中国共产党人，就是在正确把握和解答时代课题的基础上，创立了中国特色社会主义理论体系，实现了马克思主义理论的重大创新。对此，胡锦涛在纪念党的十一届三中全会召开 30 周年大会上的讲话中做了明确阐述。他指出："三十年来，我们党的全部理论和全部实践，归结起来就是创造性地探索和回答了什么是马克思主义、怎样对待马克思主义，什么是社会主义、怎样建设社会主义，建设什么样的党、怎样建设党，实现什么样的发展、怎样发展等重大理论和实际问题。"① 可以说，把握和解答时代课题，贯穿于马克思主义时代化过程的始终。

四是时代潮流。时代潮流是指在一个大的历史时代中世界经济、政治的主要发展态势和趋向，它反映着主权国家等国际关系行为主体和世界各国人民为解决影响其生存和发展所面临的重大问题而提出的迫切要求和为解决这些问题所做的努力②。时代潮流是从动态的角度反映时代条件的概念，它标示着世界发展的基本走势，引领着世界发展的前进方向。任何时代都有时代潮流，对时代潮流的认识，关系到对时代本质特征的准确把握，关系到无产阶级政党的先进性。"世界潮流，浩浩荡荡，顺之则昌，逆之则亡。"纵览人类历史，任何一种政治力量的作用和命运，根本上都

---

① 中共中央文献研究室编《十七大以来重要文献选编》（上卷），中央文献出版社，2009，第 808 页。

② 谢光：《中国共产党对时代潮流的新认识》，《当代世界与社会主义》2001 年第 6 期。

是与一定时代的潮流、规律和进程紧密联系在一起的。一个政党能否具有和始终保持活力，归根到底，在于其能否与时代发展的方向与趋势相吻合。坚持与时代同行，就能朝气蓬勃、兴旺发达；停滞僵化，背离历史发展的规律，就迟早会被历史淘汰。

准确把握时代潮流，是全面把握时代条件的重要内容，也是实现马克思主义时代化的重要条件。时代潮流的改变是判断世界主题转换的重要依据之一，准确把握时代的潮流，能使我们加深对时代主题的理解。20 世纪 70 年代以来，邓小平敏锐地觉察到时代潮流的变化，做出了和平与发展已成为时代主题的判断，从而正确地认识和把握了我们所处时代的基本特征。2001 年江泽民同志在庆祝中国共产党建党 80 周年大会上的讲话中指出的："世界要和平，人民要合作，国家要发展，社会要进步，是时代的潮流。"① 这体现了我党对于时代潮流认识的深化。2013 年 3 月 23 日习近平同志在莫斯科国际关系学院的演讲中指出："这个世界，和平、发展、合作、共赢成为时代潮流。"② 这是党中央新的领导集体和中国共产党人对时代潮流的最新认识，是对当今时代特征的深刻把握。推进马克思主义时代化，必须紧紧把握这一时代潮流。

3. 时代条件作为时代化过程条件客体的空间维度

时代可以从不同的维度去衡量。从它的空间维度来看，时代实际上既有国际时代，又有国内时代。国际时代由那些在国际上处于主导地位的先进国家的情况所决定，国内时代则由一国具体国情所决定。由于世界发展的不平衡性，一个国家的国内时代和国际时代往往存在一定的差别，尤其是大多数不发达国家，国内时代往往落后于国际时代。一国所处的具体时代总是国际时代和国内时代的辩证统一③。因此，把握时代条件，就要从时代条件的空间维度，全面把握国际时代条件和国内时代条件。

从时代条件的世界维度来看，马克思主义时代化要深刻把握当今世界

① 《江泽民文选》第 3 卷，人民出版社，2006，第 296 页。
② 习近平：《顺应时代前进潮流，促进世界和平发展——在莫斯科国际关系学院的演讲》，《人民日报》2013 年 3 月 24 日。
③ 陶文昭：《试论马克思主义时代化的几个基本问题》，《教学与研究》2011 年第 12 期。

的发展态势。当今世界的发展态势，是指当今时代条件下整个世界呈现出来的时代特征和未来发展的主要趋势，是从世界现状与未来有机统一的角度把握时代条件的范畴。正确认识当今世界的发展态势，是把握时代条件的主要内容，是马克思主义时代化的重要前提。党的十八大报告指出："当今世界正在发生深刻复杂变化，和平与发展仍然是时代主题。世界多极化、经济全球化深入发展，文化多样化、社会信息化持续推进。"① 这一判断为我们准确把握当今世界的发展态势提供了重要依据。推进马克思主义时代化，必须深刻把握世界多极化、经济全球化、文化多样化、社会信息化的发展态势，由此才能对马克思主义时代化的历史方位有一个正确的判断。

从时代条件的中国维度来看，马克思主义时代化要准确把握当代中国的发展大势。胡锦涛同志指出："我们要全面审视当今世界和当代中国发展大势，全面把握我国发展新要求和人民群众新期待，科学制定适应时代要求和人民愿望的行动纲领和大政方针。"② 所谓大势，就是发展的大方向、大要求、大趋势。科学分析和把握时代，既要把握时代性质、时代主题和世界的发展趋势，也要全面审视当代中国发展大势。这既是科学制定适应时代要求和满足人民愿望的行动纲领和大政方针的必然要求，也是马克思主义时代化理论创新的重要前提条件。如何认识当代中国的大势呢？胡锦涛同志在党的十七大报告中指出："努力实现以人为本、全面协调可持续的科学发展，实现各方面事业有机统一、社会成员团结和睦的和谐发展，实现既通过维护世界和平发展自己、又通过自身发展维护世界和平的和平发展。"③ 党的十八大报告再次强调了要"不断实现科学发展、和谐发展、和平发展"④。科学发展、和谐发展、和平发展，既是对中国共产

---

① 胡锦涛：《坚定不移沿着中国特色社会主义道路前进　为全面建成小康社会而奋斗——在中国共产党第十八次全国代表大会上的报告》，人民出版社，2012，第46页。

② 胡锦涛：《在省部级主要领导干部专题研讨班上的讲话》，《人民日报》2012年7月24日。

③ 中共中央文献研究室编《十七大以来重要文献选编》（上卷），中央文献出版社，2009，第12页。

④ 胡锦涛：《坚定不移沿着中国特色社会主义道路前进　为全面建成小康社会而奋斗——在中国共产党第十八次全国代表大会上的报告》，人民出版社，2012，第8页。

党领导社会主义建设实践经验的科学总结，也是对人类社会发展经验的科学总结，是科学发展观的本质要求，也是当代中国式发展道路的基本理念。它反映了中国共产党人对时代主题和当今世界与当代中国发展趋势的深刻洞察和准确把握，是当代中国发展顺应时代潮流的大势所趋。科学发展、和谐发展、和平发展，三者有机统一、各有侧重，清晰地勾勒出当代中国发展的蓝图，揭示了当代中国发展的客观要求和必然趋势，是马克思主义时代化必须把握的"发展大势"。

四　马克思主义时代化过程的载体要素

马克思主义时代化的核心，是要把马克思主义与时代条件紧密结合，推进马克思主义理论创新，创造时代化马克思主义新成果。马克思主义与时代条件是马克思主义时代化这个过程的两个重要因素，这两个要素的结合是在中国共产党的推动下，在实践的基础上实现的。社会实践是这两个要素实现结合的中介，是承载马克思主义时代化价值意义的载体。

1. 中国特色社会主义实践是马克思主义时代化过程的载体

在当代中国，建设中国特色社会主义是中国人民的伟大实践，是党和人民根本利益的承载平台。马克思主义与当今时代条件的结合，必须通过中国特色社会主义实践这一载体来实现。

人的认识对实践的依赖关系，不仅表现于实践是认识的来源、认识发展的动力和检验认识真理性的标准，而且在于认识以实践为目的，因而任何认识和理论离开实践就失去了价值。邓小平说："离开自己国家的实际谈马克思主义，没有意义。"[1]　江泽民也说："离开本国实际和时代发展来谈马克思主义，没有意义。静止地孤立地研究马克思主义，把马克思主义同它在现实生活中的生动发展割裂开来、对立起来，没有出路。"[2]　当代中国共产党人推进马克思主义与时代条件相结合，有着鲜明的价值指向，那就是推动中国特色社会主义的实践发展，实现中华民族的伟大复兴和完成党的历史使命。马克思主义只有与中国特色社会主义的实践相结合，正

---

[1]　《邓小平文选》第 3 卷，人民出版社，1993，第 191 页。
[2]　《江泽民文选》第 2 卷，人民出版社，2006，第 12 页。

确运用于实践并在实践中不断发展，才是马克思主义时代化的真正要义所在。

中国特色社会主义实践是马克思主义时代化的理论生长基础、发展动力、检验标准和价值载体，为马克思主义时代化提供了广阔的发展空间。中国特色社会主义道路必将在党和人民的创造性实践中不断拓展，中国特色社会主义制度必将在深化改革、扩大开放的过程中不断完善。这一过程为理论创新开辟了广阔前景，也为马克思主义时代化提供了实践舞台。

2. 中国特色社会主义实践作为时代化过程载体的地位与作用

一方面，马克思主义对时代问题的应对和解决必须通过人民群众的实践这个中介来实现。时代问题是客观实际，而马克思主义是理论形态的东西，理论和实际相结合是在实践基础上实现的。马克思主义只能为时代问题的解决提供理论指导，提供智慧与方法，但最终只有付诸实践才能体现其指导作用，只有实践的效果才能检验理论指导的真理性。离开了实践这个中介与平台，马克思主义与时代问题就不可能产生"交集"，也不可能转化为改造世界的"物质力量"，就失去了马克思主义时代化的意义。在当代中国，人民群众的实践集中体现为建设中国特色社会主义。马克思主义所需要应对的一切时代课题，说到底都是建设中国特色社会主义实践的课题，其解决的过程和效果都必须在中国特色社会主义实践中体现出来。

另一方面，马克思主义对时代精华的汲取必须在中国特色社会主义实践的基础上实现。汲取时代精华是赋予马克思主义时代特色的根本要求，也是推进马克思主义时代化的关键环节。无论是学习和借鉴人类创造的文明成果，还是总结提升实践经验，都要以人为主体，都离不开实践这个环节。马克思主义者必须紧密联系当前实际，深入参与群众实践，才能不断汲取富有时代特色的思想营养，才能不断总结富有时代特色的新鲜经验，才能不断汲取富有时代特色的群众智慧，从中总结出新理论并反过来指导新实践，从而在理论和实践上都把马克思主义时代化推进到新阶段。可以说，只有在实践的过程中，才能实现"马克思主义化时代"；也只有在实践的基础上，才能产生"时代化马克思主义"。

第三节　马克思主义时代化过程的主要环节

马克思主义时代化就是使马克思主义适应时代发展变化，汲取时代发展精华，在此基础上形成富有时代内容和特色的马克思主义理论新成果。单从理论自身角度来看，这一过程可以看作实现既有的马克思主义理论向时代化马克思主义理论推进发展的过程，其过程始点是"既有的马克思主义理论"，终点是"时代化马克思主义理论"①。这一过程是马克思主义理论与时代条件双向互动的过程，马克思主义理论既要适应发展变化了的时代条件，又要从发展变化了的时代条件中汲取时代营养，从而使马克思主义理论得到发展。这一过程内在地包括两个环节：一是马克思主义理论适应时代条件的环节，具体来说又包括顺应时代变化和解答时代课题两个方面；二是马克思主义理论汲取时代营养的环节，具体来说又包括汲取时代精华和总结实践经验两个方面。这两个环节是马克思主义时代化过程的核心环节。

当然，上述两个环节只是从理论自身角度来看的。然而马克思主义时代化实现过程既是理论发展过程，也是实践发展过程。这一过程还必然包括其认识前提和实践归宿。只有首先正确认识和把握时代条件，才能谈得上马克思主义理论适应时代条件；形成的时代化马克思主义理论，必须再回到实践当中接受实践检验并推动实践发展。这两个环节也是马克思主义时代化实现过程中必不可少的环节，它们也体现了马克思主义理论与时代条件的互动关系。因此，一个完整的马克思主义时代化实现过程，必然包括四个环节，笔者将之概括为准备环节、开端环节、关键环节和归宿环节。其发展过程如图 3 - 2 所示。

---

① 这里关于"既有的马克思主义理论"与"时代化马克思主义理论"的区分是从时代发展的动态角度来看的。比如，马克思列宁主义与中国特色社会主义理论体系的关系，前者是"既有的马克思主义理论"，后者是"时代化马克思主义理论"。然而，中国特色社会主义理论体系虽然是马克思主义时代化的最新成果，但它本身也是开放的、发展的，也是必须继续加以时代化的。从继续推进马克思主义时代化的历史进程来看，现有的中国特色社会主义理论体系的内容属于"既有的马克思主义理论"，而它随着时代发展而不断丰富和发展并在未来呈现的结果就是"时代化马克思主义理论"。

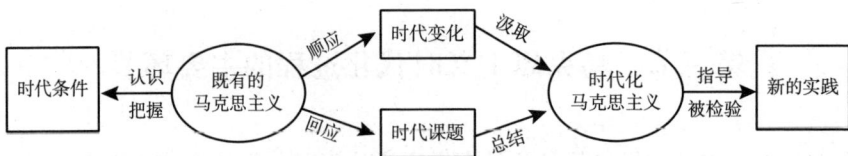

图 3 - 2　马克思主义时代化的实现过程

一　准备环节：坚持理论指导，把握时代条件

实现马克思主义时代化，其准备环节就是坚持马克思主义理论，准确把握时代条件。坚持马克思主义和准确把握时代条件，是实现马克思主义基本原理与时代特征紧密结合的前提条件。只有牢牢把握这一前提，才有可能做到在马克思主义与时代条件的双向互动中推进马克思主义时代化。

1. 坚持理论指导是马克思主义时代化过程的逻辑前提

坚持马克思主义理论指导，是马克思主义时代化的逻辑前提。马克思主义时代化的第一要义，是信仰马克思主义、坚持马克思主义，是用马克思主义来指导行动。如果根本不相信马克思主义，行动同马克思主义根本不沾边，哪里还会有什么马克思主义时代化呢？马克思主义时代化要通过马克思主义与时代条件紧密结合，实现理论创新，推动马克思主义与时俱进地发展。但是，任何理论创新都不可能与原有理论割断联系，或者是全盘抛弃、全盘否定原有理论；而只能是从已有的思想材料出发，或是对原有理论的合乎逻辑的延伸，或是对原有理论的批判性发展。马克思主义时代化在本质上就是坚持和发展马克思主义的统一，坚持是发展的基础和前提，发展是坚持的条件和体现。离开了坚持马克思主义这一逻辑前提，马克思主义时代化就将无从谈起。

坚持理论指导，就是指坚持马克思主义，就是要坚持马克思主义的科学理论体系，坚持构成这个科学理论体系的基本原理，坚持贯穿于这些基本原理之中的立场、观点和方法。这也就是我们一贯强调的"老祖宗不能丢"的内涵所在。毛泽东说过，马克思列宁主义"是'放之四海而皆准'的理论"①，但是"要能够真正领会马克思列宁主义的实质，真正领

---

① 《毛泽东选集》第 2 卷，人民出版社，1991，第 533 页。

会马克思列宁主义的立场、观点和方法",并"号召我们的同志学会应用马克思列宁主义的立场、观点和方法"①。邓小平也说:"我们搞改革开放,把工作重心放在经济建设上,没有丢马克思,没有丢列宁,也没有丢毛泽东。老祖宗不能丢啊!"② 他又说,马克思主义的活的灵魂,就是具体地分析具体情况,"主要的是要用马克思主义的立场、观点、方法来分析问题,解决问题"③。这说明,在毛泽东、邓小平看来,"时代化"只能是马克思主义的时代化,其前提就是坚持马克思主义的基本立场、观点和方法,就是坚持马克思主义的基本原理。如果离开了这个前提,所谓"马克思主义时代化"就会走入歧途。

在当代中国推进马克思主义时代化的过程中,坚持理论指导最重要的是坚持中国特色社会主义理论体系。这个理论体系包含一系列独创性成果,具有鲜明的实践特色、民族特色、时代特色,是坚持和发展马克思主义的典范。在我国改革开放 30 多年的伟大实践中,中国特色社会主义理论体系显示出了强大的生命力和巨大的指导作用。历史和现实表明,在当代中国,坚持中国特色社会主义理论体系,就是真正坚持马克思主义。坚持推进马克思主义时代化,就是要在坚持中国特色社会主义理论体系的基础上,随着时代和实践的发展不断丰富和发展中国特色社会主义理论体系。

2. 把握时代条件是马克思主义时代化过程的认识前提

把握时代条件就是用马克思主义的立场、观点和方法来正确认识时代,科学判断当今世界的特征与发展趋势,使人们的认识能更好地切合时代实际,从而使理论与实践的结合能更加紧密。把握时代条件包括两个方面的内容:一是把握时代特征。时代特征是从静态的角度反映时代条件的概念,它主导着当今世界的性质。二是把握时代潮流。时代潮流是从动态的角度反映时代条件的概念,它引领着当今世界的前进方向。准确把握了时代条件,也就把握了当今世界的基本实际,理论联系实际也就有了基本前提。马克思主义时代化要实现马克思主义与时代条件的紧密结合,这就必然要求我们准确把握时代条件。

---

① 《毛泽东选集》第 3 卷,人民出版社,1991,第 814 页。
② 《邓小平文选》第 3 卷,人民出版社,1993,第 369 页。
③ 《邓小平文选》第 2 卷,人民出版社,1994,第 118 页。

　　马克思主义时代化就是从运用马克思主义的理论武器正确分析和把握时代条件开始的。准确把握时代条件既是马克思主义时代化的首要任务，也是马克思主义时代化过程的前提条件。如果缺乏对时代性质、特征和发展趋势的准确把握，那么就不可能了解时代发展的基本态势，也不可能了解国家所处的历史方位，也无法明确时代发展的重大课题。这样的话，马克思主义既不能用来有针对性地应对和解决当前时代的重大课题，也不能从时代发展的条件中汲取时代营养，马克思主义与时代条件的双向互动无从谈起，马克思主义的时代化也就成了一句空话。甚至因为缺乏对时代条件的准确把握，对马克思主义的运用和发展还可能出现重大失误或错误，从而给革命和建设事业带来损害。在我国社会主义制度确立以后，由于毛泽东对时代条件和基本国情做了完全错误的判断，提出了"无产阶级专政下继续革命"的理论，最终导致了"文化大革命"的发生，给我国社会主义事业带来了重大损失。这一教训是十分深刻的。没有对时代性质和特征的准确判断，没有对时代条件的正确认识，不可能正确推进马克思主义时代化。

　　从马克思主义发展的历史来看，马克思主义时代化在每一阶段的成功推进，都是从正确分析和准确把握时代条件开始的。19世纪末，列宁敏锐地把握到世界政治经济的变化，分析了资本主义发展到垄断阶段，即帝国主义阶段的本质特征、基本矛盾和发展趋势，以及无产阶级革命的主要任务，从而紧紧抓住了时代发展的核心。在此基础上，他创立了列宁主义，"列宁主义是帝国主义和无产阶级革命时代的马克思主义"[1]。20世纪20年代，毛泽东对中国革命所处的时代条件做了科学分析。毛泽东判断，十月革命是开辟历史纪元的大事件，它"不只是开创了俄国历史的新纪元，而且开创了世界历史的新纪元"[2]。当时的时代主题是"处在革命和战争的新时代，是资本主义决然灭亡和社会主义决然兴盛的时代"[3]，处于这一时代背景下的中国革命是属于"无产阶级的社会主义的世界革

---

①　《毛泽东选集》第1卷，人民出版社，1979，第319页。
②　《毛泽东选集》第1卷，人民出版社，1991，第303页。
③　《毛泽东选集》第2卷，人民出版社，1991，第680页。

命", 而不再是"资产阶级和资本主义范畴的世界革命"①。在此基础上, 毛泽东把马克思主义基本原理与这一特殊的时代条件与中国国情相结合, 成功地解决了中国新民主主义革命的道路问题, 形成了毛泽东思想, 在列宁主义的基础上进一步推进了马克思主义时代化。20 世纪 70 年代以来, 邓小平根据国际形势呈现的新特点, 敏锐地捕捉到了时代形势的新变化。他认为, 世界大战可以避免, "世界和平力量的增长超过战争力量的增长", "人民是要求和平、反对战争的"②, 并据此做出了"和平与发展是时代主题"的准确判断。邓小平紧紧抓住时代的主要问题, 做出了把党的工作重心转移到经济建设上来、实行改革开放的战略决策, 努力探索中国特色社会主义建设道路, 在此基础上形成了邓小平理论, 开辟了一条适应时代的具有中国特色的社会主义发展道路。后来, "三个代表"重要思想和科学发展观又进一步继承和发展了邓小平理论, 共同组成了中国特色社会主义理论体系。这是马克思主义在中国实现时代化、中国化的最伟大成就, 实现了马克思主义时代化发展的历史性飞跃。

总之, 准确把握时代条件是马克思主义时代化过程的认识前提。是否做到对时代性质、特征和发展趋势的准确把握, 关系到马克思主义能否与时代实践紧密结合, 因而也就关系到马克思主义时代化的成败。

3. 马克思主义时代化过程的准备环节之意义

坚持理论指导、把握时代条件是马克思主义时代化的准备环节。这一环节中的两个方面都是不可缺少的。离开了马克思主义的理论指导, 就必然无所遵循, 从而马克思主义时代化也不可能存在; 离开了对时代条件的正确把握, 就必然走向盲目, 从而马克思主义时代化不可能实现。只有做到这两个方面, 才有可能实现马克思主义与时代条件的紧密结合。这一环节就是为实现这种结合准备条件。

这一环节体现了马克思主义时代化过程中的主体与客体的关系, 是人与客观条件相互作用的过程。一方面, 时代条件作为一种客观存在, 是独立于人之外的不以人的意志为转移的客观存在, 同时又是人的实践对象。

---

① 《毛泽东选集》第 2 卷, 人民出版社, 1991, 第 671 页。
② 《邓小平文选》第 3 卷, 人民出版社, 1993, 第 127 页。

时代条件是由人创造和改变的，也是由人来认识的。因此，把握时代条件的过程，首先是马克思主义时代化的主体对实践对象的认识过程，这一认识过程体现着主体的主观能动性。另一方面，人是时代的产物，人的思想认识必然受到客观存在的制约。在马克思主义时代化过程中，作为主体的人事实上也是在特定时代条件下的人，其对时代条件的把握又必然打上时代的烙印。因此，把握时代条件的过程，同时也是使主体自身得到改造的实践过程。

这一环节还体现了马克思主义时代化过程中的理论与实践的关系，是马克思主义理论对时代条件的单向作用过程。从马克思主义时代化的内在要求来看，人们对时代性质和特征的认识与判断，应当在马克思主义理论的指导下进行。马克思主义为人们认识和改造世界提供了科学的世界观和方法论，必然也是人们把握时代条件的科学理论武器。只有以马克思主义为指导，人们才能准确把握时代特征和发展趋势，才能促进马克思主义与时代条件有效结合。同时，人们在马克思主义指导下正确认识和把握时代的过程，也是马克思主义理论的实践过程，是马克思主义时代化过程的实践特性的初步体现。

总之，坚持理论指导，把握时代条件，是马克思主义时代化过程的准备环节。这一环节体现了马克思主义时代化过程中人、时代条件和马克思主义理论三个要素之间的联系与互动关系。它在马克思主义时代化的过程中具有奠基意义。

二　开端环节：顺应时代变化，解答时代课题

马克思主义时代化实现过程的第二个环节，就是立足于时代发展变化的实际，顺应时代的发展变化，解答时代提出的重大课题。这是马克思主义时代化过程的开端环节。

1. 顺应时代变化是马克思主义时代化过程的理论开端

顺应时代变化，主要是从马克思主义理论要主动适应时代条件来说的。马克思主义是过去时代的产物，是具有鲜明时代性的科学理论。随着时代的发展变化，马克思主义理论中有的内容必然需要随着时代发展而加以新的阐发，有的思想必然需要结合时代条件进行新的挖掘，甚至有的观点必

然因为落后于时代而需要加以摒弃。总之，随着时代的向前发展，各种新事物、新问题层出不穷，要勇于不断修正错误的东西，剔除过时的东西，完善和发展理论。马克思主义时代化，包含马克思主义理论随着时代的发展而发展的要求。顺应时代变化，就是这种要求的直接体现。

顺应时代变化，需要通过深化对马克思主义文本的研究，发掘马克思主义的时代内容来实现。要立足于当今时代和实践，深入挖掘和阐释马克思主义经典文本中的思想资源，对马克思主义进行符合时代条件、适应时代需要的解读。马克思主义理论本身是作为一个有机整体存在的，而在不同时期对其做出的解读则往往是突出了其中一部分，其他部分可能在一定程度上被遮蔽了。面对当今时代发展的新情况、新问题，我们既需要面向现实，对实践问题进行深入研究，生成新的理论成果；也需要面向文本，深度挖掘经典作家表层话语之下的精神实质与核心内涵，充分阐释其对于当代实践具有重要指导意义的思想资源。要通过研读马克思主义经典著作，更好地把握马克思主义的精神实质，深入发掘马克思主义理论资源中契合当今时代的内容。例如，马克思主义关于人类解放的理论、世界历史理论、社会批判理论、异化理论等，都是具有鲜明时代价值的思想理论。要通过文本研究，把马克思主义这些被"埋没"的瑰宝深入挖掘出来，努力张扬马克思主义理论中具有普世关怀的价值理念，为引领当今时代的发展提供智慧，从而使马克思主义理论更好地适应时代的发展。

需要注意的是，这种解读和发掘不应该是主观臆想的，而是要科学地从马克思主义原理中延伸出其现代意义和时代价值。总之，顺应时代变化，努力研究和挖掘马克思主义文本，科学阐释马克思主义的时代价值，这是马克思主义时代化不可缺少的一项重要工程。

2. 解答时代课题是马克思主义时代化过程的实践开端环节

"问题是时代的呼声。"不同时代产生的重大理论和实际问题，是马克思主义基本原理与时代条件相结合的载体和桥梁，是推进马克思主义时代化的突破口和切入点。推进马克思主义时代化，必须着力回答当今时代提出的重大问题。正如江泽民指出："一定要以我国改革开放和现代化建设的实际问题、以我们正在做的事情为中心，着眼于马克思主义理论的运用，着眼于对实际问题的理论思考，着眼于新的实践和新的发展。"①运用马克思主义研究和解决重大理论和实际问题的过程，既是贴近和熟悉时代条件的过程，也是马克思主义"化时代"和"时代化"的过程。

对时代问题的回答和解决，构成了马克思主义时代化的主线和脉络。在我国革命、建设、改革的不同历史时期，需要我们重点解答的时代课题各不相同。在新民主主义革命时期，中国共产党人面临的时代课题是在经济文化落后的半殖民地半封建社会条件下，在帝国主义与无产阶级革命的时代背景下，如何领导全国各族人民通过反帝反封建的新民主主义革命，完成民族独立和人民解放的历史任务。毛泽东对"什么是新民主主义革命、怎样进行新民主主义革命"的问题做出了科学回答。改革开放以来，邓小平、江泽民、胡锦涛对"什么是马克思主义、怎样对待马克思主义"，"什么是社会主义，怎样建设社会主义"，"建设什么样的党，怎样建设党"，"实现什么样的发展，怎样发展"等重大时代课题进行了探索和回答。正是因为几代中国共产党人坚持着力解答时代课题，才使马克思主义时代化得以不断推进，马克思主义的价值得以不断彰显。

推进马克思主义时代化，需要不断研究新情况，解决新问题。当今世界，正处在大发展、大变革、大调整时期，世界多极化、经济全球化深入发展，科技进步日新月异，国际金融危机影响深远，世界经济格局发生了新变化。同时，国际力量对比也呈现出新态势，全球思想文化交流、交融、交锋日渐呈现新特点，综合国力竞争和各种力量较量更趋激烈，阻碍和平与发展的不确定因素也在增多。在这样的时代背景下，我们必须用马克思主义诠释现实、审视现实，解答时代提出的重大理论和现实课题，并在此基础上，以创造性的思想、理论、观点进一步丰富马克思主义，推动马克思主义时代化取得新的突破。

3. 马克思主义时代化过程的开端环节之意义

顺应时代变化，回应时代课题，体现了马克思主义理论应对时代条件、满足时代需要的客观要求，符合社会存在决定社会意识、实践发展决定理论发展的客观规律。马克思主义时代化不是主观臆断的产物，而是时代发展的客观实际提出的现实要求。马克思主义理论的运用"随时随地要以当

---

① 《江泽民文选》第3卷，人民出版社，2006，第68页。

时的历史条件为转移"，其中就包含了马克思主义要顺应时代变化和积极回应时代课题的内涵。顺应和回应这两个"应"，就表明是因为时代条件和实践的变化对马克思主义理论提出了任务和要求，马克思主义需要去"应对"这种任务和要求。马克思主义时代化的这一环节，就是马克思主义理论实现这种"应对"的具体体现。

马克思主义时代化是在马克思主义与时代条件的互动中实现的。从马克思主义理论与时代条件的互动关系来看，"顺应时代变化、回应时代课题"这一环节是以时代发展变化为前提、为中心的，马克思主义理论处于被要求、被决定、被制约的地位。换句话说，是因为时代发展变化在先，马克思主义的应对在后。时代条件的变化为马克思主义理论的与时俱进创造了需求，而马克思主义应对时代变化的过程为马克思主义理论的与时俱进创造了条件。这一环节为马克思主义理论新成果生成提供了条件。

这一环节作为马克思主义时代化过程的开端环节，也是一个承前启后的环节。一方面，它是前一环节的目的所在。认识和把握时代特征，是马克思主义时代化的准备环节。这一环节并不是为了认识时代而认识时代，其根本目的是在准确把握时代条件的基础上，做到马克思主义与时代条件紧密结合。顺应时代变化和回应时代课题，就是这种结合的具体体现。只有实现这一环节，才能真正体现前一环节的真正意义。另一方面，它又是实现马克思主义理论创新的必要开端。马克思主义时代化的标志是创造时代化马克思主义新成果。只有顺应时代条件，马克思主义才能在原有基础上实现更新和完善；只有回应时代课题，才可能在解答时代课题的实践中总结新鲜实践经验，促进马克思主义与时俱进。这种承前启后的作用，是马克思主义时代化不可缺少的中介条件。

三　关键环节：汲取时代精华，总结实践经验

马克思主义时代化实现过程的第三个环节，就是在顺应时代变化的过程中汲取时代精华，在应对和解答时代课题的基础上总结实践经验。这是实现马克思主义理论创新的关键环节，在马克思主义时代化过程中具有关键意义。

1. 汲取时代精华是马克思主义体现时代特色的关键因素

汲取时代精华，就是马克思主义要广泛汲取当代人类社会文明成果的精华。所谓人类社会文明成果，就是以全人类为主体、涉及各个学科领域、具有时代性特别是时代进步性的文明成果之总和。人类社会文明成果首先是具有进步性的成果，是"文明"的"成果"，是与落后、愚昧和反动相区别的。同时，它又是具有时代性的成果。人类社会文明成果总是和特定的时代联系在一起，是全人类实践的产物和智慧的结晶，是全人类的共同财富，因而具有现实性、时代性和先进性。马克思主义作为开放的科学理论，要把握好时代的脉搏，也必须把当代人类社会文明新成果当作自己的重要精神资源。马克思主义时代化离不开对每个时代人类文明优秀成果的积极学习和吸收。

汲取时代精华是实现马克思主义时代化的重要环节和重要方面。马克思主义经典作家历来十分注重吸收人类社会文明成果，并把它作为充实马克思主义的重要精神资源，从而不断完善和发展马克思主义的理论体系。改革开放以来，中国共产党能够创立中国特色社会主义理论体系，与善于借鉴吸收人类文明发展的新成果是分不开的。科学发展观的创立就是一个生动的例子。第二次世界大战后，世界各国在加快经济发展上基本达成共识。在长达半个多世纪的发展过程中，人们的发展观念不断发生变革。从把发展简单地等同于经济增长到"发展＝经济增长＋自然保护"，再到"发展＝经济增长＋自然保护＋社会和谐"，直至"发展＝经济增长＋自然保护＋社会和谐＋人的发展"，一个以人为本、全面协调可持续的发展理念已经清晰可见[①]。科学发展观在汲取世界各国发展经验教训和当代有关发展理论有益成果的基础上，进一步回答了"实现什么样的发展、怎样发展"的重大问题，赋予马克思主义关于发展的理论以新的时代内涵和实践要求。"科学发展观反映了当代最新的发展理念，顺应了当今世界的发展潮流，是对人类社会发展经验的深刻总结和高度概括。"[②] 正是在这个基础上，科学发展观实现了对马克思主义时代化的创造性推进。

---

① 华雷：《马克思主义时代化进程及其启示》，《理论探讨》2010 年第 9 期。
② 中共中央宣传部：《科学发展观学习读本》，学习出版社，2006，第 9 页。

汲取时代精华，从根本上来说就是要始终站在人类文明新成果的高度来推进马克思主义。人类文明是一个动态的、发展的过程，不同时代、不同时期有不同的成果。所谓"人类文明新成果"也是一个动态过程和开放系统，含有某种非确定性和变动性，因而具有长期的、普遍的意义。一般来说，人们总是从他们当时所处的时代，来解释过去的历史包括理论学说。在今天的时代条件下推进马克思主义，就是要站在 21 世纪人类文明所达到的发展水平上，来研究和推进马克思主义，这是客观的、必然的要求。只有站在人类文明发展的制高点，广纳博采人类优秀文明成果，才能使我们吸纳更多的营养，更有力地推进马克思主义的理论创新，从而使"发展着的马克思主义"始终站在人类思想理论进步的前沿和高峰，永葆其先进性，真正发挥马克思主义为人类导航的功能。

2. 总结实践经验是马克思主义时代化理论创新的关键途径

总结实践经验是丰富发展理论的关键环节，是马克思主义时代化的内在要求。理论指导实践，实践推动理论的发展。然而，实践对于理论发展的推动是要通过实践经验这个中介来实现的。因为实践本身并不能直接得出理论的结果，实践只能提供经验。经验是对实践的总结，理论是对经验的升华，因而经验成为联结实践与理论的桥梁和纽带。实践经验为马克思主义的理论创新提供了思想资源，是马克思主义时代化的重要理论源泉。在马克思主义时代化过程中，我们需要不断总结实践经验，不断对其加以理论概括和提炼，升华成为理论认识，从而推动马克思主义的理论创新。

从马克思主义时代化的过程来看，总结实践经验是应对和解决时代课题的必然逻辑延伸。时代的发展对马克思主义理论提出了新的要求，要求马克思主义者积极应对和解决时代课题。解决时代课题的过程，既是马克思主义与实践相结合的过程，也是马克思主义与人民群众相结合的过程。因为人民群众是实践的主体，任何实践活动都是人民群众改造世界的活动。随着时代课题在实践中得到解决，马克思主义者也积累了丰富的实践经验。这些实践经验既是马克思主义理论作用于实践的产物，又是马克思主义理论进一步发展的基础。马克思主义时代化的过程绝不能止于对实践课题的解决，而要在解决实践课题的基础上，通过总结实践经验，推动马克思主义自身的发展。因此，总结实践经验这一环节，在马克思主义时代化过程中具有重大意义。

总结实践经验这一环节也是汲取人民群众智慧的过程。胡锦涛同志指出："坚持马克思主义又要以根据实践的发展不断推进理论创新为条件，否则马克思主义就会丧失活力，就不能很好地坚持下去；最广大人民改造世界、创造幸福生活的伟大实践是理论创新的动力和源泉，脱离了人民群众的实践，理论创新就会成为无源之水，就不能对人民群众产生感召力、对实践发挥指导作用。"[①] 人民群众是历史的创造者，人民群众的智慧是无穷无尽的。我国改革开放以来的许多成功探索和新鲜经验，都来自人民群众的创造性活动。总结实践经验的过程，就是汲取人民群众智慧的过程。始终依靠人民群众的智慧和力量，努力从人民群众的伟大创造中汲取养料，是我们推进马克思主义时代化的根本工作路线。

在不断总结实践经验的基础上实现理论创新也是中国共产党推进马克思主义时代化的一条重要经验。十一届三中全会以来，党的每次全国代表大会都在总结历史经验特别是总结改革开放阶段性经验的基础上，明确新的发展方向，提出新的发展目标。作为马克思主义时代化的最新成果，中国特色社会主义理论体系是植根于中国国情和改革开放新实践的理论体系，是对实践发展趋向最为敏感和热忱、最善于科学总结实践经验的科学理论。正是中国共产党在新的时代条件下领导的改革开放伟大实践及其成功经验，使马克思主义在中国找到了现实的支点，催生和滋养了当代中国马克思主义枝繁叶茂的新的理论形态——中国特色社会主义理论体系。可以说，马克思主义时代化的过程，就是运用马克思主义基本原理应对和解决时代课题，不断将人民群众在实践中创造的新鲜经验升华为理论的过程。

3. 马克思主义时代化过程的关键环节之意义

从马克思主义时代化的实现过程来看，汲取时代精华、总结实践经验具有共同的属性。两者都体现了马克思主义从客观条件中获取思想养料、促进自身发展的过程和要求。一方面，时代精华来自现存的时代条件，人类社会的一切文明成果对于马克思主义来说都具有外在性，构成了马克思

---

① 中共中央文献研究室编《十六大以来重要文献选编》（上卷），中央文献出版社，2005，第 365 页。

主义得以发展的既定条件；另一方面，实践经验来自当代的客观实践，中国共产党领导下的人民群众的实践活动既是在马克思主义指导下进行的，又是马克思主义得以继续发展的理论源泉，构成了马克思主义得以发展的客观基础。因此，从时代条件中汲取时代精华，从群众实践中获取经验资源，都是实践推动理论发展的具体体现，是社会存在决定社会意识的表现形式。在这一环节中，从马克思主义理论与时代条件的互动关系来看，显然，马克思主义理论是中心，处于主动地位，时代条件是被需要、被认识、被汲取的对象，这一环节是马克思主义"化时代"的过程。如果说前一环节是客观时代条件对马克思主义提出挑战的话，那么这一环节就是马克思主义变被动为主动、让客观时代条件为我所用的过程。在马克思主义理论与时代条件的互动关系中，马克思主义在这一环节实现了由被动接受挑战到主动利用的地位转变。

这一环节是马克思主义时代化过程中实现理论创新的关键。马克思主义时代化的理论创新，不是自动凭空实现的。时代的发展变化只为马克思主义的发展提出了要求，创造了条件，但是马克思主义理论与时俱进能否成为现实，还取决于人们能否把握和利用好这种条件。如果不能主动地利用这种有利的时代条件，也是不能实现马克思主义的与时俱进的。汲取时代精华、总结实践经验，正是积极主动地利用时代条件的具体体现。马克思主义时代化的理论创新需要有时代性的思想资源作为支撑，从人类文明成果中汲取精华和从群众实践中总结经验，正是获取这种时代资源的根本途径。离开了这一途径及其成果，马克思主义时代化的理论创新就成了空中楼阁，无法成为现实。

这一环节也是马克思主义时代化过程中体现时代特色的关键。在马克思主义时代化过程中，要赋予当代马克思主义以鲜明的时代特色。这种时代特色来自何处？归根到底就来自创新马克思主义的思想资源具有鲜明的时代特色，归根到底体现在马克思主义的理论内容具有鲜明的时代特色。人类文明的新成果是时代性的成果，其思想精华因之具有鲜明的时代特色。人民群众的新实践是时代条件下的实践，其实践经验因之具有鲜明的时代特色。马克思主义时代化就是要不断汲取富有时代特色的思想精华，不断汲取富有时代特色的实践经验，不断汲取富有时代特色的群众智慧，只有这样才能形成富有时代特色的理论成果。这一环节正是保证实现上述目标的关键所在。

总之，汲取时代精华、总结实践经验这一环节，是为马克思主义时代化理论创新积累思想资源的环节，是使马克思主义理论成果富有时代特色的根本保证，在马克思主义时代化过程中具有关键意义，因而是马克思主义时代化过程的关键环节。

四　归宿环节：推进理论创新，引领实践发展

马克思主义时代化实现过程的第四个环节，就是要在前面几个环节的基础上实现理论创新，创造时代化马克思主义新成果，并让马克思主义理论的创新成果回归实践推动实践创新，引领实践发展同时接受实践检验。这是马克思主义时代化过程的归宿环节。

1. 推进理论创新是马克思主义时代化过程的理论归宿

创新是马克思主义时代化的活的灵魂，马克思主义时代化就是一个不断创新的过程。马克思主义时代化是指把马克思主义的基本原理同不断变化发展的时代特征和时代精神相结合，对变化了的时代特征和时代精神做出准确的判断和分析，并在此基础上解决时代发展的难题，升华时代精神，创新发展理论。其中，创新发展理论是马克思主义时代化过程的理论归宿，完成这一环节就意味着完成了马克思主义时代化的一个发展周期。

推进理论创新是以创造时代化马克思主义新成果为核心的。创造时代化马克思主义新成果，既是马克思主义时代化过程的目标指向所在，也是马克思主义时代化过程的发展标志所在。这一环节主要是借助于党的领导集体集中群众智慧、进行理论创造而实现的，是中国共产党对马克思主义时代化发挥主导作用的突出体现。

推进理论创新是建立在前面几个环节实施和实现的基础之上的。具体来说，这一环节的实现包含了以下四个方面的理论积累。

一是在深化马克思主义文本研究中创新理论解读。要深化马克思主义文本研究，科学地解读马克思主义的当代价值，揭示其时代意义；要根据时代的发展变化，大力发掘马克思主义理论资源中契合当今时代的内容，不断修正错误的东西，剔除过时的东西，大力弘扬马克思主义具有普世关

怀的价值理念。

二是在解决时代重大问题的过程中升华理论认识。每一个时代都有其需要回答和解决的问题，马克思主义时代化的主题和任务实际上都来源于时代提出的问题，来源于时代对于理论发展的诉求。对时代重大问题的解决，构成了马克思主义时代化的主线和脉络。

三是在总结当代实践经验的基础上丰富理论内容。这里所说的经验包括中国改革开放和社会主义现代化建设的经验、国际共产主义运动的经验、各国执政党执政的经验、发达国家实现现代化和解决当代社会面临的生态危机等全球性问题的经验等。

四是在吸纳人类文明最新成果的基础上形成理论结晶，包括要吸纳自然科学发展的最新成果，吸纳人类文明的一切优秀成果，吸纳领袖人物、理论工作者和人民群众各个方面的集体智慧，促进马克思主义的理论创新。

2. 引领实践发展是马克思主义时代化过程的实践归宿

引领实践发展是马克思主义科学理论的价值所在，也是推进马克思主义时代化的落脚点。马克思主义不是自我陶醉在象牙塔中的理论"时尚"，而是回归现实生活的科学"指针"。马克思主义时代化的最终目的是通过理论创新，指导实践并引领实践发展。当今世界正处在大发展、大变革、大调整时期。我国经济建设、政治建设、文化建设、社会建设以及生态文明建设全面推进，工业化、信息化、城镇化、农业现代化深入发展，正在向新的发展目标迈进。国内外形势的发展变化，迫切需要我们准确把握当今世界发展态势和当代中国发展大势，坚持以我国改革开放和现代化建设的实际问题、以我们正在做的事情为中心，加强对重大实践问题的研究和探索，为中国特色社会主义实践提供体现时代性、把握规律性、富于创造性的理论指导，引领中国特色社会主义实践不断开创新局面。

引领实践发展的过程同时也是时代化马克思主义理论成果接受实践检验的过程。以实践为渊源和动力的理论创新，最终还要由实践来检验其成效。没有回归实践，没有接受实践的检验，马克思主义时代化的创新程度、丰富程度、深刻程度就无法体现，理论创新只能流于空谈。在当代中国，我们推进马克思主义时代化的效果，需要在改革开放和社会主义现代化建设的伟大实践中接受检验，需要将改革开放和社会主义现代化建设的实践效果作为衡量标准。马克思主义时代化所创造的理论成果，通过回归实践、指导实践并接受实践检验这样一个环节，就能在实践与理论良性互动的机制中走上不断更新、永续发展的道路。

中国共产党人在新时期推进马克思主义时代化的历程，就是这一道路的鲜明体现。回顾改革开放 30 多年来的历史进程，以邓小平、江泽民、胡锦涛为代表的党中央，集中全党全国各族人民智慧，承前启后，继往开来，接力推进马克思主义时代化，在科学理论指导下研究新情况、解决新问题、总结新经验，制定了指导改革开放和社会主义现代化建设的一整套方针政策并做出工作部署，成功开辟了中国特色社会主义道路。我们党不仅从实践的沃土中汲取营养，创造性地推动马克思主义时代化，取得了重大的理论创新成果；而且也使理论创新成果回归实践、为群众所掌握，充分发挥理论对党和国家事业发展强有力的指导作用，实现了理论发展的实际目的。同时，改革开放 30 多年来，我国在经济、政治、文化、社会、生态文明建设和党的建设各个方面取得了举世瞩目的成就，中国人民的面貌、社会主义中国的面貌、中国共产党的面貌都发生了历史性变化。这些成绩和进步，充分证明了中国特色社会主义理论体系的正确性，也充分检验了改革开放以来中国共产党推进马克思主义时代化的真理性。中国特色社会主义理论体系作为马克思主义时代化的创新成果，其真理性已经得到了实践的检验。在未来的发展中，我们必须在实践中坚持和运用中国特色社会主义理论体系，使这一理论体系不断得到发展。

3. 马克思主义时代化过程的归宿环节之意义

推进理论创新，引领实践发展，体现了马克思主义理论与实践的双向互动关系。推进理论创新的过程，既是深化马克思主义理论研究的结果，也是总结实践经验的结果，还是汲取时代精华的结果。它综合体现了时代发展对于马克思主义理论发展的重大推动作用。引领实践发展，是时代化马克思主义理论创新成果的实践性的本质要求，体现了马克思主义理论从实践中来，又必定回到实践中去的理论品质和客观规律。马克思主义时代化的目的指向，表面上是理论创新，根本上是实践创新。这决定了马克思主义时代化最终要落脚到实践创新上，在推动实践创新的过程中同时检验理论创新成果的真理性。

推进理论创新，引领实践发展，之所以是马克思主义时代化过程的归宿环节，是因为这一环节既体现了马克思主义时代化的理论归宿，也体现了马克思主义时代化的实践归宿。从马克思主义时代化的总体过程来看，马克思主义时代化既是理论和实践双向互动的过程，也是理论创新和实践创新共同推进的过程，无论哪个方面都具有理论和实践的双重属性。从它的理论属性来看，推进理论创新，创造时代化马克思主义新成果，是它在理论上的必然归宿；从它的实践属性来看，引领实践发展，推动实践创新，是它在实践上的必然归宿。因此，这一环节同时涵盖了马克思主义时代化的理论归宿和实践归宿之所在，是实现马克思主义时代化根本任务的必要条件和根本保证。

从马克思主义时代化的周期过程来看，这一环节同样具有归宿意义，它标志着马克思主义时代化一个发展周期的结束和新的发展周期的开始。马克思主义时代化过程是一个周期发展、不断推进、永无止境的过程。这一过程以时代的发展变化为先决条件，以时代化马克思主义成果的创造为主要标志。当一个重大的理论创新成果形成之后，它标志着前一个周期的马克思主义时代化过程的结束，同时又标志着新一个周期的马克思主义时代化过程的开始。比如，邓小平理论的创立，意味着中国共产党在列宁主义、毛泽东思想上实现了马克思主义时代化的飞跃，完成了一个马克思主义时代化的发展周期。同时，邓小平理论的创立，又标志着新一轮的马克思主义时代化过程的开始，直到"三个代表"重要思想的创立，这一轮的马克思主义时代化过程就又结束了，同时，下一轮马克思主义时代化过程又开始了。马克思主义时代化的这种周期发展，就是以马克思主义新成果的创立为标志的。所以，笔者把推进理论创新、引领实践发展定位为马克思主义时代化过程的"归宿环节"，就是从这个意义上来说的。

第四章 马克思主义时代化的
实现机制

马克思主义时代化的实现过程，是各种要素相互作用不断发展的过程。在这一过程中，中国共产党坚持并运用马克思主义认识和把握时代特征，应对和解决时代课题，并从时代实践中汲取时代精华，创造时代化马克思主义新成果。这是在中国共产党的主导下实现马克思主义与时代条件双向互动的过程，这一过程中各要素的相互作用是怎样实现的？推进马克思主义时代化需要具备怎样的条件？回答这些问题需要我们认真研究马克思主义时代化的实现机制，弄清马克思主义时代化过程的内在机理。笔者拟从马克思主义时代化过程的思想认识前提、发展动力来源、成果形成与表达等方面进行探讨，以期引起对这一问题的关注和讨论，促进对这一问题的深入研究。

第一节 马克思主义时代化的思想认识前提

关于马克思主义时代化的思想认识前提，是要讨论在马克思主义时代化过程中，作为主体的中国共产党要解决什么是认识前提和思想基础的问题。思想是行动的先导，马克思主义时代化建立在必然的认识基础之上，这是一个先决条件。笔者认为，科学把握时代条件是马克思主义时代化的认识前提，完整准确地理解马克思主义是马克思主义时代化的思想基础，既坚持又发展马克思主义是马克思主义时代化的根本态度。这三者相互联系，密不可分，共同构成马克思主义时代化认识机制的主要内容。

一　科学把握时代条件是马克思主义时代化的认识前提

马克思主义时代化就是要求把马克思主义的基本原理同时代条件相结合，使马克思主义与时代发展相适应，并创造出时代化马克思主义新成果。只有对当今时代的时代性质、时代主题和时代特征做出准确分析和判断，才能准确把握时代发展的脉搏，才能使马克思主义与时代条件的结合切合时代实际，从而使马克思主义时代化朝着正确的方向发展。对时代性质、主题和特征的科学把握，是推进马克思主义时代化的基本认识前提。

1. 要正确认识当今时代的基本性质

这里说的时代性质是就我们当今所处的"大时代"而言的。时代性质问题是重大的理论和实践问题，对时代性质做出正确判断，对于社会主义建设事业具有重要意义，也是马克思主义时代化的基本认识前提。

关于我们当今所处的"大时代"是什么，这是一个十分重要而又争论较大的问题。改革开放30多年来党的代表大会的文献中都未明确地提出和论证过这个问题，只对时代主题的变化，即已由战争与革命为主题转变成和平与发展为主题，明确提出并做出了详细而精辟的论证。我国学术界对于我们当今所处何种大时代的问题有许多不同主张和观点，但代表性的观点有三类[①]。

一是主张我们当今所处的时代，仍然是资本主义"大时代"。例如，叶险明认为："现代世界经济仍然是资本关系占统治地位的世界经济。现代世界经济的资本主义性质决定了我们所处的时代的资本主义性质。"[②]奚广庆也认为，从生产方式看，我们当今的世界，总体来说还是资本主义的天下。社会主义的出现和发展，并没有改变人类社会以资本主义生产方式为基础，资本主义主导世界经济全局和发展方向的基本状况。"我们的世界，仍然处在一个资本主义生产方式的时代，一个资本主义占统治地位、起主导作用的时代。"[③]

---

① 赵明义：《马克思主义时代观和当前我们所处何时代问题研究》，《中共石家庄市委党校学报》2009年第2期。
② 叶险明：《时代性质问题刍议》，《社会科学》1995年第3期。
③ 奚广庆：《正确认识大的历史时代》，《社会科学研究》2003年第2期。

　　二是主张我们当今所处的"大时代"，仍然是由资本主义向社会主义过渡的时代。例如，赵曜主编的《科学社会主义教程》一书认为："我们时代仍具有明显的'过渡性'特征，仍然处在资本主义向社会主义过渡的大阶段。"① 王福春则进一步指出："从大的时代看，我们仍然处于从资本主义向社会主义过渡的时代，但是，这个大的时代，不是十几年、几十年，而是一个相当长的历史时期，必然要经历不同的历史发展阶段（小时代），20 世纪前半期为战争与革命的阶段，20 世纪后半期开始进入和平与发展的新阶段。"② 这一观点传播最广，影响最大，也得到了国内许多学者的认同。

　　三是认为我们现在所处的时代是社会主义与资本主义并存竞争的时代。靳辉明、罗文东主编的《当代资本主义新论》一书认为："这个时代可以作这样的概括：社会主义同资本主义并存、竞争，经过长期反复较量，逐步取代资本主义的时代。"③ 高放主编的《科学社会主义的理论与实践》一书则进一步指出："就科技与生产力的发展而言，当今时代是新科技革命全方位、加深大发展的时代；就生产关系和社会国家制度和性质变化而言，当今时代是社会主义在多国胜利并且同资本主义和平共处、合作、竞争和斗争的新时代。"④

　　在笔者看来，上述三种看法并没有根本分歧，分别从不同的角度来认识我们所处的时代。从人类社会基本形态的发展演进来看，当今时代仍然属于资本主义"大时代"，因为当今世界仍然处在资本主义生产方式占统治地位的时代，社会主义生产方式处于从属地位。从资本主义社会形态的发展阶段来看，当今时代显然属于资本主义发展的高级阶段，在性质上属于"由资本主义向社会主义过渡的时代"。因为在一个社会形态中，只要开始出现了新的生产方式，那就意味着这一社会形态开始了向更高社会发展形态的过渡。比如在封建时代，从出现资本主义生产方式开始，就开始

---

① 赵曜主编《科学社会主义教程》，当代世界出版社，2004，第 9 页。
② 王福春：《关于时代性质问题的几点看法》，《国际政治研究》2002 年第 3 期。
③ 靳辉明、罗文东主编《当代资本主义新论》，四川人民出版社，2005，第 1 页。
④ 高放、李景治、浦国良主编《科学社会主义的理论与实践》，中国人民大学出版社，2008，第 276 页。

了由封建时代向资本主义时代的过渡，当这一生产方式真正确立起来占据主导地位，那就意味着资本主义时代真正开始了。同样，在资本主义时代开始出现社会主义的生产方式，那就意味着资本主义开始了向社会主义的过渡。十月革命开辟了人类历史的新纪元，在全世界开始有了社会主义生产方式，正是在这个意义上，列宁认为开始了资本主义向社会主义过渡的时代。这一时代性质直到今天也没有发生变化，甚至还要经历一个相当长的历史时期。从当今时代的基本特点来看，无疑属于社会主义与资本主义并存竞争的时代。在科技革命与经济全球化背景下，两种制度的共存、合作和竞争将是长期存在的历史现象。因此，上述三种观点分别从社会形态、发展阶段、时代特点的角度来认识我们所处的时代，并不存在本质区别。

正确认识当今时代的性质，既要认识到我们当今仍然处在资本主义"大时代"，还没有进入社会主义时代；又要认识到今天的时代是处于资本主义发展的高级阶段，是由资本主义向社会主义过渡的时代。这一"过渡时代"从十月革命暴发就开始了，直到今天也没有发生变化。在这个过程中，虽然大时代、中时代都未变，但时代的阶段主题发生了变化，即由"战争与革命"的主题转变为"和平与发展"的主题，也就是说"小时代"发生了变化。我们今天所处的阶段，就是人类由资本主义向社会主义过渡这个阶段中以"和平与发展"为主题的时代。这是我们认识当今时代必须把握的基本点。

正确把握我们当今所处时代的"过渡性质"，要求我们既把握人类历史发展的总趋势，继续坚持社会主义，以免迷失方向，犯右的错误；又摆脱过去关于时代问题概括的束缚，抓住和平与发展这个当今时代的主题，避免重犯"左"的错误。就我国来说，就是要既反对离开社会主义方向重走资本主义道路，批驳"资本主义补课"的错误论调，又要反对脱离时代发展潮流重走"文化大革命"道路、坚持"以阶级斗争为纲"的错误做法。正如党的十八大报告所指出的，我们要"既不走封闭僵化的老路、也不走改旗易帜的邪路"①，而是要在马克思主义指导下，坚定不移

---

① 胡锦涛：《坚定不移沿着中国特色社会主义道路前进　为全面建成小康社会而奋斗——在中国共产党第十八次全国代表大会上的报告》，人民出版社，2012，第12页。

地走中国特色社会主义道路。这是当代中国推进马克思主义时代化必须坚定的基本前提。

2. 要准确把握当今世界的时代主题

对时代主题的判断，关系到中国特色社会主义道路选择的立论依据，也关系到马克思主义时代化的方向选择。因此，在推进马克思主义时代化过程中，一个首要前提就是要对时代主题做到清醒认识和准确把握。

20 世纪 70 年代以来，邓小平根据对国际关系中各主要战略力量的分布和相互制约关系的分析，根据和平力量的增长和国际局势特别是美国和苏联之间战略态势的发展变化，概括出了当代世界最突出的两大"战略问题"。他说："现在世界上真正大的问题，带全球性的战略问题，一个是和平问题，一个是经济问题或者说发展问题。和平问题是东西问题，发展问题是南北问题。概括起来，就是东西南北四个字。南北问题是核心问题。"[①] 邓小平的这一科学判断为党准确把握时代主题做出了开拓性贡献。十三大以来的历次党代会都强调和平与发展是当今时代的主题。在 30 多年后的今天，虽然世界形势已经发生了剧烈而深刻的变化，但是和平与发展的时代主题没有改变。党的十八大报告强调："和平与发展仍然是时代主题。"[②] 这一判断基于以下事实。

第一，和平与发展是当代世界需要解决的两大战略问题。当前，这两大问题的解决都始终面临着严峻的挑战。就和平问题来说，战争的根源并未消除，霸权主义和强权政治依然存在，世界战争的危险依然存在，只是由于世界和平力量的增长，战争的危险程度大大降低而已。世界上许多大大小小的地区战争和武装冲突从来就没有停止过。在美苏冷战结束以后，冷战思维并没有消失，西方一些敌视社会主义的势力延续冷战思维，对其他社会主义国家继续施加压力，以"人权"为借口干涉他国内政的现象时有发生。就发展问题来说，只要国际政治经济新秩序没有建立起来，发展问题就不可能得到解决。只有发达国家本着平等、公正和互利互惠的原则，切实支持发展中国家发展经济文化，使之尽快摆脱贫困落后状态，世

---

① 《邓小平文选》第 3 卷，人民出版社，1993，第 105 页。

② 胡锦涛：《坚定不移沿着中国特色社会主义道路前进　为全面建成小康社会而奋斗——在中国共产党第十八次全国代表大会上的报告》，人民出版社，2012，第 46 页。

界的和平与发展问题才有解决的基础。而事实上，随着世界经济的飞速发展，绝大多数发展中国家同发达国家的经济发展差距却越拉越大，正所谓"和平问题没有得到解决，发展问题更加严重"[①]。

第二，和平与发展是需要世界各国坚持不懈为之奋斗的目标。在当今时代，和平与发展虽然是世界人民的普遍愿望和要求，但是世界人民需要为之奋斗的目标，而并非已经实现的世界现状。在当前，和平与发展仍然面临着严峻挑战，它的实现充满着阻力，因为，世界仍然很不安宁。霸权主义、强权政治和新干涉主义依然存在，甚至还有所抬头；局部冲突和地区问题此起彼伏，局部动荡频繁发生；全球经济失衡加剧，南北差距拉大，传统安全威胁和非传统安全威胁相互交织；粮食安全、能源资源安全、网络安全等全球性问题更加突出。世界和平与发展面临诸多难题和挑战。对于和平与发展长期面临的这些挑战，党始终有着清醒认识；对于实现和平与发展的崇高事业，党也始终保持着高度自觉。党的十八大报告指出："要和平不要战争，要发展不要贫穷，要合作不要对抗，推动建设持久和平、共同繁荣的和谐世界，是各国人民共同愿望。""中国人民热爱和平、渴望发展，愿同各国人民一道为人类和平与发展的崇高事业而不懈努力。"[②]

总之，和平与发展仍然是当今时代的主题，"和平、发展、合作、共赢的时代潮流更加强劲"[③]。对和平与发展的追求是中国特色社会主义道路形成的基本出发点，对和平与发展这一时代主题的坚持是中国特色社会主义理论体系形成发展的基本前提。准确把握和平与发展的时代主题，是进一步推进马克思主义时代化的必然要求。

3. 要深刻把握当今世界的发展态势

当今世界的发展态势，是指当今时代条件下整个世界呈现出来的时代特征和未来发展的主要趋势，属于从世界现状与未来趋势有机统一角度把

[①] 《邓小平文选》第 3 卷，人民出版社，1993，第 353 页。

[②] 胡锦涛：《坚定不移沿着中国特色社会主义道路前进　为全面建成小康社会而奋斗——在中国共产党第十八次全国代表大会上的报告》，人民出版社，2012，第 46、49 页。

[③] 习近平：《共同创造亚洲和世界的美好未来——在博鳌亚洲论坛 2013 年年会上的主旨演讲》，人民出版社，2013，第 2 页。

握时代条件的范畴。正确认识当今世界的发展态势，是把握时代条件的主要内容，是马克思主义时代化的重要前提。

第一，要深刻把握世界多极化的发展态势。20 世纪 90 年代，随着苏联解体后美苏两极争霸局面的终结，世界格局开始发生重大变化，世界多极化成为不可逆转的发展趋势。中国共产党当时就对这一发展趋势做出了科学预判。1992 年，党的十四大报告就明确指出："当今世界正处在大变动的历史时期。两极格局已经终结，各种力量重新分化组合，世界正朝着多极化方向发展。新格局的形成将是长期的、复杂的过程。"① "多极化格局的最终形成将是一个充满复杂斗争的长期过程，但这一历史方向不可逆转。这是党中央在科学分析当代世界矛盾、全面审视和平力量和战争因素消长的基础上作出的重要判断。"② 实践证明，这一判断是完全正确的。当前，世界多极化的趋势并没有改变，而且还在继续发展。各种政治力量之间的激烈斗争还在继续，世界各种力量新的分化组合还在进行，这将是世界发展在一个相当长时期内的基本状况。当代马克思主义者要紧紧把握这一基本判断和发展态势。

第二，要深刻把握经济全球化的发展态势。20 世纪 90 年代以来，一方面，经济全球化加速发展，已成为当今世界的基本经济特征和不可逆转的发展趋势③。一方面，经济全球化使各国相互联系、相互依存的程度空前加强，成为你中有我、我中有你的命运共同体，任何一个国家的发展都不能不受到全球经济发展的影响。另一方面，经济全球化趋势使全球市场、资金、资源的争夺矛盾更加尖锐，综合国力的较量日益激烈。当前，经济全球化趋势并没有改变，而且正在向纵深发展。在经济全球化的未来发展中，国际金融越来越活跃，对经济发展的影响越来越大；贸易自由化

---

① 《江泽民文选》第 1 卷，人民出版社，2006，第 241 页。

② 《江泽民文选》第 2 卷，人民出版社，2006，第 422 页。

③ 需要说明的是，这里所论及的主要是经济全球化，而不包括其他方面的全球化。虽然有人主张，全球化不仅包括经济全球化，也包括政治全球化和文化全球化。我国政界和理论界关于全球化的主流观点都是指经济全球化，而不谈政治、文化、社会生活及其他方面的全球化。之所以反对把全球化扩大到政治领域与文化领域，其实质是因为反对发达国家把其政治制度强加给发展中国家，特别是发展中的社会主义国家。这也是发展中国家的主流观点，反映了发展中国家在当今发达资本主义国家主导全球化的历史条件下的一种自我选择。

受到人们越来越多的关注，也给各国经济尤其是发展中国家的经济发展带来了重大挑战。经济全球化始终是机遇与挑战并存，它为人类社会发展所创造的条件和带来的问题都不容忽视。当代马克思主义者要紧紧把握这一发展态势和基本判断。

第三，要深刻把握文化多样化的发展态势。文化多样化是人类社会发展的一个基本特征。目前世界上有 200 多个国家和地区、2500 多个民族、6000 多种语言。不同的民族创造了各自独特的文化，不同国家和地区的人民共同创造了丰富多彩的世界文化。"世界是丰富多彩的。我们生活在同一个地球，应该承认世界多样性的客观事实。"① 文化多样化也是人类文明进步的重要动力。世界文化多样化具有"和而不同"的特征，表现为不同文化之间"你中有我、我中有你"，这是不同文化相互依存、对话、交流的结果。在当今时代，文化多样化是人类社会发展呈现出来的基本状态，更是未来发展的必然趋势。任何一个国家和民族都"应尊重各国的历史文化、社会制度和发展模式，承认世界多样性的现实。世界各种文明和社会制度，应长期共存，在竞争比较中取长补短，在求同存异中共同发展"②。唯有如此，才能顺应文化多样化的发展潮流，才能在促进自身发展的同时为人类文明发展做出应有的贡献。当代马克思主义者要深刻把握这一基本特征和发展态势。

第四，要深刻把握社会信息化的发展态势。放眼当今世界，信息技术发展突飞猛进，信息产业迅速壮大，信息化的浪潮汹涌澎湃，正不可阻挡地渗透到人类社会的各个方面，社会信息化已成为世界经济和社会发展的大趋势。当代社会信息化发展态势已经对人类社会的发展造成了全方位的重大影响，推动着人类社会从工业社会迈入信息社会。信息化的程度已经成为各国综合国力的重要标志，成为 21 世纪世界各国较量的焦点。社会信息化，有利于加强国际经济、技术合作，有利于更广泛地开发利用信息资源，对提高全世界人民的生活水平和生活质量将起到无可估量的作用。但是，由于受本国经济实力和技术水平的局限，各国在信息化的进程中扮

---

① 中共中央文献研究室编《江泽民论有中国特色社会主义（专题摘编）》，中央文献出版社，2002，第 543 页。

② 《江泽民文选》第 3 卷，人民出版社，2006，第 298 页。

演着不同的角色。发达国家与发展中国家在信息化上的差距，有可能加大南北贫富差距，形成数字鸿沟。这又给人类的和平与发展带来了挑战。当今世界，社会信息化的趋势将继续深入发展，继续给人类生产生活带来深刻影响。当代马克思主义者应深刻把握这一基本特征和发展态势。

党的十八大报告指出："当今世界正在发生深刻复杂变化，和平与发展仍然是时代主题。世界多极化、经济全球化深入发展，文化多样化、社会信息化持续推进。"① 这一判断为我们准确把握当今世界的发展态势提供了重要依据。在当今时代，只有全面把握世界发展的"四化"态势，才能对马克思主义时代化的历史方位有一个正确的判断，才能推进马克思主义与时代条件的紧密结合。

二　完整准确地理解马克思主义是马克思主义时代化的思想基础

要实现马克思主义时代化，首先要弄清楚什么是马克思主义、怎样对待马克思主义，这是前提和基础。马克思主义真正被当作认识工具和方法来运用，被当作理论基础来坚持，这是实现马克思主义时代化的首要工作。而要做到这一点，就需要对马克思主义的科学体系、理论品质和功能效应进行系统、完整把握，深入理解马克思主义，科学解读马克思主义，真正把握马克思主义的基本原理、观点、方法和精神，用马克思主义武装头脑。

1."什么是马克思主义"是马克思主义时代化的首要问题

马克思主义时代化的本质是使马克思主义随着时代的发展变化而与时俱进，核心是不断保持和发展马克思主义的时代先进性。马克思主义时代化是坚持和发展马克思主义的具体体现，这就决定了马克思主义时代化要首先回答"什么是马克思主义"的问题。只有做到完整准确地理解马克思主义，马克思主义时代化才能有一个可靠的认识基础和正确的出发点，才能做到真正坚持和发展马克思主义。回答这一问题是马克思主义时代化的首要任务。

①　胡锦涛：《坚定不移沿着中国特色社会主义道路前进　为全面建成小康社会而奋斗——在中国共产党第十八次全国代表大会上的报告》，人民出版社，2012，第46页。

要搞清楚"什么是马克思主义"绝非易事。新中国成立以后，特别是社会主义改造基本完成后党逐渐走了"左"倾错误的发展道路，使我国社会主义建设出现重大失误，留下了极其严重的教训。一个重要原因就是没有真正搞清楚"什么是马克思主义"，邓小平多次强调了这一点。他说："多年来，存在一个对马克思主义、社会主义的理解问题。""马克思去世以后一百多年，究竟发生了什么变化，在变化的条件下，如何认识和发展马克思主义，没有搞清楚。"① "什么叫社会主义，什么叫马克思主义？我们过去对这个问题的认识不是完全清醒的。"② "社会主义是什么，马克思主义是什么，过去我们并没有完全搞清楚。"③ 邓小平在总结经验教训的基础上明确提出："我们的经验教训有许多条，最重要的一条，就是要搞清楚这个问题。"④ 胡锦涛同志在纪念党的十一届三中全会召开30周年大会上的讲话中指出："三十年来，我们党的全部理论和全部实践，归结起来就是创造性地探索和回答了什么是马克思主义、怎样对待马克思主义，什么是社会主义、怎样建设社会主义，建设什么样的党、怎样建设党，实现什么样的发展、怎样发展等重大理论和实际问题。"⑤ 这表明，不断深入理解、科学解读和诠释马克思主义是始终贯穿于马克思主义中国化、时代化的全过程的。

在新的时代条件下继续推进马克思主义时代化，还需要继续深化对"什么是马克思主义"这一问题的认识。经过30多年的改革与发展，我们取得了巨大的成绩，但经济社会生活中也存在不少影响科学发展、和谐发展的深层次矛盾，出现了一些新情况、新问题，发展呈现出一系列新的阶段性特征。党的十八大提出"全面建成小康社会"的新要求，中国特色社会主义事业发展正站在一个新的历史起点上。面对新形势、新任务，面对国际国内的严峻考验，面对前进道路上的诸多困难和风险，我们必须根据实践发展的要求，继续解放思想，继续突破对马克思主义的教条式理

---

① 《邓小平文选》第 3 卷，人民出版社，1993，第 291 页。
② 《邓小平文选》第 3 卷，人民出版社，1993，第 63 页。
③ 《邓小平文选》第 3 卷，人民出版社，1993，第 137 页。
④ 《邓小平文选》第 3 卷，人民出版社，1993，第 116 页。
⑤ 中共中央文献研究室编《十七大以来重要文献选编》（上卷），中央文献出版社，2009，第 808 页。

解，进一步深化对"什么是马克思主义"的认识，通过研究新情况，总结新经验，解决新问题，不断把马克思主义时代化推向前进。

2. 要实现马克思主义时代化，就要准确把握马克思主义的科学内涵

对于什么是马克思主义，我们可以从不同的角度做出不同的概括，进行不同的表述。但不管做怎样的表述，都必须紧紧抓住作为科学理论体系的精神实质来认识。"马克思主义是关于自然界、人类社会和人的思维发展的一般规律的学说，是工人阶级的世界观和方法论，是实现共产主义和人类解放的理论体系。"① 笔者认为，马克思主义的科学理论体系包含三个不同层次的内容。

一是根本内核。这是指马克思主义的立场、观点和方法。"马克思主义立场观点方法，贯穿于马克思列宁主义、毛泽东思想和中国特色社会主义理论体系之中，是马克思主义科学思想体系的精髓所在。"② 马克思主义的立场、观点和方法的具体内容，包括代表无产阶级和人民群众根本利益的阶级立场，辩证唯物主义和历史唯物主义的世界观与方法论以及实现共产主义的价值理想。胡锦涛曾经指出："马克思主义政党的一切理论和奋斗都应致力于实现最广大人民的根本利益，这是马克思主义最鲜明的政治立场。""辩证唯物主义和历史唯物主义的世界观和方法论，是马克思主义最根本的理论特征。""实现物质财富极大丰富、人民精神境界极大提高、每个人自由而全面发展的共产主义社会，是马克思主义最崇高的社会理想。"③ 这三个"最"分别讲了马克思主义的阶级立场、哲学基础和价值理想，也就是马克思主义最根本的"立场、观点和方法"，构成了马克思主义最根本的"思想内核"。这三条是马克思主义的根本，丢掉了这三条中的任何一条，就是从根本上丢掉了马克思主义。马克思主义的根本内核，是马克思主义科学体系中第一层次的内容。

二是基本原理。所谓基本原理，就是被长期实践反复证明了的、在一

---

① 靳辉明、李崇富主编《马克思主义若干重大问题研究》，社会科学文献出版社，2006，第 13 页。

② 习近平：《深入学习中国特色社会主义理论体系努力掌握马克思主义立场观点方法》，《求是》2010 年第 7 期。

③ 中共中央文献研究室编《十六大以来重要文献选编》（上卷），中央文献出版社，2005，第 362～364 页。

定领域内具有普遍真理性的科学原理。它是由马克思主义或马克思主义某一学科的基本范畴构成的，反映了事物发展的普遍规律，因而具有普遍的指导意义。马克思主义理论体系由一系列相互联系的基本原理构成，如关于社会形态和社会基本矛盾运动规律的学说、劳动价值论和关于揭露资本剥削劳动的秘密的剩余价值学说、关于阶级和阶级斗争的学说、关于社会主义必然代替资本主义的理论、关于社会主义革命和无产阶级专政的理论、关于无产阶级政党的学说、关于社会主义本质特征和社会主义建设的理论等。这些基本原理，主要揭示了马克思主义关于人类社会发展过程的基本规律，具有普遍真理性，是我们行动的指南。坚持基本原理就是坚持马克思主义，否定基本原理就是否定马克思主义。马克思主义基本原理是马克思主义科学体系中第二层次的内容①。

三是个别结论，也就是运用马克思主义观点和方法，研究一定历史条件下的特殊社会矛盾和革命形势而得出的具体结论。个别结论是对某一具体事物特殊本质的反映，其真理性因条件的改变而改变，因而不具有普遍的指导意义。比如，社会主义革命在许多资本主义国家"同时发生"和"一国胜利"论，社会主义革命在城市爆发夺取政权和农村包围城市夺取胜利等。这些个别结论因为是根据当时特殊革命形势和环境而得出的正确认识，有着直接的现实性，所以对当时的革命实践有着直接的指导意义。但由于时空条件的限制，它们会因形势和环境的变化而变成过时的东西②。我们不能因为这些个别结论失效而否定马克思主义的基本原理。马克思主义个别结论是马克思主义科学体系中第三层次的内容。

马克思主义科学理论体系是由上述相互联系的三个层次的内容组成的。对于马克思主义时代化来说，正确区分和对待这三个不同层次的内容

---

① 人们通常把马克思主义的立场、观点、方法视为马克思主义基本原理的组成部分。事实上，马克思主义的立场、观点、方法与马克思主义基本原理在马克思主义科学体系中处于不同的地位。前者是理论精髓，是思想内核；后者是理论体系的主体内容，是马克思主义立场、观点、方法应用于研究社会变革而导出的必然结论。江泽民同志在与军队高级干部理论研讨班学员座谈时提出了"两个坚定不移、不能含糊"，其中之一是"必须坚持马克思主义的立场、观点和方法，坚持马克思主义的基本原理"，这充分表明马克思主义的立场、观点和方法与马克思主义基本原理具有不同的地位与作用。

② 靳辉明：《划清马克思主义与反马克思主义的界限》，《马克思主义研究》1996年第11期。

具有不同的要求。对于马克思主义的根本内核，要强调在任何情况下都要旗帜鲜明地坚持，不能含糊；对于马克思主义基本原理，在当今时代要特别强调坚持和研究它，并且随着社会实践和科学的发展，用新的经验、新的思想去丰富和发展它，决不能因为某些局部的特殊情况和特殊变化而否定其普遍指导意义；对于马克思主义个别结论，要把它同马克思主义基本原理区别开来，要根据时代变化与时俱进地对待这些结论，避免犯教条主义错误。

基于对马克思主义科学内涵的理解，推进马克思主义时代化的发展，其基本思路就是，坚持无产阶级和人民大众的立场，运用辩证唯物主义和历史唯物主义，在新的时代背景下，坚持、运用和发展马克思主义基本原理，补充、丰富和创新马克思主义具体结论，推动人类社会实践朝着共产主义和人的自由全面发展的终极理想迈进。

3. 要实现马克思主义时代化，就要从整体上把握马克思主义的理论体系

马克思主义的理论体系是科学性与革命性相统一的理论体系，也是发展的理论体系。马克思主义时代化要注重把握这一理论体系的整体性，防止孤立、片面、分割等错误倾向。

首先，马克思主义是完整的、有机的理论整体，不能采用分割的态度来对待马克思主义。马克思主义是由"一整块钢铁"组成的科学体系，必须从基本原理所构成的体系上去把握马克思主义，而不能把马克思主义肢解和割裂开来。但长期以来，马克思主义却被分解为哲学、政治经济学和科学社会主义三个组成部分。这种三分法对于宣传学习马克思主义是有意义的，它使马克思主义能以清晰的面貌展现给人们，更容易被人们认识与掌握。但是，这种三分法也存在问题：把马克思主义理论体系划分为三个相互独立的部分，在事实上使理论研究在三个领域上分别展开，它在相当大的程度上割裂了马克思主义理论体系不同内容之间的关系，使得马克思主义的发展像一把需要三个钥匙同时转动才能打开的锁，任何一方缺位，发展都难以成功。这已经并正在制约马克思主义时代化的发展。因此，把马克思主义作为一个整体来认识，是推动马克思主义时代化发展首先要解决的问题。

其次，马克思主义是发展的理论体系，不能以孤立、静止的观点来看待马克思主义。马克思主义不仅是指马克思主义创始人马克思恩格斯的观点和学说，也包括后继者们在不同历史条件下和社会环境中，创造性地运用和发展这些观点和学说所形成的理论成果。无产阶级革命家列宁、毛泽东创立的列宁主义和毛泽东思想是马克思主义理论体系的重要组成部分，包含邓小平理论、"三个代表"重要思想和科学发展观在内的中国特色社会主义理论体系，也是发展着的马克思主义，是当代中国的马克思主义。马克思主义是各个历史时期无产阶级先进分子思想的集大成，其发展也是一脉相承的。在一些人的思维中，对马克思主义缺少辩证认识，存在将马克思主义划分出相对独立的过去时态和现在时态，借强调创新之名而偏离基本原则的错误现象，必须加以克服。我们要从发展的过程来理解马克思主义的理论体系，克服对马克思主义理解的片面化。

最后，马克思主义是思想体系，不能以个别观点来代替马克思主义。江泽民指出："马克思主义是严密而完整的科学的思想体系，始终是我们党、工人阶级和劳动群众认识世界、改造世界的行动指南。"[①] 马克思主义理论体系由许多相互联系的基本原理组成，我们必须在统一中加以把握，防止孤立、片面地理解和断章取义。就像列宁所说："马克思主义的全部精神，它的整个体系，要求人们对每一个原理都要（α）历史地，（β）都要同其他原理联系起来，（γ）都要同具体的历史经验联系起来加以考察。"[②] 推进马克思主义时代化，要切实防止只摘取和曲解马克思主义的只语片言，去代替和否定马克思主义的基本原理、基本方法和基本精神的错误做法。因为这样做，必然导致歪曲、肢解和割裂马克思主义的科学体系，从而不能正确认识马克思主义的科学性。一些人就是因为某个观点不能说明变化了的情况，便认为整个马克思主义都"过时了"。邓小平当年就强调说："毛泽东思想是个体系，是发展了的马克思主义。""我们不能够只从个别词句来理解毛泽东思想，而必须从毛泽东思想的整个体系

---

① 中共中央文献研究室编《十三大以来重要文献选编》（中卷），人民出版社，1991，第1143页。
② 《列宁专题文集——论马克思主义》，人民出版社，2009，第163页。

去获得正确的理解。"① 对马克思主义、列宁主义，对毛泽东思想，对中国特色社会主义理论体系，都应当采取这种科学态度。

三 既坚持又发展马克思主义是马克思主义时代化要确立的根本态度

态度是人们在一定实践基础上形成的对待事物的稳定的心理倾向，是认识、情感和意志的统一。中国共产党领导中国革命和建设的实践表明，只有用马克思主义的科学态度对待马克思主义；才能正确理解和掌握马克思主义；才能分清真假马克思主义，克服教条主义的马克思主义，消除各种对马克思主义的误解和曲解；才能在坚持马克思主义的基础上，正确推进马克思主义时代化。既坚持又发展马克思主义是对待马克思主义的正确态度，是实现马克思主义时代化的过程中应当确立的认识机制的重要内容。

1. "怎样对待马克思主义"是马克思主义时代化的基本问题

马克思主义时代化的实质在于在坚持马克思主义的同时根据时代变化发展马克思主义。在实现马克思主义时代化的过程中，必须以科学的态度对待马克思主义，必须首先面对和回答"什么是马克思主义、怎样对待马克思主义"这一基本问题。对这一问题的实践和理论探索，贯穿于中国共产党推进马克思主义中国化、时代化过程的始终。

长期以来，人们在如何对待马克思主义的问题上，始终存在两种偏执的观点：一种观点是把侧重点放在"坚持"上，其实质往往是把马克思主义理论当作教条来坚持，机械地照抄、照搬经典作家的具体结论，从而走向教条主义；另一种观点则把侧重点放在"发展"上，其实质往往是离开马克思主义的本性来谈发展，庸俗化地把许多东西附加于马克思主义，从而走向实用主义。这种把坚持马克思主义和发展马克思主义割裂开来，各执一词走向极端的观点和做法是不可取的。这些错误认识，常常对推进马克思主义时代化造成干扰。这也决定了在推进马克思主义时代化进程中，要始终着力处理好科学对待马克思主义的问题。

---

① 《邓小平文选》第 2 卷，人民出版社，1994，第 43 页。

在推进马克思主义时代化的过程中，能否科学对待马克思主义，直接影响到马克思主义和革命、建设事业的命运。在这个问题上，我们党是有着十分深刻的经验与教训的。中国共产党从建党之日起，就将马克思主义作为自身的根本指导思想，认识和接受马克思主义，是我们党全部实践活动和理论活动的历史起点和逻辑起点。在中国共产党以马克思主义为指导开展的长期革命斗争中，在每一个历史发展的关键时刻，关于"什么是马克思主义、怎样对待马克思主义"的问题，都会被一次次地提出来。党在思想斗争和实践发展中不断深化着对"怎样对待马克思主义"的认识，逐步形成了"既坚持又发展马克思主义"的正确态度，才不断开创了马克思主义中国化、时代化发展的新局面。

唯物辩证法认为，坚持和发展是密不可分的，坚持是发展的出发点和基础，发展是坚持的过程和归宿。离开坚持谈发展，或者离开发展谈坚持，都是对唯物辩证法的背离。只有在坚持的基础上发展，在发展的过程中坚持，把两者有机地统一起来，才是对待马克思主义的正确态度。也就是说，马克思主义时代化必须在坚持马克思主义与发展马克思主义的辩证统一中推进。我们既要坚持马克思主义的指导，不能背离马克思主义的立场、观点和方法；同时又不能把马克思主义当作教条对待，而是要随着实践的发展不断丰富和发展马克思主义，只有这样，我们才能真正把握住马克思主义时代化的真谛。

2. 马克思主义时代化要确立"既坚持又发展马克思主义"的科学态度

马克思主义时代化是坚持和发展马克思主义的辩证统一。坚持马克思主义基本原理，是正确推进马克思主义时代化的基本立场和首要前提；与时俱进地发展马克思主义，是马克思主义的本质所在。既坚持又发展马克思主义，是马克思主义时代化的本质要求，是对待马克思主义的唯一正确态度。同时，确立这一正确态度，必须真正弄清"坚持什么，发展什么"的问题，这对于马克思主义时代化有着重大意义。"在'坚持什么'中蕴含着马克思主义时代化的标准，而'发展什么'就是马克思主义时代化的内涵。"① 邓小平指出："我们坚持的和要当作行动指南的是马列主义、

①　刘海龙：《马克思主义时代化的几重要求》，《理论探索》2012 年第 3 期。

毛泽东思想的基本原理，或者说是由这些基本原理构成的科学体系。至于个别的论断，那末，无论马克思、列宁和毛泽东同志，都不免有这样那样的失误。但是这些都不属于马列主义、毛泽东思想的基本原理所构成的科学体系。"① 说到底，马克思主义时代化必然面临一个准确把握坚持和发展马克思主义的科学内涵的问题。

首先，马克思主义时代化要始终坚持马克思主义的科学体系。马克思主义的科学体系，是由马克思主义的立场、观点、方法以及马克思主义基本原理构成的。马克思主义的价值立场和社会理想，辩证唯物主义和历史唯物主义的世界观和方法论，还有根据这些科学世界观和方法论研究人类社会发展规律而确立的一系列基本原理，是马克思主义的思想内核，是马克思主义科学体系的基本构成。我们要坚持马克思主义，就是要坚持马克思主义的科学体系。违背了这种科学体系就必然脱离马克思主义，马克思主义时代化就必然脱离正确轨道。同时，马克思主义的科学体系也具有极大的包容性，为马克思主义与时俱进地广泛吸纳各个历史时期人类文明精华打开了广阔通途，提供了宏大平台和广阔空间。试想，有了实现共产主义这一马克思主义的最高价值理想，有了解放全人类这一马克思主义的宽广胸怀，还有什么样的文明成果不能被包容进来呢？还有什么样的时代精神不能被吸纳进来呢？人类文明的精华是马克思主义时代化最大的生长载体和发展空间②。

其次，马克思主义时代化要始终坚持马克思主义的实践品格。实践品格是马克思主义的根本特征，一切从实际出发是马克思主义的根本要求。马克思主义经典作家曾经把自己的理论称为"实践的唯物主义"，并一再强调理论既源于实践，又指导实践，实践是检验真理的唯一标准。教条主义经常把马克思主义奉为只能顶礼膜拜的神圣教义，把发展马克思主义当作离经叛道，其基本特征是主观与客观相分裂，认识与实践相脱离。推进马克思主义时代化，要始终坚持马克思主义的实践品格，坚持一切都要从实际出发的原则。实践品格改变了，马克思主义就会变为僵死的、教条的

---

① 《邓小平文选》第 2 卷，人民出版社，1994，第 171 页。

② 刘光明：《论马克思主义时代化的理论特质》，《南京政治学院学报》2011 年第 1 期。

马克思主义，时代化问题就无从谈起。

最后，马克思主义时代化要与时俱进地发展马克思主义的理论内容。马克思主义的科学世界观和方法论为人们认识世界、改造世界提供了强大的思想武器。推进马克思主义时代化，要坚持以马克思主义科学体系为指导，正确认识时代，解决时代课题，汲取时代精华，同时也促进马克思主义理论自身的发展。对于马克思主义的基本原理，要与时俱进地发展。恩格斯指出："随着自然科学领域中每一个划时代的发现，唯物主义也必然要改变自己的形式。"① 现代科技革命、全球化、生态危机、社会主义市场经济这些新的时代条件是马克思恩格斯所处时代并不具备的，这些现象背后隐藏的规律也是他们没有充分阐述的。因而，推进马克思主义时代化，就是要通过对这些现象的深入研究，把握其中蕴涵的规律，在彰显马克思主义辩证法和唯物史观当代价值的同时，与时俱进地发展马克思主义基本原理。对于经典作家的个别结论，则要与时俱进地加以创新。事实上，马克思恩格斯也反复强调，自己没有义务对将来某个时期的具体做法提出建议，他们所回答的问题只是当时当地的现实问题。从当今的时代条件和现实需要来看，马克思主义对于社会主义发展阶段、道路问题的预期需要随着时代的变化而调整，这也是马克思主义时代化的具体任务。

3. 马克思主义时代化要全面把握"既坚持又发展马克思主义"的基本要求

在马克思主义时代化过程中，要真正做到既坚持又发展马克思主义，需要有必要的外在条件作为保障，事实上也就是人们坚持和发展马克思主义必须遵循的基本要求。

首先，要毫不动摇地坚持马克思主义的指导地位。

马克思主义是我们立党立国的根本指导思想。马克思主义的指导地位归根到底是由它的科学性与阶级性相统一的本质决定的。"马克思主义揭示了世界发展的普遍规律特别是人类社会历史发展的普遍规律，是无产阶级和劳动人民认识世界和改造世界的强大思想武器。"② 一方面，马克思

---

① 《马克思恩格斯文集》第 4 卷，人民出版社，2009，第 281 页。

② 中共中央文献研究室编《十三大以来重要文献选编》（下卷），人民出版社，1993，第 1634 页。

主义是科学的世界观和方法论。"马克思列宁主义是从客观实际产生出来又在客观实际中获得了证明的最正确最科学最革命的真理。"① 马克思主义诞生 160 多年来，能够从最初的社会主义运动中的一股思潮，发展到今天成为亿万人民手中的强大思想武器，能够引导无产阶级和人民群众英勇斗争不断取得胜利，在根本上是由马克思主义的内在科学真理性决定的。另一方面，马克思主义又是"无产阶级的思想体系"，它反映了无产阶级和广大劳动群众的根本利益和要求。正如列宁指出："只有马克思主义的世界观才正确地反映了革命无产阶级的利益、观点和文化。"② "只有革命马克思主义的理论，才能成为工人阶级运动的旗帜。"③ 马克思主义的科学真理性和人民性决定了在社会主义革命和建设事业过程中，必须毫不动摇地坚持以马克思主义为指导。

马克思主义的指导地位是坚持和运用马克思主义基本原理的重要保证。如果这一指导地位被动摇，坚持马克思主义基本原理就会成为一句空话，马克思主义时代化就无从谈起。在当代中国，坚持马克思主义最重要的就是要坚持中国特色社会主义理论体系。因为"中国特色社会主义理论体系是同马克思列宁主义、毛泽东思想既一脉相承又与时俱进的科学理论体系"④。"在当代中国，坚持马克思列宁主义、毛泽东思想，就要毫不动摇地坚持中国特色社会主义理论体系；坚持中国特色社会主义理论体系，就是真正坚持马克思列宁主义、毛泽东思想。"⑤

其次，要旗帜鲜明地反对对待马克思主义的错误倾向。

在马克思主义时代化的实践中，要把坚持马克思主义和发展马克思主义有机统一起来，旗帜鲜明地反对把两者割裂开来的错误倾向。一是要反对马克思主义"过时论"。有人打着"发展马克思主义"的旗号，干着修正马克思主义的勾当，这是要加以高度警惕和明确反对的。马克思主义时

---

① 《毛泽东选集》第 3 卷，人民出版社，1991，第 817 页。
② 《列宁专题文集——论社会主义》，人民出版社，2009，第 167 页。
③ 《列宁专题文集——论马克思主义》，人民出版社，2009，第 92 页。
④ 中共中央文献研究室编《十七大以来重要文献选编》（上卷），中央文献出版社，2009，第 250 页。
⑤ 中共中央文献研究室编《十七大以来重要文献选编》（上卷），中央文献出版社，2009，第 206 页。

代化的第一要义，是信仰马克思主义、坚持马克思主义、用马克思主义指导解决时代课题。如果根本就不相信马克思主义，离开了马克思主义这个前提，或者行动同马克思主义根本就不沾边，所谓马克思主义时代化就无从谈起。历史经验也表明，凡是坚持马克思主义这一立场，马克思主义时代化就能在正确的方向上推进，从而不断开辟马克思主义发展的新阶段；凡是背离马克思主义，马克思主义时代化过程必然步入歧途，最终走向非马克思主义或反马克思主义。二是要反对把马克思主义教条化。有人打着"坚持马克思主义"的旗号，教条化地照抄、照搬马克思主义。马克思主义基本原理只能提供观察问题和处理问题的指导原则，不可能提供解决具体问题的现成答案。教条主义的根源就是不了解普遍与特殊的区别，更不了解两者的辩证关系。教条主义以为坚持马克思主义就是照抄、照搬，结果造成主观与客观相分裂，认识与实践相脱离。一切以书本论述为准，全凭书本去裁剪新事物，对待新问题，这是教条主义的典型表现，对发展和创新极为不利。

坚持以科学的态度对待马克思主义，反对各种错误倾向，是中国共产党人不断推进马克思主义时代化的一条重要经验和优良传统。毛泽东认为："马克思这些老祖宗的书，必须读，他们的基本原理必须遵守，这是第一。但是，任何国家的共产党，任何国家的思想界，都要创造新的理论，写出新的著作，产生自己的理论家，来为当前的政治服务，单靠老祖宗是不行的。"[1] 邓小平在强调"老祖宗不能丢"[2] 的同时告诫我们："马克思主义理论从来不是教条，而是行动的指南。它要求人们根据它的基本原则和基本方法，不断结合变化着的实际，探索解决新问题的答案，从而也发展马克思主义理论本身。"[3] 党的十六大强调："要坚持马克思主义基本原理，又要谱写新的理论篇章，要发扬革命传统，又要创造新鲜经验。善于在解放思想中统一思想，用发展着的马克思主义指导新的实践。"[4]

---

[1] 《毛泽东文集》第 8 卷，人民出版社，1999，第 109 页。

[2] 《邓小平文选》第 3 卷，人民出版社，1993，第 369 页。

[3] 《邓小平文选》第 3 卷，人民出版社，1993，第 146 页。

[4] 中共中央文献研究室编《十六大以来重要文献选编》（上卷），中央文献出版社，2005，第 10 页。

我们要坚持继承和弘扬这一优良传统。

最后，要树立马克思主义的学风。

要坚持用马克思主义的立场、观点、方法来研究和解决中国的现实问题。毛泽东在延安整风时就强调："应确立以研究中国革命实际问题为中心，以马克思列宁主义基本原则为指导的方针，废除静止地孤立地研究马克思列宁主义的方法。"① 党的十五大报告也指出："离开本国实际和时代发展来谈马克思主义，没有意义。静止地孤立地研究马克思主义，把马克思主义同它在现实生活中的生动发展割裂开来、对立起来，没有出路。"② 在当前，树立马克思主义的学风，就是要以我国改革开放和现代化建设的实际、以我们正在做的事情为中心，着眼于马克思主义理论的运用，着眼于对实际问题的理论思考，着眼于新的实践和新的发展。

总之，马克思主义的历史命运，从来都是适应时代的需要向前发展的。在当今时代条件下，只有以发展的科学态度对待马克思主义，才能深刻理解和把握马克思主义的精神实质，才能不断增强推进马克思主义时代化的责任感和使命感，从而推动马克思主义不断开辟新境界，进入新阶段。

第二节　马克思主义时代化的发展动力

把马克思主义基本原理与时代特征相结合，不断推进马克思主义时代化，是一项复杂而艰巨的伟大工程，需要深厚而持久的动力支撑。这种发展动力，既离不开马克思主义理论品质所具有的内在驱动力，也离不开改革开放所提供的外在推动力；既需要作为马克思主义时代化主体的中国共产党发挥直接推动作用，也需要作为具体实践活动主体的人具备精神动力支撑。

一　与时俱进的理论品质是马克思主义时代化的内在动力

理论的品质，就是理论的内容和形式所表现出来的风格、气质和特

---

① 《毛泽东选集》第 3 卷，人民出版社，1991，第 802 页。
② 《江泽民文选》第 2 卷，人民出版社，2006，第 12 页。

点。江泽民强调："马克思主义具有与时俱进的理论品质。"① 与时俱进的"时"，就是不断发展变化着的客观实际，"进"就是随着发展变化着的客观实际而发展。马克思主义作为时代的产物，其个别论断不可避免地带有历史局限性；马克思主义理论的价值，不在于它已经给出的结论，而在于其与时俱进的精神和品质。马克思主义与时俱进的理论品质，表现在实践性、批判性和开放性等基本方面，这为实现马克思主义时代化提供了源源不断的内在驱动力量。

1. 马克思主义突出的实践性为马克思主义时代化提供了动力源泉

马克思主义具有突出的实践性。马克思主义作为指导无产阶级革命实践的科学世界观，与先前一切理论体系的根本区别，就在于产生于实践，在实践中不断发展完善，并以指导实践作为最终归宿。这种鲜明的实践性推动着马克思主义在实践中不断与时俱进，这是马克思主义时代化的动力源泉。

社会生活在本质上是实践的。实践"这种活动、这种连续不断的感性劳动和创造、这种生产，正是整个现存的感性世界的基础"②。实践决定着人的生存和发展，人的全部社会生活在实践的基础上展开。马克思曾明确指出自己的理论不是从观念出发，而是从"现实的人"的活动出发，是面向实践、立足实践的科学理论。实践是理论发展的决定力量。客观世界的运动变化日新月异，永远没有终结，使得人类为了生存与发展而必然不断从事的各种形式的实践活动具有无限发展的特质。马克思主义是深深地植根于实践又在实践中不断发展的理论，其实践特性决定了它需要随着时代的变化不断与时俱进。

马克思主义不是停留于从实践中认识世界，而是要在实践中改变世界。"实际上，而且对实践的唯物主义者即共产主义者来说，全部问题都在于使现存世界革命化，实际地反对并改变现存的事物。"③ 这就赋予了马克思主义实践地、革命地改造世界这一重要特征。客观世界错综复杂，存在许多特殊的过程和特殊的规律需要人们不断地去认识、去发现，去根

---

① 《江泽民文选》第3卷，人民出版社，2006，第282页。
② 《马克思恩格斯文集》第1卷，人民出版社，2009，第529页。
③ 《马克思恩格斯文集》第1卷，人民出版社，2009，第527页。

据新的实践、新的发展变化总结出新的理论。每一次理论创新，都只能解决一定条件下历史进程中的一些重大问题，不可能穷尽客观世界的一切方面和过程。因此，作为能动地反映客观实际的先进思想和理论，马克思主义又必然随着实践的发展而发展。

总之，实践创造了理论发展的需要，又提供了理论发展的动力。理论与实践相结合，指导实践并不断地随着实践的发展而发展，这是马克思主义发展的一条重要规律。马克思主义的发展史也充分地说明了马克思主义是在实践中不断发展、与时俱进的。中国共产党人正是在长期的革命、建设和改革的实践中，把马克思主义基本原理同时代条件和中国实际相结合，不断推进了马克思主义中国化、时代化，从而指导中国革命和建设取得了成功，也实现了马克思主义理论的与时俱进。

2. 马克思主义内在的拓展性为马克思主义时代化奠定了内在需求

马克思主义具有内在的拓展性，这是由其本质和立场决定的。首先，从本质内容上看，马克思主义是关于自然、人类社会和思维发展的最一般规律的科学。自然、社会和思维的内容是无限丰富的，其活动形式是多种多样的，其发展过程也是纷繁复杂的。这就必然要求马克思主义时时处处正视实践的挑战，倾听实践的呼声，把自己当作实践的内在环节，随着实践的发展而发展。其次，从阶级立场上看，它是工人阶级及其政党的世界观，是代表工人阶级和广大人民根本利益和要求的科学理论。工人阶级和广大人民作为实践的主体，其认识和改造世界的活动是一个持续发展的过程，马克思主义为适应人民不断增长的需要必然要在这个过程中接受实践检验，并把亿万群众创造的新鲜经验上升为科学理论，从而使自身随着社会实践的发展不断丰富和发展。马克思主义这种紧随实践发展而发展的拓展性，是马克思主义深刻的本质属性，是马克思主义区别于其他学说的重要标志，从根本上体现了与时俱进的理论品质。

拓展性作为马克思主义的自觉要求和内在品质，为马克思主义时代化奠定了内在需求。它内在地要求人们根据它的基本原理和基本方法，不断总结变化的实际，探索解决新问题的答案，从而发展马克思主义理论本身。马克思恩格斯就是坚持拓展性要求推进马克思主义时代化的典范。他们把自己创造的理论运用到新的实践中，而且特别注意不断根据工人运动的新经验和资本主义发展的新情况，来检验、丰富和发展这一科学理论。与马克思恩格斯一样，新时期以来的中国共产党人秉承马克思主义的拓展性特质，坚持以建设中国特色社会主义的实践为基础，坚持解放思想、实事求是、与时俱进，创造性地提出了一系列新思想、新观点、新论断，丰富和发展了马克思主义。

3. 马克思主义高度的开放性为马克思主义时代化提供了内在动因

马克思主义的理论体系是一个科学的开放的体系。马克思主义作为科学的理论，不是一劳永逸的"百科全书"，它总是凭借时代的发展和历史条件的变化而不断丰富自身的理论内容，拓展自身的理论形态，呈现出鲜明的开放性特征。这种开放性，是马克思主义与时俱进理论品质的必然要求和本质反映。开放性为马克思主义时代化提供了内在动因，推动着马克思主义在广泛吸纳人类文明成果的过程中不断与时俱进。

马克思主义所具有的开放性，具体表现为以下两个方面：首先，马克思主义具有面向世界的开放性。马克思恩格斯在创立马克思主义的过程中，大胆突破"地域性思维方式"，而始终以世界性思维方式观察和思考人类社会发展规律。这种面向世界的开放思维方式，为以后的历代共产党人发展和创新马克思主义提供了思维范式，从而使马克思主义从来都不曾离开人类文明发展大道而故步自封、自我发展，而是在坚持马克思主义基本原理的基础上，最大限度地吸纳人类创造的一切文明成果。其次，马克思主义具有面向未来的开放性。在马克思主义看来，"不存在任何最终的东西、绝对的东西、神圣的东西"①。一切事物都是作为过程而存在的，都具有暂时性。马克思主义从来不把自己当作"终极真理"，而把自身看作"进一步研究的出发点和供这种研究使用的方法"②。马克思主义这种面向世界和未来的开放性，决定了它从来不拒绝任何有科学价值的理论和学说，而是时刻关注人类在探索中取得的新思想、新理论、新观念，善于吸收与借鉴人类社会创造的一切新的文明成果，利用它们继续科学地开拓和探索真理。这使得马克思主义以坚实的脚步紧跟人类实践发展

①　《马克思恩格斯文集》第 4 卷，人民出版社，2009，第 270 页。
②　《马克思恩格斯文集》第 10 卷，人民出版社，2009，第 691 页。

的步伐，在阶段性、继承性和创新性相统一的过程中推进马克思主义的
不断发展①。

4. 马克思主义鲜明的批判性为马克思主义时代化提供了内在张力

马克思主义与时俱进的理论品质的又一表现，就是它具有鲜明的批判
性。批判精神是马克思主义最为可贵的精神之一。这种批判精神既包括批
判一切现存的事物，批判和继承前人创造的一切优秀成果，也包括运用批
评和自我批评的武器进行自我批判，通过纠正自身的错误实现自我超越。
马克思主义的批判性为实现马克思主义时代化提供了内在张力。

批判性是马克思主义的理论本性。马克思指出："辩证法在对现存事
物的肯定的理解中同时包含对现存事物的否定的理解，即对现存事物的必
然灭亡的理解；辩证法对每一种既成的形式都是从不断的运动中，因而也
是从它的暂时性方面去理解；辩证法不崇拜任何东西，按其本质来说，它
是批判的和革命的。"② 马克思主义以唯物辩证法作为哲学基础，从这个
意义上可以说，马克思主义的本性也是批判的、革命的。马克思主义是面
向无产阶级的思想理论武器，无产阶级受剥削、受压迫的阶级地位决定了
其阶级本性就是批判的、革命的。这些都决定了马克思主义从它诞生的那
天起，就以批判者、革命者的姿态开始了其理论活动及其发展史。

马克思主义的批判性包括两个方面。一是对其他各种思想、理论、学
说的批判。马克思主义通过批判封建和资本主义的文化、制度，批判继承
了前人创造的一切思想文化成果，批判形形色色的"左"右倾机会主义、
修正主义错误思潮，不断为自身的发展汲取营养和开辟道路。二是对自身
进行自我修正和自我更新。马克思主义创始人从来不把自己的理论看作
"包治百病的药方"，而是强调自己的具体论断"是从历史事实和发展过
程中得出的确切结论；不结合这些事实和过程去加以阐明，就没有任何理
论价值和实际价值"③。《共产党宣言》的各篇序言是马克思主义具有自我
修正和更新的批判性的有力证明，为马克思主义后来的创新和发展提供了
示范。

---

① 刘光明：《论马克思主义时代化的理论特质》，《南京政治学院学报》2011 年第 1 期。
② 《马克思恩格斯文集》第 5 卷，人民出版社，2009，第 22 页。
③ 《马克思恩格斯文集》第 10 卷，人民出版社，2009，第 548 页。

马克思主义的自我批判精神是马克思主义时代化的内在张力。在当今的时代条件下，中国共产党人强调要根据社会发展变化的客观实际，自觉把思想认识从那些不合时宜的观念、做法和体制的束缚中解放出来，从对马克思主义错误的和教条式的理解中解放出来，从主观主义和形而上学的桎梏中解放出来，正是这种批判精神的鲜明体现。它推动着我们坚持解放思想、实事求是、与时俱进，不断深化对客观规律的认识，使马克思主义始终保持蓬勃的生机与旺盛的活力。

二　改革开放的伟大实践是马克思主义时代化的外在动力

改革开放是马克思主义基本原理与当代中国发展实际紧密结合的伟大实践，是马克思主义真理性与科学性的生动证明，同时也是马克思主义在当代发展的实践基础和重要机制。胡锦涛同志在党的十七大报告中指出："只有改革开放才能发展中国、发展社会主义、发展马克思主义。"① 改革开放既是发展社会主义的强大动力，也是发展马克思主义的强大动力。在当代中国，改革开放的伟大实践是马克思主义时代化的外在动力，继续深化改革开放将推动马克思主义时代化不断迈向新的阶段。

1. 改革开放是我国新时期马克思主义时代化的实践推力

马克思主义的本质是实践的，实践是马克思主义发展的根本动力。人们总是在实践中提出问题、发展认识、完善理论。改革开放是当代中国最伟大的实践。党的十一届三中全会做出了实行改革开放的历史性决策，开启了改革开放的伟大实践历程。改革开放使我国的发展与世界趋势相吻合，与时代潮流相一致，为马克思主义的发展确立了新的实践起点，也使马克思主义时代化具备了正确的时代坐标。改革开放的伟大实践对于马克思主义时代化发挥了重要的推动作用，使马克思主义在新的实践基础上产生了新的时代内涵，丰富了新的时代认识，提升了新的发展境界。

改革开放创造了马克思主义时代化的理论需求。社会变革的需求，时

---

① 中共中央文献研究室编《十七大以来重要文献选编》（上卷），中央文献出版社，2009，第 8 页。

代发展的呼唤，从来都是理论创新和发展的动力之源。"改革开放是党在新的时代条件下带领人民进行的新的伟大革命。"① 这场伟大革命，既是解放和发展社会生产力的伟大革命，也是社会主义制度自我完善和发展的伟大革命，还是加强和改进党的自身建设的伟大革命。作为当代中国最深刻的社会变革，在改革开放过程中必然遇到许多新情况，涌现出许多新事物。这就必然需要指导我们事业的马克思主义理论随着社会变革和时代进步而创新发展，这样才能实现用发展的理论指导新的实践。马克思说："一切划时代的体系的真正的内容都是由于产生这些体系的那个时期的需要而形成起来的。"② 在当代中国，改革开放就提供了马克思所说的这样一个"时期的需要"。正是适应了这一实践需要，我们立足时代变化和实践发展，坚持、继承和发展了马克思主义，不断推进了马克思主义时代化，使马克思主义在新的时代放射出更加灿烂的真理光芒。

改革开放奠定了马克思主义时代化的实践基础。改革开放是中国共产党在和平与发展的时代主题条件下建设社会主义的崭新实践形式，是马克思主义在当代中国发展的新的实践基础。我们要进行的改革是从经济改革到政治改革和其他各个领域的全面改革。改革使我们重新认识社会主义的本质、体制、特征等重大问题，使我们的思想从一些对社会主义的歪曲的认识中解放出来，从对马克思主义的错误的教条式的理解中解放出来，在新的实践中不断总结新经验、升华新认识，从而丰富和发展马克思主义。对外开放则搭建了中国与世界联系与沟通的桥梁，促使我们广泛吸收和借鉴世界各国创造的一切优秀文明成果来发展社会主义，来充实马克思主义，从而使马克思主义的理论内涵更加丰富，时代特色更加鲜明。总之，改革开放为马克思主义时代化创造了新的发展契机，在改革开放中推进马克思主义时代化，也就成为了历史的必然。

总之，改革开放是一场新的伟大革命，也是一次新的伟大实践。推进马克思主义时代化的命题，是在改革开放和社会主义现代化建设伟大实践

---

① 中共中央文献研究室编《十七大以来重要文献选编》（上卷），中央文献出版社，2009，第5页。

② 《马克思恩格斯全集》第3卷，人民出版社，1960，第544页。

中提出的。这场伟大革命为推动马克思主义基本原理同当今时代特征相结合提供了广阔平台和最佳节点，使马克思主义获得了新的发展机遇和发展动力。在当代中国，马克思主义时代化就是在改革开放伟大实践的推动下实现的。实践已充分证明，改革开放是发展中国、发展社会主义的必由之路，也是马克思主义时代化的必由之路。

2. 改革开放的实践推动了马克思主义时代化的历史飞跃

马克思主义的每一次重大发展，总是与一定时代条件下的伟大革命联系在一起的。作为马克思主义时代化的历史性飞跃成果，中国特色社会主义理论体系的形成和发展是与改革开放的历史进程相伴随的，是在改革开放新的伟大革命的实践推动下实现的。

邓小平理论是在全面开启改革开放的伟大实践中产生的理论成果。邓小平作为改革开放的总设计师，以高瞻远瞩的智慧和胆略，对我国改革开放和现代化事业做了深刻的理论思考和实践把握。他指出，中国"要得到发展，必须坚持对外开放、对内改革"①。"中国一定要坚持改革开放，这是解决中国问题的希望。"② "改革开放要贯穿中国整个发展过程。"③正是在推进改革开放的过程中，邓小平对社会主义发展道路、发展阶段、根本任务、发展动力、领导力量、依靠力量等重大课题做了新的探索，提出了一系列新思想、新观点、新论断，创立了邓小平理论。邓小平理论的形成和发展，是与改革开放的进程相伴随的，是在改革开放实践推动下结出的理论硕果。

"三个代表"重要思想是在全面推进改革开放的伟大实践中产生的理论成果。20 世纪 80 年代末 90 年代初，我国的改革开放和社会主义建设事业面临着国际国内风云变幻的严峻考验。江泽民指出："实行改革开放是社会主义中国的强国之路，是决定当代中国命运的历史性决策。""必须坚定不移地推进改革开放。"④ 以江泽民为核心的党的第三代中央领导集体，高举邓小平理论伟大旗帜，坚持解放思想、实事求是、与时俱进，

---

① 《邓小平文选》第 3 卷，人民出版社，1993，第 202 页。
② 《邓小平文选》第 3 卷，人民出版社，1993，第 284 页。
③ 《邓小平文选》第 3 卷，人民出版社，1993，第 265 页。
④ 《江泽民文选》第 2 卷，人民出版社，2006，第 254 页。

成功稳住了改革和发展的大局，继续推进全面改革和扩大对外开放，开创了经济社会发展和党的建设的崭新局面，把改革开放伟大事业成功推向了21世纪。在这个过程中，以江泽民为核心的党的第三代中央领导集体进一步深刻总结了改革开放和社会主义现代化建设的实践经验，进一步回答了什么是社会主义、怎样建设社会主义的问题，创造性地回答了建设什么样的党、怎样建设党的问题，形成了"三个代表"重要思想。可以说，没有全面推进改革开放的伟大探索和伟大实践，"三个代表"重要思想的形成就没有实践基础。

科学发展观是在全面深化改革开放的伟大实践中产生的理论成果。21世纪以来，我国进入了改革的攻坚阶段和发展的关系时期。我国的经济社会发展呈现出一系列新的阶段性特征，一些深层次矛盾和问题日益凸显出来，经济社会发展面临着许多亟待解决的重点、难点和热点问题。胡锦涛指出："我国过去30多年的快速发展靠的是改革开放，我国未来发展也必须坚定不移依靠改革开放。""我们一定要坚定不移坚持党的十一届三中全会以来的路线方针政策，坚定信心、砥砺勇气，坚持不懈把改革创新精神贯彻到治国理政各个环节，奋力把改革开放推向前进。"① 以胡锦涛为总书记的党中央科学分析了我国发展的阶段性特征，准确把握了当今世界的时代潮流和当代中国的发展大势，坚定不移地全面深化改革开放，并在科学总结改革开放30多年实践经验和借鉴国外发展经验的基础上创立了科学发展观。21世纪以来深化改革开放的创新性实践，构成了形成科学发展观的实践基础和伟大推动力。

邓小平理论、"三个代表"重要思想以及科学发展观，既一脉相承，又与时俱进，共同构成了中国特色社会主义理论体系。这个理论体系是改革开放实践的产物，是随着改革开放的发展而形成的。改革开放作为我们党在新的时代条件下带领人民进行的新的伟大革命，30多年来不仅使中国人民的面貌、社会主义中国的面貌、中国共产党的面貌发生了历史性变化，而且有力地推动了马克思主义时代化的历史进程，开拓了马克思主义

---

① 胡锦涛：《在庆祝中国共产党成立90周年大会上的讲话》，人民出版社，2011，第18页。

时代化的崭新境界。

3. 深化改革开放将推动马克思主义时代化不断发展

改革开放是我们这个时代最伟大的实践，是我们时代最鲜明的特点。改革开放的伟大实践是在新的历史条件下推进理论创造的源头活水。当前，我们面临着继续深化改革开放的历史重任，改革开放实践的深化也必将推动马克思主义时代化不断向前发展。

经过 30 多年的改革开放，我国在经济建设取得重大成就的同时，许多深层次的问题逐渐暴露出来，以往改革过程当中长期积累下来的问题也到了亟待解决的时候。可以说，我国的改革到了攻坚阶段，深化改革面临的任务十分繁重，但是深化改革又面临着巨大的阻力和挑战。同时，我国全面对外开放的趋势已不可逆转，迫切需要提高对外开放的水平，但又面临着经济全球化条件下的严峻挑战。总之，我国的改革开放又走到了一个非常重要的历史关头，面临着难得的发展机遇和严峻的发展形势。这对于马克思主义来说，同样是机遇与挑战并存。

继续深化改革开放，将为中国特色社会主义的未来发展打开新的空间，同时也必将为马克思主义的发展打开新的空间。首先，进一步深化改革开放需要继续解放思想，这为马克思主义时代化准备了先决条件。新的时代条件使解放思想更具时代性、复杂性和艰巨性，也对解放思想提出了新的更高的要求。继续解放思想，要求我们必须向更深层次拓展，要坚持以新的视野认识新事物，以新的观念研究新情况，以新的理论回答新问题，以新的步伐跟上新时代。这正是实现马克思主义时代化的直接前提。其次，进一步深化改革开放必然实现开拓创新，这为实现马克思主义时代化提供了现实途径。当前深化改革开放要求我们把开拓创新精神贯彻到改革开放、治国理政的各个环节，大力推进理论创新、科技创新、制度创新和其他各个方面的创新，形成在开拓创新中推进改革开放、在改革开放中发展马克思主义的有机互动和良性循环。在解放思想基础上的开拓创新，是改革开放的唯一出路，也是发展马克思主义时代化的关键所在。

改革开放是一项长期的历史任务，马克思主义时代化也是一个永无止境的过程，在改革开放中推进马克思主义时代化是我们的必然选择和根本途径。在深化改革开放新的伟大实践过程中能动地推进马克思主义时代化进程，是当代中国共产党人的一项重要历史使命。在新的历史起点上，我们要继续高扬中国特色社会主义伟大旗帜，坚定不移地推进改革开放，引领 21 世纪的中国沿着中国特色社会主义道路奋勇前行，不断开辟马克思主义时代化新境界，让当代中国马克思主义放射出更加灿烂的真理光芒！

三　实事求是的思想路线是马克思主义时代化的直接动力

马克思主义时代化就是马克思主义基本原理与时代特征相结合进行理论创新。这种"结合"不是自然而然地实现的，需要具备一些基本条件：坚持马克思主义基本原理及其立场、观点和方法，准确把握时代特征和发展趋势，总结中国革命、建设和改革的新鲜经验，汲取一切时代精华，推进理论创新等。中国共产党是推进马克思主义时代化的主体，实现这种结合的关键就在于坚持党的思想路线。解放思想、实事求是、与时俱进、求真务实是党的思想路线的理论内涵，其中实事求是是党的思想路线的集中概括。党的思想路线是推动马克思主义基本原理与时代条件各个方面彼此联系、相互作用的直接驱动力量，驱动着它们在实践—理论—实践的动态过程中结合，在结合中创新。

1. 实事求是是推进马克思主义时代化的根本方法

解放思想、实事求是、与时俱进、求真务实，是马克思主义的精髓，也是马克思主义发展的重要思想武器。其中，实事求是体现了马克思主义唯物论、辩证法、认识论的高度统一，是党的思想路线的集中概括。

什么是实事求是？毛泽东在把马克思主义与中国革命实际相结合的过程中，最早提出了实事求是的思想路线。他说："'实事'就是客观存在着的一切事物，'是'就是客观事物的内部联系，即规律性，'求'就是我们去研究。"[①] 邓小平则进一步明确了实事求是的基本内容："实事求是，一切从实际出发、理论联系实际，坚持实践是检验真理的标准，这就是我们党的思想路线。"[②] 党的思想路线是一个有机联系的整体，其中实事求是是实质和核心，一切从实际出发是实事求是的根本出发点，理论联

[①]《毛泽东选集》第 3 卷，人民出版社，1991，第 801 页。
[②]《邓小平文选》第 2 卷，人民出版社，1994，第 278 页。

系实际是实事求是的根本途径和方法，在实践中检验真理和发展真理是实事求是的验证条件和目的。三者相互联系、相互贯通、各有侧重，但都是为了做到实事求是。

实事求是为马克思主义时代化确立了根本思想方法。一切从实际出发，就是要尊重和承认客观事实，全面、发展、辩证地看问题，做到"不唯书、不唯上、只唯实"，反对任何形式的本本主义和经验主义。理论联系实际，就是要把尊重客观实际与坚持马克思主义指导有机结合起来，用马克思主义理论观察、分析和解决实际问题，揭示客观事物的内部联系及其发展趋势并进行科学的理论概括。在实践中检验真理和发展真理，就是要把理论成果应用于实践，接受实践的检验，并根据新的实践不断丰富和发展马克思主义理论。应该说，实事求是的思想路线提供了马克思主义时代化思想方法论的完整概括。它揭示了马克思主义时代化为什么要结合时代条件、如何结合时代条件以及如何检验结合程度等方面的问题，为马克思主义时代化提供了方法论指导。

实事求是贯穿于中国共产党推进马克思主义时代化过程的始终。实事求是是毛泽东思想的逻辑起点，又是邓小平理论的核心范畴，是中国特色社会主义理论的精髓。胡锦涛指出："毛泽东思想、邓小平理论和'三个代表'重要思想都是解放思想、实事求是、与时俱进的科学理论，也都是我们党坚持解放思想、实事求是、与时俱进所取得的重大成果。"[1] 实事求是贯穿于中国特色社会主义理论形成和发展的全过程，同时，实事求是的内涵也在中国特色社会主义理论的发展过程中不断得到丰富和提升。从延安时代"实事求是"思想路线的确立，到改革开放之初"解放思想、实事求是"并提，再到进入 21 世纪后"解放思想、实事求是、与时俱进"的发展，进而到党的十八大确立"解放思想、实事求是、与时俱进、求真务实"作为科学发展观的精髓，党的思想路线的创新发展，为马克思主义时代化的历史进程提供了科学的世界观、方法论和强大的精神动力。

---

[1]　中共中央文献研究室编《十六大以来重要文献选编》（上卷），中央文献出版社，2005，第 645 页。

在 21 世纪的今天，推进马克思主义时代化有了新的时代方位。当代中国的马克思主义者在实事求是的思想路线指引下，积极探索和应对中国特色社会主义实践中的新情况、新问题，必将更好地把马克思主义与时代条件有机结合起来，从而不断赋予马克思主义以新的时代内容，为马克思主义时代化不断开拓发展道路。

2. 解放思想是推进马克思主义时代化的观念先导

解放思想是党的思想路线的本质要求。解放思想与马克思主义的发展历程始终相伴，与马克思主义时代化紧密相连，与马克思主义和社会主义的命运息息相关。解放思想也是中国共产党人推进马克思主义时代化的锐利武器和重要法宝，在马克思主义时代化过程中发挥着极为重要的先导作用。

什么是解放思想？邓小平指出："我们讲解放思想，是指在马克思主义指导下打破习惯势力和主观偏见的束缚，研究新情况，解决新问题。"① "解放思想，就是使思想和实际相符合，使主观和客观相符合，就是实事求是。"② 江泽民也指出："所谓解放思想，就是要勇于冲破落后的传统观念的束缚，善于从实际出发，努力去开拓进取。"③ 唯物辩证法认为，世界上一切事物都处在不停顿的运动和变化中，这决定了人们的认识也必须随着客观事物的推移和发展而不断地发展变化。如果人们的认识停留在某一阶段上，故步自封，就会成为阻碍客观世界发展的障碍。因此，要正确地认识世界和改造世界，就必须摆脱旧的思维模式和条条框框的约束，不断解放思想，使自己的认识适合客观世界的发展和变化。这也正体现了实事求是的本质要求。

解放思想对于马克思主义时代化发挥着重要的先导作用。把马克思主义基本原理同时代条件相结合，不断推进马克思主义时代化，在本质上是一个理论创新的复杂过程。解放思想作为人们在对待过去、现在与未来的关系中所表现出来的一种精神状态和思维方式，它的主要作用就是打破精

---

① 《邓小平文选》第 2 卷，人民出版社，1994，第 279 页。
② 《邓小平文选》第 2 卷，人民出版社，1994，第 364 页。
③ 中共中央文献研究室编《十三大以来重要文献选编》（下卷），人民出版社，1993，第2081 页。

神枷锁，突破传统观念。思想是否解放关系到马克思主义理论能否得到发展。邓小平指出："只有思想解放了，我们才能正确地以马列主义、毛泽东思想为指导，解决过去遗留的问题，解决新出现的一系列问题，正确地改革同生产力迅速发展不相适应的生产关系和上层建筑，根据我国的实际情况，确定实现四个现代化的具体道路、方针、方法和措施。"① 如果不能做到解放思想，完全迷信经典作家的"权威"，照抄、照搬马克思主义的"条条框框"，就不可能做到把马克思主义基本原理与时代具体实践相结合，而只会用"本本"来裁剪现实，从而走向僵化保守，马克思主义时代化就会成为一句空话。

纵览马克思主义时代化发展史，其每一次重大突破都是以解放思想为先导的。马克思恩格斯不断解放思想，在批判中发展自己的观点，使马克思主义成为具有世界意义的科学理论。列宁勇于突破教条主义的束缚，把马克思主义基本原理与时代特征和俄国的具体实践相结合，创立了社会主义革命的新理论，这是对传统马克思主义革命理论的重大突破和创造性发展，也是他善于独立思考、不断解放思想的结果。正是在突破传统观念的基础上，中国共产党人创造性地走出了一条不同于"城市中心论"的农村包围城市、武装夺取政权的新道路，并产生了毛泽东思想这一重大成果。也正是坚持解放思想，我国才迈出了改革开放的新步伐，成功地探索出了中国特色社会主义建设道路，形成了中国特色社会主义理论体系，把马克思主义推向了时代化发展的新阶段。如果没有解放思想，这些重大的理论创新都是不可能实现的。

推进马克思主义时代化需要不断地解放思想。因为客观实践是不断发展的，而人的思想认识并不天然地与客观实际的发展变化同步，而是具有相对的独立性。一种思想或观念形成之后，容易在头脑中形成固定模式或框框，造成思维滞后或不合时宜。人们的理论认识要与客观实际相符合，就必须勇于冲破过时的、不合理的理论与观念，以适应新的情况、新的局面。实践的发展是无止境的，解放思想也是没有穷尽的。胡锦涛强调："解放思想，是党的思想路线的本质要求，是我们应对前进

---

① 《邓小平文选》第 2 卷，人民出版社，1994，第 141 页。

道路上各种新情况新问题、不断开创事业新局面的一大法宝，必须坚定不移地加以坚持。"① 在推进中国特色社会主义事业的历史进程中，我们要始终坚持解放思想、实事求是，既继承前人又突破陈规，不断适应新形势，研究新情况，解决新问题，推动马克思主义不断开拓新境界，实现新飞跃。

3. 与时俱进是推进马克思主义时代化的观念动力

与时俱进是一个以时代特征为基础的动态概念。江泽民指出："与时俱进，就是党的全部理论和工作要体现时代性，把握规律性，富于创造性。"② 与时俱进的实质就是从不断变化的实际出发，探求和揭示客观事物的新属性、新联系、新规律，以有效地认识世界和改造世界。从马克思主义时代化的角度来看，与时俱进就是将我们的认识和行动置于时空变化的背景之下，使马克思主义理论顺应历史潮流，紧跟时代步伐，反映时代精神，站在时代制高点上不断开拓创新。

与时俱进与解放思想、实事求是相互联系、相互促进，为人们的认识向前推进提供了观念动力。不解放思想，不在马克思主义指导下打破习惯思维和主观偏见的束缚，不研究新情况、解决新问题，就会在时代变化、时势转换面前停滞不前；不实事求是，不从既定的实际条件出发，就会在时代变化、时势转换面前囿于个人主观偏见和狭隘经验的困扰，脱离实际而不适时机。反过来，要做到解放思想、实事求是，就必须始终站在时代前列，紧跟时代前进步伐，强化了随时代发展而发展的创新要求。这种创新要求引领着人们根据时代的发展变化，结合新的实践不断进行新的探索，提出新的理论，从而引导人们夺取革命、建设和改革事业的不断胜利。

马克思主义时代化本质上是马克思主义与时俱进的过程。与时俱进表现了中国共产党紧跟时代，追求创新的强烈愿望，是马克思主义时代化向前推进的重要观念动力。中国共产党推进马克思主义时代化的一切理论成果，都是与时俱进的产物。无论是毛泽东思想、邓小平理论，还是"三

---

① 《胡锦涛在中央党校发表重要讲话》，《人民日报》2007 年 6 月 26 日。
② 《江泽民文选》第 3 卷，人民出版社，2006，第 537 页。

个代表"重要思想、科学发展观，都是一定时代条件下社会实践的产物，是顺应时代要求又推动时代发展的理论结晶，是源于实践又指导实践的科学理论。在 21 世纪的今天，社会主义中国依然屹立于东方，充满着生机活力，这无疑是中国共产党正确认识时代特征和时代发展进程的结果，是坚持马克思主义与时俱进、不断创新的结果。

4. 求真务实是推进马克思主义时代化的实践精神

求真务实是马克思主义科学世界观和方法论的本质要求，是对马克思主义认识论的精神实质的精辟概括。所谓"求真"，就是坚持马克思主义的科学世界观和方法论，不断地认识事物的本质，把握事物的规律；所谓"务实"，则是要在正确认识客观规律的基础上，去行动、去实践。"求真"侧重于揭示马克思主义认识世界的使命，体现的是科学性的品格；"务实"侧重于揭示马克思主义改造世界的使命，体现的是实践性的品格。求真与务实的统一，是马克思主义认识论的必然要求和本质体现。

求真务实是党的思想路线的核心内容。党的思想路线的各项内容都体现着求真务实的精神。一切从实际出发，实事求是是求真务实的出发点，只有在一切活动中都首先从实际出发来看待和处理问题，才能在认识上和工作上做到求真务实。解放思想是求真务实的前提，只有保持活跃开放的思维状态，突破不合理的条条框框，才能做到求真务实。与时俱进是求真务实的表现和要求，人们认识世界和改造世界的整个进程，实质上就是不断发现、不断创新、不断前进的过程。在党的思想路线中，如果说"实事求是"所着重强调的是马克思主义"认识世界"的科学精神和认识任务的话，那么"求真务实"所着重突出的则是马克思主义"改造世界"的科学精神和实践任务。

求真务实是推进马克思主义时代化的实践精神，是实现马克思主义时代化的持久推动力。中国共产党 90 多年来的发展历史充分表明，求真务实是党的活力之所在，是马克思主义事业前进的关键所在，也是马克思主义理论发展的持续推动力量。进入 21 世纪以来，胡锦涛强调在全党大力弘扬求真务实精神，大兴求真务实之风，并且明确提出了"四求""四务"的具体要求。他说："要引导全党同志不断求我国社会主义初级阶段基本国情之真，务坚持长期艰苦奋斗之实；求社会主义建设规律和人类社会发展规律之真，务抓好发展这个党执政兴国的第一要务之实；求人民群众的历史地位和作用之真，务发展最广大人民根本利益之实；求共产党执政规律之真，务全面加强和改进党的建设之实。"① 切实地做到求真务实，就一定能够推动中国共产党坚持和运用马克思主义，着力研究和解决重大时代课题，汲取时代精华，使马克思主义与时代特征紧密结合，不断促进马克思主义时代化。

第三节　马克思主义时代化的成果表达机制

马克思主义时代化的成果表达机制，是讨论生成与表现马克思主义时代化理论创新成果的内在机理。马克思主义时代化包括内容的时代化、形式的时代化和话语体系的时代化，因此马克思主义时代化的成果表达机制，也可以从马克思主义时代化的理论生成、成果表现和话语表达这三个方面进行探讨。

一　马克思主义时代化的理论生成机制

马克思主义时代化的理论生成机制，主要着眼于探讨马克思主义时代化过程中理论创新成果的发生和发展机理。笔者认为，在当今时代条件下推进马克思主义时代化，要抓住"实现科学发展"这个主题，结合"中国特色社会主义"的实践课题，围绕"经济全球化时代的核心问题"来推进理论创新，不断拓展马克思主义理论体系。

1. 抓住"实现科学发展"的主题推进理论创新

发展是当今世界的两大时代主题之一，也是当代中国发展的第一要务。"发展是党执政兴国的第一要务，是解决我国所有问题的基础和关键。"② 能不能解决好我国的科学发展问题，关系到人心向背、事业兴衰

---

① 中共中央文献研究室编《十六大以来重要文献选编》（上卷），中央文献出版社，2005，第 728 页。
② 中共中央文献研究室编《十六大以来重要文献选编》（下卷），中央文献出版社，2008，第 67 页。

和生死存亡。马克思主义时代化必须适应这一时代需要，紧紧抓住"实现科学发展"这一主题，深入研究和把握科学发展所揭示的基本问题，加快推进马克思主义时代化的理论创新。这是马克思主义时代化内容创新的基本方向。

由"革命"主题向"发展"主题的转变，是马克思主义在当代中国实现历史性飞跃的关键。在马克思主义的发展历史上，马克思主义的理论和实践活动长期以来都体现"革命"的主题。马克思列宁主义、毛泽东思想都是主要关于无产阶级和社会主义革命的学说，社会主义的实践也长期围绕这一主题，或者受到这一主题的极大影响。20 世纪 70 年代以来，邓小平通过分析时代发展的要求和趋势，做出了社会主义的根本任务是解放和发展生产力的判断，从而实现了马克思主义的理论与实践活动由革命主题向发展主题的转换。这就为马克思主义的理论创新指明了正确的方向，拓展了广阔的空间，也结出了丰富的成果。

邓小平指出："社会主义的首要任务是发展生产力。"[1]　"我们当前以及今后相当长一个历史时期的主要任务是什么？一句话，就是搞现代化建设。能否实现四个现代化，决定着我们国家的命运、民族的命运。"[2] 邓小平理论因此开创了马克思主义理论一个全新的发展阶段，为中国特色社会主义理论体系奠定了基础。江泽民明确提出了"要把发展作为党执政兴国的第一要务"[3] 的科学论断，强调："马克思主义执政党必须高度重视解放和发展生产力。离开发展，坚持党的先进性、发挥社会主义制度的优越性和实现民富国强都无从谈起。"[4] "三个代表"重要思想就是立足于"发展"的极端重要性，在全面总结中国特色社会主义建设与发展经验的基础上，以党的建设与发展为原点全面拓展理论创新的结果。

科学发展观作为马克思主义时代化的最新成果，不仅以理论创新推进了马克思主义时代化，而且为我们推进马克思主义时代化提供了直接的方法论启示。科学发展观紧紧抓住"实现什么样的发展，怎样发展"的基

---

[1] 《邓小平文选》第 3 卷，人民出版社，1993，第 116 页。
[2] 《邓小平文选》第 2 卷，人民出版社，1994，第 162 页。
[3] 《江泽民文选》第 3 卷，人民出版社，2006，第 515 页。
[4] 《江泽民文选》第 3 卷，人民出版社，2006，第 538 页。

本问题，提出坚持以人为本，把握全面、协调、可持续的基本要求和统筹兼顾的根本方法，为中国特色社会主义进一步发展指明了方向。科学发展观的提出，直接点明了发展是中国特色社会主义理论体系的主题，其方法论意义就在于，不仅紧扣发展的主题，而且直接针对马克思主义发展观本身进行理论创新，以"科学发展"作为当代中国马克思主义理论的"纲目"，切准了脉搏，找准了关键，因而取得了极大成功。科学发展观不仅是中国特色社会主义理论的新总结，标志着马克思主义理论创新实现了向纵深推进，而且在指导实践上也取得了重大成就，赢得了人民群众的极大拥护。

在未来，推进马克思主义时代化要抓住"实现科学发展"这一主题继续推进理论创新。党的十八大报告指出："在当代中国，坚持发展是硬道理的本质要求就是坚持科学发展。"[1]"科学发展"是关于马克思主义时代化的内容更新在主题上的科学揭示。"科学发展观，第一要义是发展，核心是以人为本，基本要求是全面协调可持续，根本方法是统筹兼顾。"这表明，科学发展观并非单纯强调科学技术的重要性，也不只是强调经济、政治、文化、社会和自然环境的全面协调发展，而是坚持以人的发展作为最根本价值取向的发展观。"科学"二字"不是只强调技术的科学主义的发展观，也不是一般可持续何以可能的综合性思考"，它"应该理解为是科学社会主义的发展观"[2]。因此，抓住"实现科学发展"这一主题，需要我们进一步深化对发展的意义、发展的本质、发展的走向、发展的方式等重大问题的认识，从而推进当代中国马克思主义进一步向纵深发展。这是马克思主义时代化的必然要求。

2. 结合"中国特色社会主义"的实践课题实现理论创新

理论创新要有问题意识，从问题出发进行研究是马克思主义最根本的精神实质。离开了实际问题，任何理论思考都将变成没有意义的虚幻玄想。马克思主义时代化也是如此。脱离一定的实际问题进行纯粹的理论研

---

[1]　胡锦涛：《坚定不移沿着中国特色社会主义道路前进　为全面建成小康社会而奋斗——在中国共产党第十八次全国代表大会上的报告》，人民出版社，2012，第20页。

[2]　丁晓强、杨云珍：《科学发展与理论创新——马克思主义时代化的基本问题》，同济大学出版社，2012，第13页。

究是没有意义的，也是不可能正确地进行的。离开了所要解决的问题，抽象地谈论"马克思主义时代化"没有意义，并且也不可能真正实现马克思主义的创新。从当代中国的实际出发，马克思主义时代化要紧密结合中国特色社会主义的实践课题进行理论研究和经验总结，从而实现理论创新。

结合中国特色社会主义的实践课题实现理论创新，也是科学发展观形成过程给我们的重要启示。党的十八大报告指出："我们坚持以马克思列宁主义、毛泽东思想、邓小平理论、'三个代表'重要思想为指导，勇于推进实践基础上的理论创新，围绕坚持和发展中国特色社会主义提出一系列紧密相连、相互贯通的新思想、新观点、新论断，形成和贯彻了科学发展观。"① 这表明，科学发展观的形成，是围绕中国特色社会主义的实践课题，在提出一系列新思想、新观点、新论断的基础上形成的。这从方法论上启示我们，推进马克思主义时代化，要紧密结合中国特色社会主义的实践课题，以正在做的事情为中心，提出新思想、新观点、新论断，综合凝练，形成理论成果，实现理论创新。

如何建设社会主义是当代马克思主义者所面临的最大的实践课题。马克思恩格斯囿于他们所处的历史条件，他们生前没有看到社会主义的胜利，更没有从事社会主义的实践，对未来的社会主义不可能做更多的研究。列宁领导社会主义建设的时间也很短，由于早逝，他没有来得及系统总结俄国社会主义建设的经验，以形成系统的理论。可以说，马克思、恩格斯、列宁都没有提出过关于社会主义建设的科学理论体系。因此，中国建设社会主义是一项全新的、需要不断探索开拓的事业，没有可以照搬的现成公式和模式。用邓小平的话来说就是："我们现在所干的事业是一项新事业，马克思没有讲过，我们的前人没有做过，其他社会主义国家也没有干过，所以，没有现成的经验可学。"② 因此，中国特色社会主义建设需要我们结合时代条件和基本国情，在实践中不断探索和推进。中国特色社会主义的实践课题，是马克思主义理论的"用武之地"，也是马克思主

---

① 胡锦涛：《坚定不移沿着中国特色社会主义道路前进 为全面建成小康社会而奋斗——在中国共产党第十八次全国代表大会上的报告》，人民出版社，2012，第7页。
② 《邓小平文选》第3卷，人民出版社，1993，第258页。

义理论发展的根本智慧来源。

结合中国特色社会主义的实践课题推进理论创新，要重点结合如何深化改革开放的实践课题做文章。中国特色社会主义在我国已经有了30多年的发展，积累了丰富的实践经验，使我们大大深化了对社会主义建设的规律性认识，获得了重要的理论创新成果，大大发展了马克思主义。立足于现有的基础，在当前的时代条件下，如何进一步推进中国特色社会主义实践和理论的发展呢？党的十六大提出了"发展要有新思路，改革要有新突破，开放要有新局面，各项工作要有新举措"[①]的战略要求，这一认识至今仍然有指导意义。这告诉我们，结合中国特色社会主义的实践课题推进马克思主义时代化，要重点结合深化改革、扩大开放的实践课题，继续努力做好改革开放这篇大文章，谱写马克思主义理论创新的新篇章。

结合改革开放的实践课题推进理论创新，是马克思主义时代化理论成果的重要形成途径。继续深化改革开放，要进一步完善社会主义市场经济体制，加快推进社会主义民主政治制度化、规范化、程序化，加快完善文化管理体制和文化生产经营机制，加快形成科学有效的社会管理体制，加快建立生态文明制度，全面提高对外开放水平等。总之，就是要把改革创新的精神贯彻到治国理政的各个环节，毫不动摇地坚持改革方向，坚持破除一切妨碍科学发展的思想观念和体制机制束缚，构建系统完备、科学规范、运行有效的制度体系。这一切都要有政治能力和智慧来推进，也要有理论自觉和自信来引领。理论来源于实践的需要，理论必须能够解决重大的实践问题。改革开放的实践课题给马克思主义的理论创新提供了广阔的空间，成为推进马克思主义理论创新的重要生长点。

3. 围绕"经济全球化时代的核心问题"全面拓展马克思主义

每一个理论体系的形成都应当有一个理论基点，并以此为基础不断拓展其理论宽度，最后形成内容丰富的理论体系。马克思主义时代化过程也应当如此。要从当今时代的条件和中国实际出发，围绕经济

---

① 中共中央文献研究室编《十六大以来重要文献选编》（上卷），中央文献出版社，2005，第16页。

全球化时代的核心问题，也就是资本与劳动关系问题，以创新社会主义市场经济理论为基点不断拓展理论宽度，丰富和发展马克思主义理论体系。

资本与劳动的关系问题，是经济全球化时代马克思主义发展的核心问题。这是因为，深刻把握资本的逻辑，从来都是马克思主义生成和发展的基点。马克思主义对资本主义的批判和人类发展前途的分析，就是建立在对资本的分析基础之上的。马克思主义的科学社会主义理论，是基于资本与劳动关系的分析得出的逻辑结论。在当今经济全球化的时代，资本与劳动的关系日益呈现出国际化特征并深刻地影响着全世界。当今世界，推动经济社会快速发展的最主要因素有三个：快速流动并不断增值的资本，日益创新的科学技术，以及把这两者紧密结合起来的市场机制。当今世界几乎没有哪个国家能够游离于资本的运动和市场经济之外获得发展空间，中国也不例外。社会主义市场经济体制的建立是我国改革开放和社会发展最重要的基石。然而，资本的逻辑对当今世界造成深刻影响，是许多亟待解决的问题之根源。从世界来看，资本、技术和市场规则制定权的不平等导致了国际秩序和世界体系的严重不平衡。从国内来看，资本占有的不平等与约束缺位往往导致贫富两极分化、社会不公、价值失范和社会冲突等各种问题。"如何在积极推进市场经济体制，充分利用资本的力量推动社会发展的前提下批判和抑制资本的逻辑所造成的各种不平等、不人道的消极后果，这是当代马克思主义者必须回答的重大课题。"①

建立和发展社会主义市场经济，是新时期以来我国在资本与劳动关系问题上的战略选择。以社会主义市场经济理论为原点拓展理论创新，则是改革开放以来马克思主义发展的一条重要线索。在传统马克思主义理论中，社会主义与市场经济几乎是不相容的。邓小平提出了社会主义市场经济理论，体现了巨大的理论创造的勇气。事实上，党的理论创新就是在社会主义市场经济理论基础之上，拓展到其他各个方面的理论创新，从而形成中国特色社会主义理论体系的。有论者指出："在中国特色社会主义道路伟大实践的基础上，中国共产党提出了中国特色社会主义理论体系，这

① 衣俊卿：《马克思主义时代化要把握三重逻辑》，《新华月报》2012 年第 6 期。

是马克思主义理论在当代的重要创新。其中，社会主义市场经济理论是中国特色社会主义理论体系的核心内容，是理论创新的基点。"① 笔者认为，这一结论是恰当的。以创新市场经济理论为基点，不断拓展理论宽度，是党推进马克思主义理论创新的一条重要经验。

"以经济建设为中心"在社会主义初级阶段具有的长期性，决定了上述经验在当今时代仍然具有指导意义。邓小平指出："基本路线要管一百年，动摇不得。"② "要紧紧抓住经济建设这个中心。"③ 党的十七大报告强调："以经济建设为中心是兴国之要，是我们党、我们国家兴旺发达和长治久安的根本要求。"④ 党的十八大再次提出："党的基本路线是党和国家的生命线，必须坚持把以经济建设为中心同四项基本原则、改革开放这两个基本点统一于中国特色社会主义伟大实践。"⑤ 这些论述都表明，"以经济建设为中心"是整个社会主义初级阶段都必须长期坚持的基本路线，也是整个社会主义初级阶段实践发展的基本特征。根据理论与实践的关系及理论指导实践的客观需要，理论发展自然也应当回应和紧扣这一实践的中心任务，围绕这一核心拓展理论体系，推进理论创新。

围绕"资本与劳动的关系"这个核心问题拓展理论创新，在当前条件下尤其具有重要意义。如今，我国的社会主义市场经济已经初步建立和完善，经济总量跃居世界第二位，可以说已经初步发展起来了。当前面临的主要问题，从国内来看，就是遏制两极分化的问题；从对外关系来看，就是在利用资本的同时遏制资本的消极因素的问题，这些问题的核心就是资本和劳动的关系。邓小平在改革开放之初就讲过："如果我们的政策导致两极分化，我们就失败了。"⑥ 后来他还明确地说："发展起来以后的问题不比不发展时少。" "要利用各种手段、各种方法、各种方案来解决这

---

① 丁晓强、杨云珍：《科学发展与理论创新——马克思主义时代化的基本问题》，同济大学出版社，2012，第15页。

② 《邓小平文选》第3卷，人民出版社，1993，第370～371页。

③ 《邓小平文选》第3卷，人民出版社，1993，第270页。

④ 中共中央文献研究室编《十七大以来重要文献选编》（上卷），中央文献出版社，2009，第13页。

⑤ 胡锦涛：《坚定不移沿着中国特色社会主义道路前进　为全面建成小康社会而奋斗——在中国共产党第十八次全国代表大会上的报告》，人民出版社，2012，第16页。

⑥ 《邓小平文选》第3卷，人民出版社，1993，第111页。

些问题。"① 现在看来，发展起来以后的问题，核心就是分配问题，实质就是资本与劳动的关系问题。如何解决这一问题，是摆在当下中国共产党人面前的重大课题，考验着中国共产党人的智慧和勇气。马克思主义时代化必须正视并着力解决这一问题。

在新的时代条件下，要依据马克思主义的基本理论和原则，研究劳动与资本的新的特征与价值，把握劳动与资本的关系，揭示在社会主义初级阶段处理劳动与资本的基本原则，研究如何从生产关系的不断改革中推动社会的发展和进步，并从历史观的高度阐述社会主义与资本主义的关系及其发展规律。解决这些理论问题都需要进行重大的理论创新。同时，要以社会主义市场经济的理论创新，带动其他各个领域的理论创新。中国特色社会主义建设是经济建设、政治建设、文化建设、社会建设、生态文明建设五位一体发展的过程。除经济建设外，其他各个方面的推进都需要理论自觉，都离不开理论创新。马克思主义时代化就是要围绕深化和发展社会主义市场经济理论这个核心，推进深化社会主义民主政治理论、社会主义先进文化理论、社会主义和谐社会理论、社会主义生态文明理论等各个方面的理论创新，从而实现马克思主义理论创新的整体推进。

二　马克思主义时代化的成果表现机制

马克思主义时代化的本质要求，是实现马克思主义理论的与时俱进，创造时代化马克思主义新成果。马克思主义时代化实现程度的主要标志就是其理论创新成果的表现形态。马克思主义时代化的成果表现机制，由理论工作者的研究成果、党的领袖的集中概括、党的文献的最终确认这三个方面组成，体现着由群众到领袖、由个人到组织、由非正式到正式这样一个递进发展的过程。

1. 体现在理论工作者研究中的创新成果

理论研究是推进马克思主义时代化的重要环节，理论工作者是马克思主义理论创新的重要力量。马克思主义时代化要把马克思主义基本原理与

---

① 中共中央文献研究室编《邓小平年谱（1975～1997）》（下卷），中央文献出版社，2004，第 1364 页。

时代特征相结合，推进马克思主义与时俱进，创造时代化马克思主义新成果。在这一过程中，理论工作者发挥着重要作用。他们的理论研究成果是马克思主义时代化成果的重要组成部分，也为马克思主义时代化的历史性飞跃准备了重要的理论积淀和智慧来源，是马克思主义时代化成果表现机制的首要方面。

理论工作者的研究创新成果由两个方面的内容组成。一是基础性研究成果，也就是理论工作者对马克思列宁主义、毛泽东思想以及中国特色社会主义理论体系进行基础理论研究取得的创新成果。这是实现马克思主义时代化的重要方面。二是应用性研究成果，也就是理论工作者运用马克思主义的立场、观点和方法，着力研究改革开放和社会主义现代化建设过程中出现的新情况、新问题，所形成的有价值、有影响的研究成果。这些成果不仅为党和政府科学决策提供了有力的理论支持，而且直接促进了马克思主义理论与时代实践的紧密结合，对马克思主义时代化发挥着重要作用。

在马克思主义时代化的成果表现机制中，理论工作者的研究成果处于基础性地位。这种基础性地位可以从两个方面来认识。第一，它是对广大人民群众实践经验的初次总结。广大理论工作者本身是人民群众的一部分，与人民群众的实践有着紧密的联系。与一般群众相比较，他们有着较高的马克思主义理论水平和理论自觉，具备用科学理论观察、分析和解决实践问题，总结升华实践经验的内在条件。与政治家的理论创新相比较，理论研究更多地在学术层面展开，更易于突破条条框框的束缚，以更宽广的视角来总结经验。第二，它是中国共产党集中群众智慧的重要平台。理论工作者是党的智囊，是为党和政府决策服务的思想库。中国共产党的理论创新，是集中群众智慧的结晶，而这种集中通常是以理论工作者为中介实现的。从历史经验来看，人民群众的实践经验也往往是最早被理论工作者所关注、所认识的，经过理论工作者的智慧转化为研究成果后才在更广的范围内被运用、被升华。理论工作者的智慧和研究成果，为中国共产党推进马克思主义时代化的理论创新提供了直接的智慧来源。

改革开放以来，我国马克思主义理论界的研究机构和研究力量，尤其是那些主要研究机构和著名研究学者，在马克思主义的立场、观点、方法的指导下以马克思、恩格斯、列宁和毛泽东等经典作家的理论遗产为基础，紧密联系当今的时代实际，进行了大量的、卓有成效的理论研究和创造活动，取得了可观的成果。这些理论研究成果是人民群众的实践经验转化为党的理论创新的重要中介，是中国特色社会主义理论体系形成的重要理论积累。

2. 体现在党的领袖著作中的理论创新

党的领袖对于马克思主义时代化的实现过程发挥着关键作用。在这一过程中，包括报告、讲话、谈话、文章等党的领袖著作是马克思主义时代化创新成果的集中体现，是马克思主义时代化成果表现机制的关键环节。

党的领袖著作是马克思主义时代化理论成果的集中体现。毫无疑问，马克思恩格斯的著作是马克思主义科学理论的集中体现，列宁的著作是列宁主义的集中表现。在中国共产党人不断推进马克思主义时代化的历史进程中，毛泽东、邓小平、江泽民、胡锦涛等党的领袖的著作是马克思主义创新成果的集中体现。这一点已经得到了党的文献的确认。《关于建国以来党的若干历史问题的决议》指出："毛泽东思想是马克思列宁主义在中国的运用和发展，是被实践证明了的关于中国革命的正确的理论原则和经验总结，是中国共产党集体智慧的结晶。我党许多卓越领导人对它的形成和发展都作出了重要贡献，毛泽东同志的科学著作是它的集中概括。"[①]党的十五大报告也指出，邓小平"对党、对人民、对马克思主义的最大贡献，他留给我们的珍贵遗产，就是邓小平理论。这个理论，集中体现在十一届三中全会以来邓小平著作以及党和国家的重要文献中"[②]。胡锦涛在《学习〈江泽民文选〉报告会上的讲话》中指出，江泽民同志是"三个代表"重要思想的主要创立者，《江泽民文选》是"三个代表"重要思想的代表作[③]。这些都充分说明，党的领袖著作是马克思主义理论创新的重要表现形式。

---

① 中共中央文献研究室编《十一届三中全会以来重要文献选读》（上卷），人民出版社，1987，第332页。
② 《江泽民文选》第2卷，人民出版社，2006，第11页。
③ 参见中共中央文献研究室编《十六大以来重要文献选编》（下卷），中央文献出版社，2008，第597页。

在马克思主义时代化的成果表现机制中，体现在党的领袖著作中的思想理论发挥着中介作用。一方面，党的领袖著作中的理论创新，是吸取群众智慧和领袖创造性劳动的结晶。它首先是对人民群众实践经验在更高层次上的总结提炼。因为党和国家领导人的许多报告、讲话、文章等，都是由党的理论工作者起草的，在这一过程中必然吸纳理论工作者的思想和智慧。同时，领袖个人素质和魅力决定了这种理论创新必然具有更宽广的视野和更深刻的思想认识，领袖的地位又决定了这种理论创造具有直接的实践指导意义。从这个意义上可以说，与理论工作者的研究成果相比较，党的领袖著作中的理论创新是对人民群众实践经验的再提炼、再升华，是在更高层次上的理论创新。另一方面，党的领袖不可能脱离党的组织而存在。领袖的理论创新具有关键意义，但最终又必然以党组织的集体意志体现出来，才能具有更大的权威性和更强的执行力。这样，党的领袖的理论创新又将通过党的代表大会的法定形式，在党的历史文献中得到进一步确认、发挥和弘扬。因而，对于马克思主义时代化的成果表现机制来说，它具有中介作用。

3. 体现在党的历史文献中的理论创造

马克思主义时代化的理论创新成果，作为全党全国人民智慧的结晶，不仅体现在党的领袖的著作之中，而且体现在党的重要报告和决议等历史文献之中。党中央和党的代表大会通过的重要报告、重要决议，是新时期马克思主义时代化创新成果的体系化表现形式和权威性表达，是马克思主义时代化成果表现机制中的最重要环节。

以中国特色社会主义理论体系为例，这一马克思主义时代化的最新成果，就是通过历次党的代表大会报告和历史决议不断总结实践经验，不断加以体系化概括和权威性升华，促使这一理论体系不断形成、丰富和发展的。1981 年 6 月，党的十一届六中全会通过的《关于建国以来党的若干历史问题的决议》第一次对中国特色社会主义道路的主要内容从十个方面做了初步概括，奠定了中国特色社会主义道路的最初框架。1987 年党的十三大报告概述了"建设有中国特色社会主义理论"的十二个观点，使这一理论有了一个比较完整的轮廓。1992 年党的十四大报告对"建设有中国特色社会主义理论"的主要内容从九个方面做了新的概括。1997

年，党的十五大报告明确地把这一理论命名为邓小平理论，确立为党的指导思想，并总结归纳了中国特色社会主义经济、政治、文化纲领。2002年党的十六大报告对"三个代表"重要思想做了最明确、最科学的体系概括，同时概括了党领导人民建设中国特色社会主义的十条基本经验，形成了中国特色社会主义道路的基本轮廓。2007年党的十七大报告首次将邓小平理论、"三个代表"重要思想和科学发展观明确概括为中国特色社会主义理论体系。2012年党的十八大进一步概括了科学发展观的精神实质，并将之正式确立为党的指导思想。从这一过程可以清楚地看出，包括党的重要报告和决议在内的党的历史文献，是马克思主义时代化创新成果的最系统、最权威的表现形式，在马克思主义时代化过程中具有至关重要的意义。

在马克思主义时代化成果表现机制中，体现在党的历史文献中的理论创造处于最重要的地位。一方面，因为这是通过最为正式的程序提出来的，集中了全党全国人民智慧的结晶，代表了全党全国人民的意志，因而具有最大的包容性、科学性和权威性。同时，由于这种理论创造属于全党全国人民的最大共识，也必然在实践中得到广泛应用，从而最大限度地发挥理论对于实践的指导和引领作用。这种成果形式代表了一定时期内马克思主义时代化的最高认识水平和实践水平。另一方面，这种理论创造相对于领导人的个人创造具有更大的认同度。与现代社会民主政治的理念和实践相适应，中国共产党越来越注重集体领导，而不再刻意突出个人，社会也越来越认同集体领导的作用，而逐渐远离个人崇拜。在这种背景下，党的理论创新通常都借助于党的代表会议的形式来赋予其更大的正式性，体现于党的历史文献中来使其获得更大的权威性。可以预见，未来马克思主义时代化的理论创新成果，必将以这一表现形式来不断推进。

三　马克思主义时代化过程的话语表达机制

马克思主义时代化，既包括内容和形式的时代化，也包括话语体系的时代化。在新的形势下，推进马克思主义时代化，一个十分重要的方面就是要按照体现时代性的要求创新马克思主义话语风格和表达方式，从而使马克思主义更好地展示科学价值，更加具有说服力、吸引力和感召力。这就要求我们认真研究马克思主义时代化的话语表达机制，使马克思主义时代化的话语表达能真正做到与时俱进，从而实现上述目标。

1. 按内容具体化的要求充实话语表达的内容

所谓内容具体化，就是指把马克思主义与中国广大人民群众的日常生活实践结合起来，使理论上的马克思主义变成实际生活里的马克思主义，赋予当代中国马克思主义鲜明的实践特色。毛泽东指出："我们说的马克思主义，是要在群众生活群众斗争里实际发生作用的活的马克思主义，不是口头上的马克思主义。"[①] 马克思主义只有与广大人民群众的日常生活实践紧密结合，才能更好地被群众所理解、接纳和运用，才能真正发挥其对广大人民群众认识和改造世界的指导作用。马克思主义时代化的理论成果要得到群众的认同，要转化为人民群众的自觉实践，就必须按照内容具体化的要求充实话语表达内容。

内容具体化的要求主要体现在三个方面。一是要贴近实际。马克思主义时代化的理论成果要贴近日新月异的社会生活实际，贴近群众的思想实际和工作实际；只有紧密联系实际，才能增强针对性。二是要贴近生活。理论成果的宣传表达既要注重解决群众在生活和工作中出现的思想认识问题，使他们能够从理论宣传中获取信息、获得启迪，又要注重总结经济社会发展中的实践经验，使群众能够从理论宣传中得到指导实际工作的方法。三是要贴近群众。要根据不同时期人民群众的思想状况、不同群体的不同需求和自身理论水平的差异来安排和选择理论宣传的内容[②]。总之，在马克思主义时代化过程中，要让马克思主义走进广大群众的生活、工作实践，同广大群众的难点、焦点问题及自身的发展紧密联系起来，把深刻的道理寓于日常工作、生活经验之中，使马克思主义理论贴近实际、贴近生活、贴近群众。这是马克思主义时代化理论成果在话语表达上的首要要求。

2. 按形式多样化的要求丰富话语表达的形式

所谓形式多样化，就是在马克思主义时代化理论成果的宣传表达上要综合运用多种传播手段，努力扩大马克思主义的辐射面和影响力。现代社

---

① 《毛泽东选集》第 3 卷，人民出版社，1991，第 858 页。

② 唐莉：《论当代中国马克思主义通俗化及实现路径》，《江海学刊》2009 年第 1 期。

会，社会思潮与人们的价值取向均呈现明显的多样化趋势，正确的与错误的彼此交织，积极的和消极的相互激荡。其中消极的、落后的、错误的社会思潮的存在与传播，对人们有一种潜移默化的腐蚀作用，会给人们的价值观念带来负面影响。要坚持马克思主义的指导地位，就必须在表达方式上增强时代化马克思主义理论的说服力、感召力，扩大时代化马克思主义理论的辐射面和影响力。

马克思主义的话语表达要做到形式多样化，就是要适应大众传媒的多样化发展趋势，综合利用电影、电视、广播、互联网、现代通信等多种传媒手段，努力构建定位明确、特色鲜明、功能互补、覆盖广泛的舆论引导新格局。现代传媒具有覆盖面广、影响力强、内容丰富、传播快捷、信任度高等特点。我们要充分认识以互联网为代表的新兴媒体的社会影响力，高度重视互联网的建设、运用与管理，拓宽宣传教育阵地，建立全方位、立体式的理论传播体系，在内容、形式和方法上增强亲和力和渗透力，使理论普及和宣传的内容图文并茂、声像俱全、生动活泼，努力使互联网成为传播马克思主义的有效平台。

此外，形式多样化要和文化产业化的发展结合起来，走理论宣传普及的产业化道路。在大众文化背景下，要将马克思主义时代化与大众文化紧密结合起来，适应大众文化的发展趋势，使马克思主义理论成果形象化、视觉化和产业化。要将理论普及宣传与文化产业化的发展相结合，进行有效运作和经营。政府必须从战略的高度制定相关的文化发展战略，切实加大投入，让文化出版、广播影视、红色旅游等文化产业成为教育广大人民群众的主阵地。通过加强各种爱国主义教育基地和文化教育设施建设，让广大人民群众在娱乐休闲中受到爱国主义、集体主义、社会主义核心价值观的熏陶。这是在新的时代条件下推进马克思主义时代化丰富话语表达形式的必然要求。

3. 按语言通俗化的要求增进话语表达的效果

所谓语言通俗化，就是马克思主义时代化的理论创新成果在宣传普及上要做到口语化、民族化、时代化。只有按照语言通俗化的要求，在表达方式上将马克思主义"化"为人民群众喜闻乐见的东西，才能使马克思主义为中国老百姓所掌握，也才能增进马克思主义时代化的表达效果。

马克思主义在本质上是无产阶级的世界观和方法论，这种理论本性要求马克思主义必须成为广大人民群众的"思想武器"，并在"思想武器"的指导下转化为改造世界的"物质力量"。从武装群众的角度来看，马克思主义的重要优势应当体现在通俗性。列宁就反对把马克思主义写成厚厚的书，而主张把深奥的哲学道理变成明白易懂的知识，做到既准确又通俗。他精辟地指出："最高限度的马克思主义 =（Umschlag）最高限度的通俗化。"① 毛泽东也说："如果我们没有学会说群众懂得的话，那末广大群众是不能领会我们的决议的。"② 所谓"说群众懂得的话"，实质就是要不断改进马克思主义的话语表达方式，用通俗的、民族化的语言阐明马克思主义的观点和主张。

用通俗化语言来增进马克思主义话语表达效果，是中国共产党的一条重要经验和优良传统。中国共产党十分注重让马克思主义植根于中国的优秀文化之中，用中国优秀文化的表达方式和老百姓喜闻乐见的语言形式来深入浅出地阐明马克思主义的基本原理，创造了许多精炼的理论表达形式，如"一个中心，两个基本点"，"两手抓，两手都要硬"，"三步走"，"四项基本原则"，"五个统筹"，"引进来，走出去"等，这些表述都力求以最简洁的语言集中表达最深刻的思想内涵，既短小精悍、易于把握，又提纲挈领、切中要害，从而达到言简意赅、振聋发聩的效果。这个优势要长期保持和发扬下去。马克思主义时代化的话语表达一定要深入浅出，通俗易懂，借助于群众的语言来表达抽象的概念和深奥的哲理，从而把马克思主义迅速地传播和普及到人民大众之中，真正实现马克思主义时代化。

---

① 《列宁全集》第 36 卷，人民出版社，1959，第 468 页。
② 《毛泽东选集》第 3 卷，人民出版社，1991，第 843 页。

第五章　马克思主义时代化的
实现路径

马克思主义时代化是一个多要素相互作用、多途径共同推进的系统工程。推进马克思主义时代化，要深入研究其实现路径，努力探寻时代化马克思主义理论形成、发展的正确道路。笔者认为，马克思主义时代化的实现过程，应当沿着理论路径、实践路径、文化路径这三条路径共同推进。

第一节　马克思主义时代化的理论路径

理论路径就是要从理论研究的角度探讨马克思主义时代化的实现过程。这一路径以深化马克思主义的理论研究为开端，以着眼于对重大时代问题的理论思考为中介，以在不断深化对"三大规律"认识的基础上推进马克思主义理论创新为落脚点。通过这一过程，马克思主义实现了在新的时代条件下对原有理论的丰富、发展和超越，从而实现了马克思主义时代化。

一　深化对马克思主义的理论研究

推进马克思主义时代化，建立在完整、准确地理解马克思主义的基础之上，要切实弄清楚对待马克思主义该"坚持什么"，该"发展什么"。具体来说就是："必须搞清楚马克思主义的含义，搞清楚马克思主义与马克思、恩格斯、列宁在一定时间和一定条件下提出的理论的区别，搞清楚哪些是我们必须长期坚持的马克思主义基本原理，哪些是需要结合新的实际加以丰富发展的理论判断，哪些是必须破除的对马克思主义的教条式的理解，哪些是必须澄清的附加在马克思主义名下的错误观点。"① 而要做到这些，就必须不断深化对马克思主义的理论研究。这也因此成为马克思主义时代化的理论路径的开端。

1. 通过深化研究准确把握马克思主义的基本原理

坚持马克思主义就是要坚持马克思主义基本原理。实现马克思主义时代化，就是要把马克思主义基本原理与时代条件相结合。对此，人们的认识是完全一致的，也是符合马克思主义经典作家对于马克思主义的根本认识的。经典作家和党的文献在提到坚持马克思主义时，基本上就是强调坚持马克思主义的"基本原理"或"普遍原理"。邓小平强调，要"把马克思列宁主义的基本原理同中国实际相结合，走自己的路"②。江泽民强调："我们必须把马克思主义的基本原理同社会主义现代化建设和改革开放的实际紧密结合起来，同时代和世界形势的新发展、新变化紧密结合起来，在坚持马克思主义的实践中丰富和发展马克思主义。"③ 党的十八大报告在总结历史经验时指出："九十多年来，我们党紧紧依靠人民，把马克思主义基本原理同中国实际和时代特征结合起来，独立自主走自己的路，历经千辛万苦，付出各种代价，取得革命建设改革伟大胜利，开创和发展了中国特色社会主义，从根本上改变了中国人民和中华民族的前途命运。"④ "马克思主义基本原理这个用语，是在历史上形成起来的、并为大家所认同的科学概念。"⑤ 然而，对于马克思主义基本原理的内涵与构成，人们有着不同的认识，是一个需要深入研究的问题。通过深化马克思主义的理论研究，准确把握马克思主义的基本原理，这是马克思主义时代化理论路径的首要方面。

第一，要全面把握马克思主义基本原理的具体内容。马克思主义理论

---

① 靳辉明、李崇富主编《马克思主义若干重大问题研究》，社会科学文献出版社，2011，第 693 页
② 《邓小平文选》第 3 卷，人民出版社，1993，第 95 页。
③ 《十三大以来重要文献选编》（中卷），人民出版社，1991，第 1143 页。
④ 胡锦涛：《坚定不移沿着中国特色社会主义道路前进 为全面建成小康社会而奋斗——在中国共产党第十八次全国代表大会上的报告》，人民出版社，2012，第 10 页。
⑤ 靳辉明：《深入研究马克思主义基本原理的几点思考》，《高校理论战线》2009 年第 6 期。

的内容博大精深。要通过认真研究，全面把握马克思主义基本原理的具体内容。而要做到这一点，首先必须要有基本的判断标准，否则就可能导致仁者见仁，智者见智，各执己见，无法准确把握马克思主义基本原理的具体内容。有学者提出了从把握马克思主义基本原理的特征角度来确定标准：一是要体现马克思主义的根本性质和整体功能，体现马克思主义作为科学性和革命性高度统一的世界观和方法论；二是相对于个别原理和特殊原理而言，基本原理是对更为广阔时空领域的事物本质和发展规律的概括；三是与之相联系，基本原理更具有长久的稳定性和有效性，它不会因为具体条件的变化而发生改变；四是对于人们的实践活动具有更为普遍的和根本的指导意义。该学者还以此为依据概括出了马克思主义的十四条基本原理①。这些观点是富有启发意义的。

第二，要分层次把握马克思主义基本原理的体系构成。马克思主义是一个内容丰富的科学理论体系，基本原理是构成这一科学体系的主体内容。同时，马克思主义基本原理也是有层次性的，是以不同层次的原理为基础构成的基本原理体系。大致说来，马克思主义基本原理可以分为以下三个层次：一是揭示客观世界最一般规律的原理，也就是通常所说的辩证唯物主义所包含的那些基本原理；二是揭示人类社会发展最一般规律的原理，如生产力与生产关系，经济基础与上层建筑，社会形态的更替，人民群众的历史地位，人的自由全面发展等；三是揭示人类社会不同阶段（包括资本主义社会、社会主义社会）的基本规律的原理，如资本雇佣劳动、资本主义基本矛盾、社会主义本质、社会主义基本矛盾、社会主义建设等方面的原理等。其中，第一、二层次的原理是马克思主义的基本观点和方法，反映了自然、社会和思维发展的一般规律，具有普遍的适用性，是永不过时的。要正确把握马克思主义基本原理，就必须认识它的层次性。

第三，要注重从整体上把握马克思主义基本原理的科学体系。马克思主义基本原理是一个理论体系。体系是学说的范式，是理论观点的逻辑集

---

① 靳辉明、李崇富主编《马克思主义若干重大问题研究》，社会科学文献出版社，2011，第 14~15 页。

合。"它是围绕研究对象而形成的逻辑严密、结构合理的知识系统，它是由一系列相互关联的概念、命题经过严密论证和推理而构成的，反映的是理论观点的逻辑架构。"① 马克思主义基本原理给人们提供的是完整的世界观和方法论，是一个有机统一的理论体系，而不是各个具体理论的简单相加，我们要注重研究理论之间的内在逻辑关系，并把它作为一个整体运用到对现实问题的分析之中。同时，我们还要从发展的角度来认识马克思主义基本原理，它不仅包括"老祖宗的"马克思主义基本原理，也包括中国化马克思主义的基本原理，它们是一脉相承、与时俱进的继承与发展关系。"中国化马克思主义"基本原理是马克思主义基本原理体系中不可或缺的重要内容。

2. 通过深化研究张扬马克思主义的当代价值

马克思主义时代化要在把握马克思主义基本原理的基础上，科学地阐释马克思主义的当代价值，实现马克思主义理论解读的时代化。一方面，马克思主义理论本身是作为一个有机的整体存在的，而其后不同时期对其做出的解读则往往只突出了其中一部分，其他部分可能在一定程度上被遮蔽了。另一方面，马克思主义的当代价值和理论力量肯定不是现成地存在于经典作家的具体结论之中。"马克思主义作为一种时刻关心人类社会发展和人类命运的批判性理论，其生命力和创新力不仅体现在其创始人的原初语境和理论观点之中，更体现在它与人类历史进程在每一个时代的重新对话之中。"② 面对当今时代条件的新情况和新问题，我们既需要面向现实，深入研究社会发展的实践问题，生成新的理论成果，也需要面向文本，深入挖掘和重新阐释马克思主义经典文本中的思想资源。我们要立足当代实践，依据马克思主义科学分析新情况，解答新问题，结合新情况、新问题准确阐释马克思主义，使其在时代条件下焕发出新的生命力。

一是加强文本研究以实现对马克思主义的"返本开新"。加强马克思主义文本研究，包括对马克思主义文本的必要的考证和校勘，这有助于发现一些过去不知道的马克思主义重要思想，同时纠正以往一些对马克思主

---

① 张雷声：《整体性与马克思主义基本原理体系》，《思想理论教育导刊》2011 年第 6 期。
② 衣俊卿：《马克思主义必须直面人类重大问题》，《党建》2012 年第 1 期。

义的错误的和教条式的理解，从而做到"返本开新"。"由于种种原因，一些我国过去出版的马克思主义经典著作，或多或少存在编译不够准确、阐释注解不够到位等问题，有必要重新进行校译和审核，为学习研究马克思主义经典著作提供更好的版本。"①党的十六大以来，中央做出了实施"马克思主义理论研究和建设工程"的重大战略决策，其中一项重要任务就是组织力量，重新修订和编译马克思主义经典作家的重要著作。《马克思恩格斯文集》和《列宁专题文集》的正式出版发行，是这个方面的重大成果。这为我们加强马克思主义的文本研究创造了有利条件。

　　二是发掘马克思主义理论资源中契合当今时代的内容。马克思主义经典作家提出过许多切合我们当今时代的重要思想，由于种种原因它们被遮蔽或者没有受到应有的重视。比如，马克思恩格斯根据资本主义生产力的发展和交往的扩大，提出了"世界历史"理论："资产阶级，由于开拓了世界市场，使一切国家的生产和消费都成为世界性的了。"②"各民族的原始封闭状态由于日益完善的生产方式、交往以及因交往而自然形成的不同民族之间的分工消灭得越是彻底，历史也就越是成为世界历史。"③然而这一思想长期以来并没有受到重视。当今时代全球化发展趋势的日益明显，马克思恩格斯"世界历史理论"的当代价值凸显出来。再如，关于批判继承资本主义创造的文明成果的问题，关于社会发展中的决定性和选择性的问题等，这些原来就属于马克思主义的观点，曾经很少讲或者没有得到应有的重视，我们要通过学习和研究把这些思想理论挖掘出来。恩格斯晚年曾经比喻黑格尔哲学是一座大厦："人们只要不是无谓地停留在它们面前，而是深入到大厦里面去，那就会发现无数的珍宝，这些珍宝就是在今天也还保持着充分的价值。"④恩格斯的上述评价今天也适用于马克思主义。

　　三是弘扬马克思主义具有时代意义的价值理念。马克思主义以人的解

---

①　李长春：《在〈马克思恩格斯文集〉〈列宁专题文集〉出版座谈会上的讲话》，《人民日报》2009 年 12 月 31 日。
②　《马克思恩格斯文集》第 2 卷，人民出版社，2009，第 35 页。
③　《马克思恩格斯文集》第 1 卷，人民出版社，2009，第 541 页。
④　《马克思恩格斯文集》第 4 卷，人民出版社，2009，第 272 页。

放为终极关怀，以最大多数人的幸福为根本立场，提出了社会与人的全面发展、生态与经济的协调发展、人与人的和谐发展等重要思想或价值理念。这些思想在经典作家那里并没有得到充分展开和详细论证，而当今时代的发展又日益凸显出这些思想理念的价值。在 21 世纪的今天，在人类面临着各种发展与生存危机的时代条件下，这些思想理念具有现实的针对性和鲜明的时代意义。这是马克思主义在新的时代条件下发挥强大社会引领作用的一个重要方面。推进马克思主义时代化，就是要依据马克思恩格斯的思想论述，结合现代科技和实践的发展，把这些思想理念上升为马克思主义的基本观点，大力弘扬这些适应时代需要、具有现实关怀的价值理念。这是马克思主义时代化的重要任务。

3. 通过深化研究推进马克思主义理论的自我更新

马克思主义时代化的过程，必须坚持继承、矫正、发展相统一的原则，要发现和注意马列学说的历史局限性，通过纠正过时的东西、完善带局限性的东西，创造新的东西。正如有学者所提出的那样，推进马克思主义时代化，从理论发展的角度来看，主要就是要做好四件事：把"老祖宗"提出的具有科学真理性和现实指导性的东西坚持贯彻下去，把"老祖宗"某些不够科学或已过时的东西纠正过来，把"老祖宗"某些带有局限性的东西充实和完善起来，把"老祖宗"从未讲过的东西创造出来①。具体来说，通过深化研究推进马克思主义理论的自我更新，要着力做好以下几个方面的工作。

一是抛弃过时的结论。马克思主义经典作家曾经从当时的条件和实践出发，做出了一些关于当时形势判断和未来发展具体设想的结论。这些结论随着时代的变化和实践的发展，已经不符合实际或者落后于时代，对这些结论要勇于抛弃。比如，经典作家曾经做过资本主义即将灭亡、社会主义即将全面取代资本主义的形势判断，这些判断被证明是不合实际的；关于社会主义的一些具体设想，如认为社会主义是一个无商品、无货币、无市场的"三无社会"，这些观点的提出受到当时历史条件的限制，而后来

---

① 刘光明：《论新形势下马克思主义的丰富和发展——从当代世界广泛而深刻变动带来的理论创新契机谈起》，《求实》2011 年第 2 期。

的实践证明这是不正确的；过去，我们从马克思恩格斯关于社会主义建设的一些观点出发，形成了关于社会主义本质特征的公式，即社会主义＝公有制＋计划经济＋按劳分配，社会主义建设科学不科学，都用这个公式来衡量，实践已经证明，这个公式是不科学的，需要抛弃。

二是修正原有的观点。马克思主义时代化，意味着要对马克思主义原有的一些理论观点做出适当改变和超越。当代世界广泛变动带来的海量信息资源，既有证明和支撑又有动摇和冲击马克思主义原有原理的内容。我们以实践为检验真理的唯一标准，就必须不断地拓展马克思主义时代化所能改变的马克思主义原有理论的范围。马克思主义的发展过程，也正是在不断修正和补充原有观点的基础上推进的。比如，马克思主义的精髓和灵魂就在不断地丰富和发展：从列宁概括的"具体问题具体分析"，到毛泽东提出的"实事求是"，再到邓小平补充的"解放思想、实事求是"，再到江泽民强调的"解放思想、实事求是、与时俱进"，再到胡锦涛发展的"解放思想、实事求是、与时俱进、求真务实"，马克思主义的精髓随着时代的发展愈加科学而完备。总体来看，当代世界变动如此之广，以至于对经典马克思主义原有的一些理论观点特别是具体论断不能原封不动地加以继承，我们需要予以修正和补充的内容越来越多。即使是马克思主义的基本原理，也必须随着当代世界的广泛变动而加以时代化。马克思主义时代化对马克思主义原有的一些理论观点的改变和超越，随着当代世界变动的日益广泛而愈加凸显。

三是补充新的观点。马克思主义时代化，意味着要不断拓展马克思主义的理论领域。随着当代世界的广泛变动，我们的知识占有量已经极大地超越了我们的前辈，但知道得越多，开拓世界的范围和领域也越广泛，碰到的问题也越多，未知领域也大大拓展。面对未知和已知的同步增多，马克思主义需要回答和解决的时代课题也越来越多，马克思主义时代化所需要触及和面对的实践领域也愈加宽广。在当今时代，人类改造世界的实践日新月异，不断为马克思主义时代化提供着全新的实践沃土和宝贵素材。随着实践领域的极大拓展，人类认识成果如火山爆发一般喷涌而出，为推进马克思主义时代化提供了丰富而又宝贵的时代信息资源。面对马克思主义原有理论未曾涉及的众多新知识，我们必须推进马克思主义时代化，将其广采博收。

四是澄清附加的错误观点。深化对马克思主义的研究，要切实抓好马克思主义的文本研究，注意理清马克思主义经典作家思想发展的脉络，辨析在发展的过程中哪些是"老祖宗"一直坚持的，哪些是后来已经改变或抛弃了的；注意"老祖宗"一系列观点的相互联系，辨析哪些是主要的、根本的、核心的，哪些是次要的、变动的、临时的；注意"老祖宗"的观点与我们以往理解之间的关系，辨析哪些是"老祖宗"自己的，哪些是后人添加的，哪些是我们理解的，这些添加和理解哪些是准确的、哪些是错误的①。尤其要重视把那些附加在马克思主义名下的错误观点加以澄清和剔除。

二　着眼于重大时代课题的理论思考

江泽民指出："我们必须始终坚持以我国改革开放和现代化建设的实际问题、以我们正在做的事情为中心，着眼于马克思主义理论的运用，着眼于对实际问题的理论思考，着眼于新的实践和新的发展。"② 这一论述为我们推进马克思主义时代化指明了正确道路。"以实际问题为中心"，"着眼于对实际问题的理论思考"，具有重要的方法论意义。它告诉我们，马克思主义时代化，要以我们面临的时代问题为中心，深化对重大时代课题的理论思考，推进马克思主义与时俱进。这是马克思主义时代化理论路径的重要方面。

1. 不断深化对资本主义发展进程的理论思考

早在 2000 年 6 月召开的中央思想政治工作会议上，江泽民同志就提出了"四个如何认识"的问题，其中之一就是"如何认识资本主义发展的历史进程"③。20 世纪下半叶以来，资本主义出现了一系列新变化，包括生产力迅速发展，政治上相对稳定，社会面貌有了很大改观。当代资本主义的发展，给马克思主义理论带来了重大挑战。如何正确看待资本主义的发展进程，是马克思主义理论研究和发展的重大课题，是推进马克思主

---

① 李忠杰：《在建设学习型政党中学好两部文集》，《人民日报》2010 年 1 月 28 日。
② 《江泽民文选》第 2 卷，人民出版社，2006，第 251 页。
③ 《江泽民文选》第 3 卷，人民出版社，2006，第 78 页。

义时代化要着力深入思考的重大理论问题。

我们要直面当代资本主义的新变化，勇于抛弃经典作家某些过时的结论。第二次世界大战后，在新技术革命的推动下，当代资本主义生产力得到了长足的发展，生产关系、阶级结构和阶级关系上层建筑等方面也发生了明显变化。同时，当代资本主义在所有制关系、劳资关系、分配关系方面也做了一系列调整，在上层建筑领域建立起了比较成熟的政治制度和法制制度，在一定程度上缓和了社会矛盾。这种种变化，使当代资本主义呈现出相对稳定的发展态势。经典作家从他们所处的时代条件出发，曾经做出过资本主义即将灭亡的判断，多次自信地宣布社会主义即将取代资本主义。1867 年马克思在《资本论》中明确宣布："资本主义私有制的丧钟就要响了。剥夺者就要被剥夺了。"① 1873 年恩格斯在《关于工人阶级的政治行动》中说："统治者的时代快要结束了，人民的时代快要来临了。"② 1919 年列宁在共产国际第一次代表大会所做的闭幕词中宣布："全世界无产阶级革命的胜利是有保证的。国际苏维埃共和国的建立已经为期不远了。"③ 应该说，这些具体的判断都是经典作家从当时特定的时代条件出发做出的，已与事实不符。从客观实际出发，当代马克思主义者对这些判断理当与时俱进地加以抛弃。

我们要正确认识当代资本主义的新变化，资本主义的本质和命运并没有改变。第一，当代资本主义的私有制本质和剥削本质没有根本改变。不管人们对当代资本主义赋予什么新名词，"社会资本主义"也好，"人民资本主义"也好，"资本民主化"也好，其本质特征都是资本，资本的本性仍然是剥削。资本主义经历了从国家垄断资本主义到国际垄断资本主义的发展过程，但其都未超出"垄断资本主义"的范畴，本质上都是垄断，作为资本主义制度基础的生产资料私有制并没有改变。第二，当代资本主义社会的基本矛盾没有根本变化。生产的社会化与生产资料的资本主义私人占有之间的矛盾，是资本主义内在的固有矛盾。在当代资本主义条件下，这一矛盾不仅没有消除，相反，由于生产和市场的日益社会化、国际

① 《马克思恩格斯文集》第 5 卷，人民出版社，2009，第 874 页。
② 《马克思恩格斯全集》第 44 卷，人民出版社，1982，第 733 页。
③ 《列宁全集》第 35 卷，人民出版社，1985，第 503 页。

化和全球化，资本主义基本矛盾有了新的发展和激化。第三，资本主义必然灭亡的历史命运并没有根本改变。马克思恩格斯揭示了"两个必然"的规律，认为"资产阶级的灭亡和无产阶级的胜利是同样不可避免的"①。由于资本主义的本质和基本矛盾没有根本改变，因此，资本主义的自我调整不可能改变资本主义必然灭亡的历史命运。我们要旗帜鲜明地坚持马克思主义的基本原理。

我们要根据新的时代条件不断深化对资本主义发展的规律性认识。马克思指出："无论哪一个社会形态，在它所能容纳的全部生产力发挥出来以前，是决不会灭亡的；而新的更高的生产关系，在它的物质存在条件在旧社会的胎胞里成熟以前，是决不会出现的。"② 当代资本主义的新变化充分证明，"两个必然"的实现是一个长期、曲折的渐进过程。这一过程不会只有一条路径和一种方案。它既可以表现为社会发展的突变，也可以表现为否定扬弃、此消彼长、不断趋近的过程。我们固然不能无条件地放弃暴力革命，但从今天资本主义社会的现实出发，马克思恩格斯当年曾经设想过的发达资本主义国家可以"和平过渡"到社会主义的可能性无疑更大了③。当代资本主义所发生的新变化，就是资本主义在其自身矛盾的推动下，不断进行着的自我修正，是一个自我否定的过程。资本主义内部新的社会因素的不断增多和积累，将为新社会的产生创造出必要的条件，这显然是一种走向社会主义的趋势。我们要进一步丰富马克思主义关于人类社会最终走向社会主义和共产主义的理论认识。现实的社会条件决定了现实的社会主义和资本主义之间不是"谁吃掉谁"的问题，两种制度必定要经历长期共存、互相借鉴、竞争发展的过程。这对于当代社会主义发展是一个需要不断深入研究的崭新课题，是推进马克思主义时代化的重要生长点。

2. 不断深化对社会主义发展进程的理论思考

20 世纪 80 年代末 90 年代初，世界上发生了东欧剧变、苏联解体的重大事件，世界社会主义运动遭受严重挫折，对人类社会发展产生了重大

---

① 《马克思恩格斯文集》第 2 卷，人民出版社，2009，第 43 页。
② 《马克思恩格斯文集》第 2 卷，人民出版社，2009，第 592 页。
③ 常欣欣：《唯物辩证地认识"两个必然"》，《学习时报》2005 年 12 月 26 日。

影响，也给马克思主义理论带来了严峻的挑战。当代马克思主义者应当积极回应挑战，科学诠释世界社会主义发展的历史进程，在总结经验教训的过程中推进马克思主义时代化。

我们要直面苏联解体、东欧剧变带来的挫折，深刻汲取历史教训。由于东欧剧变和苏联解体，世界社会主义运动进入低潮，给国际共产主义事业带来了重大损失。但是我们必须看到，苏联、东欧社会主义的崩溃不是社会主义基本制度和原则的失败，而只是社会主义的一种特定模式即苏联模式的失败，同时也是这些国家的执政党错误地对待苏联模式所造成的悲剧。一些西方政客和资产阶级的学者宣称马克思主义"破产了"，社会主义已经"失败了"，共产主义理想已"被埋葬了"；国内也有人说"马克思列宁主义，在中国人民心目中破了产"，说马克思主义已经"沦为教条"，是"伪学术"，不能被视为"社会科学"，甚至将马克思主义诬蔑为"霸道的理论和逻辑"等。这些论调是完全错误的。但是，我们必须从苏联解体、东欧剧变中汲取深刻教训。苏联解体、东欧剧变告诉人们，当代社会主义面临三种选择，或称三条路，这就是：坚持僵化的苏联模式不改革，那是一条绝路；放弃科学社会主义基本原则胡改瞎改，也是一条绝路；只有既坚持马克思主义和科学社会主义基本原则，又实行改革开放，才是社会主义繁荣昌盛的光明大道。这就是邓小平尖锐地指出过的："不坚持社会主义，不改革开放，不发展经济，不改善人民生活，只能是死路一条。"①

我们要深化对于社会主义发展的前进性与曲折性相统一的规律的认识。实践表明，社会主义代替资本主义的历史进程，不可能是一帆风顺的。社会主义国家原来都是经济文化落后的国家，彻底改善落后面貌需要经过一个艰难的过程。这些国家进入社会主义社会的时候，普遍没有经过资本主义的充分发展，生产力水平远远落后于发达国家，在掌握国家政权之后，必须在社会主义条件下经历一个相当长的阶段，去实现工业化和现代化。这是不可逾越的阶段，又是充满风险的阶段，不可避免地遇到难以预料和想象的困难。它既要百倍努力大力发展生产力，超越资本主义的生

---

① 《邓小平文选》第 3 卷，人民出版社，1993，第 370 页。

产力水平，增加同资本主义抗衡的力量，又要在被资本主义包围的环境中防止被颠覆和推翻，其挑战和难度巨大。同时，社会主义是一种崭新的社会制度，没有现成的经验可以借鉴和学习。因此，认识和掌握社会主义建设的规律是一个主观与客观相一致的过程，也是一个长期探索和试验的过程，完全不犯错误、不经受挫折是不可能的。

我们要在坚定社会主义信仰的基础上不断探索发展社会主义的道路。社会主义必然代替资本主义这一历史发展的总趋势没有也不会改变，我们决不能因为目前社会主义遇到了暂时的挫折，就对其悲观失望，动摇了走社会主义道路的信心和决心。但是，社会主义替代资本主义，是一项长期的伟大的工程，需要几代人、十几代人甚至几十代人的努力，要有长期作战的思想和艰苦奋斗的精神。我们要站在时代和历史规律的高度，从客观上认识社会主义发展的历史趋势，坚定中国特色社会主义的道路自信、理论自信、制度自信，坚定不移地推进中国特色社会主义伟大事业。在未来的发展中，我们将面临艰巨的任务和严峻的挑战。我们要不断破解发展难题，不断深化对于中国特色社会主义建设规律的认识，不断开创中国特色社会主义的新局面，并在这一过程中推进马克思主义的理论创新，

3. 不断深化对科技革命和经济全球化的理论思考

科学技术和经济全球化是影响当今世界发展面貌和发展趋势的决定性因素，而且这两者都属于生产力和生产关系组成的生产方式的范畴，它们之间有着必然联系。科技革命推动着经济全球化的进程，经济全球化又促进科技革命的发展。在当前科技革命和经济全球化不断推进的时代，世界格局、国际关系、生活方式、政治取向、价值观念都受到了很大的冲击，深刻地影响了人类社会的现状和未来。马克思主义时代化，需要把握时代脉搏，贴近时代主题，必须认真研究科技革命和经济全球化对人类社会发展的重大影响，科学诠释科技革命和经济全球化在人类历史进程中的地位，在回应挑战中推动马克思主义自身丰富与发展。

我们要高度重视科技革命和经济全球化的重大历史作用。科技革命和经济全球化是推动当今时代进步的决定性因素。现代科学技术突飞猛进，不仅推动了世界生产力的巨大发展，也对世界政治、经济、文化、军事、社会等各个领域产生了广泛影响，引起了人类社会生产和生活方式的重大

变化。经济全球化是世界范围内生产力发展的客观结果，是不以人的意志为转移的客观趋势，也是回避不了的世界发展大趋势。经济全球化有利于促进资本、技术、知识等生产要素在全球范围内的优化配置，为全球经济和社会发展提供前所未有的物质技术条件，给各国、各地区提供了新的发展机遇。科技革命和经济全球化正在极大地改变着人类社会的面貌和世界历史发展的进程。

我们要客观看待科技革命与经济全球化带来的社会风险。科技革命与经济全球化使人类社会面临的风险逐步提高。一方面，科学技术的发展，使人类支配和运用资源的能力迅速提高，人类所能支配与运用的物质能量水平也在迅速提高，其功能与效用也出现异化问题，日益表现出某种负面作用[1]。比如，科学技术对人类能力的开发与对人类资源运用能力的提高，使得人类行为出现一些失误，会导致巨大的社会破坏与环境危机。2010 年 4 月发生在美国墨西哥湾的石油钻井平台事故，2011 年 3 月发生在日本福岛核电站的核泄漏事故，给人类生存环境所造成的破坏是难以估量的。另一方面，市场经济作为一种经济形式，它内在地鼓励人类个体对利益的无限诉求，也内在地强调着个人主义，并以金钱作为衡量人类个体成功与否的根本尺度。它在与私有制的结合中所形成的人类个体之间、社会集团之间以及国家之间的现实和潜在的对立，会在相当大的程度上割裂人与人之间、人与社会之间以及不同的人类共同体之间的相互关系，最后导致人类冲突。人类需要高度警惕面临的这些风险，集中自己的智慧去积极应对。

我们要深化科技革命与经济全球化条件下人类社会发展规律的新认识。科技进步并没有改变人类社会历史的发展趋势，社会主义必然代替资本主义的理论依然是科学的。但是，当今世界已经进入了一个经济全球化、社会信息化、文化多样化的新时代，人类社会进入了信息社会时代，人类的生产生活方式今非昔比。"最近一百多年来，人类社会发展变化的剧烈和深刻程度远远超出了人们的预料。"[2] 时代条件的巨大变化是马克

---

① 孙新彭：《时代性质判断与社会主义实践选择》，人民出版社，2010，第 142 页。

② 习近平：《关于建设马克思主义学习型政党的几点学习体会和认识——在中央党校 2009 年秋季学期第二批进修班开学典礼上的讲话》，《今日中国论坛》2009 年第 11 ~ 12 期。

思主义经典作家所没有经历过甚至是无法想象的。人类社会的发展进步过程，无疑增添了许多前所未有的复杂因素。这些都需要我们以彻底的唯物主义者的姿态，立足新的时代条件，重视审视那些在世界深刻变动中涌现出来的新事物，科学诠释时代条件下的世界重大变化，并得出切合实际的新结论，进一步丰富对于人类社会发展规律的认识。只有这样，才能验证马克思主义没有过时也永远不会过时的客观真理，彰显马克思主义无限发展的生命力。

三　在深化对"三大规律"认识的过程中推进理论创新

实践是不断发展的，人们对规律的认识是永无止境的。党的十六大报告提出："在全党深入进行马克思主义发展史的教育，大力弘扬求真务实、开拓进取的精神，不断深化对共产党执政规律、社会主义建设规律和人类社会发展规律的认识，不断丰富和发展马克思主义。"① 这表明，深化对"三大规律"的认识是丰富和发展马克思主义的根本着力点。中国特色社会主义理论体系是党深化"三大规律"认识的重大成果②。在新的历史条件下，我们必须结合时代特点，坚持运用马克思主义的立场、观点、方法研究重大理论和现实问题，继续深化对共产党执政规律、社会主义建设规律和人类社会发展规律的认识，在深化对"三大规律"认识的基础上推进马克思主义理论创新。这是实现马克思主义时代化的理论路径的落脚点。

1. 在深化对共产党执政规律认识的过程中推进理论创新

中国共产党是马克思主义的忠实践行者，是中国特色社会主义事业的领导核心。因此，深化对共产党执政规律的认识，是马克思主义时代化的关键。当前，国内外形势和党员干部队伍中出现的新情况、新变化，需要我们对党的建设所面临的重大理论和实践问题进行更加深入的思考和研究，围绕以下重大问题进一步深化对共产党执政规律的认识。

---

① 中共中央文献研究室编《十六大以来重要文献选编》（上卷），中央文献出版社，2005，第 39 页。

② 胡锦涛：《坚定不移沿着中国特色社会主义道路前进　为全面建成小康社会而奋斗——在中国共产党第十八次全国代表大会上的报告》，人民出版社，2012，第 13 页。

我们要不断深化对共产党执政历史使命的认识。中国共产党是以马克思主义为指导的工人阶级政党。马克思恩格斯在《共产党宣言》中明确向全世界宣布，工人阶级及其政党的历史使命，就是推翻资本主义制度，最终实现共产主义。当前，我国正处在社会主义初级阶段。邓小平指出："我们搞社会主义才几十年，还处在初级阶段。巩固和发展社会主义制度，还需要一个很长的历史阶段，需要我们几代人、十几代人，甚至几十代人坚持不懈地努力奋斗。"① 虽然我国的经济社会发展取得了举世瞩目的历史性成就，但是工业化的任务尚未完成，产业结构不尽合理，增长方式亟待转变；我国的科技、教育、文化发展水平同发达国家相比还有较大差距，经济社会发展不平衡的矛盾还非常突出且将长期存在。这一切都决定了党要把最高纲领与现实目标结合起来，一方面要立足于社会主义初级阶段的基本国情，坚定中国特色社会主义信念，坚持"三步走"的发展战略，为实现社会主义现代化目标而奋斗；另一方面又要着眼于党的最终奋斗目标，树立共产主义远大理想。要在理想与现实的统一中深化对党执政历史使命的认识，在理论与实践相结合的基础上推进中国特色社会主义事业的发展。

我们要不断深化对共产党执政社会基础的认识。一个政党能否夺取政权和巩固政权，关键在于能否得到人民群众的普遍拥护和支持，在于是否有稳固的阶级基础和广泛的群众基础。改革开放以来，针对社会结构和阶级结构发生的重大变化，党适时提出了巩固党的阶级基础和扩大党的群众基础的战略任务。江泽民指出："我们必须坚持党的工人阶级先锋队性质，始终保持党的先进性，同时要根据经济发展和社会进步的实际，不断增强党的阶级基础和扩大党的群众基础，不断提高党的社会影响力。"② "要把承认党的纲领和章程、自觉为党的路线和纲领而奋斗、经过长期考验、符合党员条件的其他社会阶层的先进分子吸收到党内来，增强党在全社会的影响力和凝聚力。"③ 党的执政社会基础的建设不是一劳永逸的，

---

① 《邓小平文选》第 3 卷，人民出版社，1993，第 379 页。
② 《江泽民文选》第 3 卷，人民出版社，2006，第 284 页。
③ 中共中央文献研究室编《十六大以来重要文献选编》（上卷），中央文献出版社，2005，第 41 页。

而是一个不断推进的过程。当前，随着改革开放的继续深入和经济社会的发展，我国的社会阶层构成将继续发生深刻变化。面对这些新变化，我们要继续解放思想，深入研究党的阶级基础和群众基础建设，推进理论创新，以发展着的马克思主义指引党不断增强影响力和凝聚力，巩固领导地位和执政地位。

我们要不断深化对共产党执政价值目标的认识。中国共产党从诞生的那一天起，就把全心全意为人民服务作为自己的根本宗旨，始终坚持人民的利益高于一切。邓小平坚定地相信和依靠人民，提出要"总是把人民拥护不拥护、人民赞成不赞成、人民高兴不高兴、人民答应不答应作为制定方针政策和作出决断的出发点和归宿"①。江泽民强调我们党进行的一切奋斗，归根到底都是为了最广大人民的利益，"都是为了不断实现好、维护好、发展好最广大人民的利益"②。胡锦涛强调"坚持国家和人民的利益高于一切，做到权为民所用、情为民所系、利为民所谋"③，着力解决好人民群众最关心、最直接、最现实的利益问题。"人心向背，是决定一个政党、一个政权兴亡的根本性因素。"④ 在新的历史条件下，随着社会结构和社会组织形式发生深刻变化，利益主体多元化和利益需求多样化的特征明显增强，我国社会面临的贫富差距拉大、社会保障不健全，公共医疗、教育公平，劳动就业等领域面临的突出矛盾和问题前所未有。这就要求我们继续深化对党执政价值目标的认识，从人民群众最关心、最直接、最现实的利益问题入手，做好实现好、维护好和发展好人民根本利益这篇大文章，马克思主义时代化才能彰显其价值。

我们要不断深化对党的领导方式和执政方式的认识。中国共产党在取得全国政权成为执政党以后，应该按照什么样的方式对国家和社会实施正确有效的领导，始终是我们面临的一个重大课题。2004 年十六届四中全会认真总结了党的建设的历史经验，提出了"科学执政、民主执政、依

---

① 中共中央文献研究室编《十六大以来重要文献选编》（中卷），中央文献出版社，2006，第 152 页。

② 《江泽民文选》第 3 卷，人民出版社，2006，第 279 页。

③ 中共中央文献研究室编《十六大以来重要文献选编》（上卷），中央文献出版社，2005，第 225 页。

④ 《江泽民文选》第 3 卷，人民出版社，2006，第 185 页。

法执政"的新理念，2009 年十七届四中全会又提出了"科学决策、民主决策、依法决策"的新要求。这些都是对于党的领导方式和执政方式所取得的重大认识成果。然而，党的领导方式和执政方式的改革和完善，是一项长期的任务。在新的时代条件下，党的领导方式和执政方式面临着新的、更高的要求。这些都需要以改革创新的精神，着眼于党的建设面临的客观条件，着眼于中国特色社会主义实践的客观要求，着眼于加强党的执政能力的客观任务，不断深化对党的领导方式和执政方式的认识，解决好这一历史课题。

总之，党执政以后如何加强自身建设，从而提高执政能力、巩固执政基础、完成执政使命，是必须着力解决的重大问题。在不同的时代条件下，党的执政规律具有不同的内容和要求。我们需要紧密联系时代条件和社会实践的变化发展，紧紧围绕中国特色社会主义这个主题，不断深化对共产党执政规律的认识，并在这一过程中推进马克思主义时代化。

2. 在深化社会主义建设规律认识的过程中推进理论创新

科学社会主义创立以来，社会主义经历了从理论到实践、从一国实践到多国实践的发展过程。这一过程始终与马克思主义的发展相伴随。社会主义实践的发展不断积累着理论创新的素材，推动着马克思主义理论的发展；马克思主义理论的创新又指导着新的实践，推动着实践的新发展。因此，深化对社会主义建设规律的认识，既是社会主义建设事业发展的需要，也是马克思主义理论创新发展的需要。

我们要不断深化对社会主义根本任务的认识。马克思主义认为，生产力是最活跃、最革命的因素，是社会发展的最终决定力量。发展生产力应当成为社会主义的根本任务。新中国成立以来，由于党的指导思想的"左"倾错误，"以阶级斗争为纲"取代了发展生产力这一根本任务，严重影响了我国社会主义建设事业的发展。改革开放以来，我们党坚持把解放和发展生产力放在第一位，我国的综合国力不断增强，人民生活水平不断提高。展望未来，我们要在中国共产党成立 100 年之际全面建成小康社会，在新中国成立 100 年时建成富强、民主、文明、和谐的社会主义现代化国家。这些宏伟目标的实现，关键还是要靠发展，靠不断提高生产力发展水平。在未来的发展中，我们要牢固树立科学发展的观念，加快转变经济发展方式，坚持速度、结构、质量、效益相统一，走经济社会全面、协调、可持续发展的道路。要做到这些，都需要我们进一步深化对社会主义根本任务的认识。

我们要不断深化对社会主义发展动力的认识。恩格斯说："所谓'社会主义社会'不是一种一成不变的东西，而应当和任何其他社会制度一样，把它看成是经常变化和改革的社会。"① 列宁也指出："把社会主义看成一种僵死的、凝固的、一成不变的东西的这种观念，是非常荒谬的。"② 社会主义的生产力和生产关系都是处在不断变革之中的。那么，社会主义的发展动力究竟是什么呢？党的十一届三中全会以来的成功实践充分证明，"改革开放是发展中国特色社会主义的强大动力"③。当前，我国正处于转型时期，面临着一些亟待解决的突出矛盾和问题，改革的难度越来越大，改革的面越来越宽，牵扯的利益矛盾越来越复杂，群众要求共享改革成果的期望越来越强烈。这些问题都是发展中的问题，只有依靠继续深化改革、促进发展才能够解决。这就要求我们进一步深化对社会主义发展动力的认识，在深入贯彻落实科学发展观与深化改革开放相统一的过程中继续推进中国特色社会主义事业。

我们要不断深化对社会主义发展模式的认识。在新中国成立以来的社会主义建设中，我们曾经有过照搬苏联模式的深刻教训。党的十一届三中全会以来，以邓小平、江泽民、胡锦涛为代表的中国共产党人，坚持把马克思主义基本原理同我国的具体实际结合起来，成功探索了中国特色社会主义道路，形成了中国特色社会主义理论体系，巩固和发展了中国特色社会主义制度。我国沿着这一道路前进，取得了举世瞩目的辉煌成就，也在逐渐形成适合我国基本国情的"中国模式"。然而，正如胡锦涛指出："世界上没有放之四海而皆准的发展道路和发展模式，也没有一成不变的发展道路和发展模式。我们既不能把书本上的个别论断当作束缚自己思想和手脚的教条，也不能把实践中已见成效的东西看成完美无缺的模式。"

---

① 《马克思恩格斯文集》第 10 卷，人民出版社，2009，第 588 页。
② 《列宁专题文集——论社会主义》，人民出版社，2009，第 39 页。
③ 中共中央文献研究室编《十七大以来重要文献选编》（上卷），中央文献出版社，2009，第 1 页。

"我们要适应国内外形势新变化、顺应人民新期待……不断完善适合我国国情的发展道路和发展模式。"① 这就要求我们在坚定中国特色社会主义信念的基础上进一步深化对社会主义发展模式的认识,不断完善适合我国国情的社会主义发展道路和发展模式。

我们要不断深化对社会主义全面发展的认识。社会主义现代化不仅是经济发展的过程,同时也是社会全面进步的过程。我们对此的认识是一个不断发展的过程。新中国成立后,就提出要建设工业、农业、国防和科学技术四个现代化的社会主义国家。改革开放以来,我们党对社会主义发展的认识,经历了一个"两个文明"协调发展→"三个文明"建设→"四位一体"布局→"五位一体"总体布局的认识发展过程。在新的条件下,我们要进一步深化对社会主义全面发展的认识,按照党的十八大的部署,全面落实经济建设、政治建设、文化建设、社会建设、生态文明建设五位一体总体布局,促进现代化建设各方面相协调,促进生产关系与生产力、上层建筑与经济基础相协调,不断开拓生产发展、生活富裕、生态良好的文明发展道路。

3. 在深化对人类社会发展规律认识的过程中推进理论创新

几千年来,人类社会经历了不同文明、多种模式的发展。不同文明和发展模式之间互相交流、互相借鉴,共同把人类社会推到了当前的高度。马克思主义揭示了人类社会发展的规律,同时马克思主义本身也是人类文明的成果。对人类社会发展规律的不断认识又推动着马克思主义自身的丰富和发展。改革开放以来,中国共产党在探索中国特色社会主义的发展道路上,不断吸收和借鉴全人类的文明成果,总结人类社会发展的规律,取得了一次又一次成功,开创了中国特色社会主义的伟大事业,所积累的理论成果又丰富着马克思主义的理论形态。当前,继续推进马克思主义时代化,需要我们进一步深化对人类社会发展规律的认识和把握,在继续推进中国特色社会主义伟大事业的进程中实现理论创新。

我们要不断深化对人民群众在人类社会发展中主体地位的认识。尊重

---

① 中共中央文献研究室编《十七大以来重要文献选编》(上卷),中央文献出版社,2009,第812页。

人民群众的历史主体地位，是马克思主义的基本原理，也是我们党坚持的重要原则。毛泽东指出："人民，只有人民，才是创造世界历史的动力。"① 科学发展观开宗明义地提出"以人为本"，并把它与全面、协调、可持续结合起来。以人为本，不仅主张人的发展是发展的根本目的，回答了为什么发展、发展为了谁的问题，而且主张人是发展的根本动力，回答了怎样发展、依靠谁发展的问题，体现了马克思主义唯物史观关于人民群众是历史主体的基本原理，体现了我们党对人民群众在人类社会发展中主体地位认识的深化。当前，我国的改革发展进入攻坚阶段，面对的困难和风险很多，面临的矛盾和问题很复杂，只有充分尊重人民的主体地位，充分发挥人民的积极性、主动性、创造性，充分保障人民各项权益，才能凝聚起无坚不摧的强大力量，才能在应对各种挑战的过程中攻坚克难，无往而不胜。时代形势的发展需要我们依据马克思主义基本原理，进一步深化对人民群众在人类社会中主体地位的认识。

我们要不断深化科学技术在人类文明发展过程中重要地位和作用的认识。马克思主义创始人高度关注科学技术对于社会发展的重要作用，提出了"生产力中也包括科学"② 的理论。邓小平提出了"科学技术是第一生产力"③ 的著名论断。面对科技进步与社会发展的新形势，江泽民进一步提出："科学技术是第一生产力，而且是先进生产力的集中体现和主要标志。"④ 胡锦涛也强调指出："一个国家的现代化，关键是科学技术的现代化。"⑤ 新世纪新阶段，我国依然处于社会主义初级阶段，经济社会发展水平不高，人均资源相对不足，进一步发展还面临着一些突出的问题和矛盾，我们比以往任何时候都更加迫切地需要坚实的科学基础和有力的技术支撑。这就需要我们进一步深化对科学技术的战略意义的认识，着力推进科技创新，抢占未来发展先机。

我们要不断深化对世界多样性的认识。当今世界是一个多种文明并

---

① 《毛泽东选集》第 3 卷，人民出版社，1991，第 1031 页。
② 《马克思恩格斯文集》第 8 卷，人民出版社，2009，第 188 页。
③ 《邓小平文选》第 3 卷，人民出版社，1993，第 274 页。
④ 《江泽民文选》第 3 卷，人民出版社，2006，第 275 页。
⑤ 中共中央文献研究室编《十六大以来重要文献选编》（下卷），中央文献出版社，2008，第 185 页。

存、多种发展道路共生的世界，文明多样性和发展道路多样化是当今时代人类社会的突出特征。中国共产党在一系列重大国际活动及党的文献中对世界的多样性反复做出论述，形成了关于世界多样性的理论。江泽民指出："每个国家和民族都有自己的特点和长处，大家只有彼此尊重、求同存异、和睦相处、互相促进，才能创造百花争妍、万紫千红的世界。没有多样化，就不成其为世界；没有多样化，也不成其为联合国。不承认、不尊重世界多样性，企图建立清一色的一统天下，是必定要碰壁的。"① 进入新世纪、新阶段，面对国际形势的新变化，胡锦涛也强调指出："文明多样性是人类社会的基本特征，也是人类文明进步的重要动力。在人类历史上，各种文明都以自己的方式为人类文明进步作出了积极贡献。存在差异，各种文明才能相互借鉴、共同提高；强求一律，只会导致人类文明失去动力、僵化衰落。"② 习近平则从发展道路多样化的角度阐述了世界的多样性特征。他说："我们应该尊重各国自主选择社会制度和发展道路的权利，消除疑虑和隔阂，把世界多样性和各国差异性转化为发展活力和动力。"③ 当今人们所处的是一个风云变幻的时代，面对的是一个日新月异的世界。世界各国的相互联系日益紧密，相互依存度日益加深。人类只有一个地球，各国共处一个世界。在这种时代条件下，我们需要进一步深化对世界多样性的认识，顺应和平、发展、合作、共赢的时代潮流，努力推动世界和平与发展迈上新台阶。

总之，发展是当今时代的主题，更是当代中国的主题。我国作为一个社会主义国家和世界上最大的发展中国家，长期面临着解放和发展社会生产力、增强综合国力、改善人民生活的艰巨任务，解决好发展问题尤为紧迫。现实迫切要求我们以解放思想、实事求是的态度，紧密结合国际国内形势的新发展、新变化，不断深化对人类社会发展规律的认识，不断推进马克思主义与时代条件紧密结合，为马克思主义时代化做出新的贡献。

---

① 《江泽民文选》第 1 卷，人民出版社，2006，第 480 页。

② 中共中央文献研究室编《十六大以来重要文献选编》，中央文献出版社，2006，第 997 页。

③ 习近平：《共同创造亚洲和世界的美好未来——在博鳌亚洲论坛 2013 年年会上的主旨演讲》，《人民日报》2013 年 4 月 8 日，第 1 版。

第二节　马克思主义时代化的实践路径

实践路径就是从实践推动的角度来探讨马克思主义时代化的实现过程。这一路径以马克思主义主动应对和解答实践课题为开端，以总结实践经验升华理论成果为中介，以在指导实践并接受实践检验的过程中继续发展马克思主义为落脚点。经过这一过程，马克思主义实现了对时代实践的指导和对自身理论的发展，从而实现了马克思主义时代化。

一　应对和解决重大实践课题

每个时代都有属于自己的问题。正如马克思指出："问题就是公开的、无畏的、左右一切个人的时代声音。问题就是时代的口号，是它表现自己精神状态的最实际的呼声。"① 任何理论的提出都是为了解决问题，理论的发展与创新也是为了针对新情况解决新问题。新情况、新问题层出不穷，理论的发展与创新也就永无止境。当今世界处在大变革、大调整时期，当代中国也处在改革发展的关键时期。在当前的时代发展中，存在许多迫切需要解决的实践课题。马克思主义时代化是为解决时代问题而提出来的。应对和解决当代实践课题，是马克思主义时代化的重要使命，也是实现马克思主义时代化的根本路径。

1. 应对和解决我国改革发展稳定的重大问题

当前，国际国内形势的变化使我国的发展面临前所未有的机遇和挑战。从国际来看，世界多极化和经济全球化深入发展，国际环境复杂多变，综合国力竞争日趋激烈，影响和平与发展的不确定因素增多，人类面临诸多难题和挑战。从国内来看，新世纪、新阶段，我国改革进入攻坚阶段，发展进入关键时期，深化改革开放需要更大的智慧和勇气。"中国发展仍面临着不少困难和挑战，要使全体中国人民都过上美好生活，还需要付出长期不懈的努力。"② 为此，我们需要正确处理改革发展稳定的关系，

---

① 《马克思恩格斯全集》第 40 卷，人民出版社，1982，第 289 页。
② 习近平：《共同创造亚洲和世界的美好未来——在博鳌亚洲论坛 2013 年年会上的主旨演讲》，《人民日报》2013 年 4 月 8 日，第 1 版。

着力应对和解决改革发展稳定的重大现实问题，在这个过程中也必将推进马克思主义时代化不断发展。

要着力应对和解决深化改革的重大问题。当前，继续深化改革，打好改革攻坚战，是摆在我们面前的迫切任务。我们要加快资源和要素价格形成机制改革，推进财税体制改革，深化金融体制改革，加强行政管理体制改革，加快完善社会主义市场经济体制。我们要深化政治体制改革，扩大公民有序政治参与，实现各项工作法治化，保证人民依法享有民主权利，加快实现社会主义民主政治制度化、规范化、程序化。我们要深化文化体制改革，完善文化管理体制和文化生产经营机制，建立现代文化市场体系，形成有利于创新的文化发展环境。我们要深化社会体制改革，形成科学有效的社会管理体制，健全基本公共服务体系和社会管理网络，建立确保社会既充满活力又和谐有序的体制机制。我们要加快生态文明制度建设，健全国土空间开发、资源节约、生态环境保护的体制机制，推动形成人与自然和谐发展的现代化建设新格局。应对和解决这些深化改革的重大问题，我们既需要有更大的政治勇气，也需要有马克思主义的理论智慧。

要着力应对和解决科学发展的重大问题。"科学发展观要求的发展，是好中求快、又好又快的发展，是速度与结构、质量、效益相统一的发展，是长期、稳定、可持续的发展。"[①] 在当前和今后一段时期内，我们面临着推进科学发展的一系列重大问题：如何进一步推进经济结构战略性调整，加快转变经济发展方式，促进经济长期又好又快发展的问题；如何进一步解决"三农"问题，加快城乡一体化建设，实现城乡统筹发展的问题；如何进一步提高自主创新能力，推进信息化与工业化融合，走新型工业化道路的问题；如何进一步实施区域发展战略，优化国土开发格局，实现区域协调发展的问题；如何进一步处理经济发展与人口、资源、环境的关系，增强可持续发展能力，坚持走生产发展、生活富裕、生态良好的文明发展道路问题；如何进一步扩大对外开放，创新开放模式，全面提高开放型经济水平的问题；等等。推进马克思主义时代化，就是要为正确认识和解决我国实现科学发展的重大问题提供智慧，用发展着的马克思主义

---

① 温家宝：《关于深入贯彻落实科学发展观的若干重大问题》，《求是》2008 年第 21 期。

引领开创社会主义事业科学发展的新局面。

要着力应对和解决保持稳定的重大问题。随着改革的深化和利益格局的调整，我国已逐渐进入社会矛盾凸显期，保持社会稳定成为进一步推进改革发展的重大现实课题。应对和解决保持稳定的重大问题，就是要正确处理改革发展稳定的关系，把改革的力度、发展的速度和社会可以承受的程度统一起来，在社会政治稳定中推进改革、发展，在改革、发展中实现社会政治稳定。当前，关键是要协调各方利益关系，切实保障群众合法权益，切实解决群众关心的食品药品安全、安全生产、官员腐败、分配不公等方面的问题，努力促进社会公平正义。这就需要我们坚持以人为本的价值立场，坚持解放思想、与时俱进，在马克思主义指导下研究新情况、解决新问题、寻找新办法。

2. 应对和解决中国共产党自身建设的重大问题

进入新世纪、新阶段，国内外形势发生了重大变化，党的历史方位也发生了深刻变化。"我们党历经革命、建设和改革，已经从领导人民为夺取全国政权而奋斗的党，成为领导人民掌握全国政权并长期执政的党；已经从受到外部封锁和实行计划经济条件下领导国家建设的党，成为对外开放和发展社会主义市场经济条件下领导国家建设的党。"① 这给党的建设带来了新的机遇和挑战。积极应对和解决党的建设面临的许多重大问题，以改革创新精神全面推进党的建设新的伟大工程，始终保持党的先进性和纯洁性，不断提高党的凝聚力和战斗力，是继续推进中国特色社会主义伟大事业的客观需要，也是马克思主义时代化的现实任务。

要着力应对和解决提高党的领导水平和执政水平的重大问题。"加强党的执政能力建设，提高党的领导水平和执政水平"，是中国共产党在新的历史条件下面临的一个重大课题。当前，国际国内政治经济形势发生了深刻变化，对加强党的执政能力建设提出了新的严峻挑战和崭新课题。其中最为关键的就是如何提高党的"五个能力"的问题，即如何不断提高科学判断形势的能力，如何不断提高驾驭市场经济的能力，如何不断提高

---

① 中共中央文献研究室编《十六大以来重要文献选编》（上卷），中央文献出版社，2005，第9页。

应对复杂局面的能力，如何不断提高依法执政的能力，如何不断提高总揽全局的能力。这些重大课题需要我们从政治和全局的战略高度积极应对和解决，在不断加强党的执政能力建设的过程中，努力提高党的领导水平和执政水平。

要着力应对和解决提高防腐拒变和抵御风险能力的重大问题。在新形势下，中国共产党面临着长期执政、改革开放、市场经济、外部环境四大考验，以及精神懈怠、能力不足、脱离群众、消极腐败四大危险。提高防腐拒变和抵御风险能力的任务比以往任何时候都更为繁重、更为紧迫。其中，"坚决反对和防止腐败，是全党一项重大的政治任务"[1]。党的十八大报告更是把对反腐败的认识提升到前所未有的高度，强调"这个问题解决不好，就会对党造成致命伤害，甚至亡党亡国"[2]。新的形势需要我们抓紧建立健全与社会主义市场经济体制相适应的教育、制度、监督并重的惩治和预防腐败的体系，努力探索新形势下提高党的防腐拒变和抵御风险能力的新思路，从思想教育、工作机制、管理体制、作风建设等方面全面提高党的防腐拒变和抵御风险能力，保证党的事业健康发展。这是新时期马克思主义者需要着力应对的重大问题。

要着力应对和解决提高党的建设科学化水平的重大问题。党的十七届四中全会提出了"提高党的建设科学化水平"的重大任务。这是我们党应对世情、国情、党情变化的必然选择，是对共产党执政规律认识的必然升华，体现了历史性与时代性、继承性与创新性、经验性与规律性、批判性与建设性的统一，昭示了推进党的建设新的伟大工程的必由之路[3]。提高党的建设科学化水平，要求我们以科学的理论指导党的建设，用中国特色社会主义理论体系武装头脑，努力建设马克思主义学习型政党；要求我们以科学制度保障党的建设，着力构建内容完备、结构合理、功能健全、科学管用的党内制度体系，不断提高党的建设的制度化、规范化、程序化

① 中共中央文献研究室编《十六大以来重要文献选编》（上卷），中央文献出版社，2005，第712页。
② 胡锦涛：《坚定不移沿着中国特色社会主义道路前进　为全面建成小康社会而奋斗——在中国共产党第十八次全国代表大会上的报告》，人民出版社，2012，第54页。
③ 陈章龙：《党的建设科学化命题的逻辑必然——党的十七届四中全会精神的辩证解读》，《扬州大学学报》2009年第6期。

水平；要求我们以科学的方法推进党的建设，把党要管党与从严治党、党管干部结合起来，不断创新党的建设的方法路径。应对和解决这些重大课题，为马克思主义时代化提供了重要生长点。

3. 应对和解决当今世界的全球性问题

当今世界，各国相互联系、相互依存的程度空前加深，人类生活在同一个地球村里，生活在历史和现实交汇的同一个时空里，越来越成为"你中有我、我中有你"的命运共同体。人类面临着诸多难题和挑战，维护世界和平、促进共同发展任重而道远。各种全球性问题需要世界各国携手合作、共同应对。我们要在积极应对和解决当今世界的全球性问题的过程中，把推进马克思主义时代化的文章做得更好。

要着力应对和解决促进世界和平与安全的重大问题。和平问题是所有全球性问题中两个具有决定性、统帅性的问题之一。和平是人民的永恒期望，没有和平，发展就无从谈起。但是，天下仍很不太平，世界和平面临的挑战依然严峻。一方面，传统安全威胁依旧存在。每年全球军费、军火贸易额居高不下，核武器、常规武器数量巨大。据美国《原子科学家公报》提供的数据，2009 年初，美国约有 2200 枚核弹头处于战斗值勤状态，而俄罗斯约有 2790 枚这样的核弹头。仅美国拥有的核弹头就能将地球毁灭数次。由种种原因导致的局部战争和冲突依然存在，地区热点问题错综复杂。另一方面，非传统安全威胁不断上升，并与传统安全威胁相互交织。自 20 世纪中期国际恐怖主义滋生以来，打着各种旗号的恐怖主义组织有 1000 多个，各种恐怖主义行动，每年都要发生数百起。消除恐怖主义威胁将是一场长期的战争。反恐怖专家认为，恐怖主义不仅是"20 世纪的政治瘟疫"，更是影响 21 世纪世界安全的头等大事。面对错综复杂的国际安全威胁，各国需要增强互信，同心协力，妥善应对。

要着力应对和解决促进世界共同发展的重大问题。促进共同发展是世界各国的共同使命和强烈要求，但世界共同发展面临的任务十分艰巨。贫富差距悬殊是全球性问题。今天，在少数发达国家充分享受发展带来的丰硕成果的同时，广大发展中国家依然面临着贫穷、饥饿、疾病的威胁。据统计，美国、加拿大、英国、法国、意大利和日本等西方 7 国，总人口占世界人口的 11%，但是其 GDP 之和占世界总量的 65%；而世界其余地区，人口占世界人口的 89%，其 GDP 之和却仅为世界总量的 35%。全非洲 50 多个国家，其 GDP 之和占世界总量的比例仅为 1%。统计数据还显示，世界上最富的 20% 人群和最穷的 20% 人群之间的收入差距，1960 年为 30∶1，1990 年为 60∶1，1999 年为 74∶1，现在已达到 80∶1。这些数据充分表明，世界经济发展中的南北差距是巨大的，而且这种差距在经济全球化条件下呈现逐渐拉大的趋势。当今世界两极分化的经济发展状况，主要根源在于由发达国家主宰的不合理的国际政治经济秩序。我们要深刻认识两极分化的危害，正确引导经济全球化朝着有利于世界经济平衡、稳定和可持续发展的方向前进，以缩小南北差距，防止"贫者愈贫、富者愈富"现象继续发展，最终实现整个世界的普遍发展和共同繁荣。

要着力应对和解决全球生态恶化、能源危机、毒品犯罪等重大问题。伴随着科技革命和经济全球化而来的还有许多重大全球性问题。一是生态环境的恶化问题。在科学技术的推动下，人类开发和利用自然创造了空前巨大的物质财富，但是，长期过度开发和不合理地利用自然，也造成了波及全球的生态环境恶化问题。水土流失、草原退化、沙漠蔓延、温室效应、臭氧层破坏、酸雨频繁以及人为的环境污染，使人类赖以生存的自然环境遭到严重破坏，威胁着人类的生存基础。二是资源枯竭与能源危机问题。美国能源部 2008 年 6 月公布的报告指出，2030 年全球二氧化碳排放量和能源消耗量将比 2005 年增加五成。美国人占世界人口的 6%，消耗了 35% 的世界资源。依照这一消耗水平，人类需要 9 个地球。根据经济学家和科学家的普遍估计，到 21 世纪中叶，即 2050 年左右，石油资源将会开采殆尽，如果新的能源体系尚未建立，能源危机将席卷全球，尤以欧美等地区的极大依赖于石油资源的发达国家受害最重。最严重的状态，莫过于工业大幅度萎缩，或因为抢占剩余的石油资源而引发战争。三是毒品泛滥问题。毒品泛滥是当今面临的重大难题之一。据统计，全球约有 2 亿人在使用毒品，吸毒人群遍及全球 200 多个国家和地区。而且吸毒人数以每年 3% ~ 4% 的速度增长。全球每年毒品交易额达 8000 亿至 1 万亿美元，每年因滥用毒品致死的人数高达 20 万，上千万人因吸毒丧失劳动能力。国际社会为控制毒品泛滥付出了极

大的努力，但是全球毒品的非法种植、加工、销售和使用情况依然不容
乐观。而且，全球黑社会组织与毒品集团正以不同形式联手，成为威胁
全球的不安定因素。此外，粮食短缺、传染性疾病特别是艾滋病等重大
疾病在全球范围内传播，海盗活动的死灰复燃等，都给人类的生存与发
展环境带来了巨大破坏。这些问题，显然凭借任何一个国家的能力是不
能够解决的，只有通过全人类的合作才行。当今世界面临的问题呼唤着
马克思主义的解决方案。

二　总结实践经验升华理论成果

要实现马克思主义时代化，就要在应对和解决实践课题的基础上，科
学地总结实践经验，并加以概括提炼升华成为理论成果，从而实现理论创
新的目的。不断总结和升华实践经验，是马克思主义时代化实践路径的关
键环节，在推进马克思主义时代实现过程中具有重要意义。

1. 总结实践经验是推动马克思主义理论创新的必要条件

实践经验是科学理论产生和发展的重要土壤。马克思指出："理论的
方案需要通过实际经验的大量积累才臻于完善。"[①] 马克思恩格斯就是在
批判和吸收人类文明成果、及时总结无产阶级斗争经验的基础上创立了科
学社会主义，并且根据无产阶级革命斗争的新鲜经验，不断丰富和发展着
自己的学说。列宁更是十分重视千百万人民群众的实践经验，他明确说
过："根据书本争论社会主义纲领的时代也已经过去了，我深信已经一去
不复返了。今天只能根据经验来谈论社会主义。"[②] 列宁通过对苏维埃社
会主义实践经验的总结，大大丰富了马克思主义关于社会主义建设的理
论。可以说，不断总结实践经验，推进理论创新，是马克思主义发展过程
中的一条重要规律。

中国共产党是十分重视并善于总结历史经验的党。毛泽东曾说自己是
"靠总结经验吃饭的"[③]。在邓小平看来，我们的事业要发展，要坚定地前

---

① 《马克思恩格斯文集》第5卷，人民出版社，2009，第437页。
② 《列宁专题文集——论社会主义》，人民出版社，2009，第399页。
③ 参见孙业礼《加强党史学习，提高执政能力——学习党史，益人心智》，《北京党史》
2010年第2期。

进，"不靠上帝，而靠自己努力，靠不断总结经验"①。他说："一个新的科学理论的提出，都是总结、概括实践经验的结果。没有前人或今人、中国人或外国人的实践经验，怎么能概括、提出新的理论？"② 江泽民强调："要不断总结经验，善于运用群众创造的经验来引导群众前进。"③ 胡锦涛指出："只有善于科学总结经验、注重认真学习经验，才能把中国特色社会主义道路坚持好、发展好。"④ 高度重视并善于总结实践经验，并努力使之上升为科学理论，是我们党的优良传统和政治优势。

　　作为马克思主义时代化最新成果的中国特色社会主义理论体系，就是总结实践经验的结晶。在改革开放以来 30 多年的时间里，党对历史经验进行了九次比较系统、全面的集中总结：①1981 年十一届六中全会通过的《关于建国以来党的若干历史问题的决议》，用"十个必须"总结了新中国成立以来的历史经验；②1992 年党的十四大用"三个不动摇"总结了改革开放以来近 14 年的实践经验；③1998 年江泽民在纪念党的十一届三中全会召开 20 周年大会上的讲话中，用"十一个必须"总结了改革开放的主要历史经验；④2001 年江泽民在庆祝中国共产党成立 80 周年大会上的讲话中，用"三个必须始终"高度概括了中国共产党成立 80 年以来的基本经验；⑤2002 年党的十六大报告用"十个坚持"总结了十三届四中全会召开 13 年以来的基本经验；⑥2004 年十六届四中全会用"六个必须坚持"总结了 55 年来党执政的主要经验；⑦2006 年胡锦涛同志在庆祝中国共产党成立 85 周年暨总结保持共产党员先进性教育活动大会上，用"五个必须"高度概括了党的先进性建设的宝贵经验；⑧2007 年党的十七大报告用"十个结合"总结了改革开放 29 年来的基本经验；⑨2012 年党的十八大回顾总结了改革开放 34 年来的伟大历史进程和宝贵经验。中国特色社会主义理论体系，就是在不断总结经验的基础上形成、丰富和发展

---

①　《邓小平文选》第 3 卷，人民出版社，1993，第 118 页。

②　《邓小平文选》第 2 卷，人民出版社，1994，第 57～58 页。

③　中共中央文献研究室编《十四大以来重要文献选编》（上卷），人民出版社，1996，第561 页。

④　《学习和运用建设社会主义的成功经验　坚持好发展好中国特色社会主义道路——胡锦涛在中共中央政治局第十七次集体学习时强调》，《人民日报》2004 年 12 月 3 日，第 1版。

的。立足于改革开放的实践土壤，适应当代中国发展的实践需要，也是中国特色社会主义理论体系能够引领我国各项事业取得伟大成就的重要原因。

总结实践经验是推进马克思主义时代化的重要途径。实践是理论产生的基础和源泉，但实践并不能直接得出理论结果，它提供的是经验。只有对这些经验进行科学的总结，并加以系统的、创造性的理论概括，才能形成科学的理论体系。胡锦涛明确指出："善于总结和学习经验，是我们党的光荣传统，是推进马克思主义基本原理同中国具体实际相结合的重要途径。"① 人民群众在改革开放和社会主义现代化建设过程中不断创造和积累着丰富而有益的经验。马克思主义时代化，就是要通过深刻总结广大人民群众在实践中创造的丰富经验，及时把实践中积累的新鲜经验深化为理性认识，推进党的理论创新。通过总结实践创造的新鲜经验，能够为马克思主义理论发展不断注入新鲜血液，从而使马克思主义理论始终洋溢着时代气息。

2. 马克思主义时代化要全面总结社会主义发展的实践经验

社会主义建设的实践经验是当代马克思主义发展的源头活水。在当今时代条件下，推进马克思主义时代化需要在继续总结实践经验上下功夫，通过总结升华历史经验和新鲜实践经验，为马克思主义注入新的时代内容。

要继续深入总结中国特色社会主义发展的实践经验。在改革开放30多年的历史进程中，党领导下的中国特色社会主义建设积累了许多成功经验，我们党已经对之做了多次总结，利用中国经验催生了一系列马克思主义的理论问题，它构成了理论的重要生长点。总结经验是一个历史过程，今后还要随着时代和实践的发展，继续深入总结历史经验，把对历史经验的认识不断提高到新的水平。同时，还要坚持把总结历史经验与总结现实经验结合起来，及时总结党领导人民创造的新鲜经验。建设中国特色社会主义是一个不断推进的实践过程。我们要立足新的实践，不断总结中国特

---

① 《学习和运用建设社会主义的成功经验　坚持好发展好中国特色社会主义道路——胡锦涛在中共中央政治局第十七次集体学习时强调》，《人民日报》2004年12月3日，第1版。

色社会主义市场经济建设、民主政治建设、先进文化建设、和谐社会建设、生态文明建设等各个方面的新鲜经验，不断做出新的理论概括，以推动马克思主义的创新与发展。

要继续深入总结中国共产党自身建设的实践经验。党的建设是马克思主义理论和实践创新的重要领域，党的建设经验是马克思主义理论创新的重要素材。当前党所处的历史方位和执政环境的深刻变化，使党的自身建设任务比过去任何时候都更为复杂和繁重。我们要始终坚持马克思主义中国化最新理论成果的指导，找准新形势下党的建设中存在的深层次问题，认真总结中国共产党的思想建设、组织建设、作风建设、反腐倡廉建设和制度建设的新鲜经验，通过经验总结和理论创新的良性互动，不断推进党的建设取得丰硕的实践成果、制度成果和理论成果。通过总结党的建设经验，准确把握党的建设实践中所体现的客观规律，不断深化对共产党执政规律的认识。

要继续深入总结世界社会主义国家发展的经验教训。当今世界，除了中国坚持走社会主义道路之外，还有越南、老挝、朝鲜、古巴等国家也在探索在马克思主义指导下，走有本国特色的社会主义发展道路。这些国家社会主义发展的历史，都是把马克思主义普遍原理与本国具体实际相结合的探索史，其发展的顺利与曲折，都从不同侧面显现着马克思主义基本原理在不同时空条件下的实践过程中的经验与教训，也为丰富和发展马克思主义提供了重要的素材。我们要从时代条件出发，研究和总结越南、老挝、朝鲜、古巴各国探索社会主义的经验教训，推进马克思主义与时代条件和本国实际相结合的理论思考，为创新马克思主义理论汲取更多、更全面的思想营养。

3. 要实现马克思主义时代化，就要在总结实践经验的基础上升华理论认识

在马克思主义时代化过程中，通过总结实践经验升华理论认识，不断推进理论创新，要突出以下几个方面的基本要求。

首先，总结实践经验要围绕"四个基本问题"不断深化理论认识。胡锦涛同志在纪念党的十一届三中全会召开30周年大会上的讲话中指出："三十年来，我们党的全部理论和全部实践，归结起来就是创造性地探索和回答了什么是马克思主义、怎样对待马克思主义，什么是社会主义、怎样建设社会主义，建设什么样的党、怎样建设党，实现什么样的发展、怎样发展等重大理论和实际问题。"① 这四个基本问题，就是我们不断总结实践经验所应当围绕的主题。要在总结实践经验的基础上，不断深化对这四个基本问题的理论认识，才能结出马克思主义理论创新的硕果。

其次，总结实践经验要体现"科学性"。科学性的要求具体来说包括四个方面：一是要始终站在维护人民根本利益的政治高度总结实践经验，使经验的总结反映人民的愿望和要求，尊重人民的感情和选择，维护人民的利益和需要。二是要始终站在总结过去、开辟未来的历史高度总结实践经验，使经验的总结能够引导全党和全国人民研究新情况、解决新问题，开创改革开放和现代化建设事业发展的新局面。三是要始终站在解放思想、实事求是的思想高度总结历史经验，实事求是地认识和评价历史事件和人物，以务实的态度解决过去的问题，团结一致向前看。四是要始终站在当今世界所处的时代高度总结实践经验，坚持用宽广的眼界观察中国与世界，认识时代的潮流，分析时代的趋势，体会时代的精神，推动我国的发展②。

再次，总结实践经验要突出"理论性"。在科学总结实践经验的基础上，马克思主义时代化重在升华理论认识，做出理论概括，推进理论创新。时代的发展，呼唤着在"中国经验"的沃土上产生出丰硕的"中国理论"，呼唤着"中国理论"给予"中国实践"以前瞻性的指导。因此，在新的历史条件下，总结实践经验要超越经验层面向理论层面升华。改革开放以来，我们走过了一条全新的道路，以往的马克思主义理论中并没有现成的结论，改革开放能有今天的成就，主要靠群众的首创精神和政治家的魄力。从"白猫黑猫会抓老鼠就是好猫"，到"摸着石头过河"，再到"敢闯敢冒"以及"不争论"之说，凡此种种都表明，目前这些中国特色的社会主义理论，主要是一些实践性、经验性的总结，针对现实中的问

---

① 中共中央文献研究室编《十七大以来重要文献选编》（上卷），中央文献出版社，2009，第808页。

② 孙英：《邓小平：科学总结历史经验的光辉典范》，《人民日报》2004年8月19日，第9版。

题，提出了重要的新概念，指明了解决问题的方向，但是还有待于进一步进行理论创新，进一步实现从"中国经验"向"中国理论"的升华。从中国特色社会主义理论体系的形成和发展过程来看，理论属性也经历着一个由"中国经验"向"中国理论"不断深化的过程。

马克思主义时代化的理论创新要进一步超越经验层面，向理论层面转变。这是中国特色社会主义发展的必然要求。近年来，一个工程学术语——"顶层设计"，正成为中国新的政治名词。其在工程学中的本义是统筹考虑项目各层次和各要素，追根溯源，统揽全局，在最高层次上寻求解决问题之道。2010 年《中共中央关于制定国民经济和社会发展第十二个五年规划的建议》首次提出要"更加重视改革顶层设计和总体规划"，在 2011 年全国"两会"上，温家宝总理在报告中又再次强调："必须以更大决心和勇气全面推进各领域改革"，"要更加重视改革顶层设计和总体规划"。"顶层设计"不同于改革开放初期的自下而上的"摸着石头过河"，而是自上而下"系统谋划"。它强调要以全局性观念解决事关中国可持续发展的全局性问题，它的实质就是改革发展事业到了"深水区"，迫切需要超前性的理论指导。要做到"顶层设计"，需要解放思想，需要理论先行，这对指导我国事业发展的理论提出了新的要求。为适应这一要求，理论的发展不能再满足于经验的总结，更需要有超前的理论创新。

最后，总结实践经验要注重"及时性"。当今世界，政治多极化、经济全球化、文化多样化、社会信息化都面临着加速变动的发展趋势。这种加速变动态势，在使新生事物层出不穷的同时，也导致了事物稳定性下降，有效周期缩短，思想观念和各种理论的折旧率大大提高。人类社会所掌握的知识呈现出知识总量急剧扩大、知识流速加快、知识更新周期急剧缩短的态势。因此，总结实践经验要注重"及时性"。江泽民在提到加强党的思想理论建设时，就多次强调要"及时总结党和人民在实践中创造的新经验和获得的新认识"[1]，"对基层创造的新鲜经验和好的做法，要及时总结推广"[2]。及时总结经验，也就是加快马克思主义创新发展的速度，

---

①　《江泽民文选》第 3 卷，人民出版社，2006，第 87 页。

②　《江泽民文选》第 3 卷，人民出版社，2006，第 94 页。

以跟上时代步伐。在马克思主义中国化、时代化的进程中，毛泽东思想的形成期、邓小平理论的形成期、"三个代表"重要思想的形成期、科学发展观的形成期呈现出越来越短的发展趋势，就足以证明这一点。面对当代世界的加速变动，真正的马克思主义者不能被动地适应，而要主动地应对。要准确把握当代世界变动的节奏，及时地抓住人类社会加速前进的契机，大大加快马克思主义更新发展的速率，加速推进马克思主义时代化的理论创新步伐。

三　在指导实践并接受实践检验的过程中继续发展马克思主义

实践孕育科学理论，科学理论指导新的实践。源于实践、不断总结升华实践经验而又指导实践，是马克思主义理论常青不衰的魅力所在。事实证明，当代中国马克思主义之所以具有强大的生命力，就是因为我们党始终坚持理论联系实际，坚持以我国改革开放和现代化建设的实际问题、以我们正在做的事情为中心，着眼于马克思主义的运用，着眼于对实际问题的理论思考，着眼于新的实践和新的理论的发展，坚持理论为实践服务，并在实践中不断检验、丰富和发展这个理论。

1. 马克思主义时代化的理论成果要用于指导实践

既坚持马克思主义基本原理，又科学地回答实践所提出的重大问题，并指导实践进一步发展，这是马克思主义理论创新的价值所在。马克思主义时代化的过程是理论创新和实践创新相统一的过程。实践创新是马克思主义理论创新的根本目的。马克思主义理论创新如果仅仅停留于"批判的武器"，那就失去了创新的根本意义。马克思主义理论创新只有在指导实践和推动实践创新的过程中，才能真正转变成为改造世界的强大物质力量，体现出它的理论价值和社会价值。

马克思主义时代化的理论成果回归实践，指导实践发展，这也是以发展着的马克思主义指导新的实践的必然要求。党的十七届六中全会提出："要毫不动摇地坚持马克思主义基本原理，紧密结合中国实际、时代特征、人民愿望，用发展着的马克思主义指导新的实践。"所谓"发展着的马克思主义"，也就是马克思主义理论创新的成果，包括马克思主义时代化的理论成果。在当代中国，改革创新已经成为主旋律。中国特色社会主义事业，正呈现出蓬勃发展的旺盛势头。这就是当代中国不断发展着的"新的实践"。马克思主义时代化的理论成果就是要为当代中国不断发展着的"新的实践"提供理论指导。

马克思主义时代化的成果要回到实践中去，指导中国特色社会主义的伟大实践继续发展。经过30多年的不懈奋斗，我们已经胜利实现了"三步走"战略的前两步战略目标，现在正在向第三步战略目标阔步前进。当前，我国正处在改革的攻坚阶段和发展的关键时期，社会主义自我完善和发展还有许多重大课题需要进一步探索和回答，中国特色社会主义的发展过程中必然涌现大量的新情况、新问题、新矛盾，需要我们去应对和解决。这要求我们不断增强解放思想、实事求是、与时俱进的自觉性和坚定性，用发展着的马克思主义研究改革发展稳定和党的建设的各项工作，使我们的各项工作更好地体现时代性、把握规律性、富于创造性。中国特色社会主义是马克思主义的实践经验基础，也是马克思主义发挥作用的价值舞台。马克思主义时代化的理论成果对于实践的指导作用，必然通过中国特色社会主义实践体现出来。

马克思主义时代化的成果要回到实践中去，为破解改革开放的实践难题提供理论指导。当前，我国面临的国际国内形势都发生了重大变化，改革已经进入了"深水区"，我们要坚持改革开放的方向不动摇，同时继续深化改革又面临着许多有待破解的难题。比如，如何推动建设持久和平、共同繁荣的和谐世界，为我国改革开放获取良好外部环境；如何加快重要领域和关键环节的改革步伐，切实提高改革决策的科学性，增强改革措施的协调性；如何处理改革发展稳定的关系，把改革的力度、发展的速度和社会可承受的程度统一起来等。这些难题，时刻检验着中国共产党人的眼光、胸怀和智慧。我们要坚持把中国特色社会主义理论体系与深化改革开放的伟大实践继续结合起来，用这一创新理论来指导、解决深化改革开放过程中的实践难题，继续深化理论认识，为促进改革开放的深入发展提供理论指导。

2. 马克思主义时代化的理论成果要在实践中接受检验

实践是检验真理的唯一标准。真理是人们在认识和改造世界的实践过程中对客观事物及其规律的正确反映，其形式是主观的，内容是客观的。

检验真理的标准只能是客观的实践活动，马克思主义的真理性也只能在实践中不断接受检验。毛泽东指出："真理只有一个，而究竟谁发现了真理，不依靠主观的夸张，而依靠客观的实践。只有千百万人民的革命实践，才是检验真理的尺度。"① "真理的标准只能是社会的实践。"② 马克思主义时代化的理论成果是否具有客观的真理性，同样必须在实践中进行检验。在当代中国，检验马克思主义时代化理论成果的唯一标准，就是中国特色社会主义的伟大实践。

马克思主义时代化的理论成果要不断接受实践的检验。理论接受实践的检验，不是一次完成的，而是需要经过不断检验、反复检验的过程。因为实践是具体的、历史的，所以每一个历史时期的具体实践往往不能充分检验一切认识。同时，实践又是连续不断的，只有起点，没有终点，是由低级向高级螺旋式上升发展的，并且每个阶段实践的形式和内容不一样，因此某一理论成果在过去的实践检验中被证明是正确的，不等于它在未来的实践发展中也永远正确。为了在实践中发展真理，已经被实践检验过的真理需要在新的实践中不断接受新的检验。毛泽东说："在绝对真理的长河中，人们对于在各个一定发展阶段上的具体过程的认识只具有相对的真理性。""客观现实世界的变化运动永远没有完结，人们在实践中对于真理的认识也就永远没有完结。马克思列宁主义并没有结束真理，而是在实践中不断地开辟认识真理的道路。"③ 马克思主义、列宁主义、毛泽东思想都是被具体实践证明了的指导当时革命和建设走向胜利的真理，但随着客观条件发生广泛而深刻的变化，它们同样需要继续接受新的实践检验，继续得到丰富和发展。不断接受实践标准的检验是保障马克思主义时代化不断完善的法宝。

推进马克思主义时代化的一项重要任务，就是把中国特色社会主义理论体系放在实践中不断地、反复地进行检验，并不断丰富和发展这一理论体系。中国特色社会主义理论体系指导我们取得了巨大成就，是经过改革开放以来的实践检验证明了的科学的理论，是马克思主义发展的新阶段。

---

① 《毛泽东选集》第 2 卷，人民出版社，1991，第 663 页。
② 《毛泽东选集》第 1 卷，人民出版社，1991，第 284 页。
③ 《毛泽东选集》第 1 卷，人民出版社，1991，第 295～296 页。

但这不能说明现有的理论体系就是尽善尽美的，更不能说明它穷尽了中国特色社会主义的规律性认识，它还需要继续接受实践标准的检验。当前，我们正处在深化改革、加快发展的关键时期，既面临着难得的历史机遇，也面临着诸多风险和挑战。这是推进中国特色社会主义建设的重要战略机遇期，这一时期的实践将比任何历史时期都更加丰富多彩。我们要以新的实践为标准来衡量中国特色社会主义理论体系，通过实践的不断检验来开辟真理与时俱进的道路，使中国特色社会主义理论体系不断完善、不断升华，从而放射出更加灿烂的真理光芒。

3. 马克思主义时代化的理论成果要在实践中继续发展

理论成果接受实践检验，目的是在实践中推动理论继续发展。社会实践是具体的、历史的，是不断发展的过程。马克思主义作为与时俱进的理论，也必然在接受实践检验过程中不断得到丰富和发展。就像胡锦涛指出："实践发展永无止境，认识真理永无止境，理论创新永无止境。党和人民的实践是不断前进的，指导这种实践的理论也要不断前进。"[1] 马克思主义时代化的目的就是使马克思主义理论能够始终在坚持与时代发展相一致的过程中，推动人类社会的进一步发展，这也是马克思主义之所以能够始终保持其强大生命力的根本奥秘。任何马克思主义时代化取得的创新理论成果，都必须同新的实践发展结合起来，在"结合"中有所创造，在"结合"中开拓新路。

马克思主义时代化的理论成果要在接受实践检验的过程中继续发展。毛泽东指出："马克思主义一定要向前发展，要随着实践的发展而发展，不能停滞不前。停止了，老是那么一套，它就没有生命了。但是，马克思主义的基本原则又是不能违背的，违背了就要犯错误。"[2] 马克思主义时代化的理论成果，本身也必定是时代的产物，具有时代性。人们在推进马克思主义时代化的过程中获得的理论认识，究竟"化"得怎样，需要通过实践检验来坚持真理、修正错误。这个过程本身也就是丰富和发展理论

---

[1] 胡锦涛：《在庆祝中国共产党成立 90 周年大会上的讲话》，人民出版社，2011，第 11 页。

[2] 中共中央文献研究室编《建国以来重要文献选编》第 10 册，中央文献出版社，1994，第 126 页。

的过程。中国特色社会主义理论体系，作为马克思主义时代化的理论成果，既是过去实践经验的理论升华，又是我们深化理论探索的崭新起点。我们要站在这一新的历史起点上，继续坚持解放思想、实事求是、与时俱进、求真务实，立足新的实践，继续推进中国特色社会主义理论体系的发展，从而把马克思主义时代化继续推向前进。

第三节　马克思主义时代化的文化路径

马克思主义作为人类先进文化的代表，是一种作为文化现象的存在。从某种意义上可以说，马克思主义时代化是一个文化发展过程，马克思主义时代化过程本质上就是一种文化实践活动。因此，马克思主义实现时代化的过程，必然有着特定的文化路径。这一路径以加强社会主义先进文化建设为载体，以广泛吸取一切人类文明成果为中介，以在学习、批判、借鉴中推进马克思主义理论创新为落脚点。经过这一过程，马克思主义实现了吸纳先进文化和时代精华以丰富和发展自身的目的，从而实现了马克思主义时代化。

一　加强社会主义先进文化建设

在当代中国，加强社会主义先进文化建设是推进马克思主义时代化的重要实践载体。文化是一个民族生存和发展的根本力量，也是当今时代各国综合国力竞争的重要方面。党的十七届六中全会提出了加强中国特色社会主义文化建设、努力建设文化强国的战略任务。这既是立足历史和时代的高度实现中华民族伟大复兴的必然选择，也是着眼于理论创新推进马克思主义时代化的重要路径。

1. 大力发展社会主义先进文化

在加强文化建设的道路上推进马克思主义时代化，是当前在经济全球化、文化多样化背景下发展马克思主义的必然要求。在当代经济全球化、文化多样化背景下，世界不同文化之间既相互接触交融，也存在复杂的矛盾与冲突，形形色色的文化思潮对马克思主义构成了严峻挑战。例如，一些西方国家对社会主义国家实施文化渗透，以消解对方的主流意识形态；

一些消极、腐朽、落后的外来文化不断冲击着本国优秀文化；历史虚无主义借总结经验教训之名否定马克思主义在中国发展过程中的历史作用；宣扬西方"民主、自由"思潮，主张不附加任何立场的"独立的思想和自由的精神"；封建迷信活动沉渣泛起，对马克思主义的科学信仰构成挑战；等等。面对这些文化领域中出现的问题，马克思主义者必须认真应对和解决。只有立足于中国实际，大力加强社会主义先进文化建设，才能在当代世界文化多样化背景下战胜各种思潮，在丰富和发展马克思主义新文化的过程中推进马克思主义理论创新。

高度重视文化建设，在文化建设中推出理论新成果，是中国共产党推进马克思主义时代化的一条重要经验。中国共产党在90多年的革命、建设和改革的实践中，将文化作为一条重要的战线，高度重视文化的历史地位和作用，在进行文化建设的过程中不断推进理论创新，实现马克思主义与时俱进。党的十一届三中全会以来，党的历代中央领导集体，站在时代和历史的新高度，把握时代主题的转换，顺应时代发展的潮流，洞悉国际形势的变化，从"高度重视社会主义精神文明建设"，到"发展中国特色社会主义先进文化"，再到"建设社会主义文化强国"，不断为文化发展注入新的时代内容和时代精神，也为实现马克思主义理论创新找到了着力点。

在当代中国，推进马克思主义时代化要牢牢把握社会主义核心价值体系建设这一重要的实践载体。21世纪以来，中国共产党提出了发展社会主义先进文化的战略任务，其核心和根本就在于建设社会主义核心价值体系。社会主义核心价值体系包括四个方面的基本内容，即马克思主义指导思想，中国特色社会主义共同理想，以爱国主义为核心的民族精神以及以改革创新为核心的时代精神和社会主义荣辱观。其中，马克思主义指导思想是社会主义核心价值体系的灵魂，是中国特色社会主义共同理想形成的理论基础。在社会主义核心价值体系中，马克思主义提供的是科学的世界观，是认识世界和改造世界的立场、观点、方法。建设社会主义核心价值体系的过程，既是坚持马克思主义指导实践的过程，也是在时代实践中不断丰富和发展马克思主义的过程。这一过程与马克思主义时代化的过程是同步的、一致的。

立足于社会主义先进文化建设来推进马克思主义时代化，必须坚持马克思主义的指导地位，坚持用马克思主义引领多样化的社会思潮，牢固占领社会主义意识形态阵地。一方面，只有坚持以马克思主义为指导，才能真正以科学的态度继承中国优秀传统文化的精华并吸收外国文化的积极成果，使其有利于而不是妨碍社会主义主流文化的发展。另一方面，只有坚持以马克思主义为指导，才能使社会主义先进文化建设真正成为马克思主义的理论和实践创新活动，从而使文化建设的成果能够直接为马克思主义理论创新服务。在当前，坚持马克思主义指导地位，就是要着力体现以社会主义核心价值体系引领多样化的社会思潮，做到"既尊重差异、包容多样，又有力抵制各种错误和腐朽思想的影响"。社会主义核心价值体系引领社会思潮的过程，是社会主义核心价值体系建构及自身不断丰富发展的过程，也是不断彰显马克思主义的说服力、竞争力、影响力和感召力的过程，是不断推进理论创新，丰富和发展马克思主义的过程。

2. 弘扬中华民族优秀传统文化

发展社会主义先进文化，需要与大力弘扬中华民族优秀传统文化相结合。这既是中国特色社会主义文化发展的客观需要，也是推进马克思主义理论创新的需要。江泽民强调，中国人的思想文化创造"只有首先赢得中国人民的喜爱，具有中国风格、中国气派，才能堂堂正正地走向世界和屹立于世界文化之林"[①]。马克思主义时代化是以中国共产党为主导力量推动的、有着鲜明价值指向的理论创新和实践创新活动。其重要价值指向就在于为实现党的历史使命服务，为实现人的自由全面发展而奋斗，努力实现和维护中国最广大人民的根本利益。这就决定了马克思主义时代化必须为中国人民所接受、所运用，才能更好地指导中国人民的实践。马克思主义要汲取中国传统文化的精华，努力彰显时代化马克思主义理论的中国特色、中国风格、中国气派。

从马克思主义时代化的过程来看，大力弘扬中国优秀传统文化的过程，就是把马克思主义与中国优秀传统文化相结合的实践过程。马克思主

---

① 中共中央文献研究室编《十四大以来重要文献选编》（下卷），人民出版社，1999，第2152页。

义与中国传统文化具有文化精神上的相通性，具体表现为：一是实践理性上的相通，尊重实践、服务于实践是马克思主义与中国传统文化的共同特征，也是两者可以结合的重要基础；二是社会理想上的契合，不管是马克思主义还是中华优秀传统文化都对人类未来的理想社会有着自己的构想；三是人文关怀上的接近，不管是马克思主义还是中华民族优秀传统文化，都带有很强的人文关怀色彩，它们都高度关注现实中人们的生活，马克思主义的群众史观与中国传统文化的民本主义都在不同层面上表现出对人的高度重视①。这种文化相通性使得人类最先进的马克思主义与中国传统文化具备进行沟通的基础。我们需要做的，就是努力为这种沟通创造条件。在文化建设中大力弘扬中国优秀传统文化，是促进马克思主义时代化改造传统文化、汲取传统文化思想精华的实践过程，这一过程既是推进社会主义文化创新的途径，也是实现马克思主义时代化的重要文化路径。

在推进马克思主义时代化的过程中，坚持把马克思主义与中国优秀传统文化相结合，汲取中国传统文化的精华以发展马克思主义，符合人类文化发展的规律。在文化问题上，不同文化之间存在冲突与融合，不同文化之间互相学习、互通有无、取长补短，是人类文化交往的一个普遍规律。如果我们从整个人类文化的交往、发展来看，马克思主义是现代西方文明的主要代表，中国传统文化是古代东方文明的主要代表，马克思主义与中国传统文化相结合，实质上是东西两大文化、两大文明的结合②。在这种结合过程中，马克思主义改造着中国传统文化，中国传统文化为马克思主义增添民族性思想精华，从而实现两者的创新与发展。

3. 坚持对外开放，促进中外文化交流

在当今世界，不同文化间相互包容、相互交流、相互学习和借鉴是非常重要和必要的。在人类历史发展进程中，各种文明之间必然要取长补短，相互借鉴。这是人类文明发展的普遍现象，也是一种自然的历史现象。当今世界文明的格局就是不同民族和区域的文明和文化在不断交互和碰撞中相互包容、相互借鉴而形成的。"一花独放不是春，百花齐放春满

---

① 张国宏：《马克思主义中国化十论》，浙江大学出版社，2010，第49~53页。
② 许全兴：《论马克思主义与中国传统文化相结合》，《理论参考》2009年第11期。

园。"文明的多样性是当今世界的重要特点和必然趋势，坚持开放包容，增进交流合作，是各国文化发展的必然选择。当代中国要始终坚持对外开放战略，积极扩大中外文化交流，主动吸取世界上各种文化中的积极因素来发展自己。这是丰富马克思主义的时代内容的必然要求，是推进马克思主义时代化的重要途径。

推进马克思主义时代化，必须具有宽广的国际视野和世界眼光，在扩大中外文化交流中丰富和发展自我。马克思主义是"世界历史"的产物和"人类知识的总和"的结晶。这种理论特质决定了坚持和运用马克思主义必须具有世界眼光，才能不断推进马克思主义的发展。促进中外文化交流对于马克思主义时代化的意义，主要体现在两个方面。一是在文化交流中学习和借鉴人类一切优秀文明成果。江泽民指出："中国的发展和进步，离不开世界各国的文明成果。我们的社会主义现代化建设，需要继承和发扬中华民族的优秀文化传统，也需要学习和吸收世界各国人民包括在资本主义制度下创造的优秀文明成果。"① 我们要通过扩大中外文化交流，以宽广的视野和博大的胸襟，把一切有益于马克思主义发展的思想文化成果"引进来"，为马克思主义理论创新提供精神营养。二是在文化交流中扩大马克思主义的世界影响力。交流必定是双向的、互动的。中外文化交流的过程，既是把有益的思想文化成果"引进来"的过程，也是中国文化不断"走出去"的过程，是马克思主义不断扩大世界影响力的过程。努力做到"引进来"和"走出去"相结合，是当代中国文化发展的重要内容，也是马克思主义发展的重要途径。

在当代中国，继续推进马克思主义时代化，要坚持对外开放不动摇，坚持把中外文化交流不断引向深入。我国的改革开放已经走过了 30 多年的光辉历程，历史性地改变了社会主义中国与世界的关系。改革开放不仅催生了我国社会主义建设的伟大实践成就，而且催生了中国特色社会主义理论体系这一伟大理论成果。党的十七大报告提出了"只有改革开放才能发展马克思主义"的重要论断，就是对历史经验的深刻总结。对外开放为中国与世界的连接搭建了广阔的平台，构建了中外文化交流的桥梁，

---

① 《江泽民文选》第 1 卷，人民出版社，2006，第 124 页。

扩大对外开放，不仅有利于我们以积极的心态吸收和借鉴国外一切文明成果，也有利于当代马克思主义在新的历史条件下进一步走向世界。我们要继续坚持和扩大对外开放，立足当代中国实际更好地利用对外开放的广阔平台，在拓展中外文化交流的过程中广泛吸收和借鉴当代人类社会一切文明成果，为马克思主义提供鲜活和丰富的时代养料，不断增强马克思主义时代化的新优势。

二 吸收一切人类文明的最新成果

马克思主义是开放的理论体系，需要开放地汲取当代人类社会文明成果，才能充实马克思主义时代化的重要精神资源，赋予马克思主义新的时代精华。"哲学史和社会科学史都十分清楚地表明：马克思主义同'宗派主义'毫无相似之处，它绝不是离开世界文明发展大道而产生的一种故步自封、僵化不变的学说。"① 在当代中国，推进马克思主义时代化，应当在坚持马克思主义基本立场与价值观的前提下，"大胆吸收和借鉴人类社会创造的一切文明成果"②，丰富马克思主义的时代性内涵。这是马克思主义时代化文化路径的重要内容。

1. 广泛吸收现代科学技术的最新成果

科技进步是马克思主义形成和发展最深刻的动因。恩格斯指出："随着自然科学领域中每一个划时代的发现，唯物主义也必然要改变自己的形式。"③ 当今时代是一个科学技术革命飞速发展的时代。迅猛发展的现代科技革命，把人们改造世界的社会实践提高到一个空前的水平，已经成为推动马克思主义发展的新的生长点和重要动力。关注现代科学技术的成果，对现代科技发展进行哲学总结，应对现代科技发展提出的新问题，是实现马克思主义时代化的重要途径。

现代科技革命为实现马克思主义时代化创造着有利条件。第二次世界大战后世界出现了新的科技革命浪潮，史称第三次科技革命或现代科技革命。现代科技革命的主要标志是电子技术、计算机、信息网络技术的发

---

① 《列宁专题文集——论马克思主义》，人民出版社，2009，第66页。
② 《邓小平文选》第3卷，人民出版社，1993，第373页。
③ 《马克思恩格斯文集》第4卷，人民出版社，2009，第281页。

展，同时，核能技术、航天技术、新材料技术、生物技术等领域也出现了重大突破。在现代科技革命推动下，科学技术进步突飞猛进，一大批新的科学技术领域被开拓出来，产生了环境科学、生命科学、系统科学等一大批综合性学科领域。现代科学技术的发展和运用，使社会生产方式和生活方式发生了重大变化，给世界带来了巨大的影响。现代科技革命的发展，不仅为马克思主义提供了新的自然科学技术基础，也给马克思主义带来了新的挑战。在推进马克思主义时代化的进程中，我们必须直面现代科技发展带来的深刻变化与重大挑战，汲取现代科学技术的精华，积极主动地应对现代科技革命条件下出现的新情况、新问题，在新的科学技术基础上把马克思主义推向前进。

现代科学技术的发展明显地呈现出高度分化又高度综合的发展趋势。一方面，学科的分支越来越细，学科的门类越来越多，学科分化的特点明显；另一方面，学科相互交叉的情况越来越复杂，涌现出大量所谓的边缘学科、横断学科、综合学科等新兴学科。这些新兴学科涵盖的知识领域越来越宽，综合的范畴越来越大，是现代科学呈现整体化趋向的主要标志，也往往是现代科学最活跃的生长点。从 20 世纪 50 年代起，一般系统论、控制论、信息论、运筹学的迅速发展，为系统科学的建立奠定了基础。后来，随着物理学、化学、理论生物学、数学等都有了新的发展和突破，又出现了一大批新学科、新理论，如普里戈金（Ilya Prigogine）的耗散结构理论，哈肯（Haken）的协同学，艾根（M. Eigen）的超循环理论，托姆（R. Thom）的突变论，斯梅尔（J. Smale）的动力系统理论，洛伦茨（E. N. Lorenz）的混沌理论，曼德布罗特（B. B. Mandelbrot）的分形理论等。这些新兴的横断学科从不同方面揭示了客观世界的普遍联系和永恒发展的规律，不仅有着广阔的应用前景和实践价值，而且对马克思主义理论的发展也有重要意义。推进马克思主义时代化，必须特别注重吸收新兴学科的最新成果，为丰富和发展马克思主义世界观和方法论服务。

在新的历史条件下，我们要抓住新科技革命的契机，站在科技发展的最前沿拓展、推进马克思主义时代化的新视野。胡锦涛指出："进入二十一世纪，世界新科技革命发展的势头更加迅猛，正孕育着新的重大突破。信息科技将进一步成为推动经济增长和知识传播应用进程的重要引擎，生命科学和生物技术将进一步对改善和提高人类生活质量发挥关键作用，能源科技将进一步为化解世界性能源和环境问题开辟途径，纳米科技将进一步带来深刻的技术变革，空间科技将进一步促进人类对太空资源的开发和利用，基础研究的重大突破将进一步为人类认知客观规律、推动技术和经济发展展现新的前景。"[①] 这就要求我们立足于科技发展的最前沿，紧紧抓住科技发展给生产力、生产方式和生活方式带来的深刻变化，用马克思主义指导分析新情况、解决新问题、升华新认识，努力把科技革命的新成果转化为马克思主义的思想营养，不断丰富马克思主义的思想宝库。

2. 充分吸收当代西方文化学术思想的合理内容

推进马克思主义时代化，不仅要关注和吸取自然科学技术发展的最新成果，也要关注和吸收当代学术研究的最新成果。20 世纪 50 年代以来，在现代科学技术革命推动下，西方哲学与人文社会科学领域涌现出各种思想、学说和流派，各种成果异彩纷呈。当代马克思主义者要直面当代西方产生的各种思想、理论和学说，实事求是地看待和研究当代西方思潮，充分吸收当代西方思想理论中的合理内容，以丰富马克思主义的时代内涵。

第二次世界大战以来，面对经济社会的变化，西方社会涌现出各种思想理论学说，有的甚至成为具有较大影响的社会思潮。这些思想理论学说涉及哲学、政治学、经济学、伦理学、心理学、社会学、文化学、历史学、宗教学、科学学等众多领域，形成了内容庞杂的众多流派。比如，有存在主义、结构主义、后现代主义、自由主义、保守主义、理性主义、抽象主义、民主社会主义、西方马克思主义等各种流派，有全球化思潮、信息化思潮、现代化理论、未来学思潮等各种思潮。这些派别都有自己的思想观点、理论体系，而且都有其符合社会心理的情感内容，在社会的某一层面占有一席之地，在各自领域产生了不同程度的影响。这些理论学说和流派根源于当代西方社会的政治、经济生活，是当代资本主义社会矛盾的精神折射，反映了特定社会阶级的利益和要求。我们既要看到它们带有浓厚的非理性主义色彩，因而在理论上具有根本性错误的一面，又要看到它

---

① 中共中央文献研究室编《十六大以来重要文献选编》（下卷），中央文献出版社，2008，第 184 页。

们提出了许多引人关注的新问题、新观念，开拓了新的研究领域，反映了现代科学和人类文明的进展，包含着某些合理因素①。充分吸收当代西方文化学术思想中的合理因素，对于拓展马克思主义的理论视野、丰富马克思主义的时代内容，都是十分必要和有益的。

在当代，推进马克思主义时代化尤其要注重吸取西方马克思主义的合理内容。马克思主义不仅在中国生根发芽，而且在世界上许多国家都存在相当规模的马克思主义研究者。他们研究马克思主义并提出了各种思想理论（我们一般将之统称为西方马克思主义）。西方马克思主义从不同角度深入探讨了马克思主义和当今世界所面临的各种问题，又形成了各种学派和分支，如法兰克福学派、存在主义马克思主义、结构主义马克思主义、生态学马克思主义、女权主义马克思主义、发展理论马克思主义等。西方马克思主义各流派的理论与观点，虽然从根本上说背离了马克思主义基本原理，属于"非马克思主义"甚至"反马克思主义"的思想理论，但它们从多种不同的角度分析和探讨了人类所面临的各种问题，揭露和批判了资本主义的固有矛盾，为我们进一步认识和解答人类社会所面临的问题、进一步把握资本主义的本质提供了新的视角。它们当中科学合理的部分同样是人类文明成果的一部分，同样属于人类智慧的结晶。当代中国马克思主义者应该以宽广的胸怀主动加强与各种民族文化、各种主义的交流与交锋，积极应对来自不同理论和学派的挑战，充分吸收它们的有益养分，不断丰富马克思主义的理论体系，完善马克思主义的理论结构。

总之，除马克思主义之外，世界上还存在其他各种主义和思想流派。它们在反映社会现象、揭示社会发展规律、回答人类面临的问题方面也提供了各种可资借鉴的视角。对于中国的马克思主义者来讲，要积极推动马克思主义与其他主义、文化的对话与交流，融合与吸收其他思想流派的合理成果，发展中国当代的马克思主义。这样既有利于回答和解决人类共同面临的生存和发展问题，为推进人类文明进步事业做出更大的贡献，也有利于广泛吸纳世界文明成果，使马克思主义时代化不断进入新的更高的境界。

---

① 邢贲思：《当代西方思潮评析》，《中国社会科学》2000 年第 1 期。

3. 大胆吸收资本主义创造的一切优秀文明成果

马克思主义要善于吸收一切人类文明的优秀成果，在当今时代还要特别强调大胆吸收资本主义创造的一切优秀文明成果。长期以来，存在一个片面的观点，认为只要是资产阶级的东西，就都是腐朽的，社会主义国家都必须予以反对和摒弃。他们把社会主义与资本主义完全对立起来，忽视社会主义与资本主义相互学习、合作与借鉴的一面。在当今这个经济全球化的时代，这种看法是十分错误和有害的。邓小平早就说过："社会主义要赢得与资本主义相比较的优势，就必须大胆吸收和借鉴人类社会创造的一切文明成果，吸收和借鉴当今世界各国包括资本主义发达国家的一切反映现代社会化生产规律的先进经营方式、管理方法。"[①] 江泽民也一贯强调："社会主义作为一种崭新的社会制度，只有在继承和利用资本主义社会已经创造出来的全部社会生产力和全部优秀文化成果的基础上，并结合新的实际进行新的创造，才能顺利建设成功。"[②] 实践证明，只有积极借鉴和吸收人类社会创造的一切有益文明成果，才能在广纳博采中不断赋予马克思主义新的时代精华。

首先，推进马克思主义时代化，要大胆吸收资本主义创造的先进物质文明成果。吸收资本主义的文明成果，首先就在于吸收其创造的先进物质文明成果。这其中不仅包括先进的科学技术成果，也包括反映现代社会化生产规律的先进经营方式、管理方法。应当看到，工具理性发达是资本主义经济发达的重要原因之一。科学技术、市场经济、民主管理、组织形式、劳动分工等，都可以看作工具理性层面的东西[③]。邓小平指出："社会主义的本质，是解放生产力，发展生产力，消灭剥削，消除两极分化，最终达到共同富裕。"[④] 因此，资本主义的那些不决定社会根本属性的文明成果，社会主义都是可以吸收借鉴的。改革开放以来，我国不仅吸收利用国外的资金和技术，学习国外先进管理经验，运用资本、证券、股市等

---

① 《邓小平文选》第 3 卷，人民出版社，1993，第 373 页。
② 中共中央文献研究室编《十三大以来重要文献选编》（下卷），人民出版社，1993，第 2066 页。
③ 王宜秋：《社会主义必须大胆吸收和借鉴人类社会创造的一切文明》，人民网，http://theory.people.com.cn/GB/148980/16809984.html，最后访问日期：2014 年 11 月 13 日。
④ 《邓小平文选》第 3 卷，人民出版社，1993，第 373 页。

经营方式，还吸收和借鉴发达国家发展市场经济的文明成果，逐步建立和发展了社会主义市场经济，建立健全了与社会主义市场经济相适应的法律体系。这些做法都极大地推动了中国特色社会主义的实践，也极大地丰富了马克思主义理论。

　　其次，推进马克思主义时代化，要大胆吸收资本主义创造的有益政治文明成果。2002 年党的十六大报告在阐述社会主义政治文明建设问题时，首次提出了"借鉴人类政治文明的有益成果"①的命题，这是对吸收人类文明成果在认识上的一个重要突破。新中国成立后在很长一个时期里，对资本主义政治文明成果采取了完全、彻底的批判和拒绝态度，认为凡西方的就是腐朽没落的。这样做的结果，就是把人类共享的政治财富统统归到了资产阶级及其政党名下，从而使自己的理论空间变得狭小而闭塞，理论失去活力，社会主义制度的优越性不能得到充分发挥。这一教训值得深刻反省。事实上，政治文明属于整个社会文明的范畴，是人类文明发展的重要标志。人类政治文明成果是共性和个性的统一，既包含人类政治进步共同追求的一面，又必然通过与不同的社会制度相结合体现出来。比如，我国的国家形式是共和国，共和国这种国家形式，是资产阶级革命胜利后创造的国家形式，是人类的政治文明成果，我们从自己的实际出发，借鉴了这种国家形式。我国现行的选举制、任期制等政权运作方式，更是直接来源于资本主义社会的政治文明成果。党的十六大报告提出"扩大公民有序的政治参与"②的新主张，更是直接借用了西方民主政治的概念为我所用。应该看到，资本主义在发展过程中创造了丰富的政治文明成果③。我们要从实际出发，坚持解放思想，开拓创新，突破姓"资"姓"社"的主观偏见，突破所谓"不符合

---

① 《江泽民文选》第 3 卷，人民出版社，2006，第 554 页。
② 中共中央文献研究室编《十六大以来重要文献选编》（上卷），中央文献出版社，2005，第 25 页。
③ 有学者认为，资本主义在发展过程中创造的政治文明成果至少有以下八个主要方面：第一，创造了共和国的国家形式；第二，建立了代议制的民主制度；第三，建立了以宪法为根本法的现代法制；第四，建立了政党制度，形成了政党政治；第五，建立了权力制衡制度和机制；第六，建立了强有力的权力监督机制；第七，建立了新闻制度，形成了强有力的舆论监督机制；第八，提出了人权思想，形成了人权保障机制。参见《略谈借鉴人类政治文明成果》，《学习时报》2003 年 3 月 17 日。

中国国情"的传统思维定式①，努力借鉴资本主义政治文明的有益成果为我所用。推进马克思主义时代化，我们要借鉴人类政治文明的有益成果，重点就是要吸收和借鉴资本主义政治文明的有益成果。

最后，推进马克思主义时代化，要大胆吸收资本主义创造的有益精神文明成果。有些人可能存在疑问：学习和借鉴发达资本主义国家先进的科学技术、经营方式和管理方法，是非常必要也十分必要的，但是，资本主义的精神文明成果是否也值得学习和借鉴呢？答案是肯定的。人类文明成果体现在经济、政治、文化等各个领域，我们分别称之为物质文明、政治文明、精神文明。精神文明成果是人类全部文明成果的重要组成部分。毛泽东说："我们的方针是，一切民族、一切国家的长处都要学，政治、经济、科学、技术、文学、艺术的一切真正好的东西都要学。"② 邓小平强调要吸收和借鉴人类社会创造的"一切文明成果"，其中必然包含精神文明成果。党的十二届六中全会通过的《中共中央关于社会主义精神文明建设指导方针的决议》就明确指出："对外开放作为一项不可动摇的基本国策，不仅适用于物质文明建设，而且适用于精神文明建设。"③ 诚然，社会主义与资本主义在政治制度、思想观念、道德观念、价值观念等许多方面都有着本质的不同。但是，资产阶级和资本主义的文化，包括文学、艺术，乃至政治、法律、哲学等带有意识形态色彩的东西，也包含着有益于人类文化进步的合理成分，也包含有适合于人类共享的精神成果。我们要大胆地吸收资本主义创造的精神文明成果，这对于推进马克思主义时代化具有重要意义。

总之，推进马克思主义时代化，我们必须大胆吸收资本主义创造的一切文明成果。我们搞改革开放，绝不仅仅是为了引进外资，引进技术，搞活经济，同时还要引进外来思想，外来文化，开阔眼界，更新观念。我们不仅要实现物质文明的现代化，也要实现精神文明的现代化。这决定了我

---

① 要战通、王际全、李涛：《吸收和借鉴人类政治文明成果》，《学习时报》2002 年第 150 期。
② 《毛泽东文集》第 7 卷，人民出版社，1999，第 41 页。
③ 中共中央文献研究室编《十二大以来重要文献选编》（下卷），人民出版社，1988，第 1177 页。

们必须坚持不断解放思想，破除陈腐落后观念的束缚，大胆吸收资本主义创造的一切物质文明成果、政治文明成果和精神文明成果，全面学习和借鉴人类文明成果中一切真正好的东西。只有这样，才能更好地把马克思主义时代化推向前进。

三　在学习、批判、借鉴中推进马克思主义理论创新

从文化路径上推进马克思主义时代化，需要在社会主义先进文化建设的基础上，广泛吸收人类创造的一切优秀文明成果，在学习、批判、借鉴中实现马克思主义理论创新。在这一过程中，要突出加强学习，坚持批判原则，实现借鉴创新。

1. 在文化路径上推进马克思主义时代化要大力加强学习

学习是理论创新的前提。中国共产党之所以能够不断推进马克思主义的理论创新，与注重学习、善于学习的优良传统是分不开的。在领导我国社会主义建设的过程中，毛泽东同志明确了"必须善于学习"① 的要求，邓小平也多次强调"我们党总是要学"，"全党同志一定要善于学习，善于重新学习"②。江泽民认为："当今时代，是要求人们必须终身学习的时代。"③ "全党同志必须自觉地坚持学习，加强学习，改善学习，做到学习、学习、再学习。"④ 胡锦涛在新世纪、新阶段强调："必须大力加强学习，努力用人类社会创造的丰富知识来充实自己。"⑤ 党的十七届四中全会明确提出了"建设马克思主义学习型政党"的战略任务，这既是在新的历史条件下加强党的建设的重要举措，也是推进马克思主义理论创新的重要途径。

在推进马克思主义时代化的过程中，我们既要努力学习马克思主义理论，更要努力学习人类文明的一切先进成果。当今世界，科技进步日新月异，知识创新空前加快，各国综合国力的竞争，越来越表现为科技

---

① 《毛泽东文集》第 1 卷，人民出版社，1991，第 178 页。
② 《邓小平文选》第 2 卷，人民出版社，1994，第 153 页。
③ 《江泽民文选》第 2 卷，人民出版社，2006，第 147 页。
④ 江泽民：《全国干部培训教材序言》，《人民日报》2002 年 4 月 22 日，第 1 版。
⑤ 姜华宣、张尉萍、肖生编《中国共产党重要会议纪事（1921～2006）》，中央文献出版社，2006，第 984 页。

进步、知识创新能力的竞争和人的素质的竞争。以信息技术和生物技术为代表的高新技术的发展突飞猛进，各种新知识、新事物层出不穷，需要我们去了解、去认识；各种新情况、新问题、新矛盾不断涌现，需要我们去把握、去解决。胡锦涛同志在"七一"重要讲话中向全党发出了要"抓紧学习人类社会创造的一切科学的新思想新知识"① 的号召。在社会信息化的时代，信息高速涌流，人类知识的总量正以几何级数递增，知识技能快速折旧。我们只有努力学习一切科学的新思想、新知识，积极借鉴人类文明发展的一切有益成果，才能跟上时代前进的步伐，才能不断丰富马克思主义的时代内涵。

加强学习的根本要求是坚持理论联系实际的马克思主义学风。毛泽东当年在《整顿党的作风》中明确指出："学风问题就是一个非常重要的问题，就是第一个重要的问题。"② 理论联系实际是我们党的思想路线的核心内容。90 多年来，我们党之所以能够带领广大人民群众取得革命、建设和改革事业的一个又一个胜利，一个重要原因就是始终坚持理论联系实际的马克思主义学风，创造性地用不断发展着的马克思主义指导实践，又在新的实践中不断丰富党的指导理论，使理论与实践始终在时代发展的高度上实现统一。在当今时代，坚持理论联系实际的学风，运用马克思主义的立场、观点、方法观察认识形势，分析研究发展中的新情况、新问题，这对于推进马克思主义时代化是一个重要前提。

2. 在文化路径上推进马克思主义时代化要坚持批判原则

坚持批判原则对待一切文明成果，是马克思主义理论本性的必然要求。批判性是马克思主义的理论本性。"辩证法不崇拜任何东西，按其本质来说，它是批判的和革命的。"③ 无产阶级的阶级本性是批判的、革命的，马克思主义哲学的根本功能是"改变世界"，这一切都决定了批判性和革命性是马克思主义区别于人类其他文化的一个重要特征。批判地对待一切过去的和现存的事物，是马克思主义的本质要求。

---

① 胡锦涛：《在庆祝中国共产党成立 90 周年大会上的讲话》，人民出版社，2011，第 12 页。
② 《毛泽东选集》第 3 卷，人民出版社，1991，第 813 页。
③ 《马克思恩格斯文集》第 5 卷，人民出版社，2009，第 22 页。

批判和继承是马克思主义者对待一切文明成果的科学态度。任何民族的文化成果都具有两面性，既有科学合理的精华，也有封建落后的糟粕。我们要自觉运用马克思主义的唯物辩证法特别是矛盾分析法，鉴别和剔除一切文化成果中落后性的糟粕，吸收其合理性的精华，实现为我所用。批判和继承就是要站在马克思主义的立场上，"取其精华、弃其糟粕"，实现古为今用，洋为中用。在对待中国传统文化问题上尤其要强调批判和继承的科学态度。毛泽东指出："学习我们的历史遗产，用马克思主义的方法给以批判的总结。"[1] 在吸纳中国传统文化的过程中，既要反对生吞活剥地、毫无批判地吸收，也要反对虚无主义地全盘抛弃，而是要批判、剔除其中过时的思想，同时继承、吸收其中民主性的精华。用江泽民同志的话来说就是："必须继承和发扬民族优秀文化传统而又充分体现社会主义时代精神，立足本国而又充分吸收世界文化优秀成果，不允许搞民族虚无主义和全盘西化。"[2] 这是在文化路径上推进马克思主义时代化必须坚持的根本立场。

在当代中国推进马克思主义时代化过程中，在坚持批判、继承的科学态度的同时，还要强调用世界眼光审视中国传统文化。推进马克思主义时代化，是要使马克思主义顺应时代潮流，把握时代脉搏，实现与时俱进。这一要求体现在对待传统文化的科学态度上，就是要坚持面向现代化、面向世界、面向未来的指向，继承和发展传统文化的精华。我们要在世界文化发展的大背景下来认识和把握民族传统文化，把马克思主义理论的开放性与社会主义实践的开放性有机统一起来，坚持实行对外开放政策，发掘中国传统文化中契合当今时代发展的内容，推动中国文化走向世界，实现民族文化和民族精神的更新，实现民族文化同世界先进文化的融合。这一过程也就是运用马克思主义对传统文化进行选择、继承、利用、整合的过程，是实现马克思主义与传统文化精髓在当今时代条件下更好地结合的过程。

3. 在文化路径上推进马克思主义时代化突出借鉴创新

借鉴创新是推进马克思主义时代化的理论创新的一条重要规律。毛泽

---

[1] 《毛泽东选集》第 2 卷，人民出版社，1991，第 533 页。
[2] 《江泽民文选》第 1 卷，人民出版社，2006，第 158 页。

东明确提出了"古为今用，洋为中用"的重要观点，强调："外国有用的东西，都要学到，用来改进和发扬中国的东西，创造中国独特的新东西。"① 邓小平提出："必须大胆吸收和借鉴人类社会创造的一切文明成果。"② 江泽民更是强调："必须积极学习和借鉴世界各国人民创造的一切优秀文明成果。"③ 通过借鉴国外有益的思想、经验和做法，不断推进党的理论创新和实践创新，是中国共产党推进马克思主义发展和社会主义事业的一条重要历史经验。作为理论创新的最新成果，科学发展观"是立足社会主义初级阶段基本国情，总结我国发展实践，借鉴国外发展经验，适应新的发展要求提出来的"④。人类创造的一切优秀文明成果，为社会主义建设提供了重要的经验和帮助，为马克思主义理论创新提供了重要和丰富的思想养分。因此，党的十六大报告提出："世界在变化，我国改革开放和现代化建设在前进，人民群众的伟大实践在发展，迫切要求我们党以马克思主义的理论勇气，总结实践的新经验，借鉴当代人类文明的有益成果，在理论上不断扩展新视野，作出新概括。"⑤ 吸收和借鉴人类文明成果，推进马克思主义理论创新，是实现马克思主义时代必须遵循的重要规律。

遵循借鉴创新规律，要求我们对人类一切文明成果尤其是资本主义创造的文明成果抱有包容的心态。在当今世界，文化多样性是一个不可逆转的趋势。各国人民在自身的发展进程中创造了丰富多彩的文明。一个和平相处、共同发展的世界，只能是一个各种文明相互交汇、相互借鉴，所有国家平等相待、彼此尊重，充满活力而又绚丽多彩的世界。各种文明长期共存，在竞争比较中取长补短，在求同存异中共同发展，是人类进步的动力。因此，在文化问题上，我们既要对历史传统文化、红色革命文化、民族民间文化、当代中国文化进行理性审视，也要对世界历史文化、异域民族文化、现代文明成果抱有包容心态。要看到社会主义同资本主义对立和

---

① 《毛泽东文集》第 7 卷，人民出版社，1999，第 82 页。
② 《邓小平文选》第 3 卷，人民出版社，1993，第 373 页。
③ 《江泽民文选》第 2 卷，人民出版社，2006，第 308 页。
④ 中共中央文献研究室编《十七大以来重要文献选编》（上卷），中央文献出版社，2009，第 10 页。
⑤ 《江泽民文选》第 3 卷，人民出版社，2006，第 537 页。

斗争的一面，"也要充分看到学习、借鉴、合作和利用的一面"①。对一切外来文化包括资本主义文化采取包容、借鉴、吸收的态度，是文化自信的另一层表达，也是借鉴创新的基本前提。

对于人类文明成果的包容、利用要突出借鉴创新，努力使之转化为丰富和发展马克思主义的思想成果。毛泽东指出："吸收外国的东西，要把它改变，变成中国的。"② 江泽民强调："需要学习和吸收世界各国人民包括在资本主义制度下创造的优秀文明成果。这种学习，应该立足于中国的实际，立足于增强中华民族自力更生的能力。"③ 这就是说，我们对待国外一切有用的东西，都必须与我国的具体国情相结合，与当代的时代特征相结合，对一切文明成果要加以批判、辨析和剥离，对其中的合理内容不断进行吸收、消化、整合与发展，不断推出体现时代特色的理论成果，不断形成时代化的马克思主义，并以此来指导我国社会主义现代化建设事业。实现借鉴创新，是在文化路径上推进马克思主义时代化的落脚点。

---

① 中共中央文献研究室编《十三大以来重要文献选编》（下卷），人民出版社，1993，第2066 页。
② 《毛泽东文集》第 7 卷，人民出版社，1999，第 83 页。
③ 《江泽民文选》第 1 卷，人民出版社，2006，第 124 页。

第六章 马克思主义时代化的价值指向

马克思主义时代化是不断实现马克思主义与时俱进的历史过程，是理论创新与实践创新相结合、科学追求与价值追求相统一的发展过程。马克思主义是无产阶级的世界观和方法论，是代表最广大人民群众利益的科学理论体系。实现马克思主义时代化的过程，不仅要体现马克思主义自身发展的客观规律，而且必然体现人们运用和发展马克思主义的价值需要，是科学性和价值性相统一的过程。因此，推进马克思主义时代化，必须全面把握马克思主义时代化的价值指向。这种价值指向可以从根本价值指向、主体价值指向、实践价值指向三个层面来认识。只有牢牢把握这三个层面的价值指向，才能保证马克思主义时代化的正确发展方向，才能彰显马克思主义时代化的时代价值意义。

第一节 马克思主义时代化的根本价值指向

所谓根本价值指向，是指推进马克思主义时代化过程中必须遵循的终极价值指引和最高价值标准。人是社会发展的根本，人类社会的一切实践活动归根到底都是为了人和面向人的。解放全人类是马克思主义的终极追求。因此，实现马克思主义时代化，首先要着力贯彻和体现"以人为本"的价值取向。具体来说，推进马克思主义时代化要以人的自由全面发展为终极价值指引，以实现最广大人民的根本利益为最高标准，以群众的民生所需为现实价值取向。这是马克思主义时代化必须坚持的根本价值指向，也是彰显马克思主义时代化价值的要义所在。

一 人的自由全面发展是马克思主义时代化的终极价值指引

人的自由全面发展是共产主义的价值目标，是马克思主义的最高价值理想。在推进马克思主义时代化的过程中，必然坚持把人的自由全面发展作为终极价值指引，把人的自由全面发展的最高理想融入马克思主义时代化的全过程。这是共产党人实现历史使命的必然要求，也是建设中国特色社会主义的内在需要。

1. 人的自由全面发展是马克思主义的最高价值理想

马克思主义揭示了人类社会是一个由低级阶段向着更高阶段不断演进的历史过程，阐明了资本主义必然灭亡、社会主义必然胜利的客观规律，阐述了人类社会必然走向共产主义的发展趋势。马克思恩格斯认为，未来社会将是"以每一个个人的全面而自由的发展为基本原则的社会形式"[1]，他们将之称为"自由人联合体"[2]。他们还认为："代替那存在着阶级和阶级对立的资产阶级旧社会的，将是这样一个联合体，在那里，每个人的自由发展是一切人的自由发展的条件。"[3] 在马克思恩格斯看来，实现共产主义与人的自由全面发展是同一个历史过程。马克思恩格斯一直将人的全面发展作为自己的终极关怀，留下了关于人的自由全面发展的许多论述。人的全面发展理论也成为"马克思学说中最有吸引力和生命力的部分"[4]，在马克思主义理论体系中占有十分重要的地位。

人的自由全面发展是马克思主义的最高价值理想，这一点成为历代马克思主义者的基本共识。江泽民指出："共产主义社会，将是物质财富极大丰富，人民精神境界极大提高，每个人自由而全面发展的社会。"[5] 胡锦涛也强调："实现物质财富极大丰富、人民精神境界极大提高、每个人

---

① 《马克思恩格斯文集》第 5 卷，人民出版社，2009，第 683 页。
② 《马克思恩格斯文集》第 5 卷，人民出版社，2009，第 96 页。
③ 《马克思恩格斯文集》第 10 卷，人民出版社，2009，第 666 页。
④ 王铁群：《"自由人的联合体"在实践中为何走向反面》，《炎黄春秋》2012 年第 3 期。
⑤ 《江泽民文选》第 3 卷，人民出版社，2006，第 293 页。

自由而全面发展的共产主义社会,是马克思主义最崇高的社会理想。"①
这一价值理想代表了人类社会未来的发展趋势,反映出人类社会未来发展
的和谐理想状态,具有强大的价值引领作用。在这一最高价值理想的牵引
下,人类社会必将由非人的状态向符合人类本性的状态改进,人的存在也
将向与人的本质趋于一致的方向进步,人向着真正的人发展,最终人在与
自然和社会的关系上都获得自由,人不再是由大自然的威力任意摆布的奴
隶,也不再听命于形形色色异化力量的支配,人最终得以彻底解放和自由
全面发展,即进入共产主义社会,达到"自由人联合体"的和谐理想境
界。人的自由全面发展的价值理想为马克思主义者的一切奋斗指明了正确
方向。

人的自由全面发展是一个不断发展的历史过程。在马克思恩格斯看
来,人的自由全面发展是人类自身进步与社会全面进步同步发展的过程,
促进社会生产力的发展和先进社会制度的更新,是实现人的全面发展的必
由之路。因此,人的自由全面发展"既是未来社会的理想蓝图,又是客
观现实的历史进程,体现了逻辑和历史的一致性,科学和价值的统一"②。
马克思主义经典作家揭示了人的自由全面发展这一最高理想的发展趋势,
但是如何把这一价值理想同本国国情和时代特征结合起来使之变为现实,
在现实和终极理想之间还有多少阶段性的价值目标等这些问题,都需要通
过推进马克思主义民族化、时代化,结合本国实际和时代特征给予与时俱
进的回答。在这个方面,一代又一代共产党人做出了卓越的贡献,在推进
马克思主义时代化的过程中不断发展着对人的自由全面发展的认识,不断
推进了人的自由全面发展的历史进程。

2. 当代中国马克思主义与人的自由全面发展的不断推进

人的自由全面发展在不同时代、不同阶段有其不同的内容,表现出不
同的水平。每一个时代对人的自由全面发展的认识和实践都只具有相对的
意义。因此,人的自由全面发展这一最高价值理想的实现,是由社会进步
所逐渐积累起来的历史发展过程。改革开放以来,中国共产党人进行了中

① 中共中央文献研究室编《十六大以来重要文献选编》(上卷),中央文献出版社,2005,
第363页。
② 祝黄河:《人的全面发展与建设有中国特色社会主义理论》,《求实》1997年第1期。

国特色社会主义的伟大实践，形成了中国特色社会主义理论体系，丰富了人的全面发展的思想理论，推进了人的全面发展的历史进程。

当代中国马克思主义进一步丰富了人的全面发展的理论认识。邓小平提出了社会主义精神文明建设的根本任务就是培养"有理想、有道德、有文化、有纪律"的"四有新人"，提高整个中华民族的思想道德素质和科学文化素质，这为社会主义初级阶段人的全面发展明确了具体要求，丰富了人的全面发展的科学内涵。江泽民同志提出，努力促进人的全面发展是"马克思主义关于建设社会主义新社会的本质要求"①，深刻揭示了推进人的全面发展的重要意义；强调要在发展社会主义物质文明和精神文明的基础上不断推进人的全面发展，进一步明确了在当代条件下推进人的全面发展的基本路径；强调人的全面发展要与社会生产力和经济文化的发展"相互结合、相互促进地向前发展"②，深刻揭示了在社会主义初级阶段推进人的全面发展的客观规律。胡锦涛同志提出了"坚持以人为本，树立全面、协调、可持续的发展观，促进经济社会和人的全面发展"的新要求，强调了"树立和落实科学发展观，必须在经济发展的基础上，推动社会全面进步和人的全面发展"③，为人的全面发展确立了科学的指导思想和发展路径。这些思想观点深化了对马克思主义人的全面发展理论的认识，它见证着中国共产党人对人的全面发展价值目标的不懈追求，也为在中国特色社会主义建设进程中推进人的全面发展指明了正确方向。

当代中国马克思主义进一步推进了人的全面发展的实践进程。中国共产党十分重视人的全面发展，将之作为中国特色社会主义的根本目标加以推进。在 2001 年庆祝中国共产党成立 80 周年大会上，江泽民同志第一次明确提出把"促进人的全面发展"作为党的一切工作的目标。2002 年党的十六大又进一步把"推进社会全面进步，促进人的全面发展"作为全面建设小康社会的奋斗目标。十六大以来，我们党提出了坚持以人为本、全面协调可持续发展的科学发展观，又把"实现人的全面发展"确立为

---

① 《江泽民文选》第 3 卷，人民出版社，2006，第 294 页。
② 《江泽民文选》第 3 卷，人民出版社，2006，第 295 页。
③ 中共中央文献研究室编《十六大以来重要文献选编》（上卷），中央文献出版社，2005，第 851 页。

以人为本战略思想的最高准则和根本目标。胡锦涛同志多次强调："坚持以人为本，就是要以实现人的全面发展为目标，从人民群众的根本利益出发谋发展、促发展，不断满足人民群众日益增长的物质文化需要，切实保障人民群众的经济、政治和文化权益，让发展的成果惠及全体人民。"①"人的全面发展"还被写入了修改后的《中国共产党章程》之中。在中国共产党的不懈努力之下，人的全面发展的历史进程在中国不断被推进到新的发展阶段。党的十一届三中全会以来，我国改革开放和现代化建设推动了社会经济、政治、文化的迅速发展及其相应的体制变革，引起了经济结构和社会结构的深刻变化，促进了社会生产力的发展和社会的全面进步，人们的物质需要、精神需要和自我发展需要都得到了越来越好的满足，人的主体性、积极性和创造性也大大增强，人的全面发展不断迈上新台阶。

3. 马克思主义时代化要以人的自由全面发展为终极指引

马克思主义时代化，是中国共产党把马克思主义基本原理与时代条件相结合，着眼于中国特色社会主义实践的理论创造活动。人的自由全面发展成为马克思主义时代化的终极价值指引具有内在的必然性。

首先，人的全面发展是中国共产党一切活动的终极归宿。人的自由全面发展是马克思主义的最高价值理想。共产党人要坚持马克思主义价值观，从根本上来说就是要为共产主义远大理想及其终极关怀目标而奋斗，因而，努力促进人的全面发展，是一切共产党人神圣的历史使命，是中国共产党一切活动的终极归宿。党的十六大报告就明确指出："党要承担起推动中国社会进步的历史责任，必须始终紧紧抓住发展这个执政兴国的第一要务，把坚持党的先进性和发挥社会主义制度的优越性，落实到发展先进生产力、发展先进文化、实现最广大人民的根本利益上来，推动社会全面进步，促进人的全面发展。"② 只有以人的自由全面发展为终极指引，我们的理论创新才能引领中国共产党坚定不移地为实现崇高理想而不懈奋斗。

---

① 中共中央文献研究室编《十六大以来重要文献选编》（上卷），中央文献出版社，2005，第850页。

② 中共中央文献研究室编《十六大以来重要文献选编》（上卷），中央文献出版社，2005，第11页。

其次，人的全面发展是中国特色社会主义的根本价值取向。当前，我国正在建设中国特色社会主义，为建设富强、民主、文明、和谐的社会主义现代化国家而奋斗。现代化的实质是人的现代化。所谓富强、民主、文明、和谐的社会主义现代化，其本质就是人的全面发展①。建设中国特色社会主义，是社会发展和人的发展全面进步的过程，其必要条件和必然归宿就是人的发展。我国正处在并将长期处在社会主义初级阶段，这是一个向社会主义高级阶段迈进并为实现其价值目标不断创造条件的阶段。这一基本国情决定了中国特色社会主义要为实现人在经济生活、政治生活和文化生活等方面的全面发展创造条件。用江泽民同志的话来说就是："我们建设有中国特色社会主义的各项事业，我们进行的一切工作，既要着眼于人民现实的物质文化生活需要，同时又要着眼于促进人民素质的提高，也就是要努力促进人的全面发展。"② 促进人的全面发展是中国特色社会主义一切工作的根本着眼点。

人的全面发展的价值理想要内化于马克思主义时代化的全过程。在马克思主义时代化的每一个环节中，都要通过把握人的全面发展的发展趋势进而把握人类历史的发展趋势，使这一最高价值理想充分发挥对社会发展的规范、矫正和牵引作用，帮助人们在对社会发展状态、社会发展规律的认识和运用过程中融入人文精神的价值判断，设计出新的价值坐标，对现存的社会环境与历史条件进行有利于人生存和发展的创造与重塑，从而实现对现存的社会与历史的扬弃和超越，使社会发展越来越符合人的本质要求。

二　人民的根本利益是马克思主义时代化的最高价值标准

人是社会发展的目标和主体，人的自由全面发展是马克思主义的最高价值理想。这从根本上决定了中国共产党在推进马克思主义时代化、实现理论创新的过程中，必须以广大人民的根本利益为最高标准，把实现好、维护好和发展好最广大人民群众的根本利益作为根本价值取向。

---

① 崔秋锁：《社会主义何以要努力促进人的全面发展》，人民网，http：//cpc. people. com. cn/GB/74144/74146/5099466. html，最后访问日期：2014 年 11 月 13 日。

② 《江泽民文选》第 3 卷，人民出版社，2006，第 294 页。

1. 实现最广大人民群众的根本利益是马克思主义的根本政治立场

所谓立场，是人们观察、分析和处理问题时所处的地位和由此而持的态度。人类进入阶级社会后，立场就具有阶级属性，带有政治色彩。政治立场，就是人们观察、分析和处理问题时所处的政治地位和由此而持的政治态度。历史唯物主义科学地阐明了人民群众在社会历史发展中的作用，认为人民群众是历史的创造者，人民群众的利益、意志、愿望和要求，从根本上体现了社会发展的方向。站在人民群众的立场，代表和实现人民群众的根本利益，是坚持历史唯物主义的必然要求。在人类社会发展过程中，一切进步思想和力量都必须坚定地依靠人民群众，发挥人民群众的主体作用，并真正代表和实现人民群众的根本利益。可以说，坚定代表和实现人民根本利益的政治立场，是坚持马克思主义的本质要求。坚持马克思主义，本质上就是要坚持马克思主义的立场、观点和方法。

马克思主义是维护和发展无产阶级及广大劳动人民根本利益的学说。在《共产党宣言》中，马克思恩格斯明确指出："过去的一切运动都是少数人的，或者为少数人谋利益的运动。无产阶级的运动是绝大多数人的，为绝大多数人谋利益的独立的运动。"[①] 大众性是马克思主义的本质属性。马克思主义作为无产阶级的世界观或"头脑"，十分关注大众的生存境遇、发展命运和心灵世界，并为分析解决大众关心的问题提供方法，是一种真正为大众立言、以无产阶级解放和人类解放为理想目标的理论体系。马克思主义的大众立场决定了它关注的是人民大众的利益。维护和发展无产阶级和广大劳动人民的根本利益，在此基础上实现全人类的利益，是马克思主义的基本立场和根本目标。

马克思主义认为，无产阶级政党与最广大人民的根本利益具有一致性。"无产阶级由于自己的整个社会地位，只有完全消灭一切阶级统治、一切奴役和一切剥削，才能解放自己"。[②] 这就决定了无产阶级所代表的社会利益必然是全人类绝大多数人的利益，由此决定着无产阶级的先锋队组织——共产党为绝大多数人谋利益的客观必然性。"共产党人不是同其

---

① 《马克思恩格斯文集》第 2 卷，人民出版社，2009，第 42 页。
② 《马克思恩格斯文集》第 3 卷，人民出版社，2009，第 460 页。

他工人政党相对立的特殊政党。他们没有任何同整个无产阶级的利益不同的利益。"① 共产党人与广大人民的根本利益具有一致性。离开了最大多数人的利益，共产党就不成其为共产党；离开了人民，党的一切理论和奋斗不但会落空，而且会变得毫无意义。胡锦涛指出："马克思主义政党的一切理论和奋斗都应致力于实现最广大人民的根本利益，这是马克思主义最鲜明的政治立场。"② 为绝大多数人谋利益，致力于实现最广大人民的根本利益，是马克思主义的根本政治立场。

2. 代表最广大人民的根本利益是中国共产党的立党之本

中国共产党是以马克思主义武装起来的无产阶级政党，是中国特色社会主义事业的领导核心。始终代表先进生产力的发展要求，始终代表先进文化的前进方向，始终代表最广大人民的根本利益，"是我们党的立党之本、执政之基、力量之源"③。代表中国最广大人民的根本利益，是中国共产党的本质特征，也是党领导的革命和建设事业不断取得胜利的根本原因。

代表最广大人民的根本利益是由中国共产党的性质决定的。中国共产党是中国工人阶级的先锋队，是中国各族人民利益的忠实代表，是中国社会主义事业的领导核心。党的宗旨是全心全意为人民服务，这深刻揭示了中国共产党的本质特征。毛泽东指出："共产党是为民族、为人民谋利益的政党，它本身决无私利可图。"④ 邓小平说："中国共产党员的含意或任务，如果用概括的语言来说，只有两句话：全心全意为人民服务，一切以人民利益作为每一个党员的最高准绳。"⑤ 江泽民强调："我们想问题、办事情的出发点和落脚点，始终要考虑人民群众的根本利益。""全心全意为人民服务，立党为公，执政为民，是我们党同一切剥削阶级政党的根本区别。"⑥ 党的性质决定了中国共产党必然是中国最广大人民根本利益的

---

① 《马克思恩格斯文集》第 4 卷，人民出版社，2009，第 3 页。
② 中共中央文献研究室编《十六大以来重要文献选编》（上卷），中央文献出版社，2005，第 364 页。
③ 《江泽民文选》第 3 卷，人民出版社，2006，第 536 页。
④ 《毛泽东选集》第 3 卷，人民出版社，1991，第 809 页。
⑤ 《邓小平文选》第 1 卷，人民出版社，1994，第 257 页。
⑥ 《江泽民文选》第 3 卷，人民出版社，2006，第 279 页。

代表。

为中国人民根本利益而奋斗是中国共产党全部实践的本质所在。中国共产党从成立之日起，就把为中国最广大人民谋利益作为自己的奋斗目标。在新民主主义革命时期，中国共产党领导人民经过前赴后继的斗争，推翻了"三座大山"，结束了反动阶级统治中国广大劳动人民的历史。新中国成立后，我们党代表人民要求改变经济文化落后状况的愿望，开始了社会主义革命和建设的伟大实践。改革开放以来，我们不断深化改革开放，建立社会主义市场经济体制，加强社会主义民主和法制建设，加强党风廉政建设，深入开展反腐败斗争，都是在实现、维护和发展最广大人民的根本利益。可以说，建党90多年来，我们党革命、建设和改革的基本实践，概括成一句话，就是为最广大人民的根本利益而奋斗。

中国共产党始终把最大人民群众的根本利益作为党的理论和路线方针政策及全部工作的根本依据，体现了实现人民根本利益的清醒认识和高度自觉。中国共产党人把自己的宗旨概括为一句通俗而神圣的宣言：全心全意为人民服务。进入新时期以来，中国共产党一贯强调和坚持尊重人民主体地位，发挥人民首创精神，保障人民各项权益，走共同富裕道路，促进人的全面发展，做到发展为了人民、发展依靠人民、发展成果由人民共享；以实现人的全面发展为目标，从人民群众的根本利益出发谋发展、促发展，不断满足人民群众日益增长的物质文化需要，切实保障人民群众的政治、经济、文化和社会权益，让发展的成果惠及全体人民。全心全意为人民服务是共产党人崇高的世界观和人生观的集中体现。在革命、建设和改革的各个历史时期，中国共产党人为民族的生存、人民的解放、国家的繁荣富强谱写了壮丽的篇章。

3. 马克思主义时代化要始终以人民的根本利益为最高价值标准

维护人民的根本利益是马克思主义的政治立场，是中国共产党人奋斗的根本目的。江泽民指出："党的一切工作，必须以最广大人民的根本利益为最高标准。"[①] 这都决定了马克思主义时代化要以人民的根本利益为最高价值标准，在实现、维护和发展中国最广大人民的根本利益过程中实

---

① 《江泽民文选》第3卷，人民出版社，2006，第280页。

现马克思主义与时俱进，不断增强马克思主义的凝聚力。

始终坚持人民根本利益的价值标准，是马克思主义不断吸引和凝聚群众的根本原因。一种意识形态是否具备吸引力和凝聚力，根本上取决于其所代表的利益关系是否得到相应群体的认同。马克思指出："人们为之奋斗的一切，都同他们的利益有关。"①列宁也说，"要借助于伟大革命所产生的热情"，同时还要"靠同个人利益的结合"，否则"就不能把千百万人引导到共产主义"②。如果一种意识形态既能深刻揭示社会发展规律，指明社会发展方向，又能帮助人们理解一定历史条件下存在的各种社会现象，就容易被人们接受。在中国共产党的历史上，从毛泽东思想到中国特色社会主义理论体系，之所以能够吸引和凝聚广大群众，根本原因就在于始终坚持人民利益的根本价值取向，并在不同时期努力满足广大人民最根本、最现实、最迫切的利益要求。在具有强大凝聚力的马克思主义的指引下，中国共产党团结和带领最广大人民群众，凝聚各方面的智慧和力量，取得了革命和建设事业的一个又一个胜利。

始终秉持人民根本利益的价值标准，是中国特色社会主义理论体系的重要品质。改革开放以来，中国共产党的理论创新始终坚持马克思主义的政治立场，以实现中国最广大人民的根本利益为己任。邓小平理论真切反映了人民群众摆脱贫穷、追求富裕的迫切愿望，不仅解答了解放和发展生产力的现实课题，而且倡导"共同富裕"的社会主义价值目标；不仅为实现这一目标确立了改革开放、"三步走"的发展道路，更以巨大的政治勇气和超常的胆识智慧将社会主义政治制度与市场经济有机结合起来，并在各个领域进行了深刻变革，每一个步骤、每一个方面都与人民利益息息相关。"三个代表"重要思想及时回应了人民群众对党执政的新要求，坚持把发展先进生产力、发展先进文化与实现最广大人民的根本利益作为奋斗方向，强调立党为公、执政为民，把党的全部事业的出发点和落脚点定位在实现和维护最广大人民的根本利益上。科学发展观顺应了人民群众要求过上更加幸福美好生活的新期待，坚持以人为本，倡导"公平""正

---

① 《马克思恩格斯全集》第 1 卷，人民出版社，1995，第 187 页。
② 《列宁专题文集——论社会主义》，人民出版社，2009，第 247 页。

义""和谐""幸福",做出了"发展为了人民、发展依靠人民,发展成果由人民共享"的庄严承诺,切实关注人民群众最直接的现实利益。总之,中国特色社会主义理论体系处处体现着"始终代表最广大人民根本利益"这一不变的价值追求。

推进马克思主义时代化要牢固坚持马克思主义的政治立场,把实现最广大人民的根本利益作为最高价值标准。胡锦涛同志指出:"建设中国特色社会主义的根本目的是不断实现好、维护好、发展好最广大人民的根本利益,党的理论、路线、纲领、方针、政策和工作必须以符合最广大人民的根本利益为最高衡量标准。"① 这就明确指出了包括马克思主义时代化在内的党的理论创新,是以最广大人民的根本利益作为最高价值衡量标准的。由于人的需求是随着实践的发展而变化的,因此人们所追求的利益也必然是多方面的,既有物质的也有精神的,既有长远的也有眼前的。推进马克思主义时代化,就是要以最广大人民的根本利益为出发点和落脚点,根据新形势、新情况,不断维护和满足人民的各种需求,为人的全面发展创造良好的条件。

三　群众的民生所需是马克思主义时代化的现实价值取向

群众的民生所需是实现和维护人民根本利益的实践抓手。推进马克思主义时代化,必须以应对和解决广大群众所关心的现实问题为现实价值取向,在不断解决群众切身利益的过程中推动马克思主义理论的发展。

人民群众的需求是马克思主义理论传播和发展的重要推动力。对于直接从事实践活动的广大人民群众来说,他们面对一种理论的态度往往取决于这种理论与其各种切身利益的攸关程度,而最直接的判断依据就是自身的需求能否得到满足。如果群众没有这种需求或者感受不到这种需要,即使再好的理论也不能被接受,理论也就失去了存在的意义。当前,不断满足广大人民群众的物质文化需求是社会发展的基本动力,也是马克思主义理论发展的实践价值指向。要将理论的关注点放在广大群众关心的各种现

---

① 中共中央文献研究室编《十六大以来重要文献选编》(上卷),中央文献出版社,2005,第364页。

实问题上，用马克思主义的立场、观点、方法，深入研究和解答改革发展中的重大现实问题、群众关注的热点难点问题。

以民生所需作为马克思主义时代化的现实价值取向，是实现人民群众根本利益的现实需要。维护和实现最广大人民群众的根本利益，不断提高人民群众的生活水平，是我们党一切工作的出发点和归宿。党要取得人民群众的支持和拥护，就必须切实关注民生问题，保障和改善民生。这也决定了包括马克思主义时代化在内的党的理论创新也要切实关注民生，在不断满足群众切身利益的过程中推动马克思主义时代化。

当前，随着我国改革的不断深化，广大群众的利益主体结构和利益分配差距都在发生着显著变化。如何满足人民大众日益变化的利益诉求，是当代马克思主义面临的突出问题。胡锦涛同志提出了"人民利益无小事"，"权为民所用，情为民所系，利为民所谋"的重要思想，为党的一切工作指明了实践方向。当代中国马克思主义，只有继续将广大群众切身利益问题作为制定政策和发展理论的出发点与立足点，使理论代表人民大众的利益，反映人民大众的诉求，解决人民大众的困难，实现用马克思主义武装群众的历史性任务，才能为马克思主义时代化注入源源不断的发展动力。

第二节　马克思主义时代化的主体价值指向

中国共产党是马克思主义时代化过程的主体，推进马克思主义时代化必然首先反映和满足作为主体的中国共产党的价值追求。这里说的主体价值指向，就是要探讨马克思主义时代化对于中国共产党的存在和发展所应承担的价值使命，以及由此决定的价值方向。笔者认为，马克思主义时代化要为发展党的指导思想、巩固党的执政地位、实现党的历史使命服务。其中，发展党的指导思想是直接价值目标，巩固党的执政地位是间接价值目标，实现党的历史使命是根本价值目标。这三个层次的目标相互联系、由表及里、不断深入，构成有机统一的价值目标体系，对于马克思主义时代化发挥着重要的目标导向作用。它们指引着马克思主义时代化的正确方向。

一　发展党的指导思想是马克思主义时代化的直接价值目标

从主体需要的角度来看，马克思主义时代化首要的、最直接的价值目标就是发展党的指导思想。作为中国共产党根本指导思想的马克思主义是开放的、发展的理论体系。实践在不断发展，时代在不断进步，这就决定了党的指导思想必须和必然要与时俱进。党的理论工作的根本任务之一，就是不断推进马克思主义理论创新，从而不断发展党的指导思想，使党的指导思想永葆先进性。马克思主义时代化是实现这一任务的重要途径。

1. 党的指导思想必须与时俱进地发展

当今时代，世情、国情、党情都发生了新变化，这决定了作为党的指导思想的马克思主义也要与时俱进地发展，要求我们不断开拓马克思主义理论新境界，用发展着的马克思主义指导中国新的实践。

首先，与时俱进地发展党的指导思想是应对当今世界形势不断变化的需要。当今世界正处在大发展、大变革、大调整时期。当今时代，世界多极化不可逆转，经济全球化深入发展，科技进步日新月异，是一个充满着机遇和挑战的时代。如果我们不能随着时代、实践和科学的发展而不断发展马克思主义，那么党的指导思想就会因为落后于时代而难以继续担当指导立党立国的重任。如果我们党和国家失去了发展着的马克思主义的科学指引，多年来我们为之奋斗的中国特色社会主义事业就将毁于一旦。

其次，与时俱进地发展党的指导思想是应对当代中国国情新变化的需要。改革开放以来，在马克思主义的正确指导下，我们已经成功开辟了中国特色社会主义道路，取得了改革开放和社会主义现代化建设的伟大成就，积累了宝贵的经验，为我国今后的发展奠定了基础。新世纪、新阶段，我们已站在新的发展起点上。国内经济社会发展面临着一系列阶段性特征，新情况、新问题、新矛盾不断涌现，继续推进改革开放和社会主义现代化建设事业所具有的艰巨性、繁重性和复杂性世所罕见。开拓中国特色社会主义更为广阔的发展前景，迫切需要我们在实践中坚持和发展马克思主义，在运用马克思主义指导改革发展实践的基础上，及时总结实践的新鲜经验，不断做出新的理论概括，推动党的指导思想与时俱进，由此才能不断开辟中国特色社会主义的新局面。

最后，与时俱进地发展党的指导思想是应对党的历史方位和执政环境变化的需要。新世纪、新阶段，党所处的历史方位发生了重大变化。党的十六大报告指出："我们党历经革命、建设和改革，已经从领导人民为夺取全国政权而奋斗的党，成为领导人民掌握全国政权并长期执政的党；已经从受到外部封锁和实行计划经济条件下领导国家建设的党，成为对外开放和发展社会主义市场经济条件下领导国家建设的党。"① 随着党所处的历史方位和执政环境的改变，马克思主义针对特定历史条件的一些具体结论可能不再适用，而新时代世情、国情、党情的新变化又会提出新的问题需要我们去认识、去解决，这就要求我们在坚持马克思主义基本原理的基础上，不断地在实践中丰富和发展马克思主义，使马克思主义真正成为先进而开放的理论体系，指导我们中国共产党人走在时代前列，引领中国发展进步。

2. 马克思主义时代化是发展党的指导思想的根本途径

唯物史观认为，人类社会的发展是一个自然的、历史的过程，不以人的意志为转移，具有自身的客观规律。人类只能主动地认识、掌握和顺应社会发展规律，而不能主观地改变、违背和对抗社会发展规律。时代特征和时代精神是社会发展规律在一定历史时期的动态表现，社会发展规律的客观性决定了时代特征和时代精神的客观性。任何思想理论要想做到长盛不衰，就必须适应时代特征，升华时代精神，随时代的发展而发展。偏离时代发展的要求，滞后于时代的发展，任何理论都将失去活力，甚至失去存在的理由。作为党的指导思想的科学理论，必须把握每一个时代具有的独特的时代特征和时代精神，才能适应更好地指导现实的需要。

时代特征和时代精神是一个时代的内在历史规定性，每一个时代都具有独特的时代特征和时代精神。马克思主义只有与时代特征相结合，充分汲取时代精神，不断开拓创新，才能适应时代发展的要求，才能更好地发挥理论对实践的指导作用。马克思主义时代化就是马克思主义与不同时代条件相结合、不断赋予马克思主义时代特色的过程。作为不断发展着的理论，马克思主义的每一次重大理论创新，都是马克思主义者在把握时代条

---

① 中共中央文献研究室编《十六大以来重要文献选编》（上卷），中央文献出版社，2005，第9页。

件、汲取时代精华的基础上，以巨大的理论勇气不断开拓创新的结果，都带有深刻的时代烙印，都体现了与时俱进的精神。

马克思主义时代化就是把马克思主义的基本原理同不断变化发展的时代条件和时代精神相结合，对变化了的时代特征做出科学准确的判断和分析，并在此基础上，应对时代发展的难题，升华时代精神，创新发展理论。因此，马克思主义时代化是发展党的指导思想的根本途径。

3. 通过马克思主义时代化永葆党的指导思想的先进性

在中国共产党的历史上，党的指导思想经历了一个不断增添内容、不断与时俱进的发展过程。中国共产党成立之初，确立以马克思列宁主义为指导思想，党的七大又把毛泽东思想与马克思列宁主义一道确立为党的指导思想，改革开放以来，我们党的指导思想又增添了邓小平理论、"三个代表"重要思想、科学发展观等崭新的内容。这不仅是从内容上不断丰富党的指导思想的过程，更是指导思想不断增添时代先进性的历史过程。

就以科学发展观为例。进入 21 世纪以来，国际局势继续发生深刻变化，和平、发展、合作成为时代的潮流，追求经济社会发展成为世界各国的共同愿望。然而，由于片面追求经济增长，忽视社会发展和社会公平，忽视环境保护和资源节约，一些国家在发展中出现了经济结构失衡、社会发展滞后、生态环境破坏等各种问题，发展并没有给人民带来真正的福祉。在这种背景之下，实现什么样的发展、为了什么而发展、怎样发展等成为时代的重要课题。党中央敏锐把握时代特点，准确反映时代要求，在结合自身实践的基础上，汲取时代发展的精华，提出了一系列新思想、新观点、新论断，创造性地形成了科学发展观。科学发展观顺应了时代发展的潮流，反映了当今世界发展的新理念，丰富和发展了马克思主义，是马克思主义时代化的最新成果。科学发展观被确立为党的指导思想，是实现指导思想永葆先进性的鲜明体现。

当今世界，正处在一个大变革、大调整的时代，时代特征变化显著。时代条件的变化是发展党的指导思想的客观依据。这就要求我们抓住大变革的时代背景，坚持推进马克思主义时代化，使马克思主义适应时代要求、反映时代精神，保证马克思主义始终与时代同进步，这样才能永葆党的指导思想的先进性。

二 巩固党的执政地位是马克思主义时代化的间接价值目标

中国共产党是我国社会主义事业的领导核心，是在国家政权和社会生活中居于领导地位的执政党。不断巩固和发展党的执政地位，是实现党的历史使命的必然要求，也是实现和维护中国最广大人民根本利益的必然要求，因而必然是马克思主义时代化的重要价值目标。马克思主义时代化在发展党的指导思想的基础上，要为巩固党的执政地位服务。

1. 马克思主义的先进性是党重要的执政合法性资源

中国共产党之所以能够取得执政地位并长期执政，从根本上来说是由党的性质决定的。中国共产党是中国工人阶级的先锋队，是中国人民和中华民族的先锋队，始终代表着中国先进生产力的发展要求，代表着中国先进文化的前进方向，代表着中国最广大人民的根本利益。《中共中央关于加强党的执政能力建设的决定》指出："党的执政地位不是与生俱来的，也不是一劳永逸的。"[1] 执政党的执政地位源于执政的合法性，执政的合法性资源包括执政党的意识形态及其说服力、经济增长和执政绩效、政治民主化程度、社会公正的实现程度等。执政的合法性资源必须得到及时有效的扩充，才能维系一个政党执政地位的存续。由于执政的合法性不是静止的、一成不变的，而是处在动态变化的过程中，因此，不断巩固党的执政地位是中国共产党一项长期的历史任务。

马克思主义意识形态的先进性是中国共产党执政合法性的重要基础。马克思主义的先进性，一方面在于它的科学真理性。马克思主义是科学的世界观和方法论，它揭示了人类历史发展的客观规律，为人类社会发展进步指明了正确方向。马克思主义具有与时俱进的理论品质，保证了它能够始终与时代同进步。另一方面在于它的人民性。马克思主义代表了最广大人民的利益，它的全部理论都立足于实现和维护最广大人民的根本利益，把全人类解放和人的全面发展作为最高价值追求，不谋求任何私利，不抱有任何偏见，是科学性、阶级性和实践性相统一的理论。马克思主义的先

---

[1] 中共中央文献研究室编《十六大以来重要文献选编》（中卷），中央文献出版社，2006，第 273 页。

进性已经为中国革命、建设和改革的实践所证明。正如毛泽东同志所说："我们说马克思主义是对的，决不是因为马克思这个人是什么'先哲'，而是因为他的理论，在我们的实践中，在我们的斗争中，证明了是对的。"① 中国人民正是在争取民族独立和人民解放，实现国家富强和人民富裕的长期奋斗中，选择了马克思主义作为自己的思想武器。因此，马克思主义的先进性是党的执政合法性的重要基础，是保证中国共产党始终得到人民拥护的重要条件。

2. 马克思主义时代化是巩固党的执政地位的重要条件

党的执政地位的巩固，从根本上取决于中国共产党自身，取决于始终保持和不断发展党的先进性。正如胡锦涛同志指出："先进性是马克思主义政党的生命所系、力量所在。"② 这一科学论断是对共产党执政规律的深刻揭示。马克思主义时代化是发展党的先进性的重要途径，因而也成为巩固党的执政地位的重要条件。

先进性的本质特征就是与时俱进。中国共产党之所以充满生机和活力，始终走在时代前列，一个根本原因，就在于它能够顺应时代和社会发展要求，与时俱进地提出和运用反映时代发展和最广大人民根本利益要求的理论、路线、方针、政策，以凝聚党心民心，并创造性地推进各项工作。党的先进性是具体的、历史的，时代和实践的发展，总是不断地对党的先进性提出新的要求，赋予党的先进性建设以新的时代内涵。坚持解放思想、实事求是、与时俱进，把马克思主义基本原理同中国具体实际、时代条件和人民群众相结合，不断推进马克思主义中国化、时代化、大众化，是中国共产党在90多年的发展历程中加强党的先进性建设的一条重要经验。历史实践充分证明，随着时代条件的变化不断推进理论创新，实现指导思想的与时俱进，是保持和发展党的先进性的决定性因素。

马克思主义时代化是保持党的先进性、巩固党的执政地位的重要条件。党的思想理论的先进性从全局上制约着党的先进性。马克思主义作为科学的世界观和方法论，为党的思想理论的先进性奠定了根本基础。但

---

① 《毛泽东选集》第1卷，人民出版社，1991，第111页。
② 中共中央文献研究室编《十七大以来重要文献选编》（上卷），中央文献出版社，2009，第41页。

是，马克思主义理论的先进性也是不断发展的，也是要随着时代的发展变化而与时俱进的。推进马克思主义时代化，使党的思想理论随着时代的发展而发展，就会为拓展和升华党的先进性奠定坚实基础、打开广阔空间。改革开放以来，我们坚持推进马克思主义时代化，形成了中国特色社会主义理论体系，使党的先进性不断得到巩固和发展。特别是我们党对建设什么样的党、怎样建设党这个基本问题的探索和回答，大大提升了党的先进性。

3. 马克思主义时代化要为巩固党的执政地位服务

在当代中国，推进马克思主义要围绕巩固党的执政地位这个价值目标，结合时代条件推进理论创新，为党的执政地位的巩固和发展服务。

马克思主义时代化，要为增进党的执政基础服务。巩固党的执政地位，要不断增强党的阶级基础，扩大党的群众基础，从而不断拓展党的代表性。随着改革开放的发展，工人阶级和社会阶层必然出现新变化，那么与时俱进地增强党的阶级基础，扩大党的群众基础进而提升党的代表性是时代的必然要求。在马克思主义时代化的进程中，我们党做出了中国共产党是中国人民和中华民族先锋队的重大论断，提出新的社会阶层和工人、农民都是中国特色社会主义的劳动者和建设者，要团结一切拥护社会主义、拥护祖国统一的爱国者等重要思想，主动把新社会阶层的广大人员团结和凝聚在党的旗帜下，使党代表群众的广泛性达到了前所未有的新高度。思想理论的创新是增进党的执政基础的先导。今后，要进一步通过马克思主义时代化，不断根据时代条件和实践的变化做出新的判断，不断提升党的先进性和代表性。

马克思主义时代化，要为提高党的领导水平和执政能力服务。要巩固党的执政地位，关键还要提高党的领导水平和执政能力，使之与时代发展的要求相适应。马克思主义时代化对于提高党的领导水平和执政能力，能够催生和提供多方面的条件，比如：有利于克服僵化教条的思想方式，增强党的战略思维、辩证思维和创新思维能力；有利于认清党的历史方位和执政使命，从而更好地把握党的领导水平和执政能力与时代发展相适应的要求。但主要的是，马克思主义要着力探索和总结提升党的领导水平和执政能力的科学规律，为提升党的领导水平和执政能力提供强大的理论支持；同时，把这些规律性认识运用到党的执政实践中，使党的领导水平和执政能力始终与时代的新要求相适应，始终与人民群众的新期待相吻合。只有这样，才能使党的执政能力建设体现时代性、把握规律性、富于创造性，从而极大地提高党的领导水平和执政能力。

马克思主义时代化，要为我们党应对长期执政和改革开放的考验服务。中国共产党全国执政 60 多年，改革开放也有 30 多年。在世情、国情、党情发生深刻变化的情况下，中国共产党将面临来自方方面面的考验，其中"党面临的执政考验、改革开放考验、市场经济考验、外部环境考验是长期的、复杂的、严峻的"①。面对新情况、新问题、新考验，必须坚持用时代发展的要求自我审视，以改革创新的精神自我完善，切实推进和加强党的建设。其中最基础的是加强党的思想理论建设，即推进马克思主义时代化、中国化、大众化。马克思主义时代化，要时刻关注消极腐败现象的新特点、新发展，并提出惩治和预防腐败的新理论、新观点、新对策。要通过把握规律性，把时代化的理论贯彻渗透到党的工作的各个层面和环节，使党积极主动地应对时代考验，永葆党的生机和活力。

三　实现党的历史使命是马克思主义时代化的根本价值目标

中国共产党的一切奋斗都是为了更好地实现自身的历史使命。马克思主义时代化作为马克思主义发展和党的理论创新活动，从根本上来说应当为实现党的历史使命而存在，把实现党的历史使命作为根本价值目标。当代中国共产党人承担着团结和带领人民为实现中华民族伟大复兴而奋斗的历史使命，马克思主义时代化归根到底要为实现中华民族的伟大复兴发挥引领作用。

1. 实现中华民族伟大复兴是中国共产党的历史使命

中国共产党是一个具有强烈使命意识、勇于担当使命的马克思主义政党。近代以来，中华民族落入灾难深重的境地，实现民族独立、人民解放和国家富强、人民富裕，是近代中国面临的两大历史任务。这两大历史任

---

① 胡锦涛：《坚定不移沿着中国特色社会主义道路前进　为全面建成小康社会而奋斗——在中国共产党第十八次全国代表大会上的报告》，人民出版社，2012，第49页。

务规定着中国人民团结奋斗的前进方向，也选择着顺应时代潮流和人民期盼的进步政治力量。中国共产党自诞生之日起，就勇敢地担当起领导中国人民实现民族独立、人民解放和国家富强、人民富裕，进而实现中华民族伟大复兴并最终实现共产主义的历史使命。这种使命意识和担当延续并拓展了近代中国仁人志士的不懈追求，顺应了近代中国历史发展的客观规律，适应了中国广大人民群众的强烈政治意愿。

中国共产党的一切奋斗都是为了实现历史使命。在民主革命时期，中国共产党团结和带领全国各族人民经过 28 年艰苦卓绝的奋斗，推翻了"三座大山"，建立了中华人民共和国，并确立了社会主义制度，为当代中国一切发展进步奠定了根本的政治前提和制度基础。在新中国成立以来60 多年的社会主义建设实践中，中国共产党继续带领全国各族人民为实现国家繁荣富强、创造人民幸福生活而艰苦奋斗，在历经艰难曲折的探索中，成功地开辟了中国特色社会主义道路，取得了举世瞩目的成就，向着实现中华民族伟大复兴的梦想迈出了坚实的脚步。

当代中国共产党人为实现中华民族伟大复兴的宏伟目标描绘了清晰的宏伟蓝图。我们党对于宏伟目标的实现规划了"三步走"的战略步骤，如今已经胜利实现了第一步、第二步发展目标，正在朝着第三步的战略目标坚定地迈进，即通过全面建设小康社会，积极推进社会主义现代化的发展进程，在 21 世纪中叶，使我国人均国民生产总值达到中等发达国家水平，人民生活比较富裕，基本实现现代化。我们党对于新的时代条件下实现历史使命的基本任务也有着明确而清醒的认识。党的十六大报告指出："我们党必须坚定地站在时代潮流的前头，团结和带领全国各族人民，实现推进现代化建设、完成祖国统一、维护世界和平与促进共同发展这三大历史任务，在中国特色社会主义道路上实现中华民族的伟大复兴。这是历史和时代赋予我们党的庄严使命。"① 这是中国共产党自建党以来就已担负起并不断为之奋斗的历史责任的继续，是当前时代赋予中国共产党的伟大使命，也是中华民族 13 亿人口对中国共产党的殷切期望，还是当今时

---

① 中共中央文献研究室编《十六大以来重要文献选编》（上卷），中央文献出版社，2005，第 1 页。

代潮流以及社会主义运动向中国共产党提出的必然要求。

实现中华民族伟大复兴的历史使命，需要全党全国各族人民长期艰苦奋斗。胡锦涛同志指出："中国共产党自诞生之日起就勇敢担当起团结带领人民实现中华民族伟大复兴的历史使命。"① "展望未来，我们对实现推进现代化建设、完成祖国统一、维护世界和平与促进共同发展这三大历史任务充满信心。"② 他希望，"全党同志要牢记历史使命"③，永远保持艰苦奋斗的作风，勇于变革、勇于创新，永不僵化、永不停滞，坚定不移地沿着中国特色社会主义道路奋勇前进，更加奋发有为地团结带领全国各族人民创造自己的幸福生活和中华民族的美好未来。

2. 实现党的历史使命需要不断推进马克思主义时代化

一个政党要自觉走在时代前列，担当执政兴国的历史使命，一刻也不能没有科学理论的指导。马克思主义是中国共产党的指导思想，要始终保持自身强大的生命力、创造力和凝聚力，就必须始终"与本国国情相结合、与时代发展同进步、与人民群众共命运"，也就是要不断实现马克思主义中国化、时代化、大众化。只有实现马克思主义时代化，才能保证党自觉走在时代前列，更好地实现执政兴国的历史使命。

实现党的历史使命需要保持坚定的马克思主义信仰。我国基本实现现代化需要继续奋斗几十年，巩固和发展社会主义制度则需要几代人、十几代人甚至几十代人坚持不懈地努力奋斗。要奋斗就会有困难有风险，所以，"我们一定要居安思危、增强忧患意识，始终保持对马克思主义、对中国特色社会主义、对实现中华民族伟大复兴的坚定信念"④。马克思主义信仰是中国共产党的精神旗帜，是党员的精神支柱，是党的创造力、凝聚力、战斗力的源泉。信仰迷失，必然带来使命意识的淡化和使命担当的

---

① 胡锦涛：《在庆祝中国共产党成立 90 周年大会上的讲话》，人民出版社，2011，第 18 页。
② 中共中央文献研究室编《十七大以来重要文献选编》（上卷），中央文献出版社，2009，第 43 页。
③ 胡锦涛：《在庆祝中国共产党成立 90 周年大会上的讲话》，人民出版社，2011，第 30 页。
④ 中共中央文献研究室编《十七大以来重要文献选编》（上卷），中央文献出版社，2009，第 43 页。

放弃。当前，一些领导干部身上之所以出现腐败等问题，根源就在于信仰迷失。自觉推进马克思主义时代化的过程，也是不断增强马克思主义信仰的坚定性的过程，这对于实现党的历史使命是必不可少的思想前提和精神动力。

实现党的历史使命需要坚持推进马克思主义理论创新。中国共产党人需要有坚定的马克思主义信仰，但是决不能把马克思主义看成空洞、僵硬、刻板的教条，而是坚信马克思主义必须随着实践发展而不断丰富和发展，因为党和人民的实践是不断前进的，指导这种实践的理论当然也要不断前进。在新的历史条件下坚持马克思主义，关键是要及时回答实践提出的新问题，为实践提供科学指导。"我们要准确把握世界发展大势，准确把握社会主义初级阶段基本国情，深入研究我国发展的阶段性特征，及时总结党领导人民创造的新鲜经验，重点抓住经济社会发展重大问题，作出新的理论概括，永葆科学理论的旺盛生命力。"① 坚持推进马克思主义时代化，是适应这一要求的重要方面，是实现马克思主义理论创新的重要途径。

总之，马克思主义时代化是在新的时代条件下实现党的历史使命的重要前提条件。"理论上的成熟是政治上坚定的基础，理论上的与时俱进是行动上锐意进取的前提，思想上的统一是全党步调一致的重要保证。"② 通过推进马克思主义时代化，不断实现党的理论创新，坚持用发展着的马克思主义来武装全党，不断提高全党的思想政治水平，不断巩固全党的马克思主义科学信仰和中国特色社会主义的坚定信念，不断增强为党和人民事业不懈奋斗的自觉性和坚定性，这是实现党的历史使命不可缺少的重要条件。

3. 马克思主义时代化要以实现党的历史使命为根本目标

党的历史使命为马克思主义时代化指明了根本方向。马克思主义在揭示人类社会发展一般规律的基础上，运用唯物史观分析资本主义社会产

---

① 胡锦涛：《在庆祝中国共产党成立 90 周年大会上的讲话》，人民出版社，2011，第 12 页。

② 胡锦涛：《在庆祝中国共产党成立 90 周年大会上的讲话》，人民出版社，2011，第 11 页。

生、发展和衰落的历史趋势，得出"两个必然"的结论，为人类社会指明了共产主义的美好前景。中国共产党的最终历史使命，是为实现共产主义而奋斗。共产主义社会是人类最美好、最进步的社会，这一崇高社会理想的确立，为无产阶级和人类的解放指明了奋斗的道路和前进方向，也为中国共产党的一切理论和实践活动指明了根本方向。马克思主义时代化的理论创造，必须始终体现引领人类为实现共产主义而奋斗这一崇高理想，否则就必然偏离正确的方向。

党的历史使命为现阶段推进马克思主义确立了理论和实践主题。改革开放以来中国共产党的一系列理论创新成果，具有一脉相承的理论主题，那就是"它们都坚持为建设和发展中国特色社会主义、实现中华民族伟大复兴而奋斗"①。这个理论主题就是中国共产党在现阶段的历史使命的体现。共产主义目标的实现是一个相当漫长的历史过程。我国现阶段正处于并将长期处于社会主义初级阶段，我们的奋斗目标是建设中国特色社会主义，为将来过渡到更高的社会形态准备物质和精神条件。党在现阶段的历史使命，就是团结带领人民建设社会主义现代化，实现中华民族伟大复兴，这是共产主义崇高社会理想在现阶段的具体体现。这一历史使命为马克思主义时代化确立了理论和实践主题，也提供了巨大的生长发展空间。

在当代中国，推进马克思主义时代化，归根到底是中国共产党为更好地实现现阶段的历史使命而进行的理论创造活动。对于中国共产党人来说，坚持和发展马克思主义，不是为了理论发展而发展理论，而是有着现实的价值指向。这种价值指向归根到底，就是要以党的历史使命的实现为根本，舍此，任何理论与实践活动，都将与中国共产党的本质背道而驰。这就从根本上决定了实现党的历史使命是马克思主义时代化的根本价值目标。马克思主义时代化要真正体现引领当代中国发展的重大作用，就必然要以党的历史使命为转移，一切着眼于为实现党的历史使命提供理论支撑，引领中国人民在党的领导下为实现中华民族伟大复兴而努力奋斗。

---

① 中共中央文献研究室编《十七大以来重要文献选编》（上卷），中央文献出版社，2009，第 244 页。

第三节　马克思主义时代化的实践价值指向

马克思主义时代化的价值指向，还应当从实践层面来认识。马克思主义时代化应当对当代中国发展和当今世界发展发挥价值引领作用，这就从实践的角度对马克思主义时代化实现过程的价值方向提出了要求。马克思主义时代化要引领当代中国高举伟大旗帜、树立世界眼光、融入世界潮流，这是体现马克思主义时代化的本土关怀的客观要求；马克思主义时代化要引领当今世界把握发展规律、顺应发展趋势、明确发展方向，这是提升马克思主义时代化的理论境界的需要。马克思主义时代化在中国与世界两方面应当凸显的实践价值意义，为我们继续推进马克思主义时代化指明了正确的方向。

一　从中国视角看马克思主义时代化的实践价值指向

马克思主义是我们立党立国的根本指导思想。马克思主义只有不断时代化，才能推动党和国家的大政方针和政策制度等顺应时代发展要求，从而强有力地推动当代中国与时代同步发展。具体来说，马克思主义时代化应当引领中国高举伟大旗帜实现发展目标，引领中国拓展全球视野提升世界影响力，引领中国融入世界潮流实现民族复兴。这是立足于当代中国发展的视角来看，马克思主义时代化所应当确立的实践价值指向。

1. 引领当代中国高举伟大旗帜实现发展目标

在社会主义初级阶段，我国的奋斗目标是建设富强、民主、文明、和谐的社会主义现代化国家，实现中华民族的伟大复兴。实现这一宏伟目标，需要我们高举中国特色社会主义伟大旗帜，坚定不移地走中国特色社会主义道路，在中国共产党的领导下，团结一切可以团结的力量，同心协力共同奋斗。马克思主义时代化要服从和服务于这一目标的实现，用与时俱进的时代化马克思主义理论来统一意志和凝聚力量，不断增强中国特色社会主义伟大旗帜的先进性和凝聚力，引领当代中国朝着宏伟目标坚定地迈进。

在当代中国，高举中国特色社会主义伟大旗帜，是建设社会主义现代化国家、实现中华民族伟大复兴战略目标的根本要求。改革开放以来的实践充分证明，中国特色社会主义伟大旗帜，是当代中国的马克思主义旗帜，是全党全国各族人民团结奋斗的旗帜，是引领当代中国发展进步的旗帜。中国共产党郑重地将高举中国特色社会主义伟大旗帜载入党章，就是因为"在当代中国，坚持中国特色社会主义道路，就是真正坚持社会主义；坚持中国特色社会主义理论体系，就是真正坚持马克思主义"①。旗帜就是方向，旗帜就是形象。中国特色社会主义是党和人民经过90多年的奋斗、创造和积累而形成的发展成果。在继续推进改革开放和社会主义现代化建设的过程中，我们必须坚定不移地高举中国特色社会主义伟大旗帜。

马克思主义时代化对于当代中国高举伟大旗帜实现奋斗目标承担着重要的使命，也将发挥重要的作用。

首先，要通过马克思主义时代化始终保持中国特色社会主义旗帜的先进性。马克思主义之所以成为引领中国革命和建设胜利发展的伟大旗帜，一个重要原因就是它本身是鲜活的，而不是僵死的。如果故步自封，凝固僵化，不仅不能显示出马克思主义旗帜的科学性、真理性，反而会因为其落后于时代而使人们思想僵化、举步维艰。"中国特色社会主义理论体系是不断发展的开放的理论体系。"② 高举中国特色社会主义伟大旗帜，必须随着时代和实践的发展不断推进中国特色社会主义理论体系的丰富和发展。马克思主义时代化的任务，正在于结合时代条件的发展，不断推动马克思主义理论包括当代中国马克思主义的与时俱进。推进马克思主义的时代化，在时代大潮中不断捡拾起真理的珍珠，汲取时代的精华，并把它们点缀和融入马克思主义的旗帜中，才能使这面旗帜彰显出愈益鲜明的科学性、公正性、人民性和进步性，从而为实现中华民族伟大复兴的宏伟目标提供具有时代先进性的科学理论指导。

其次，要通过马克思主义时代化不断提升中国特色社会主义旗帜的凝

---

① 中共中央文献研究室编《十七大以来重要文献选编》（上卷），中央文献出版社，2009，第811页。

② 中共中央文献研究室编《十七大以来重要文献选编》（上卷），中央文献出版社，2009，第9页。

聚力。作为团结奋斗的旗帜，中国特色社会主义伟大旗帜的重要意义，就是用共同的理想信念和价值体系把全体人民凝聚起来，引领最广大人民为创造幸福生活和美好未来，为实现中华民族伟大复兴而万众一心、共创伟业。在新的时代条件下，世界处于大变革、大发展、大调整时期，国家之间的竞争与合作面临着越来越深刻复杂的形势；我国处于改革的攻坚阶段和发展的关键时期，各项改革发展事业面临着各种可以预料或难以预料的困难和风险。特别是随着各种思想文化的相互激荡，随着人民内部各种利益矛盾的日益显化，随着人们思想活动的独立性、选择性、多变性、复杂性不断增强，社会向心力和凝聚力将面临新的挑战和考验。历史经验告诉我们，一种科学理论动员和凝聚社会民众的程度，取决于它满足社会民众共同利益需要的程度。只有大力推进马克思主义时代化，不断深化马克思主义满足全国人民共同利益需要的程度，才能大大提升它引导和凝聚人民的程度，进而把一切可以团结的力量都团结起来，把一切可以调动的积极因素都调动起来。要通过马克思主义时代化，创造统一意志、凝聚力量的新优势。

2. 引领当代中国拓展全球视野提升世界影响力

中国的发展变化与世界的发展变化是紧密联系在一起的。党的十七大报告指出："当代中国同世界的关系发生了历史性变化，中国的前途命运日益紧密地同世界的前途命运联系在一起。""中国发展离不开世界，世界繁荣稳定也离不开中国。"① 这些论述客观描述了当今中国同世界的密切联系，表明了树立世界眼光是当代中国发展的重要条件。在当代中国，推进马克思主义时代化，既要引领中国以宽广的视野来把握中国与世界的关系，在顺应世界发展趋势、增进国际交流合作中更好地推进中国发展；也要引领中国以世界的眼光来拓展发展思维，在相互借鉴中提升中国特色社会主义的世界意义。这是马克思主义时代化的又一重要使命，也是马克思主义时代化实现过程的重要价值指向。

首先，要通过马克思主义时代化拓展中国发展的全球视野。中国对世

---

① 中共中央文献研究室编《十七大以来重要文献选编》（上卷），中央文献出版社，2009，第 36~37 页。

界的影响越来越大，这使得中国成为当今和未来世界关注的重要焦点。世界高度关注中国，高度关注中国的发展方向，高度关注中国在国际问题上的立场和态度，高度关注中国对世界的影响。这使中国同世界的关系发生了深刻变化，也为中国与世界的相互依存关系增添了新的时代内容。这种新的时代条件对我们"树立世界眼光，加强战略思维，不断提高统筹国内国际两个大局的能力"① 提出了更高的要求。"注重中国发展的世界眼光，实质上是我们自己调整观察问题的视角，使自己跳出中国的范围来看中国的发展，把自己作为世界发展的一个组成部分，从全球化的角度来看中国的发展。"② 以世界的眼光来自我审视，才能进一步拓展我们的发展思维，为发展创造更好的条件，使我们的发展更加符合时代潮流。同时，用世界的眼光来看中国，用全球视野来考量中国的发展，这既是一种认识和分析问题的视角转换，也是一种从容自信面对世界的心态展示。中国特色社会主义的发展改变了中国与世界的关系模式，也改变了中国人民在对外交往中的精神面貌，中国人民能够平和、坦然、谦逊、自信地同其他民族和人民自由交往。这为中国用世界眼光进行自我审视提供了必要性和可能性。

其次，要通过马克思主义时代化提升中国经验的世界意义。经过改革开放30多年的发展，中国已经成为"对世界有着重要影响的大国"③。全世界都在关注和研究中国，对中国的发展进行不同的解读，希望寻找"中国之谜"的答案。中国的发展是以马克思主义为指导的，中国的成功是马克思主义的成功，中国对世界的影响也是马克思主义对世界的影响。在世界范围内，以马克思主义为指导思想的国家并不多，对马克思主义的科学性和真理性的认识和认同也存在分歧。在不同国家、不同文化背景条件下，对马克思主义的理解和把握存在差异，尤其是对马克思主义与不同国家的实际相结合而产生的民族化马克思主义成果，更存在认识上的差别。当代中国的马克思主义者，需要了解世界对当代中国马克思主义的看

① 中共中央文献研究室编《十七大以来重要文献选编》（上卷），中央文献出版社，2009，第568页。
② 顾钰民：《马克思主义时代化研究的若干思考》，《马克思主义研究》2010年第10期。
③ 《江泽民文选》第2卷，人民出版社，2006，第238页。

法，分析和借鉴世界对马克思主义的研究成果，从时代发展和世界视角来总结中国特色社会主义的实践经验，丰富和发展当代中国马克思主义理论。只有这样，才能真正赋予中国特色社会主义理论体系以世界视域和时代特色，不断提升中国特色社会主义理论体系的世界影响力。要通过马克思主义时代化，使马克思主义在中国的成功实践在特殊性中彰显其普遍意义，从而助推马克思主义真正走向世界，在获得世界越来越多认同的基础上发挥引领世界发展的更大作用，也促进中国为人类文明发展做出更大的贡献。

总之，马克思主义时代化就是要继续承担起这样的历史使命：引领我们密切关注世界格局的发展变化，清醒认识世界文明的发展趋势，主动顺应时代挑战，努力拓展全球视野，在把中国发展变化与世界发展变化相统一的基础上，更好地认识和把握中国发展的深层次规律；引领我们更好地把握马克思主义研究的最新动态，使马克思主义的创新发展更加科学而完备，从而推动中国特色社会主义不断提升世界意义，助推马克思主义更好地走向世界，为人类文明发展不断做出新贡献。

3. 引领当代中国融入世界潮流实现民族复兴

近代以来，中华民族的发展大大落后于世界文明的潮流。实现中华民族的伟大复兴，是一代又一代中华儿女为之不懈奋斗的"中国梦"。在当代中国，马克思主义时代化的又一个重要使命，就是引领中国融入时代发展的大潮之中，使中国的发展与世界现代化接轨，使中华文明的发展成为全球化时代文明多样性发展中举世公认的壮举，从而真正实现中华民族屹立于世界民族之林的"中国梦"。这是推进马克思主义时代化的又一重要价值指向。

首先，要通过马克思主义时代化为中国追赶世界潮流指引正确方向。中华民族要迈上人类进步的文明大道并赶上时代发展的潮流，必须时刻关注时代特征，把握时代走向，明确前进的正确方向。改革开放以来，中国共产党紧紧抓住时代潮流的发展趋势和根本特征，准确把握了和平与发展的时代主题，在坚持推进马克思主义时代化的过程中，形成了中国特色社会主义理论体系，开辟了中国特色社会主义道路。中国特色社会主义道路是以科学社会主义为指导的社会主义制度实践，是中国共产党人为了实现自己的最高理想和推进中国发展进步、实现中华民族复兴这一现实目标的制度实践。胡锦涛同志指出："中国特色社会主义道路，是实现社会主义现代化的必由之路，是创造人民美好生活的必由之路。"① 中国特色社会主义道路是马克思主义时代化的重要成果，是中华民族走向现代化追赶世界潮流的正确方向和科学路径。推进马克思主义时代化，就是要保证中华民族始终沿着中国特色社会主义的正确方向奋勇前进，使中国特色社会主义道路越走越宽广，不断开创中华民族更加美好的明天。

其次，要通过马克思主义时代化为中国融入世界潮流奠定认同基础。中国要融入世界潮流实现与世界接轨，就必须使中华民族的文明发展得到世界的广泛认同，这是实现中华民族伟大复兴必不可少的前提条件。中国特色社会主义对人类文明成果的包容是当代中国融入世界的重要认同基础。改革开放以来，我国以年均 10% 左右的经济增长率高速发展，如今经济总量跃居世界第二位。西方国家的政要也因之惊叹："中国注定要在 21 世纪中成为一个伟大的经济和政治强国。"② 美国《时代》周刊高级编辑乔舒亚·库珀把中国的发展模式称为"北京共识"，认为建立在"北京共识"基础上的中国经验具有普遍意义，不少可供其他发展中国家参考。能让西方发达资本主义国家的政要和学者折服的，不仅仅是中华民族走向现代化过程中创造的发展奇迹，还有当代中国马克思主义对人类文明的包容。因为这种包容，他们才在中国的发展与人类文明的发展中找到了共同点，才把中国发展视为对人类文明的贡献而不是威胁，才会把中国未来的强大解读为伟大，而不是霸权。如果拒斥现代文明，中华民族的发展必然遭到全世界的封锁和围堵，就会举步维艰，陷入困境。推进马克思主义时代化，就是要引领我们博采人类文明成果，包容文明多样性，指引我国与世界各国开展有效的合作与竞争，形成推动中华民族追赶时代潮流的强大合力与动力。事实证明，马克思主义吸纳人类文明成果的丰富程度和深刻程度，决定着全人类对马克思主义理论成果的接受程度和依赖速度，进而决定着中华民族追赶世界潮流、攀登人类文明高峰的行为和成就受全世界

① 胡锦涛：《在庆祝中国共产党成立 90 周年大会上的讲话》，人民出版社，2011，第 7 页。
② 任仲平：《改变历史的"北京时间"——写在新中国成立 60 年之际（上）》，《人民日报》2009 年 9 月 27 日。

的欢迎程度和公认程度。

总之，马克思主义时代化要为中华民族融入世界潮流指引正确方向和奠定认同基础。在今后的发展中，我们要坚持以中国特色社会主义道路为切入点和突破口，坚持马克思主义基本原理与人类文明成果相统一，继续推动当代中国马克思主义的时代化，为中华民族融入世界潮流实现民族复兴继续发挥定向导航作用。只有这样，我们才能既避免陷入"东亚模式"和"拉美模式"的"现代化陷阱"，又不断拓宽中华民族伟大复兴的发展路径，在促进全球化时代人类文明多样性发展的进程中展现中华文明的英姿，从而在人类文明史上留下中华民族的风采。

二 从世界视角看马克思主义时代化的实践价值指向

马克思主义不仅是属于中国的，更是属于全人类的思想武器。作为科学揭示人类社会发展规律、指引人类历史发展方向的科学理论体系，马克思主义的价值绝不应仅仅体现在中国的发展上，而应该是面向世界的，因为它本身就是认识世界和改造世界的理论武器。在当今时代，要通过马克思主义时代化引领世界把握人类社会发展规律，引领世界顺应人类历史发展趋势，引领世界坚持和平与发展的正确道路。这是立足于当今世界发展的视角来看，推进马克思主义时代化所应当确立的实践价值方向。

1. 引领当今世界把握人类社会发展规律

揭示和顺应人类社会发展的客观规律，是人类进步的必然要求。恩格斯指出："历史进程是受内在的一般规律支配的。""历史事件似乎总的说来同样是由偶然性支配着的。但是，在表面上是偶然性在起作用的地方，这种偶然性始终是受内部的隐蔽着的规律支配的，而问题只是在于发现这些规律。"① 人们总是按照自己的预期目的来创造历史，但历史的结局能否和人们的预期高度吻合，主要取决于历史的创造者能否正确认识和尊重客观规律，并且以此指导实践活动。因此，人类只有揭示和顺应人类社会发展规律，才能真正解决自身与世界不相适应的问题，给自己创造出有利

---

① 《马克思恩格斯文集》第 4 卷，人民出版社，2009，第 302 页。

的生存空间，从而推动社会的发展和进步。

马克思主义的科学性最重要的体现就是它揭示了人类社会发展的普遍规律，这也是它具有存在价值的最重要的基础。江泽民指出："马克思主义揭示了世界发展的普遍规律特别是人类社会历史发展的普遍规律，揭示了社会主义必然代替资本主义和建设社会主义、最终实现共产主义的普遍规律，是无产阶级和劳动人民认识世界和改造世界的强大思想武器。"①然而，虽然马克思恩格斯揭示了人类社会必然走向共产主义这一客观规律，但他们没有也不可能翔实地描述人类社会向着大趋势前进的具体历史进程，没有也不可能完全揭示人类社发展规律的全部层面和细节。这些任务，就有赖于后来的各国共产党人在推进马克思主义时代化的进程中予以历史而具体的实践。马克思主义时代化的最终使命和全部过程，均在于随着时代发展不断揭示人类历史发展规律，顺应人类历史发展趋势，为人类文明的进步服务。

中国共产党通过推进马克思主义时代化，不断深化着对人类社会发展规律的认识。进入改革开放的新时期以来，中国共产党结合时代条件和中国实际不断探索和遵循共产党执政规律、社会主义建设规律和人类社会发展规律，取得了丰硕的成果。从邓小平理论到"三个代表"重要思想再到科学发展观，我们党对人类社会发展规律的认识不断走向深入。特别是科学发展观，它"围绕人类社会发展的终极价值目标、人类社会主体的活动和地位、人类社会发展道路和发展模式的多样性，以及人的发展、社会发展和自然生态发展之间的关系、社会整体的有机联系和内在作用、人类文明发展的丰富性和多样性、当代社会主义和资本主义的关系等方面提出了一系列新思想新观点"②，把我们党对人类社会发展规律的认识提高到了一个全新的水平。党的十八大报告指出，"中国特色社会主义，既坚持了科学社会主义基本原则，又根据时代条件赋予其鲜明的中国特色，以全新的视野深化了对共产党执政规律、社会主义建设规律、人类社会发展

---

① 中共中央文献研究室编《十三大以来重要文献选编》（下卷），人民出版社，1993，第1634 页。

② 祝黄河、冯霞：《科学发展观：对人类社会发展规律认识的丰富发展》，《人民日报》2011 年 11 月 23 日。

规律的认识"①，从而把马克思主义推进到了新的发展阶段。

适应时代变化，进一步揭示和顺应人类社会发展规律，是当今时代马克思主义时代化的重大使命。当今世界的时代条件发生了重大而深刻的变化，进入了大发展、大变动、大调整的时代。当代资本主义在新技术革命的推动下，呈现出经济社会发展、阶级矛盾缓和等相对稳定的发展态势。当代社会主义遭遇严重挫折，进入了发展的低潮；科学技术和经济全球化深刻改变了当今世界的发展面貌，影响着人类社会的发展进程。应当看到，这些变化并没有改变人类历史发展的总趋势，马克思主义所揭示的人类社会发展规律具有普遍意义。但是，这些变化又的确给人们认识和把握人类历史发展规律带来了影响和挑战。比如，从资本主义过渡到共产主义的过程还有哪些不为人知的规律，如何解释这个过程的复杂性、长期性，资本主义与社会主义两种社会制度的竞争与合作存在什么样的规律等，都需要我们在新的时代条件下做出更多的探索。坚持推进马克思主义时代化，这是时代赋予当代马克思主义者的历史使命。透过纷繁复杂的时代现象进一步揭示人类社会发展规律，则是马克思主义时代化过程始终不变的价值方向。

2. 引领当今世界顺应人类历史发展趋势

人类历史发展趋势是由人类社会发展规律和人类社会价值追求共同作用的结果。马克思恩格斯揭示了人类社会的未来目标是实现共产主义，人类社会的最高价值理想是实现人的自由全面发展，两者是同一个历史过程。马克思主义的价值理想代表了人类未来的发展趋势，反映了人类未来发展的终极理想。因此，人类社会由低级阶段向高级阶段不断演进的过程，既是合规律性的过程，也是合目的性的过程，是合规律性与合目的性的辩证统一。马克思主义时代化的根本价值，就在于既科学揭示人类社会发展规律，又正确把握人类社会价值追求，引领世界在遵循规律与趋近理想的统一中顺应人类历史发展趋势。

顺应人类历史发展趋势，就是要实现遵循客观规律与趋近价值理想的

---

① 胡锦涛：《坚定不移沿着中国特色社会主义道路前进　为全面建成小康社会而奋斗——在中国共产党第十八次全国代表大会上的报告》，人民出版社，2012，第13页。

辩证统一。遵循客观规律是趋近价值理想的根本途径，趋近价值理想是遵循客观规律的目标指向。如果无产阶级政党仅靠远大理想来动员民众，而忽视对客观规律的遵循，那实际上与推行空想社会主义就没有什么根本区别。科学的理想与现实途径紧密相连，共产主义的最高理想是靠一个又一个发展阶段的规律运用来达成的。反过来，如果抛弃了远大理想，则对客观规律的遵循和运用就失去了价值指向，就没有了意义。只有坚持遵循规律与趋近理想相统一，才能指引人类社会顺应历史发展趋势，并最终实现共产主义。从根本上来说，推进马克思主义时代化，也就是要为人类社会实现共产主义理想而不断进行新的理论探索，做出新的理论概括，升华新的理论认识，指引人类社会在遵循规律的过程中不断向着共产主义理想前进。

中国共产党在建设中国特色社会主义过程中，坚持把党的最高纲领和最低纲领有机统一起来，这是党顺应人类历史发展趋势做出的伟大创造和重大贡献。中国共产党坚持把实现共产主义作为自己的最高理想，但是又清醒地认识到，我国正处于并将长期处于社会主义初级阶段。现阶段的主要任务是解放和发展生产力，实现社会主义现代化，为将来进入更高的发展阶段创造和积累条件。这是一个长期的发展过程，需要几代人、十几代人甚至几十代人的长期不懈努力。江泽民指出："我们是最低纲领与最高纲领的统一论者。"[1] 我们既要树立共产主义的远大理想和坚定信念，坚信马克思主义关于人类社会必然走向共产主义这一基本原理，又要立足社会主义初级阶段的现实建设中国特色社会主义，脚踏实地地为实现党的现阶段的基本纲领而不懈努力。"忘记远大理想而只顾眼前，就会失去前进方向；离开现实工作而空谈远大理想，就会脱离实际。"[2] 中国共产党坚持最高纲领与最低纲领的统一，取得了实践和理论的重大成功，为正确把握人类社会发展趋势创造了一条十分重要的经验。

在当今时代，推进马克思主义时代化就是要坚持最高纲领与最低纲领的统一，引领人们正确顺应人类社会发展趋势。最高纲领体现着共产主义

---

① 《江泽民文选》第 3 卷，人民出版社，2006，第 293 页。
② 《江泽民文选》第 3 卷，人民出版社，2006，第 293 页。

的远大目标，最低纲领则表述了各国革命和建设的具体道路和不同特征。对于世界来说，我们既要认识"两个必然"的客观规律，看到人类社会必将最终走向共产主义的光明前景，又要看到从资本主义向社会主义、共产主义过渡是一个长期的、曲折的、复杂的历史过程，不可能一帆风顺、一蹴而就。对于社会主义国家来说，我们既要强调人类社会的最终历史走向是共产主义，所有无产阶级政党的最高纲领都应该是一致的，都必须坚持共产主义的最高理想，又要强调世界和人类社会的不均衡性，不同的无产阶级政党在最低纲领的制定上应当有所差异，应当与本国历史发展阶段相契合而不是错位。各国社会主义国家要根据自己的实际制定最低纲领，而不是由中国来强制推行中国道路、中国模式。

总的来说，推进马克思主义时代化的历史进程，就是要使马克思主义在两个方面持续创新：一是它不断揭示人类社会发展的客观规律，使科学性愈益彰显；二是它服务于人的全面自由发展，不断贴近人民群众的理想追求，使价值性愈加张扬。马克思主义在遵循规律与趋近理想的统一中不断演绎和推进，催生出新的理论形态，发展出生生不息的时代化马克思主义成果。这是马克思主义时代化的一条重要规律，也是马克思主义时代化重大价值的重要体现。

3. 引领人类不断推进和平与发展的崇高事业

和平与发展是当今世界的主题，和平、发展、合作、共赢是世界各国人民的共同心愿，也是不可阻挡的历史潮流。实现和平与发展是关系全人类利益与福祉的崇高事业，是当今时代推进马克思主义时代化的重大价值使命。我们要立足于当代世界的现实基础，着眼于增创人类社会的利益和福祉，在推进马克思主义时代化的进程中不断把和平与发展的世界潮流推向前进，为人类和平与发展的崇高事业做出新的贡献。

马克思主义时代化要顺应和平、发展、合作、共赢的时代潮流。当今世界，虽然强权政治依然存在、局部冲突时有发生，天下仍然很不太平，但是各国更加重视对话合作，互相尊重、平等相待日益成为国际社会的重要共识。虽然世界经济发展面临不少困难，全球治理机制有待完善，世界发展还很不平衡，但各国更加重视平等互利、共同发展，合作共赢日益成为各国的普遍选择。国际力量对比继续朝着有利于和平与发展的方向发展。正如习近平同志指出："随着世界多极化、经济全球化深入发展和文化多样化、社会信息化持续推进，今天的人类比以往任何时候都更有条件朝和平与发展的目标迈进，而合作共赢就是实现这一目标的现实途径。"① 马克思主义时代化就是要敏锐把握时代主题变化和世界发展趋势，主动顺应和平、发展、合作、共赢的历史潮流，正确应对世界多极化和经济全球化带来的机遇与挑战。

马克思主义时代化要倡导"建设和谐世界"的发展理念。求和平、促发展、谋合作的时代潮流为实现各国人民和平共处、和谐共存提供了前所未有的契机。立足于和平与发展的时代条件，胡锦涛同志提出了"建设和谐世界"的重要思想。在 2005 年联合国成立 60 周年首脑会议上的讲话中，胡锦涛指出："在机遇和挑战并存的重要历史时期，只有世界所有国家紧密团结起来，共同把握机遇、应对挑战，才能为人类社会发展创造光明的未来，才能真正建设一个持久和平、共同繁荣的和谐世界。"② 努力建设一个持久和平、共同繁荣的和谐世界，符合世界各国人民的共同利益，是实现世界安全、稳定、繁荣的必由之路，也是人类社会发展的必然要求。"建设和谐世界"理念是对人类传统和谐思想的重大继承和弘扬，是对于人类未来发展的重大战略构想，为人类和平与发展的美好未来指明了方向。马克思主义时代化，要与人类社会"持久和平"和"共同发展"的趋势和愿望相适应，实现整个理论体系全方位的创新发展，这是彰显马克思主义时代化的价值意义的必然要求。

马克思主义时代化要充分尊重世界文明的多样性。多样性是世界存在的本质特征。人类社会的共同进步追求只能通过不同的文明来表达，各国人民的美好生活理想可以通过不同的发展道路来实现，各种文明和各种发展道路应和谐共存，在竞争比较中取长补短，在求同存异中共同进步。"世界上约有二百个国家，无论是社会制度、价值观念、发展程度，还是历史传统、宗教信仰、文化背景，都存在着差异。根据本国国情和自己的意愿选择社会制度

---

① 习近平：《顺应时代前进潮流，促进世界和平发展——在莫斯科国际关系学院的演讲》，《人民日报》2013 年 3 月 24 日。

② 中共中央文献研究室编《十六大以来重要文献选编》（中卷），中央文献出版社，2006，第 995 页。

和发展道路，是各国人民的主权，别人无权干涉。每个国家和民族都有自己的特点和长处，大家只有彼此尊重、求同存异、和睦相处、互相促进，才能创造百花争妍、万紫千红的世界。没有多样化，就不成其为世界；没有多样化，也不成其为联合国。不承认、不尊重世界多样性，企图建立清一色的一统天下，是必定要碰壁的。"① 世界上没有放之四海而皆准的发展道路和发展模式，也没有一成不变的发展道路和发展模式，各国的发展必然要遵循各自的历史轨迹，处于不同发展阶段的国家应在相互尊重的基础上平等交流，友好合作，这是马克思主义时代化应当确立的重要价值理念。

总之，马克思主义从来就不是"书斋哲学"，而是与现实和实践有着紧密联系的科学理论。它始终关注人类社会的发展趋势和共同愿望，并把顺应人类社会发展趋势、实现人民群众的价值理想作为自己的庄严使命和崇高追求。在当代世界，人类社会发展呈现出和平与发展的根本特征，世界人民的共同价值追求也体现为和平与发展的强烈愿望。在这样的形势下，马克思主义必然把促进人类社会和平与发展作为义不容辞的重大使命，马克思主义自身也必然在促进人类社会和平与发展的伟大进程中彰显自身的无尽魅力。

---

① 《江泽民文选》第 1 卷，人民出版社，2006，第 480 页。

结　　论

马克思主义时代化的实现过程，是一个具有重要意义的研究课题。它有助于我们深化对马克思主义时代化规律的认识，从而更好地推进马克思主义时代化的历史进程。笔者尝试对此做了初步的研究，得出了以下基本结论。

第一，推进马克思主义时代化是当代中国共产党人义不容辞的历史使命。马克思主义时代化是一个不断发展的历史过程，是在一代又一代共产党人前赴后继努力下不断向前推进的。在当今时代条件下，只有继续推进马克思主义时代化，才能永葆马克思主义的生命力，才能不断巩固中国共产党的执政地位，才能把中国特色社会主义不断推向前进，从而实现中华民族伟大复兴的宏伟目标。马克思主义时代化是一个连续发展与周期性发展相统一的过程。中国特色社会主义理论体系实现了马克思主义时代化的历史性飞跃，这是一个周期结束的标志，也是新的发展周期的开始。我们推进马克思主义时代化，重点是坚持把马克思主义与新的时代条件相结合，不断丰富和发展中国特色社会主义理论体系。这是当代中国共产党人面临的重大战略任务。

第二，马克思主义时代化是一个系统发展的过程。这一过程是由中国共产党、马克思主义、时代条件、中国特色社会主义实践四个基本要素构成，并在这四个要素的相互作用之下协调发展的过程。马克思主义时代化，就是在中国共产党主导下，坚持把马克思主义与时代条件紧密结合起来，立足于中国特色社会主义实践，共同推进理论创新和实践创新的过程。这一过程包括准备环节、开端环节、关键环节、归宿环节这四个环节，这四个环节前后相继，构成马克思主义时代化的一个发展周期。马克思主义时代化以在马克思主义指导下正确认识时代条件为前提，以顺应时代变化、应对时代课题为开端，以汲取时代精华、总结实践经验为关键，以实现理论创新、引领实践发展为归宿。我们要深化对马克思主义时代化基本要素和主要环节的认识，为深刻认识马克思主义时代化过程的规律奠定基础。

第三，马克思主义时代化实现过程有自身内在的规律。一方面，推进马克思主义时代化，要深刻把握其实现机制。我们既要把握其认识机制，从认识前提、思想基础、正确态度等方面解决正确认识马克思主义、认识时代条件的问题；更要洞察其动力机制，从内在动力、外在动力、直接动力等方面解决马克思主义与时代条件相结合的驱动力量问题；还要理解其形成机制，从内容更新、成果表现、话语表达等方面解决时代化马克思主义理论的形成机理问题。另一方面，推进马克思主义时代化，还要全面把握其实践路径。我们要将理论路径、实践路径、文化路径相结合，多途径、全方位推进时代条件下的马克思主义理论创新。总之，马克思主义时代化是一个系统工程，要努力协调各种要素的关系与作用，努力形成马克思主义理论创新与实践创新的合力。

第四，马克思主义时代化实现过程有着鲜明的价值指向。马克思主义时代化过程是科学性和价值性相统一的过程，我们要深刻把握马克思主义时代化的价值指向。马克思主义的最高理想与政治立场，决定了马克思主义时代化要以人的自由全面发展为终极价值指向，以人民的根本利益为根本价值指向，以群众的民生所需为现实价值取向。中国共产党的主体需要，决定了马克思主义时代化要为发展党的指导思想、巩固党的执政地位、实现党的历史使命服务。当代中国和当今世界发展的实践需要也指引着马克思主义时代化的价值方向，那就是既要引领当代中国高举伟大旗帜、树立世界眼光、融入世界潮流，也要引领当今世界把握发展规律、顺应发展趋势、明确发展方向。在推进马克思主义时代化的过程中，只有坚持正确的价值方向，才能真正彰显时代化马克思主义理论创新的价值意义。

　　当然，关于马克思主义时代化实现过程的研究，不仅是有着重要的理论和实践意义的课题，更是一个具有相当大难度的研究课题。正如有学者指出的那样，在马克思主义中国化、时代化、大众化的研究中，"时代化是个新课题，研究难度最大"①。因而，这一研究课题对于笔者来说更是极富挑战性的难题。笔者虽竭尽所能，但也只能说是做了一些初步思考和粗浅探索。囿于个人理论视野和研究能力，本书中的观点和论述必定存在疏漏、不当之处，期望得到各方专家的批评指正。进一步深化对于马克思主义时代化实现过程的要素、环节、机制、路径和价值等问题的研究和思考，也是笔者今后继续努力的方向。

---

　　① 唐昌黎、孟海贵：《"马克思主义时代化"大思考——论"时代化"的基础理论和本源问题》，《探索》2010 年第 6 期。

参考文献

一 著作

[1]《马克思恩格斯文集》第1~10卷，人民出版社，2009。

[2]《马克思恩格斯选集》第1~4卷，人民出版社，1995。

[3]《马克思恩格斯全集》第1卷，人民出版社，1995。

[4]《马克思恩格斯全集》第3卷，人民出版社，1960。

[5]《马克思恩格斯全集》第12卷，人民出版社，1998。

[6]《马克思恩格斯全集》第40、44卷，人民出版社，1982。

[7]《马克思恩格斯全集》第47卷，人民出版社，2004。

[8]《列宁专题文集——论无产阶级政党》，人民出版社，2009。

[9]《列宁专题文集——论马克思主义》，人民出版社，2009。

[10]《列宁专题文集——论社会主义》，人民出版社，2009。

[11]《列宁专题文集——论辩证唯物主义和历史唯物主义》，人民出版社，2009。

[12]《列宁专题文集——论资本主义》，人民出版社，2009。

[13]《列宁选集》第1~4卷，人民出版社，1995。

[14]《列宁全集》第35卷，人民出版社，1985。

[15]《列宁全集》第36卷，人民出版社，1959。

[16]《斯大林选集》上、下（卷），人民出版社，1979。

[17]《李大钊全集》第3卷，河北教育出版社，1999。

[18]《毛泽东选集》第1~4卷，人民出版社，1991。

［19］《毛泽东文集》第 1 ~ 3 卷，人民出版社，1993。

［20］《毛泽东文集》第 4 ~ 6 卷，1996。

［21］《毛泽东文集》第 7 ~ 8 卷，人民出版社，1999。

［22］《邓小平文选》第 1 ~ 2 卷，人民出版社，1994。

［23］《邓小平文选》第 3 卷，人民出版社，1993。

［24］冷溶、汪作玲主编《邓小平年谱（1975 ~ 1997）》，中央文献出版社，2004。

［25］中共中央文献研究室编《邓小平思想年谱（1975 ~ 1997)》，中央文献出版社，1998。

［26］《江泽民文选》第 1 ~ 3 卷，人民出版社，2006。

［27］中共中央文献研究室编《江泽民论有中国特色社会主义（专题摘编)》，人民出版社，2002。

［28］江泽民：《论"三个代表"》，中央文献出版社，2001。

［29］江泽民：《论党的建设》，中央文献出版社，2001。

［30］胡锦涛：《高举中国特色社会主义伟大旗帜　为夺取全面建设小康社会新胜利而奋斗——在中国共产党第十七次全国代表大会上的报告》，人民出版社，2007。

［31］胡锦涛：《在庆祝中国共产党成立 90 周年大会上的讲话》，人民出版社，2011。

［32］习近平：《共同创造亚洲和世界的美好未来》，人民出版社，2013。

［33］中共中央文献研究室编《十二大以来重要文献选编（上、中、下卷)》，中央文献出版社，2011。

［34］中共中央文献研究室编《十三大以来重要文献选编（上、中、下卷)》，人民出版社，1991、1993。

［35］中共中央文献研究室编《十四大以来重要文献选编（上、中、下卷)》，人民出版社，1996、1997、1999。

［36］中共中央文献研究室编《十五大以来重要文献选编（上、中、下卷)》，人民出版社，2000、2001、2003。

［37］中共中央文献研究室编《十六大以来重要文献选编（上、中、下卷)》，中央文献出版社，2005 ~ 2008。

[38] 中共中央文献研究室编《十七大以来重要文献选编》（上、中卷），中央文献出版社，2009、2011。

[39] 《中共中央关于加强和改进新形势下党的建设若干重大问题的决定》，人民出版社，2009。

[40] 中共中央宣传部编《邓小平同志建设有中国特色社会主义学习纲要》，学习出版社，2003。

[41] 中共中央宣传部编《"三个代表"重要思想学习纲要》，学习出版社，2003。

[42] 中共中央宣传部编《科学发展观学习读本》，学习出版社，2006。

[43] 中共中央宣传部理论局编《中国特色社会主义理论体系学习读本》，学习出版社，2009。

[44] 本书编写组编《十七大报告辅导读本》，人民出版社，2007。

[45] 本书编写组编《〈中共中央关于加强和改进新形势下党的建设若干重大问题的决定〉辅导读本》，人民出版社，2009。

[46] 本书编写组编《十八大报告辅导读本》，人民出版社，2012。

[47] 〔美〕冯·贝塔朗菲：《一般系统论：基础、发展和应用》，林康义、魏宏森等译，清华大学出版社，1987。

[48] 马健行：《马克思主义史》第2卷，《马克思主义在垄断资本主义初期的发展》，人民出版社，1995。

[49] 许国志：《系统科学》，上海科技教育出版社，2000。

[50] 赵曜：《科学社会主义教程》，当代世界出版社，2004。

[51] 靳辉明、罗文东：《当代资本主义新论》，四川人民出版社，2005。

[52] 顾海良、梅荣政：《马克思主义与现时代》，武汉大学出版社，2006。

[53] 姜华宣、张尉萍、肖生：《中国共产党重要会议纪事（1921～2006）》，中央文献出版社，2006。

[54] 严书翰等：《科学社会主义三十讲》，中共中央党校出版社，2006。

[55] 俞可平、李慎明、王伟光：《全球化与全球化问题》，中央编译出版社，2006。

[56] 李君如、严书翰：《毛泽东邓小平江泽民关于社会主义的论述：专

题摘编》，中共中央党校出版社，2007。

[57] 徐海波：《马克思主义价值的当代诠释》，人民出版社，2007。

[58] 高放、李景治、浦国良：《科学社会主义的理论与实践》，中国人民大学出版社，2008。

[59] 袁银传：《从十六大到十七大：马克思主义基本原理在当代中国的运用和发展》，中国社会科学出版社，2008。

[60] 韩振峰：《马克思主义在中国的新发展》，中国社会科学出版社，2008。

[61] 顾海良：《马克思主义发展史》，中国人民大学出版社，2009。

[62] 侯树栋、辛国安：《马克思主义中国化的基本经验》，人民出版社，2009。

[63] 赵明义等：《理论与实际相结合：马克思主义·科学社会主义当代化与本国化研究》，山东人民出版社，2009。

[64] 李安增：《马克思主义中国化研究》，中央编译出版社，2009。

[65] 王浩斌：《马克思主义中国化动力机制研究》，中国社会科学出版社，2009。

[66] 陈先达等：《马克思主义基础理论若干重大问题研究》，经济科学出版社，2009。

[67] 宋萌荣：《当代视阈下的马克思主义基本理论问题》，中国社会科学出版社，2009。

[68] 奚广庆、马绍孟、谢淀波：《马克思主义发展史话》，山东人民出版社，2009。

[69] 梅荣政：《马克思主义中国化史》，中国社会科学出版社，2010。

[70] 苗东升：《系统科学精要》，中国人民大学出版社，2010。

[71] 张国宏：《马克思主义中国化十论》，浙江大学出版社，2010。

[72] 孙新彭：《时代性质判断与社会主义实践选择》，人民出版社，2010。

[73] 〔美〕保罗·托马斯：《马克思主义与科学社会主义：从恩格斯到阿尔都塞》，王远河、王克军译，江苏人民出版社，2011。

[74] 靳辉明、李崇富主编《马克思主义若干重大问题研究》，社会科学文献出版社，2011。

[75] 孙继红：《马克思主义发展史上的论争》，知识产权出版社，2011。

[76] 孙正聿:《马克思主义基础理论研究》,北京师范大学出版社,2011。

[77] 王令金:《马克思主义中国化的历史进程及其规律》,中央编译出版社,2011。

[78] 王维平、庄三红:《马克思主义基本原理当代价值研究》,中国社会科学出版社,2011。

[79] 李昆明:《马克思主义基本原理研究报告(2006~2009)》,人民出版社,2011。

[80] 丁晓强、杨云珍:《科学发展与理论创新——马克思主义时代化的基本问题》,同济大学出版社,2012。

[81] 章传家:《谱写推进马克思主义时代化的新篇章》,解放军出版社,2012。

[82] 赵小芒:《谱写推进马克思主义中国化的新篇章》,解放军出版社,2012。

二 论文

[1] 胡锦涛:《在省部级主要领导干部专题研讨班上的讲话》,《人民日报》2012年7月24日。

[2] 习近平:《关于建设马克思主义学习型政党的几点学习体会和认识——在中央党校2009年秋季学期第二批进修班开学典礼上的讲话》,《学习时报》2011年11月17日。

[3] 习近平:《深入学习中国特色社会主义理论体系努力掌握马克思主义立场观点方法》,《求是》2010年第4期。

[4] 习近平:《顺应时代前进潮流,促进世界和平发展——在莫斯科国际关系学院的演讲》,《人民日报》2013年3月24日。

[5] 尚光辉:《马克思主义时代化研究》,硕士学位论文,天津师范大学,2012。

[6] 刘茹:《论马克思主义时代化》,硕士学位论文,中共湖北省委党校,2011。

[7] 钟燕:《邓小平对马克思主义时代化的推进》,硕士学位论文,湖南

师范大学，2011。

[8] 中央党校中国特色社会主义理论体系研究中心：《世界文化多样化持续推进》，《人民日报》2013 年 1 月 8 日。

[9] 薛金慧：《马克思主义时代化历史进程和基本经验研究》，《理论月刊》2012 年第 10 期。

[10] 刘海龙：《中国马克思主义时代化的历史经验与启示》，《理论月刊》2012 年第 9 期。

[11] 张荣：《关于马克思主义中国化、时代化、大众化的思考》，《绵阳师范学院学报》2012 年第 9 期。

[12] 邱仁富：《价值哲学视域下的马克思主义时代化》，《经济与社会发展》2012 年第 9 期。

[13] 周国琴：《论马克思主义中国化、时代化、大众化的有机统一》，《求索》2012 年第 7 期。

[14] 陶文昭：《马克思主义时代化发展的第一范例》，《毛泽东邓小平理论研究》2012 年第 7 期。

[15] 衣俊卿：《马克思主义时代化要把握三重逻辑》，《新华月报》2012 年第 6 期。

[16] 张荣臣：《不断深化对党的建设重大现实问题的研究》，《理论学刊》2012 年第 6 期。

[17] 张建：《文化建设是马克思主义中国化时代化大众化的重要路径》，《岭南学刊》2012 年第 6 期。

[18] 杨永志：《马克思主义时代化的理论整合》，《人民论坛·学术前尚》2012 年第 5 期。

[19] 华雷：《从马克思主义民族化到马克思主义时代化——对马克思主义中国化最新成果的理性透视》，《井冈山大学学报》2012 年第 5 期。

[20] 程艳、王万民：《时代化：马克思主义发展的新境界》，《玉林师范学院学报》2012 年第 3 期。

[21] 王铁群：《"自由人的联合体"在实践中为何走向反面》，《炎黄春秋》2012 年第 3 期。

［22］邹谨、唐棣宣：《马克思主义时代化的基本内涵及特征》，《理论建设》2012 年第 3 期。

［23］刘海龙：《马克思主义时代化的几重要求》，《理论探索》2012 年第 3 期。

［24］陈洪玲：《中共早期领导人对马克思主义时代化的探索》，《科学社会主义》2012 年第 3 期。

［25］申云兰：《马克思主义中国化时代化大众化的探索历程》，《山西高等学校社会科学学报》2012 年第 2 期。

［26］陈德辉：《论马克思主义中国化、时代化、大众化关系的三维统一》，《湖南师范大学社会科学学报》2012 年第 2 期。

［27］马军党：《马克思主义时代化的三维探析》，《兰州大学学报》2012 年第 2 期。

［28］衣俊卿：《马克思主义研究必须直面人类重大问题》，《党建》2012 年第 1 期。

［29］吴怀友：《论马克思主义时代化的基本经验》，《辽宁师范大学学报》（社会科学版）2012 年第 1 期。

［30］李爱华：《论马克思恩格斯关于马克思主义不是教条而是方法的思想》，《山西师范大学学报》2012 年第 1 期。

［31］郝贵生：《论马克思主义的批判性和革命性》，《马克思主义研究》2012 年第 1 期。

［32］齐卫军：《马克思主义时代化命题提出的理论依据和实践意义》，《中国井冈山干部学院学报》2012 年第 1 期。

［33］李美玲：《中国共产党推进马克思主义中国化时代化大众化的基本经验》，《桂海论丛》2012 年第 2 期。

［34］马毓新：《再论中国共产党推进马克思主义时代化的基本经验》，《黑龙江社会科学》2012 年第 1 期。

［35］王宜秋：《社会主义必须大胆吸收和借鉴人类社会创造的一切文明》，人民网，http：//theory. people. com. cn/GB/148980/16809984. html，最后访问日期：2014 年 11 月 15 日。

［36］秋石：《深刻理解保持和发展马克思主义政党先进性的根本点——

学习胡锦涛总书记"七一"重要讲话》,《求是》2011 年第 15 期。

[37] 吴丹:《论马克思主义时代化的实践形态》,《学校党建与思想教育》2011 年第 14 期。

[38] 杨永志:《马克思主义时代化的理论蕴含》,《人民论坛》2011 年第 14 期。

[39] 辛向阳:《马克思主义时代化的三大基本命题》,《人民论坛》2011 年第 14 期。

[40] 赵凯荣:《时代性与历史性的辩证统一———马克思主义时代化的基本问题》,《人民论坛》2011 年第 14 期。

[41] 陶文昭:《试论马克思主义时代化的几个基本问题》,《教学与研究》2011 年第 12 期。

[42] 祝黄河、冯霞:《科学发展观:对人类社会发展规律认识的丰富发展》,《人民日报》2011 年 11 月 23 日。

[43] 陈曙光:《马克思主义中国化时代化大众化的整体性逻辑》,《湖北社会科学》2011 年第 10 期。

[44] 荣开明:《马克思主义中国化时代化大众化辉煌 90 年》,《湖北社会科学》2011 年第 10 期。

[45] 王中平:《关于马克思主义中国化时代化大众化的几个问题》,《理论视野》2011 年第 10 期。

[46] 陈先达:《关于坚持马克思主义在社会主义先进文化中指导地位的若干思考》,《党建》2011 年第 10 期。

[47] 周恩毅、周太山:《论邓小平的马克思主义中国化时代化大众化思想》,《湖北社会科学》2011 年第 10 期。

[48] 薛建中:《马克思主义中国化时代化大众化的历程及经验》,《党建研究》2011 年第 9 期。

[49] 寇清杰:《中国共产党对马克思主义的理论自觉》,《人民论坛》2011 年第 9 期。

[50] 袁银传:《整体性与马克思主义基本原理的科学体系》,《思想理论教育导刊》2011 年第 8 期。

[51] 刘艳:《当代中国马克思主义时代化研究综述》,《广西社会科学》

2011 年第 8 期。

[52] 赵刚:《党的三代领导集体核心对马克思主义时代化理论的贡献》,《安阳师范学院学报》2011 年第 6 期。

[53] 张雷声:《整体性与马克思主义基本原理体系》,《思想理论教育导刊》2011 年第 6 期。

[54] 房广顺、刘朝锋:《论.马克思主义时代化的科学路径》,《人民论坛》2011 年第 5 期。

[55] 罗昭义:《党的十六大以来对马克思主义中国化时代化大众化的探索与启示》,《重庆社会科学》2011 年第 5 期。

[56] 柳丽、宋克俭:《党的十六大以来对马克思主义中国化时代化大众化的探索与启示》,《重庆社会科学》2011 年第 5 期。

[57] 黄力之:《论马克思主义时代化的构建性原则》,《马克思主义研究》2011 年第 5 期。

[58] 牛先锋:《论马克思主义的时代性与时代化》,《马克思主义与现实》2011 年第 5 期。

[59] 苏星鸿:《论马克思主义时代化研究的发展方向》,《中国井冈山干部学院学报》2011 年第 5 期。

[60] 陈世润、彭文龙:《中国化时代化大众化:中国共产党运用和发展马克思主义的伟大实践》,《求索》2011 年第 5 期。

[61] 潘宁:《推进马克思主义时代化的若干思考》,《马克思主义研究》2011 年第 4 期。

[62] 赵兰香:《论马克思主义时代化的科学内涵与精神实质》,《实事求是》2011 年第 4 期。

[63] 韩振峰:《论马克思主义中国化时代化大众化的几个基本问题》,《广西社会科学》2011 年第 4 期。

[64] 杨鲜兰:《时代化与马克思主义的本质要求》,《当代世界与社会主义》2011 年第 4 期。

[65] 张凤华:《马克思主义时代化的基本经验》,《社会主义研究》2011 年第 3 期。

[66] 罗庆宏:《中国共产党推进马克思主义时代化的基本经验》,《湖北

财经高等专科学校学报》2011 年第 3 期。

[67] 王海滨：《新中国马克思主义时代化的基本历程和基本经验》，《理论与现代化》2011 年第 3 期。

[68] 杨文圣：《论马克思主义中国化、时代化、大众化的理论基石》，《山西师范大学学报》（社会科学版）2011 年第 3 期。

[69] 郝文清：《马克思的马克思主义观》，《科学社会主义》2011 年第 2 期。

[70] 石仲泉：《马克思主义中国化与世界眼光》，《中共中央党校学报》2011 年第 2 期。

[71] 张有奎：《试论马克思主义时代化的内在理据》，《马克思主义与现实》2011 年第 2 期。

[72] 郑德荣：《马克思主义中国化时代化大众化纵横观》，《马克思主义与现实》2011 年第 2 期。

[73] 刘光明：《论马克思主义时代化的理论特质》，《南京政治学院学报》2011 年第 1 期。

[74] 速继明：《时代主题的变迁与马克思主义时代化的内在逻辑》，《思想理论教育》2011 年第 1 期。

[75] 谭献民、秦立春：《毛泽东推进马克思主义中国化时代化大众化的历史贡献》，《湖南师范大学社会科学学报》2011 年第 1 期。

[76] 王娟娟、张正光：《马克思主义时代化论要》，《前沿》2010 年第 15 期。

[77] 袁银传：《马克思主义中国化、时代化、大众化命题解析》，《思想理论研究》2010 年第 13 期。

[78] 上海市中国特色社会主义理论体系研究中心：《论党的学习理论创新》，《光明日报》2010 年 12 月 14 日。

[79] 杨振武：《深入推进马克思主义中国化时代化大众化》，《毛泽东邓小平理论研究》2010 年第 12 期。

[80] 梅荣政、杨瑞：《推进对马克思主义中国化、时代化、大众化的科学认识》，《思想理论教育》2010 年第 17 期。

[81] 任海泉：《在研究回答重大现实问题中推进马克思主义中国化时代

化大众化》,《求是》2010 年第 13 期。

[82] 赵继棠:《马克思主义中国化时代化大众化新论》,《党政干部论坛》2010 年第 12 期。

[83] 丁晓强:《马克思主义时代化的中国道路》,《教学与研究》2010 年第 12 期。

[84] 汪信砚:《马克思主义中国化、时代化、大众化研究三题》,《山东社会科学》2010 年第 11 期。

[85] 丁俊萍、李向勇:《党的十七届四中全会以来党的建设科学化研究述评》,《马克思主义研究》2010 年第 11 期。

[86] 顾钰民:《马克思主义时代化研究的若干思考》,《马克思主义研究》2010 年第 10 期。

[87] 石云霞:《关于马克思主义中国化时代化大众化的若干思考》,《马克思主义研究》2010 年第 9 期。

[88] 杨彬:《马克思主义中国化、时代化与大众化的逻辑内蕴》,《思想理论教育》2010 年第 9 期。

[89] 苑申成:《邓小平对马克思主义中国化、时代化和大众化的杰出贡献》,《思想教育研究》2010 年第 8 期。

[90] 李玉华:《马克思主义中国化时代化大众化的逻辑及价值》,《南京社会科学》2010 年第 8 期。

[91] 刘先春、杨志超、吴阳春:《马克思主义时代化若干问题探析》,《广西社会科学》2010 年第 7 期。

[92] 张建:《不断推进马克思主义时代化》,《前沿》2010 年第 7 期。

[93] 孙强:《马克思主义时代化的实现路径》,《上海党史与党建》2010 年第 7 期。

[94] 齐久恒:《马克思主义时代化的实现路径》,《理论探索》2010 年第 6 期。

[95] 赵刚:《民主革命时期毛泽东对马克思主义中国化、时代化、大众化的理解》,《毛泽东思想研究》2010 年第 6 期。

[96] 甘文华、王伟:《马克思主义中国化、时代化、大众化的历史经验与内在逻辑》,《中共南京市委党校学报》2010 年第 6 期。

［97］阮博：《党的十七届四中全会以来马克思主义时代化研究综述》，《党的文献》2010 年第 6 期。

［98］蒋光贵：《新世纪以来党推进马克思主义时代化的几个特点》，《上海党史与党建》2010 年第 6 期。

［99］邹谨、姚红：《江泽民对推进马克思主义时代化的贡献》，《益阳职业技术学院学报》2010 年第 6 期。

［100］唐昌黎、孟海贵：《"马克思主义时代化"大思考——论"时代化"的基础理论和本源问题》，《探索》2010 年第 6 期。

［101］刘昀献：《谈马克思主义中国化、时代化、大众化》，《求是》2010 年第 5 期。

［102］张根福、吴玲娜：《马克思主义时代化的四重使命》，《浙江师范大学学报》（社会科学版）2010 年第 5 期。

［103］李先灵、肖燕飞：《全国"马克思主义中国化、时代化、大众化与马克思主义理论创新学术研讨会"综述》，《学校党建与思想教育》2010 年第 5 期。

［104］张根福、吴玲娜：《马克思主义时代化的四重使命》，《浙江师范大学学报》（社会科学版）2010 年第 5 期。

［105］郭跃军：《论马克思主义时代化的科学内涵和精神实质》，《黑龙江社会科学》2010 年第 5 期。

［106］陶文昭：《论当代中国马克思主义的时代化》，《思想理论教育导刊》2010 年第 4 期。

［107］徐崇温：《坚持不懈地推进马克思主义中国化、时代化、大众化》，《学习论坛》2010 年第 4 期。

［108］徐光春：《进一步丰富和发展马克思主义的重大课题》，《人民日报》2010 年 4 月 21 日。

［109］田旭明、沈其新、彭莉：《论马克思主义中国化、时代化、大众化的辩证关系与理论自觉》，《理论导刊》2010 年第 4 期。

［110］王振民：《论马克思主义时代化的理论逻辑》，《理论导刊》2010 年第 3 期。

［111］田文富：《当代中国马克思主义时代化研究的维度》，《中共云南省

委党校学报》2010 年第 3 期。

[112] 尹从国:《怎样理解马克思主义中国化时代化大众化》,《解放日报》2010 年 3 月 2 日。

[113] 李媛:《当代社会现实问题与马克思主义时代化学术研讨会综述》,《上海行政学院学报》2010 年第 3 期。

[114] 孙业礼:《加强党史学习,提高执政能力——学习党史,益人心智》,《北京党史》2010 年第 2 期。

[115] 韩喜平、王为全:《马克思主义时代化面临的机遇与挑战》,《长白学刊》2010 年第 2 期。

[116] 赵凯:《马克思主义中国化、时代化和大众化及其关系》,《沈阳师范大学学报》(社会科学版) 2010 年第 2 期。

[117] 蔡永生:《推进马克思主义中国化、时代化、大众化的一体化研究》,《教学与研究》2010 年第 2 期。

[118] 曹泳鑫:《马克思主义中国化时代化大众化的基本内涵和基本要求》,《毛泽东邓小平理论研究》2010 年第 1 期。

[119] 张富文:《试论坚持和发展马克思主义的三个重要维度》,《广西社会主义学院学报》2010 年第 1 期。

[120] 邹谨、唐棣宣:《关于马克思主义时代化的几点思考》,《中共桂林市委党校学报》2010 年第 1 期。

[121] 李忠杰:《在建设学习型政党学好两部文集》,《人民日报》2010 年 1 月 28 日。

[122] 刘先春、吴松阳:《论马克思主义时代化》,《理论导刊》2010 年第 1 期。

[123] 陈曙光:《思入时代深处,推进马克思主义时代化》,《高校理论战线》2010 年第 1 期。

[124] 王伟光:《正确认识马克思主义中国化、时代化、大众化的科学内涵》,《中国特色社会主义研究》2010 年第 1 期。

[125] 吴晓云:《论马克思主义时代化——学习党的十七届四中全会心得》,《毛泽东思想研究》2010 年第 1 期。

[126] 高放:《论"马克思主义中国化、时代化、大众化"三位一体》,

《学习时报》2009 年 12 月 28 日。

[127] 许兰菊：《马克思主义中国化是一个动态发展过程》，《学理论》
2009 年第 27 期。

[128] 秋石：《大力推进马克思主义中国化、时代化、大众化》，《求是》
2009 年第 23 期。

[129] 董根洪：《不断推进马克思主义的中国化、时代化、大众化》，《杭
州日报》2009 年 12 月 17 日。

[130] 郭建宁：《在"中国马克思主义论坛 2009"颁奖仪式上的获奖感
言》，《理论视野》2009 年第 12 期。

[131] 许全兴：《论马克思主义与中国传统文化相结合》，《理论参考》
2009 年第 11 期。

[132] 齐卫平、张悦：《马克思主义时代化：增强活力的新要求——对党
的十七届四中全会提出的一个新概念的认识》，《上海党史与党建》
2009 年第 11 期。

[133] 刘新如：《推进马克思主义时代化札记》，《解放军报》2009 年 11
月 10 日。

[134] 何毅亭：《推进马克思主义中国化时代化大众化》，《中国党政干部
论坛》2009 年第 10 期。

[135] 程卫华：《如何理解马克思主义时代化——学习党的十七届四中全
会〈决定〉系列谈》，《人民日报》2009 年 10 月 26 日。

[136] 任仲平：《改变历史的"北京时间"——写在新中国成立 60 年之
际（上）》，《人民日报》2009 年 9 月 27 日。

[137] 陈章龙：《党的建设科学化命题的逻辑必然——党的十七届四中全
会精神的辩证解读》，《扬州大学学报》2009 年第 6 期。

[138] 田培炎：《关于推进马克思主义中国化时代化大众化的思考》，《中
共中央党校学报》2009 年第 6 期。

[139] 牛先锋：《马克思主义时代化进程中的中国化、大众化研究》，《科
学社会主义》2009 年第 6 期。

[140] 胡国喜：《中国共产党重视学习善于学习传统的历史考察及现实意
义》，《沈阳干部学刊》2009 年第 5 期。

[141] 秦正为：《马克思恩格斯对待马克思主义的科学态度》，《东岳论丛》2009 年第 5 期。

[142] 温家宝：《关于深入贯彻落实科学发展观的若干重大问题》，《求是》2008 年第 21 期。

[143] 秦宣、郭跃军：《改革开放以来关于时代问题的论争》，《马克思主义研究》2008 年第 11 期。

[144] 范印华：《只有改革开放才能发展马克思主义》，《光明日报》2008 年 8 月 5 日。

[145] 李抒望：《改革开放 30 年以来我党对历史经验的总结和运用》，《福建理论学习》2008 年第 7 期。

[146] 梅荣政：《马克思主义中国化的三个基本问题》，《毛泽东邓小平理论研究》2008 年第 5 期。

[147] 王幸生、崔春来：《科学、和谐、和平：科学发展观的本质要求》，《党建》2007 年第 5 期。

[148] 毕吉耀：《当前的经济全球化趋势及提出的新要求》，《中国物价》2006 年第 2 期。

[149] 曲延春：《论列宁的马克思主义观及其时代价值》，《中共云南省委党校学报》2006 年第 5 期。

[150] 常欣欣：《唯物辩证地认识"两个必然"》，《学习时报》2005 年 12 月 26 日。

[151] 申永华：《对提高党的抵御风险能力的思考》，《学习论坛》2005 年第 1 期。

[152] 杨富斌：《从过程视角看马克思主义中国化》，《思想理论教育导刊》2005 年第 1 期。

[153] 孙英：《邓小平：科学总结历史经验的光辉典范》，《人民日报》2004 年 8 月 19 日。

[154] 朱小玲：《邓小平与马克思主义理论的时代创新》，《当代世界与社会主义》2004 年第 3 期。

[155] 李菱：《用发展着的马克思主义指导新的实践》，《中国党政干部论坛》2003 年第 10 期。

[156] 石忠信:《着力解决事关全局的重大问题》,《人民日报》2003 年 9 月 4 日。

[157] 左亚文:《在批判继承中实现文化创新》,《科学社会主义》2003 年第 5 期。

[158] 宋修见:《要用世界眼光审视中国传统文化》,《呼伦贝尔学院学报》2003 年第 3 期。

[159] 奚广庆:《正确认识大的历史时代》,《社会科学研究》2003 年第 2 期。

[160] 要战通、王际全、李涛:《吸收和借鉴人类政治文明成果》,《学习时报》2002 年 9 月 15 日。

[161] 王福春:《关于时代性质问题的几点看法》,《国际政治研究》2002 年第 3 期。

[162] 谢光:《中国共产党对时代潮流的新认识》,《当代世界与社会主义》2001 年第 6 期。

[163] 邢贲思:《当代西方思潮评析》,《中国社会科学》2000 年第 1 期。

[164] 张汝山、张树礼:《以发展的科学态度对待马克思主义》,《山东电大学报》1998 年第 1 期。

[165] 祝黄河:《人的全面发展与建设有中国特色社会主义理论》,《求实》1997 年第 1 期。

[166] 叶险明:《时代性质问题刍议》,《社会科学》1995 年第 3 期。

[167] 周荫祖:《关于辩证唯物主义改变自己形式的探讨》,《青海社会科学》1985 年第 5 期。

后　记

本书是在我的博士学位论文的基础上修改、完善而成的。

面对即将成书的论文，回顾三年的博士学习阶段，萦绕心头的除了完成博士学业的艰辛与不易，更多的是这一求学经历中的收获和感激。

首先，我要特别感谢我的导师祝黄河教授！我的博士论文的写作，从确定论文选题、明确研究思路、搜集研究资料到完善研究框架、深化研究内容、修改完善论文等，都是在祝老师的严格要求和悉心指导下完成的。祝老师渊博的学识、严谨细致的治学精神、认真负责的工作态度、宽厚仁慈的高尚师德，都深深地感染和激励着我。恩师不仅在我读博期间在学业、思想、生活等方方面面给予我极大的帮助，而且在我博士毕业以后也始终关心着我的成长与进步。恩师的关爱厚重如山，我当终生铭记！可以说，本博士论文的写作以及修改付梓，都凝聚着恩师极大的心血。当然，论文中凡有疏漏或错误之处，概由本人负责。

感谢江西师范大学的汪荣有教授、张艳国教授、周利生教授、王员教授、冯霞教授、吴瑾菁教授！老师们在我博士学习期间给予了各种形式的指导和帮助，从课程学习、讨论中的传道授业，到论文开题、答辩中的批评指正，都让我受益匪浅。老师们深厚的学术修养、诲人不倦的精神、无私的关心和帮助，都令我甚为感动，也带给我人生前行的力量。

同窗之谊是三年博士学习期间留下的美好回忆的重要组成部分。我非常有幸能与邱向军、汪春翔、邓文平、伍复康、肖子良、冯琳、游春等同学同窗共读三年，并结下深厚的友谊。来自同学之间在学业上的交流讨论、相互鼓励和帮助，给我留下了难忘的人生记忆。向他们表达我的谢意也是不可或缺的！

在博士论文的写作和出版过程中，彭隆辉教授、赖亦明教授、刘志飞博士给予了大力的支持和帮助。我衷心地感谢他们！

本书的出版得到江西省社会科学界联合会"江西省哲学社会科学成果文库"的全额资助，得到社会科学文献出版社的大力支持。江西省社会科学界联合会科普处的熊建处长、社会科学文献出版社的责任编辑曹义恒和刘俊艳同志也为本书的顺利出版付出了辛勤的劳动。在此，一并向他们致以诚挚的谢意！

学海无涯，博士学位论文完成以及成书出版只是自我学术之路的起点。由于自己的水平有限，书中还有许多不足之处，真诚希望得到专家学者的批评指正。

李正兴

2014 年 6 月

图书在版编目（CIP）数据

马克思主义时代化的实现过程研究/李正兴著. —北京：社会
科学文献出版社，2014.12
（江西省哲学社会科学成果文库）
ISBN 978 – 7 – 5097 – 6851 – 8

Ⅰ.①马… Ⅱ.①李… Ⅲ.①马克思主义 – 发展 – 研究 –
中国 Ⅳ.①D61

中国版本图书馆 CIP 数据核字（2014）第 279854 号

· 江西省哲学社会科学成果文库 ·

马克思主义时代化的实现过程研究

著　　者 / 李正兴

出 版 人 / 谢寿光
项目统筹 / 王　绯　周　琼
责任编辑 / 曹义恒　刘俊艳

出　　版 / 社会科学文献出版社·社会政法分社（010）59367156
　　　　　　地址：北京市北三环中路甲 29 号院华龙大厦　邮编：100029
　　　　　　网址：www. ssap. com. cn
发　　行 / 市场营销中心（010）59367081　59367090
　　　　　　读者服务中心（010）59367028
印　　装 / 三河市尚艺印装有限公司

规　　格 / 开本：787mm × 1092mm　1/16
　　　　　　印张：21　字数：335 千字
版　　次 / 2014 年 12 月第 1 版　2014 年 12 月第 1 次印刷
书　　号 / ISBN 978 – 7 – 5097 – 6851 – 8
定　　价 / 85.00 元

本书如有破损、缺页、装订错误，请与本社读者服务中心联系更换

▲ 版权所有 翻印必究